JN371401

2025년도 제36회 시험대비 THE LAST 모의고사
김백중 부동산학개론

회차	문제수	시험과목
1회	40	부동산학개론

수험번호		성명	

【수험자 유의사항】

1. 시험문제지의 **총면수**, **문제번호**, **일련순서**, **인쇄상태** 등을 확인하시고, 문제지 표지에 수험번호와 성명을 기재하시기 바랍니다.
2. 답은 각 문제마다 요구하는 **가장 적합하거나 가까운 답 1개**만 선택하고, 답안카드 작성 시 시험문제지 **마킹착오**로 인한 불이익은 전적으로 **수험자에게 책임**이 있음을 알려드립니다.
3. 답안카드는 국가전문자격 공통 표준형으로 문제번호가 1번부터 125번까지 인쇄되어 있습니다. 답안 마킹 시에는 반드시 **시험문제지의 문제번호와 동일한 번호**에 마킹하여야 합니다.
4. **감독위원의 지시에 불응하거나 시험시간 종료 후 답안카드를 제출하지 않을 경우** 불이익이 발생할 수 있음을 알려드립니다.
5. 시험문제지는 시험 종료 후 가져가시기 바랍니다.
6. 답안작성은 **시험시행일 현재 시행되는 법령 등**을 적용하시기 바랍니다.
7. 가답안 의견제시에 대한 개별회신 및 공고는 하지 않으며, **최종 정답 발표로 갈음**합니다.
8. 시험 중 **중간 퇴실은 불가**합니다. 단, 부득이하게 퇴실할 경우 **시험 포기각서 제출 후 퇴실은 가능**하나 **재입실이 불가**하며, **해당시험은 무효처리됩니다.**

박문각은 여러분의 제36회 공인중개사 시험 합격을 진심으로 응원합니다!

박문각 공인중개사

부동산학개론

1. 토지의 특성에 관한 설명으로 옳은 것은?

① 영속성으로 인해 부동산활동에서 토지는 감가상각을 고려할 필요가 없다.

② 토지의 개별성으로 인해 부동산상품 간에 완전한 대체가 가능하다.

③ 토지거래허가구역의 지정으로 인해 주택가격이 하락하는 것은 토지의 사회적 위치가 변하는 것이다.

④ 부증성으로 인해 토지의 물리적 공급은 완전탄력이다.

⑤ 토지의 개별성으로 인해 토지는 외부효과가 발생한다.

2. 토지에 관련된 용어이다. ( )에 들어갈 내용으로 옳은 것은?

> • (ㄱ): 1필지의 토지를 2인 이상이 공동으로 소유한 토지로, 지분비율 또는 지분의 위치에 따라 감정평가한다.
> • (ㄴ): 도시개발사업에서 사업 전 토지의 위치 등을 고려하여 소유자에게 재분배하는 사업 후의 토지로, 환지처분 이전에 환지예정지로 지정된 경우에는 종전 토지의 위치 등을 기준으로 감정평가한다.

① ㄱ: 일단지 ㄴ: 체비지

② ㄱ: 공유지 ㄴ: 보류지

③ ㄱ: 일단지 ㄴ: 환지

④ ㄱ: 공유지 ㄴ: 환지

⑤ ㄱ: 표준지 ㄴ: 보류지

3. 주택법상 주택에 관한 설명으로 <u>틀린</u> 것은?

① 주택법상 주택은 공동주택과 단독주택으로 구분한다.

② 아파트는 주택으로 쓰는 층수가 5개 층 이상인 주택이며 공동주택에 해당된다.

③ 연립주택은 주택으로 쓰는 1개 동의 바닥면적 합계가 660제곱미터를 초과하고, 층수가 4개 층 이하이어야 한다.

④ 다세대주택은 주택으로 쓰는 1개 동의 바닥면적 합계가 660제곱미터 이하이고, 층수가 4개 층 이하이어야 한다.

⑤ 기숙사는 학교 또는 공장 등의 학생 또는 종업원 등을 위하여 쓰는 것으로서 공동취사 등을 할 수 있는 구조를 갖추되, 독립된 주거의 형태를 갖추지 아니한 것으로서 주택법상 공동주택에 해당된다.

4. 부동산과 준부동산에 관한 설명으로 옳은 것은?(다툼이 있으면 판례에 따름)

① 신축 중인 건물은 사용승인이 완료되기 전에는 토지와 별개의 부동산으로 취급되지 않는다.

② 개개의 수목은 명인방법을 갖추더라도 토지와 별개의 부동산으로 취급되지 않는다.

③ 토지에 정착된 담장은 토지와 별개의 부동산으로 취급된다.

④ 자동차에 관한 압류등록은 자동차 등록원부에 한다.

⑤ 총톤수 10톤 이상의 기선(機船)과 범선(帆船)은 등기가 가능하다.

5. 도시개발법상 수용방식과 환지방식을 비교한 설명으로 <u>틀린</u> 것은?(단, 보상금은 현금으로 지급하며, 주어진 조건에 한함)

① 사업시행자의 사업비부담은 환지방식은 수용방식에 비해 작다.

② 수용방식은 환지방식에 비해 사업시행자의 개발토지(조성토지) 매각부담이 크다.

③ 수용방식은 도시개발구역 밖의 지가를 상승시킬 가능성이 크다.

④ 정부의 입장에서 개발이익의 환수라는 측면에서 보면, 환지방식이 수용방식보다 유리하다.

⑤ 환지방식은 수용방식에 비해 절차가 복잡해서 사업의 진행속도가 느리다.

6. 부동산개발사업에 관한 설명으로 <u>틀린</u> 것은?

① 개발사업의 방식 중 사업위탁방식과 신탁개발방식의 차이점은 신탁개발방식은 토지소유자가 개발사업의 전문성이 있는 제3자에게 토지소유권을 이전하고 사업수탁방식은 그렇지 않다는 점이다.

② 부동산개발업의 관리 및 육성에 관한 법령상 건축물을 리모델링 또는 용도변경하는 행위(다만, 시공을 담당하는 행위는 제외한다)는 부동산개발에 포함된다.

③ 민간투자사업에 있어 민간사업자가 자금을 조달하여 시설을 건설하고 일정기간 소유 및 운영을 한 후 국가 또는 지방자치단체에게 시설의 소유권을 이전하는 방식은 BTO 방식이다.

④ 부동산개발의 유형을 신개발방식과 재개발방식으로 구분하는 경우, 도시 및 주거환경정비법령상 재건축사업은 재개발방식에 속한다.

⑤ 부동산개발의 타당성분석 과정에서 시장분석을 수행하기 위해서는 먼저 시장지역을 설정하여야 한다.

15. 입지 및 도시공간구조 이론에 관한 설명으로 틀린 것은?

① 호이트(H. Hoyt)의 선형이론은 단핵의 중심지를 가진 동심원 도시구조를 기본으로 하고 있다는 점에서 동심원이론을 발전시킨 것이라 할 수 있다.

② 선형이론에서의 점이지대는 중심업무지구에 직장 및 생활터전이 있어 중심업무지구에 근접하여 거주하는 지대를 말한다.

③ 베버(A. Weber)는 운송비의 관점에서 특정 공장이 원료지향적인지 또는 시장지향적인지를 판단하기 위해 원료지수(material index) 개념을 사용했다.

④ 해리스(C. Harris)와 울만(E. Ullman)은 도시 내부의 토지이용이 단일한 중심의 주위에 형성되는 것이 아니라 몇 개의 핵심지역 주위에 형성된다는 점을 강조하면서, 도시공간구조가 다핵심구조를 가질 수 있다고 보았다.

⑤ 허프(D. Huff)모형의 공간(거리)마찰계수는 도로환경, 지형, 주행수단 등 다양한 요인에 영향을 받을 수 있는 값이며, 교통이 발달할수록 공간(거리)마찰계수의 값은 작아진다.

16. 다음 설명에 모두 해당하는 것은?

> • 가장 높은 지대를 지불하는 농업적 토지이용에 토지가 할당된다.
> • 한계지대곡선의 기울기에 따라 집약적 농업과 조방적 농업으로 구분된다.
> • 중심도시와의 접근성 차이에 의해 지대가 차별적으로 나타난다.

① 튀넨(J. H. von Thünen)의 위치지대설

② 헤이그(R. Haig)의 마찰비용이론

③ 마샬(A. Marshall)의 준지대설

④ 마르크스(K. Marx)의 절대지대설

⑤ 파레토(V. Pareto)의 경제지대론

17. 지하철 역사가 개발된다는 다음과 같은 정보가 있을 때, 합리적인 투자자가 최대한 지불할 수 있는 이 정보의 현재가치는?(단, 주어진 조건에 한함)

> • 지하철 역사 개발예정지 인근에 A토지가 있다.
> • 2년 후 지하철 역사가 개발될 가능성은 40%로 알려져 있다.
> • 2년 후 지하철 역사가 개발되면 A토지의 가격은 24억 2천만원, 개발되지 않으면 12억 1천만원으로 예상된다.
> • 투자자의 요구수익률(할인율)은 연 10%다.

① 3억원 ② 4억원 ③ 4억 4천만원
④ 6억원 ⑤ 6억 6천만원

18. 부동산정책에 관한 내용으로 틀린 것은?

① 지구단위계획은 도시·군계획 수립 대상지역의 일부에 대하여 토지 이용을 합리화하고 그 기능을 증진시키며 미관을 개선하고 양호한 환경을 확보하며, 그 지역을 체계적·계획적으로 관리하기 위하여 수립하는 도시·군관리계획을 말한다.

② 지역지구제는 토지이용에 수반되는 부(−)의 외부효과를 제거하거나 완화시킬 목적으로 활용된다.

③ 개발권양도제(TDR)는 토지이용규제로 인해 개발행위의 제약을 받는 토지소유자의 재산적 손실을 보전해 주는 수단으로 활용될 수 있으며, 법령상 우리나라에서는 시행되고 있지 않다.

④ 부동산 가격공시제도에 따라 국토교통부장관은 일단의 토지 중에서 선정한 표준지에 대하여 매년 공시기준일 현재의 단위면적당 적정가격을 조사·평가하여 공시하여야 한다.

⑤ 토지거래허가구역은 10년 이내의 기간을 정하여 국토교통부장관 또는 특별시장, 광역시장, 특별자치시장, 도지사, 특별자치도지사가 지정할 수 있다.

19. 공공주택 특별법령상 공공임대주택에 관한 내용으로 옳은 것은 모두 몇 개인가?

> • 영구임대주택: 국가나 지방자치단체의 재정이나 주택도시기금의 자금을 지원받아 최저소득 계층, 저소득 서민, 젊은 층 및 장애인·국가유공자 등 사회 취약계층 등의 주거안정을 목적으로 공급하는 공공임대주택
> • 통합공공임대주택: 국가나 지방자치단체의 재정이나 주택도시기금의 자금을 지원받아 대학생, 사회초년생, 신혼부부 등 젊은 층의 주거안정을 목적으로 공급하는 공공임대주택
> • 기존주택전세임대주택: 국가나 지방자치단체의 재정이나 주택도시기금의 자금을 지원받아 기존주택을 임차하여 저소득층과 청년 및 신혼부부 등에게 전대(轉貸)하는 공공임대주택
> • 분양전환공공임대주택: 일정기간 임대 후 분양전환할 목적으로 공급하는 공공임대주택

① 0개 ② 1개 ③ 2개 ④ 3개 ⑤ 4개

20. 부동산정책 중 금융규제를 강화하는 정책에 해당하는 것은?

① 분양가상한제의 적용 지역 확대

② 토지거래허가제 시행

③ 개발부담금의 부담률 인상

④ 총부채상환비율(DTI)을 40%에서 50%로 조정

⑤ 총부채원리금상환비율(DSR)제도의 도입

7. 부동산마케팅에서 4P 마케팅믹스(Marketing Mix) 전략의 구성요소를 모두 고른 것은?

ㄱ. Present	ㄴ. Product
ㄷ. Place	ㄹ. Positioning
ㅁ. Promotion	ㅂ. Price

① ㄱ, ㄴ, ㄷ, ㄹ　② ㄱ, ㄴ, ㄷ, ㅁ
③ ㄴ, ㄷ, ㅁ, ㅂ　④ ㄴ, ㄹ, ㅁ, ㅂ
⑤ ㄷ, ㄹ, ㅁ, ㅂ

8. A지역 단독주택시장의 균형변화에 관한 설명으로 옳은 것은?(단, 수요곡선은 우하향하고, 공급곡선은 우상향하며, 다른 조건은 동일함)

① 수요와 공급이 모두 증가하고 수요의 증가폭과 공급의 증가폭이 동일한 경우, 균형거래량은 감소한다.
② 수요가 증가하고 공급이 감소하는데 수요의 증가폭과 공급의 감소폭이 동일한 경우, 균형가격은 상승한다.
③ 수요가 감소하고 공급이 증가하는데 수요의 감소폭이 공급의 증가폭보다 더 큰 경우, 균형가격은 상승한다.
④ 수요와 공급이 모두 감소하고 수요의 감소폭보다 공급의 감소폭이 더 큰 경우, 균형거래량은 증가한다.
⑤ 수요가 증가하고 공급이 감소하는데 수요의 증가폭보다 공급의 감소폭이 더 큰 경우, 균형가격은 하락한다.

9. A지역 소형아파트 수요의 가격탄력성은 0.5이고, 오피스텔 가격에 대한 소형아파트 수요의 교차탄력성은 0.9이다. A지역 소형아파트 가격이 2% 상승하고 동시에 A지역 오피스텔 가격이 5% 상승할 때, A지역 소형아파트 수요량의 전체 변화율은?(단, 소형아파트와 오피스텔은 모두 정상재로서 서로 대체적인 관계이고, 수요의 가격탄력성은 절댓값으로 나타내며, 다른 조건은 동일함)

① 0.7%　② 1.8%　③ 2.5%　④ 3.5%　⑤ 4.3%

10. 아파트시장에서 균형가격을 상승시키는 요인은 모두 몇 개인가?(단, 아파트는 정상재로서 수요곡선은 우하향하고, 공급곡선은 우상향하며, 다른 조건은 동일함)

- 아파트 재산세율 상향조정
- 아파트에 대한 선호도 감소
- 아파트 건축자재 가격의 상승
- 아파트 담보대출 이자율의 상승

① 0개　② 1개　③ 2개　④ 3개　⑤ 4개

11. A지역 오피스텔시장에서 수요함수는 $Q_{D1} = 900 - P$, 공급함수는 $Q_S = 100 + \frac{1}{4}P$이며, 균형상태에 있었다. 이 시장에서 수요함수가 $Q_{D2} = 1{,}500 - \frac{9}{4}P$로 변화하였다면, 균형가격의 변화(ㄱ)와 균형거래량의 변화(ㄴ)는?(단, P는 가격, Q_{D1}과 Q_{D2}는 수요량, Q_S는 공급량, X축은 수량, Y축은 가격을 나타내고, 가격과 수량의 단위는 무시하며, 주어진 조건에 한함)

① ㄱ: 160 상승, ㄴ: 변화 없음
② ㄱ: 160 상승, ㄴ: 40 증가
③ ㄱ: 200 상승, ㄴ: 20 감소
④ ㄱ: 80 하락, ㄴ: 20 증가
⑤ ㄱ: 80 하락, ㄴ: 20 감소

12. 저량(stock)의 경제변수에 해당하는 것은?

① 신규주택 공급량　② 주택임대료
③ 주택가격　④ 신규주택 수요량
⑤ 주택거래량

13. 다음 (ㄱ)에 해당하는 도시 및 주거환경정비법상의 정비사업은?

> 정비기반시설이 열악하고 노후·불량건축물이 밀집한 지역에서 주거환경을 개선하거나 상업지역·공업지역 등에서 도시기능의 회복 및 상권활성화 등을 위하여 도시환경을 개선하기 위한 사업 중에서 공적주체가 일정비율 이상을 공공임대주택 등으로 건설·공급하는 재개발사업을 (ㄱ)이라 한다.

① 공공재개발사업　② 재건축사업
③ 재개발사업　④ 주거환경개선사업
⑤ 공영재개발사업

14. 컨버스(P. Converse)의 분기점 모형에 기초할 때, A시와 B시의 상권경계지점은 B시로부터 얼마만큼 떨어진 지점인가?(단, 주어진 조건에 한함)

- A시와 B시는 동일 직선상에 위치
- A시와 B시 사이의 직선거리: 45km
- A시 인구: 84만명
- B시 인구: 21만명

① 15km　② 20km　③ 25km　④ 30km　⑤ 35km

21. 주택법령상 주택의 유형과 내용에 관한 설명으로 <u>틀린</u> 것은?

① 도시형 생활주택은 「국토의 계획 및 이용에 관한 법률」에 따른 도시지역에 건설하여야 한다.

② 도시형 생활주택은 300세대 미만의 국민주택규모로 구성된다.

③ 토지임대부 분양주택의 경우, 토지의 소유권은 분양주택 건설사업을 시행하는 자가 가지고, 건축물 및 복리시설 등에 대한 소유권은 주택을 분양받은 자가 가진다.

④ 세대구분형 공동주택이란 공동주택의 주택 내부 공간의 일부를 세대별로 구분하여 생활이 가능한 구조로 하되, 그 구분된 공간의 일부를 구분소유할 수 없는 주택을 말한다.

⑤ 도시형 생활주택은 단지형 연립주택, 단지형 다세대주택, 단지형 다가구주택으로 구성되며, 도시형 생활주택에는 분양가상한제를 적용하지 않는다.

22. 부동산조세에 관한 설명으로 옳은 것을 모두 고른 것은?

ㄱ. 양도소득세의 중과는 부동산 보유자로 하여금 매각을 뒤로 미루게 하는 동결효과(lock-in effect)를 발생시킬 수 있다.
ㄴ. 재산세와 양도소득세의 과세기준일은 매년 6월 1일로 동일하다.
ㄷ. 취득세와 상속세는 취득단계에서 부과하는 국세이다.
ㄹ. 지방세는 합산과세가 원칙이고, 국세는 개별과세가 일반적이다.

① ㄱ, ㄷ ② ㄴ, ㄷ ③ ㄴ, ㄹ
④ ㄱ, ㄷ, ㄹ ⑤ ㄱ, ㄴ, ㄷ, ㄹ

23. 다음 자료는 A부동산의 1년간 운영수지이다. A부동산의 총투자액은 8억원이며, 투자자는 총투자액의 50%를 은행에서 대출받았다. 이 경우 순소득승수(ㄱ)와 세후현금흐름승수(ㄴ)는?(단, 주어진 조건에 한함)

- 가능총소득(PGI) : 1억 1천만원
- 공실손실상당액 및 대손충당금 : 500만원
- 기타소득 : 100만원
- 부채서비스액 : 1,500만원
- 영업소득세 : 500만원
- 수선유지비 : 200만원
- 용역비 : 100만원
- 재산세 : 100만원
- 직원인건비 : 200만원

① ㄱ : 8.0, ㄴ : 5.0 ② ㄱ : 8.0, ㄴ : 6.0
③ ㄱ : 8.0, ㄴ : 7.0 ④ ㄱ : 10.0, ㄴ : 5.0
⑤ ㄱ : 10.0, ㄴ : 6.0

24. 다음은 시장전망에 따른 자산의 투자수익률을 합리적으로 예상한 결과이다. 이에 관한 설명으로 <u>틀린</u> 것은?(단, 주어진 조건에 한함)

시장 전망	발생 확률	예상수익률			
		자산 A	자산 B	자산 C	자산 D
낙관적	25%	6%	10%	9%	14%
정상적	50%	4%	4%	8%	8%
비관적	25%	2%	-2%	7%	2%
평균(기댓값)		4.0%	4.0%	8.0%	8.0%
표준편차		1.41%	4.24%	0.71%	4.24%

① 자산 A와 자산 B는 동일한 기대수익률을 가진다.

② 낙관적 시장전망에서는 자산 D의 수익률이 가장 높다.

③ 자산 C가 자산 D보다 투자위험이 더 작다.

④ 평균-분산 지배원리에 따르면 자산 B는 자산 D보다 선호된다.

⑤ 자산 A, B, C, D로 구성한 포트폴리오의 수익과 위험은 각 자산의 투자비중에 따라 달라진다.

25. 부동산투자분석기법에 관한 설명으로 <u>틀린</u> 것은?

① 순현재가치법과 내부수익률법은 화폐의 시간가치를 반영한 투자분석방법이다.

② 복수의 투자안을 비교할 때 투자금액의 차이가 큰 경우, 순현재가치법과 내부수익률법은 분석결과가 서로 다를 수 있다.

③ 하나의 투자안에 있어 수익성지수가 1보다 크면 순현재가치는 내부수익률보다 크다.

④ 투자자산의 현금흐름에 따라 복수의 내부수익률이 존재할 수 있다.

⑤ 내부수익률법에서는 현금흐름의 재투자율로 내부수익률을 가정한다.

26. 토지세를 제외한 다른 모든 조세를 없애고 정부의 재정은 토지세만으로 충당하는 토지단일세를 주장한 학자는?

① 버제스(E. Burgess)

② 뢰쉬(A. Lösch)

③ 헨리 조지(H. George)

④ 알론소(W. Alonso)

⑤ 레일리(W. Reilly)

27. 자본환원율에 관한 설명으로 틀린 것은?(단, 다른 조건은 동일함)

① 순영업소득을 자본환원율로 나누면 부동산의 가격을 구할 수 있다.

② 동일유형의 부동산시장에서도 자본환원율이 서로 다른 부동산들이 존재할 수 있다.

③ 자본환원율은 자본의 기회비용을 반영한다.

④ 금리가 상승하거나 투자위험이 증가하면 자본환원율이 높아진다.

⑤ 자본환원율이 상승하면 개발사업의 타당성이 높아진다.

28. A임차인은 비율임대차(percentage lease)방식의 임대차 계약을 체결하였다. 이 계약에서는 매장의 월 매출액이 손익분기점 매출액 이하이면 기본임대료만 지급하고, 손익분기점 매출액 초과이면 초과매출액에 대해 일정 임대료율을 적용한 추가임대료를 기본임대료에 가산하여 임대료를 지급한다고 약정하였다. 구체적인 계약조건과 예상매출액은 다음과 같다. 해당 계약내용에 따라 A임차인이 지급할 것으로 예상되는 임대료의 합계는?(단, 주어진 조건에 한함)

- 계약기간 : 1년(1월~12월)
- 매장 임대면적 : 300m²
- 임대면적당 기본임대료 : 매월 4만원/m²
- 손익분기점 매출액 : 매월 3,500만원
- 월별 임대면적당 예상매출액
  - 1월~6월 : 매월 10만원/m²
  - 7월~12월 : 매월 19만원/m²
- 손익분기점 매출액 초과시 초과매출액에 대한 추가임대료율 : 10%

① 15,720만원　② 17,320만원
③ 19,320만원　④ 25,320만원
⑤ 27,520만원

29. 현재 5천만원의 기존 주택담보대출이 있는 A씨가 동일한 은행에서 동일한 주택을 담보로 추가대출을 받으려고 한다. 이 은행의 대출승인기준이 다음과 같을 때, A씨가 추가로 대출받을 수 있는 최대금액은 얼마인가?(단, 제시된 두 가지 대출승인기준을 모두 충족시켜야 하며, 주어진 조건에 한함)

- A씨의 담보주택의 담보가치평가액 : 5억원
- A씨의 연간 소득 : 8천만원
- 연간 저당상수 : 0.1
- 대출승인기준
  - 담보인정비율(LTV) : 60% 이하
  - 총부채상환비율(DTI) : 40% 이하

① 2억원　② 2억 5천만원　③ 3억원
④ 3억 2천만원　⑤ 3억 5천만원

30. 부동산관리방식을 관리주체에 따라 분류할 때, 다음 설명에 모두 해당하는 방식은?

- 전문적인 관리가 가능하다.
- 대형건물의 관리에 더 유용하다.
- 관리에 따른 용역비의 부담이 있다.

① 직접관리　② 자치관리　③ 위탁관리
④ 유지관리　⑤ 법정관리

31. 고정금리대출의 상환방식에 관한 설명으로 옳은 것을 모두 고른 것은?(단, 주어진 조건에 한하며, 다른 조건은 동일함)

ㄱ. 만기일시상환대출은 대출기간 동안 차입자가 이자만 상환하고 만기가 되면 원금은 일시불로 상환하는 방식이다.
ㄴ. 원리금균등상환방식은 대출기간 초기에는 원리금상환액을 많이 하고 시간의 경과에 따라 원리금상환액을 줄여가는 방식이다.
ㄷ. 원금균등분할상환대출에서 거치기간이 있을 경우, 이자지급총액이 증가하므로 원리금지급총액도 증가하게 된다.
ㄹ. 대출채권의 가중평균상환기간(duration)은 원리금균등분할상환대출에 비해 원금균등분할상환대출이 더 길다.

① ㄱ, ㄴ　② ㄱ, ㄷ　③ ㄴ, ㄷ
④ ㄴ, ㄷ, ㄹ　⑤ ㄱ, ㄴ, ㄷ, ㄹ

32. 한국주택금융공사의 주택담보노후연금(주택연금)에 관한 설명으로 옳은 것은?

① 다주택자인 경우에는 부부 소유주택의 공시지가를 합산한 가격이 12억원 이하라도 주택연금을 신청할 수 없다.

② 주택소유자가 담보를 제공하는 방식에는 저당권 설정 등기 방식만을 인정하며, 신탁 등기 방식은 인정되지 않는다.

③ 주택소유자가 생존해 있는 동안에만 노후생활자금을 매월 연금방식으로 받을 수 있고, 배우자에게는 승계 되지 않는다.

④ 「주택법」에 따른 준주택 중 주거목적으로 사용되는 오피스텔의 소유자는 가입할 수 없다.

⑤ 주택연금 월지급금을 정할 때 기준이 되는 주택가격은 아파트의 경우에는 한국부동산원 시세, KB국민은행 시세를 순차적으로 적용한다.

33. 부동산투자회사법령상 자산운용 전문인력에 관한 설명으로 옳은 것으로 묶인 것은?

ㄱ. 감정평가사 또는 공인회계사로서 해당 분야에 5년을 종사한 사람은 자산운용 전문인력에 해당된다.
ㄴ. 부동산투자회사에서 3년을 근무한 사람은 자산운용 전문인력에 해당된다.
ㄷ. 부동산학 석사학위 소지자로서 부동산의 투자·운용과 관련된 업무에 3년을 종사한 사람은 자산운용 전문인력에 해당된다.
ㄹ. 자산관리회사는 자산운용 전문인력을 대통령령으로 정하는 수 이상 상근으로 두어야 한다.

① ㄱ, ㄴ ② ㄱ, ㄷ ③ ㄴ, ㄹ
④ ㄷ, ㄹ ⑤ ㄴ, ㄷ, ㄹ

34. MBS증권에 관한 설명으로 옳은 것은?

① MBB증권의 경우 차입자가 상환한 원리금은 유동화기관이 아닌 MBB 투자자에게 직접 전달된다.

② MPTS 투자자는 주택저당대출의 채무불이행위험과 조기상환위험을 모두 부담하여야 한다.

③ CMO 발행자는 초과담보를 제공하지 않는 것이 일반적이다.

④ MBB 투자자 입장에서 MPTS에 비해 현금흐름이 안정적이지 못해 불확실성이 크다는 단점이 있다.

⑤ MPTB증권은 유동화기관이 모기지 풀(mortgage pool)을 담보로 발행하는 지분성격의 증권이다.

35. 감정평가에 관한 규칙에 규정된 내용으로 틀린 것은?

① 기준시점은 대상물건의 가격조사를 완료한 날짜로 한다. 다만, 기준시점을 미리 정하였을 때에는 그 날짜로 할 수 있다.

② 감정평가법인등은 법령에 다른 규정이 있는 경우라도 기준시점의 가치형성요인 등을 실제와 다르게 가정하는 조건을 붙여 감정평가할 수 없다.

③ 둘 이상의 대상물건이 일체로 거래되거나 대상물건 상호간에 용도상 불가분의 관계가 있는 경우에는 일괄하여 감정평가할 수 있다.

④ 하나의 대상물건이라도 가치를 달리하는 부분은 이를 구분하여 감정평가할 수 있다.

⑤ 일체로 이용되고 있는 대상물건의 일부분에 대하여 감정평가하여야 할 특수한 목적이나 합리적인 이유가 있는 경우에는 그 부분에 대하여 감정평가할 수 있다.

36. 다음 자료에서 수익방식에 의한 대상부동산의 시산가액 산정시 적용된 환원율은?(단, 연간 기준이며, 주어진 조건에 한함)

- 가능총수익(PGI) : 80,000,000원
- 공실손실상당액 및 대손충당금 : 가능총수익(PGI)의 10%
- 운영경비(OE) : 가능총수익(PGI)의 40%
- 환원방법 : 직접환원법
- 수익방식에 의한 대상부동산의 시산가액 : 400,000,000원

① 6% ② 7% ③ 8% ④ 9% ⑤ 10%

37. 다음 자료를 활용하여 거래사례비교법으로 산정한 대상 토지의 시산가액은?(단, 주어진 조건에 한함)

> • 대상토지
> – 소재지 : A시 B구 C동 150번지
> – 용도지역 : 제3종일반주거지역
> – 이용상황, 지목, 면적 : 상업용, 대, $100m^2$
> • 기준시점 : 2025.10.25.
> • 거래사례
> – 소재지 : A시 B구 C동 120번지
> – 용도지역 : 제3종일반주거지역
> – 이용상황, 지목, 면적 : 상업용, 대, $200m^2$
> – 거래가액 : 800,000,000원 (가격구성비율은 토지 50%, 건물 50%임)
> – 사정 개입이 없는 정상적인 거래사례임
> – 거래시점 : 2025.05.01.
> • 지가변동률(A시 B구, 2025.05.01.~2025.10.25.) : 주거지역 4% 상승, 상업지역 5% 상승
> • 지역요인 : 대상토지와 거래사례 토지는 인근지역에 위치함
> • 개별요인 : 대상토지는 거래사례 토지에 비해 10% 우세함
> • 상승식으로 계산

① 228,800,000원 ② 286,000,000원
③ 288,750,000원 ④ 572,000,000원
⑤ 577,500,000원

38. 원가법에서의 재조달원가에 관한 설명으로 틀린 것은?

① 재조달원가는 원칙적으로 그 대상물건 가격의 상한선을 나타낸다.
② 재조달원가의 산정방법으로 총량조사법, 구성단위법, 비용지수법 등이 있다.
③ 복제원가란 평가대상 물건과 효용이 비슷한 물건의 신축원가로서 이미 기능적 감가는 반영되어 있다.
④ 재조달원가를 구성하는 표준적 건설비에는 수급인의 적정이윤이 포함된다.
⑤ 감가수정에 있어서 감가요인은 물리적 요인, 기능적 요인, 경제적 요인이 있다.

39. 부동산 가격공시에 관한 법령상 부동산 가격공시제도에 관한 내용으로 틀린 것은?

① 표준주택으로 선정된 단독주택, 국세 또는 지방세 부과대상이 아닌 단독주택에 대하여는 개별주택가격을 결정·공시하지 아니할 수 있다.
② 표준주택가격은 국가·지방자치단체 등이 그 업무와 관련하여 개별주택가격을 산정하는 경우에 그 기준이 된다.
③ 개별주택가격에 이의가 있는 자는 그 결정·공시일부터 30일 이내에 서면(전자문서를 포함한다)으로 시장·군수 또는 구청장에게 이의를 신청할 수 있다.
④ 표준주택가격은 주택시장의 가격정보를 제공하고, 국가·지방자치단체 등이 과세 등의 업무와 관련하여 주택의 가격을 산정하는 경우에 그 기준으로 활용될 수 있다.
⑤ 국토교통부장관은 공시기준일 이후에 토지의 분할·합병이나 건축물의 신축 등이 발생한 경우에는 대통령령으로 정하는 날을 기준으로 하여 공동주택가격을 결정·공시하여야 한다.

40. 감정평가에 관한 규칙상 대상물건별로 정한 감정평가방법(주된 감정평가방법)에 관한 설명으로 옳은 것을 모두 고른 것은?

> ㄱ. 자동차의 주된 감정평가방법은 거래사례비교법
> ㄴ. 「집합건물의 소유 및 관리에 관한 법률」에 따른 구분소유권의 대상이 되는 건물부분과 그 대지사용권을 일괄하여 감정평가하는 경우의 주된 감정평가방법은 수익환원법이다.
> ㄷ. 선박의 주된 감정평가방법은 거래사례비교법이다. 다만, 본래 용도의 효용가치가 없는 물건은 해체처분가액으로 감정평가할 수 있다.
> ㄹ. 영업권과 특허권의 주된 감정평가방법은 수익환원법이다.

① ㄱ, ㄴ ② ㄱ, ㄹ ③ ㄴ, ㄹ
④ ㄱ, ㄴ, ㄹ ⑤ ㄱ, ㄷ, ㄹ

2025년도 제36회 시험대비 THE LAST 모의고사
김백중 부동산학개론

회차	문제수	시험과목
2회	40	부동산학개론

수험번호		성명	

【수험자 유의사항】

1. 시험문제지의 **총면수**, **문제번호**, **일련순서**, **인쇄상태** 등을 확인하시고, 문제지 표지에 수험번호와 성명을 기재하시기 바랍니다.
2. 답은 각 문제마다 요구하는 **가장 적합하거나 가까운 답 1개**만 선택하고, 답안카드 작성 시 시험문제지 **마킹착오**로 인한 불이익은 전적으로 **수험자에게 책임**이 있음을 알려드립니다.
3. 답안카드는 국가전문자격 공통 표준형으로 문제번호가 1번부터 125번까지 인쇄되어 있습니다. 답안 마킹 시에는 반드시 **시험문제지의 문제번호와 동일한 번호**에 마킹하여야 합니다.
4. **감독위원의 지시에 불응하거나 시험시간 종료 후 답안카드를 제출하지 않을 경우** 불이익이 발생할 수 있음을 알려드립니다.
5. 시험문제지는 시험 종료 후 가져가시기 바랍니다.
6. 답안작성은 **시험시행일 현재 시행되는 법령 등**을 적용하시기 바랍니다.
7. 가답안 의견제시에 대한 개별회신 및 공고는 하지 않으며, **최종 정답 발표로 갈음**합니다.
8. 시험 중 **중간 퇴실은 불가**합니다. 단, 부득이하게 퇴실할 경우 **시험 포기각서 제출 후 퇴실은 가능**하나 **재입실이 불가**하며, **해당시험은 무효처리됩니다.**

박문각은 여러분의 제36회 공인중개사 시험 합격을 진심으로 응원합니다!

박문각 공인중개사

부동산학개론

1. 토지의 특성에 관한 설명으로 틀린 것은?

① 용도의 다양성으로 인해 두 개 이상의 용도가 동시에 경합할 수 있고 용도의 전환 및 합병·분할을 가능하게 한다.

② 부증성으로 인해 토지의 물리적 공급이 어려우므로 토지이용의 집약화가 요구된다.

③ 부증성으로 인해 주변 환경의 변화에 따른 외부효과가 나타날 수 있다.

④ 영속성으로 인해 재화의 소모를 전제로 하는 재생산이론과 물리적 감가상각이 적용되지 않는다.

⑤ 개별성으로 인해 토지별 완전한 대체 관계가 제약된다.

2. 부동산의 개념에 관한 설명으로 틀린 것은?

① 「민법」상 부동산은 토지 및 그 정착물이다.

② 경제적 측면의 부동산에는 자산, 생산요소, 준부동산, 상품 등이 포함된다.

③ 유형적 측면의 부동산에는 공간, 자연, 환경, 위치가 포함된다.

④ 등기·등록의 공시방법을 갖춤으로써 부동산에 준하여 취급되는 동산은 준부동산으로 간주한다.

⑤ 공간적 측면의 부동산에는 지하, 지표, 공중공간이 포함된다.

3. 토지에 관한 설명으로 옳지 않은 것은?

① 빈지는 일반적으로 바다와 육지 사이의 해변 토지와 같이 소유권이 인정되지 않지만 이용실익이 있는 토지이다.

② 공지는 타인의 토지에 둘러싸여 도로에 어떤 접속면도 가지지 못하는 토지이며, 건축법에 의해 원칙적으로 건물을 세울 수 없다.

③ 법지는 택지경계와 접한 경사된 토지부분과 같이 법률상으로는 소유를 하고 있지만 이용실익이 없는 토지이다.

④ 후보지는 부동산의 주된 용도적 지역인 택지지역, 농지지역, 임지지역 상호간에 전환되고 있는 지역의 토지이다.

⑤ 이행지는 부동산의 주된 용도적 지역인 택지지역, 농지지역, 임지지역의 세분된 지역 내에서 용도전환이 이루어지고 있는 토지이다.

4. 해당 부동산시장의 수요곡선을 우측(우상향)으로 이동하게 하는 수요변화의 요인에 해당하는 것은?(단, 수요곡선은 우하향하고, 해당 부동산은 정상재이며, 다른 조건은 동일함)

① 대출금리의 상승

② 보완재 가격의 상승

③ 대체재 수요량의 감소

④ 해당 부동산 가격의 상승

⑤ 해당 부동산 선호도의 감소

5. 거미집모형에 관한 설명으로 옳은 것은?(단, 다른 조건은 동일함)

① 공급자는 현재와 미래의 가격을 동시에 고려해 미래의 공급을 결정한다는 가정을 전제하고 있다.

② 수요의 가격탄력성이 −0.4이고 공급의 가격탄력성보다 0.2인 경우 발산형이다.

③ 수요곡선의 기울기 절댓값이 0.5이고 공급곡선의 기울기 절댓값이 2.0이면 수렴형이다.

④ 수요와 공급의 동시적 관계로 가정하여 균형의 변화를 정태적으로 분석한 모형이다.

⑤ 가격이 변동하면 수요와 공급은 모두 즉각적으로 반응한다는 가정을 전제하고 있다.

6. A지역의 기존 아파트시장의 수요함수는 $P = -Qd + 40$, 공급함수는 $P = \frac{2}{3}Qs + 20$이었다. 이후 수요함수는 변하지 않고 공급함수가 $P = \frac{2}{3}Qs + 10$으로 변하였다. 다음 설명으로 틀린 것은?[단, X축은 수량, Y축은 가격, P는 가격(단위는 만원/m^2), Qd는 수요량(단위는 m^2), Qs는 공급량(단위는 m^2)이며, 다른 조건은 동일함]

① 공급곡선이 우측(좌상향)으로 이동하였다.

② 기존 아파트시장 균형가격은 28만원/m^2이다.

③ 공급함수 변화 이후의 아파트시장 균형량은 $18m^2$이다.

④ 기존 아파트시장에서 공급함수 변화로 인한 아파트시장 균형가격은 6만원/m^2 만큼 하락하였다.

⑤ 기존 아파트시장에서 공급함수 변화로 인한 아파트시장 균형량은 $6m^2$ 만큼 감소하였다.

7. **수요와 공급의 가격탄력성에 관한 설명으로 옳은 것은? (단, X축은 수량, Y축은 가격, 수요의 가격탄력성은 절댓값을 의미하며, 다른 조건은 동일함)**

① 가격이 변화하여도 수요량이 전혀 변화하지 않는다면, 수요의 가격탄력성은 완전비탄력적이다.

② 공급곡선이 수직선이면, 공급의 가격탄력성은 완전탄력적이다.

③ 공급의 가격탄력성이 0이라면, 완전탄력적이다.

④ 수요의 가격탄력성이 1보다 작은 값을 가진다면, 수요의 가격탄력성은 탄력적이다.

⑤ 가격변화율보다 공급량의 변화율이 커서 1보다 큰 값을 가진다면, 공급의 가격탄력성은 비탄력적이다.

8. **부동산의 수요와 공급에 관한 설명으로 틀린 것은?(단, 부동산은 정상재이며, 다른 조건은 동일함)**

① 건축원자재의 가격 상승은 부동산의 공급을 축소시켜 공급곡선을 좌측(좌상향)으로 이동하게 한다.

② 부동산의 공급량과 그 공급량에 영향을 주는 요인들과의 관계를 나타낸 것이 공급함수이다.

③ 공급의 법칙에 따르면 가격(임대료)과 공급량은 비례관계이다.

④ 부동산 개별수요곡선은 시장수요곡선보다 우측에 존재한다.

⑤ 수요곡선상의 수요량은 주어진 가격에서 수요자들이 구입 또는 임차하고자 하는 부동산의 최대수량이다.

9. **지대이론에 관한 설명으로 옳은 것은?**

① 튀넨(J. H. von Thünen)의 위치지대설에 따르면, 비옥도 차이에 기초한 지대에 의한 비농업적 토지이용이 결정된다.

② 마샬(A. Marshall)의 준지대설에 따르면, 생산을 위하여 사람이 만든 기계나 기구들로부터 얻은 일시적인 소득은 경제지대에 속한다.

③ 리카도(D. Ricardo)의 차액지대설에서 지대는 토지의 생산성과 운송비의 차이에 의해 결정된다.

④ 마르크스(K. Marx)의 절대지대설에 따르면, 최열등지에서는 지대가 발생하지 않는다.

⑤ 헤이그(R. Haig)의 마찰비용이론에서 마찰비용은 지대와 교통비의 합으로 산정된다.

10. **도시공간구조이론 및 입지이론에 관한 설명으로 옳은 것은?**

① 버제스(E. Burgess)의 동심원이론에서 중산층 주거지대는 가장 외곽에 위치한다.

② 넬슨의 소매입지이론에 의하면, 도시공간구조의 성장과 분화는 점이지대를 향해 직선으로 확대되면서 나타난다.

③ 베버의 최소비용이론에서는 노동비, 운송비, 집적이익 가운데 노동비를 최적입지 결정에 가장 우선적으로 검토한다.

④ 선형이론과 다핵심이론에서는 점이지대가 존재하지 않는다.

⑤ 레일리(W. Reilly)의 소매인력법칙은 특정 점포가 최대이익을 확보하기 위해 어떤 장소에 입지하는가에 대한 8원칙을 제시한다.

11. **전국에 세 개의 지역(A, B, C)과 세 개의 산업만 존재한다고 가정할 때 입지계수에 관한 설명으로 옳은 것은?**

산업＼지역	A	B	C	전 국
제조업	150	170	195	515
금융업	200	180	190	570
숙박업	180	190	200	570
합계(명)	530	540	585	1,655

① B지역의 제조업은 A지역의 숙박업보다 입지계수가 낮다.

② A지역의 숙박업은 C지역의 금융업보다 입지계수가 높다.

③ A지역의 숙박업과 B지역의 제조업의 입지계수는 같다.

④ A지역의 제조업은 C지역의 숙박업보다 입지계수가 높다.

⑤ B지역의 제조업은 C지역의 금융업보다 입지계수가 낮다.

12. **A도시와 B도시 사이에 있는 C도시는 A도시로부터 5km, B도시로부터 10km 떨어져 있다. 각 도시의 인구 변화가 다음과 같을 때, 작년에 비해 금년에 C도시로부터 B도시의 구매활동에 유인되는 인구수의 증가는?**

구 분	작년 인구수	금년 인구수
A도시	5만명	5만명
B도시	20만명	30만명
C도시	2만명	3만명

① 6,000명　② 7,000명　③ 8,000명

④ 9,000명　⑤ 10,000명

13. 베버(A. Weber)의 최소비용이론에 관한 설명으로 틀린 것은?(단, 기업은 단일 입지 공장이고, 다른 조건은 동일함)

① 최소비용지점은 최소운송비 지점, 최소노동비 지점, 집적이익이 발생하는 구역을 종합적으로 고려해서 결정한다.

② 등비용선(isodapane)은 최소운송비 지점으로부터 기업이 입지를 바꿀 경우, 운송비의 증가분이 동일한 지점을 연결한 곡선을 의미한다.

③ 원료지수(material index)가 1보다 큰 공장과 중량감소산업은 원료지향적 입지를 선호한다.

④ 입지삼각형은 공장의 최적입지를 구하기 위한 삼각형 모델로, 1개의 원료산지와 1개의 소비시장으로 구성된다.

⑤ 운송비는 원료와 제품의 무게, 원료와 제품이 수송되는 거리에 의해 결정된다.

14. 크리스탈러(W. Christaller)의 중심지이론에 관한 설명으로 틀린 것은?

① 최소요구범위 – 중심지 기능이 유지되기 위한 최소한의 수요 요구 규모

② 재화의 도달범위 – 중심지로부터 어느 기능에 대한 수요가 0이 되는 곳까지의 거리

③ 배후지 – 중심지에 의해 재화와 서비스를 제공받는 주변지역

④ 중심지 재화 및 서비스 – 중심지에서 배후지로 제공되는 재화 및 서비스

⑤ 최소요구치가 재화의 도달범위 내에 있어야 중심지가 성립한다.

15. 우리나라 부동산 관련 조세에 관한 설명으로 틀린 것은?

① 취득세와 재산세는 지방세에 해당한다.

② 종합부동산세는 보유단계에서 부과하는 세금이다.

③ 재산세는 부과·징수 방식이다.

④ 재산세는 납세의무자별로 합산한 과세표준에 대해 과세한다.

⑤ 양도소득세, 부가가치세, 증여세, 상속세는 국세이다.

16. 현재 우리나라에서 시행되고 있지 않는 부동산 정책수단을 모두 고른 것은?

ㄱ. 택지소유상한제	ㄴ. 개발부담금제
ㄷ. 토지초과이득세	ㄹ. 주택의 전매제한
ㅁ. 부동산실명제	ㅂ. 토지거래허가구역
ㅅ. 종합토지세	ㅇ. 개발권양도제

① ㄱ, ㅇ ② ㄱ, ㄷ, ㅇ
③ ㄱ, ㄷ, ㅅ, ㅇ ④ ㄴ, ㄷ, ㄹ, ㅁ, ㅅ
⑤ ㄴ, ㄹ, ㅁ, ㅂ, ㅅ, ㅇ

17. 부동산시장에 대한 정부의 개입에 관한 설명으로 틀린 것은?

① 종합부동산세, 담보인정비율, 개발부담금은 부동산시장에 대한 간접개입수단이다.

② 토지비축제도는 공익사업용지의 원활한 공급과 토지시장 안정을 위해 정부가 직접적으로 개입하는 방식이다.

③ 부동산시장실패의 대표적인 원인으로 공공재, 외부효과, 정보의 비대칭성이 있다.

④ 부동산투기, 저소득층 주거문제, 부동산자원배분의 비효율성은 정부가 부동산시장에 개입하는 근거가 된다.

⑤ 정부가 민간분양주택 분양가를 규제할 경우 신축민간주택의 공급을 확대시킨다.

18. 다음과 같은 투자안에서 부동산의 투자가치는?(단, 연간 기준이며, 주어진 조건에 한함)

- 예상총이익 : 10,000만원
- 예상순이익 : 6,000만원
- 기대수익률 : 12%
- 요구수익률 : 10%

① 4억원 ② 4억 5천만원 ③ 5억원
④ 5억 5천만원 ⑤ 6억원

19. 주거정책에 관한 설명으로 틀린 것을 모두 고른 것은?

ㄱ. 주거안정은 노동생산성과 지역사회에 대한 주민참여를 제고하는 효과가 있다.
ㄴ. 주거급여제도, 주택바우처제도, 주택청약종합저축제도는 현재 우리나라에서 시행되고 있다.
ㄷ. 공공임대주택공급정책은 주택바우처제도에 비해 임차인의 주거지 선택을 용이하게 할 수 있다.
ㄹ. 임대료 보조정책은 민간임대주택의 공급을 장기적으로 증가시키고 주거의 질을 개선시킨다.
ㅁ. 임대료를 균형가격 이하로 통제하면 민간임대주택의 공급량은 증가하지만 질적 수준은 저하된다.

① ㄴ, ㅁ ② ㄷ, ㅁ ③ ㄱ, ㄹ, ㅁ
④ ㄴ, ㄷ, ㄹ ⑤ ㄷ, ㄹ, ㅁ

20. 다음 ( )에 들어갈 알맞은 내용은?

• 장기전세주택은 공공주택특별법 시행령에 따른 국가나 지방자치단체의 재정이나 (ㄱ)의 자금을 지원받아 전세계약의 방식으로 공급하는 공공임대주택이다.
• 민간매입임대주택은 민간임대주택에 관한 특별법에 따른 임대사업자가 매매 등으로 소유권을 취득하여 임대하는 (ㄴ)을 말한다.

	ㄱ	ㄴ
①	한국주택금융공사	공공임대주택
②	한국주택금융공사	민간임대주택
③	주택도시기금	공공임대주택
④	주택도시기금	민간임대주택
⑤	토지주택공사계정	국민임대주택

21. 부동산투자 위험에 관한 설명으로 옳은 것을 모두 고른 것은?

ㄱ. 체계적 위험은 분산투자를 하더라도 피할 수 없다.
ㄴ. 보수적 성향의 투자자는 공격적 성향의 투자자보다 분산이 더 작은 투자안을 더 선호한다.
ㄷ. 변이계수(변동계수)가 작을수록 투자에 수반되는 위험은 커진다.
ㄹ. 투자금액을 전액 자기자본으로 충당하는 경우 유동성 위험을 회피할 수 있다.

① ㄱ, ㄴ ② ㄱ, ㄷ ③ ㄴ, ㄷ
④ ㄱ, ㄴ, ㄹ ⑤ ㄱ, ㄷ, ㄹ

22. 甲은 시장가치 5억원의 부동산을 인수하고자 한다. 해당 부동산의 부채감당률(DCR)은?(단, 모든 현금유출입은 연말에만 발생하며, 주어진 조건에 한함)

• 담보인정비율(LTV) : 시장가치의 50%
• 연간 저당상수 : 0.04
• 가능총소득(PGI) : 5,000만원
• 공실손실상당액 및 대손충당금 : 가능총소득의 20%
• 영업경비비율 : 유효총소득의 40%

① 1.08 ② 1.40 ③ 1.80 ④ 2.40 ⑤ 2.80

23. 다음 자료는 A부동산의 1년간 운영수지이다. A부동산의 세후현금흐름승수는?(단, 주어진 조건에 한함)

• 총투자액 : 50,000만원
• 지분투자액 : 36,000만원
• 가능총소득(PGI) : 8,000만원
• 공실률 : 10%
• 영업경비 : 1,200만원
• 원리금상환액 : 900만원
• 영업소득세 : 600만원

① 8 ② 10 ③ 12 ④ 15 ⑤ 20

24. 부동산투자에 관한 설명으로 틀린 것은?(단, 주어진 조건에 한함)

① 시중금리 상승은 부동산투자자의 요구수익률을 상승시키는 요인이다.
② 기대수익률은 투자로 인해 기대되는 예상수입과 예상지출로부터 계산되는 수익률이다.
③ 부동산투자자는 담보대출과 전세를 통해 레버리지를 활용할 수 있다.
④ 요구수익률은 투자에 대한 위험이 주어졌을 때, 투자자가 대상부동산에 자금을 투자하기 위해 충족되어야 할 최소한의 수익률이다.
⑤ 정(+)의 레버리지효과는 총자본수익률이 자기자본수익률보다 높을 때 발생한다.

25. 甲은 아래 조건으로 부동산에 12억원을 투자하였다. 이에 관한 투자분석의 산출값으로 틀린 것은?

• 순영업소득(NOI) : 2억원/년 • 원리금상환액 : 5,000만원/년 • 유효총소득승수 : 3 • 지분투자액 : 6억원

① 유효총소득은 4억원 ② 부채비율은 50%
③ 지분환원율은 25% ④ 순소득승수는 6
⑤ 종합환원율은 10%

26. 부동산투자분석에 관한 설명으로 틀린 것은?

① 순현가법에서는 내부수익률과 요구수익률을 비교하여 투자여부를 결정한다.
② 내부수익률은 수익성지수를 1로, 순현재가치를 0으로 만드는 할인율이다.
③ 순현재가치법, 내부수익률법은 할인현금수지분석법에 해당한다.
④ 회계적 이익률법은 현금흐름의 시간적 가치를 고려하지 않는다.
⑤ 담보인정비율(LTV)은 부동산가치에 대한 융자액의 비율이다.

27. 자산유동화의 법률에 관한 설명 중 틀린 것은?

① 자산유동화계획에 따른 유동화증권의 발행에 관하여는 이 법에서 달리 정한 경우를 제외하고는 「상법」, 「자본시장과 금융투자업에 관한 법률」, 그 밖의 관계 법령에 따른다.
② 유한회사인 유동화전문회사는 자산유동화계획에 따라 사원의 지분에 관한 무기명식의 증권("출자증권")을 발행할 수 있다.
③ 유동화전문회사는 정관에서 정하는 바에 따라 그 이익을 초과하여 배당할 수 없다.
④ 유동화전문회사는 자산유동화계획에 따라 사채를 발행할 수 있다.
⑤ 유동화증권의 발행총액은 양도받거나 신탁받은 유동화자산의 매입가액 또는 평가가액의 총액을 한도로 한다. 이 경우 차입금액은 해당 발행총액에 포함하지 아니한다.

28. A회사는 전년도에 임대면적 800m²의 매장을 비율임대차(percentage lease)방식으로 임차하였다. 계약내용에 따르면, 매출액이 손익분기점 매출액 이하이면 기본임대료만 지급하고, 이를 초과하는 매출액에 대해서는 일정 임대료율을 적용한 추가임대료를 기본임대료에 가산하도록 하였다. 전년도 연임대료로 총 15,000만원을 지급한 경우, 해당 계약내용에 따른 추가임대료율은?(단, 연간 기준이며, 주어진 조건에 한함)

• 전년도 매출액 : 임대면적 m²당 100만원 • 손익분기점 매출액 : 임대면적 m²당 50만원 • 기본임대료 : 임대면적 m²당 10만원

① 15% ② 17.5% ③ 20% ④ 30% ⑤ 35%

29. 부동산투자회사법상 자기관리 부동산투자회사(REITs, 이하 "회사"라 한다)에 관한 설명으로 틀린 것은?

① 국토교통부장관은 회사가 최저자본금을 준비하였음을 확인한 때에는 지체 없이 주요 출자자(발행주식 총수의 100분의 5를 초과하여 주식을 소유하는 자)의 적격성을 심사하여야 한다.
② 최저자본금준비기간이 지난 회사의 최저자본금은 50억원 이상이 되어야 한다.
③ 주요 주주는 미공개 자산운용정보를 이용하여 부동산을 매매하거나 타인에게 이용하게 하여서는 아니 된다.
④ 회사는 자산운용 전문인력을 상근으로 두어야 한다.
⑤ 주주총회의 특별결의에 따른 경우, 회사는 해당 연도 이익배당한도의 100분의 50 이상 100분의 90 미만으로 이익배당을 정한다.

30. 자산유동화의 법률에 관한 설명으로 틀린 것은?

① 유동화전문회사 등(신탁업자도 포함한다)은 자산관리위탁계약에 따라 자산관리자에게 유동화자산의 관리를 위탁하여야 한다.
② 자산관리자는 위탁을 받아 관리하는 유동화자산을 그의 고유재산과 구분하여 관리하여야 한다.
③ 자산관리자가 파산하는 경우 위탁을 받아 관리하는 유동화자산은 자산관리자의 파산재단을 구성하지 아니하며, 유동화전문회사 등은 그 자산관리자 또는 파산관재인에게 유동화자산의 인도를 청구할 수 있다.
④ 자산보유자가 유동화전문회사 등에 시설대여계약에 따른 채권을 양도한 경우 해당 자산보유자는 자산유동화계획에 따르지 아니하고는 그 시설대여계약을 변경하거나 해지할 수 없다.
⑤ 신탁업자가 자산유동화계획에 따라 유동화자산을 양도하거나 신탁하는 경우에는 자기계약을 할 수 있다.

31. 부동산투자의 분석기법 및 위험에 관한 설명으로 옳은 것을 모두 고른 것은?(단, 주어진 조건에 한함)

> ㄱ. 위험과 수익과의 상쇄관계는 위험이 크면 클수록 요구하는 수익률이 커지는 것을 의미한다.
> ㄴ. 공실률, 부채서비스액은 세전현금흐름을 산정하는 데 필요한 항목이다.
> ㄷ. 위험회피형 투자자의 최적 포트폴리오는 투자자의 무차별곡선과 효율적 프론티어의 접점에서 선택된다.
> ㄹ. 투자자의 개별적인 위험혐오도에 따라 무위험률이 결정된다.
> ㅁ. 흡수율분석을 통해 투입요소의 변화가 그 투자안의 내부수익률에 미치는 영향을 분석할 수 있다.

① ㄱ, ㄴ, ㄷ ② ㄱ, ㄷ, ㅁ
③ ㄱ, ㄹ, ㅁ ④ ㄴ, ㄷ, ㄹ, ㅁ
⑤ ㄱ, ㄴ, ㄷ, ㄹ, ㅁ

32. 부동산관리방식 중 자기관리방식의 특징에 해당되는 것으로 묶인 것은?

> ㄱ. 소유자의 직접적인 통제권이 강화된다.
> ㄴ. 관리의 전문성과 효율성을 높일 수 있다.
> ㄷ. 기밀 및 보안 유지가 유리하다.
> ㄹ. 건물설비의 고도화에 대응할 수 있다.
> ㅁ. 대형건물의 관리에 더 유용하다.
> ㅂ. 소유와 경영의 분리가 가능하다.

① ㄱ, ㄴ, ㄷ ② ㄱ, ㄷ, ㅁ ③ ㄴ, ㄷ, ㄹ
④ ㄱ, ㄷ, ㅂ ⑤ ㄴ, ㄹ, ㅁ

33. 부동산마케팅에 관한 설명으로 틀린 것은?

① 부동산마케팅은 부동산상품을 수요자의 욕구에 맞게 상품을 개발하고 가격을 결정한 후 시장에서 유통, 촉진, 판매를 관리하는 일련의 과정이다.
② STP 전략은 대상 집단의 시장세분화(segmentation), 표적시장 선정(targeting), 포지셔닝(positioning)으로 구성된다.
③ AIDA원리는 주의(attention), 관심(interest), 욕망(desire), 행동(action)의 단계를 통해 공급자의 욕구를 파악하여 마케팅 효과를 극대화하는 고객점유마케팅 전략의 하나이다.
④ 표적시장 전략은 세분화된 시장을 통해 선정된 표적 집단을 대상으로 적합한 마케팅활동을 수행하는 것이다.
⑤ 시장세분화 전략은 부동산시장에서 마케팅활동을 수행하기 위하여 공급자의 집단을 세분하는 것이다.

34. 민간투자사업의 추진방식에 관한 설명으로 옳지 않은 것은?

① 사회기반시설의 준공과 동시에 해당 시설의 소유권이 국가 또는 지방자치단체에 귀속되며, 사업시행자에게 일정기간의 시설관리운영권을 인정하는 방식을 BTO 방식이라고 한다.
② 사회기반시설의 준공과 동시에 해당 시설의 소유권이 국가 또는 지방자치단체에 귀속되며, 사업시행자에게 일정기간의 시설관리운영권을 인정하되, 그 시설을 국가 또는 지방자치단체 등이 협약에서 정한 기간 동안 임차하여 사용·수익하는 방식을 BTL 방식이라고 한다.
③ 사회기반시설의 준공 후 일정기간 동안 사업시행자에게 해당 시설의 소유권이 인정되며 그 기간이 만료되면 시설소유권이 국가 또는 지방자치단체에 귀속되는 방식을 BOT 방식이라고 한다.
④ BTO 방식은 초등학교 교사 신축사업에 적합한 방식이다.
⑤ BTL 방식은 사업시행자가 최종 수요자에게 사용료를 직접 부과하기 어려운 경우 적합한 방식이다.

35. 다음 자료를 활용하여 공시지가기준법으로 산정한 대상토지의 단위면적당 시산가액은?(단, 주어진 조건에 한함)

- 대상토지 현황: A시 B구 C동 120번지, 일반상업지역, 상업용
- 기준시점: 2025.10.25.
- 표준지공시지가(A시 B구 C동, 2025.01.01. 기준)

	소재지	용도지역	이용상황	공시지가 (원/m^2)
1	C동 110	준주거지역	상업용	6,000,000
2	C동 130	일반상업지역	상업용	8,000,000

- 지가변동률(A시 B구, 2025.01.01.~2025.10.25.)
  - 주거지역: 3% 상승
  - 상업지역: 2% 상승
- 지역요인: 표준지와 대상토지는 인근지역에 위치하여 지역요인 동일함
- 개별요인: 대상토지는 표준지 기호 1에 비해 개별요인 4% 우세하고, 표준지 기호 2에 비해 개별요인 10% 열세함
- 그 밖의 요인 보정: 40% 증액 보정함
- 상승식으로 계산할 것

① 6,798,000원/m^2 ② 8,148,000원/m^2
③ 10,281,600원/m^2 ④ 12,222,000원/m^2
⑤ 13,860,000원/m^2

36. 다음 자료를 활용하여 원가법으로 산정한 대상건물의 시산가액은?(단, 주어진 조건에 한함)

> • 대상건물 현황: 철근콘크리트조, 단독주택, 연면적 400m²
> • 기준시점: 2025.10.25.
> • 사용승인일: 2015.10.25.
> • 사용승인일의 신축공사비: 2,000,000원/m²
> • 건축비지수(건설공사비지수)
>   – 2015.10.25.: 100
>   – 2025.10.25.: 200
> • 경제적 내용연수: 50년
> • 감가수정방법: 정액법
> • 내용연수 만료시 잔존가치 0%

① 1,246,000,000원　② 1,252,000,000원
③ 1,280,000,000원　④ 1,369,000,000원
⑤ 1,378,000,000원

37. 감정평가에 관한 규칙상 주된 감정평가방법 중 거래사례비교법을 적용하는 것은?

> ㄱ. 토지　ㄴ. 건물
> ㄷ. 토지와 건물의 일괄　ㄹ. 임대료
> ㅁ. 광업재단　ㅂ. 과수원
> ㅅ. 자동차

① 2개　② 3개　③ 4개　④ 5개　⑤ 6개

38. 감정평가에 관한 규칙에 규정된 내용으로 틀린 것은?

① 적산법이란 대상물건의 기초가액에 기대이율을 곱하여 산정된 기대수익에 대상물건을 계속하여 임대하는 데에 필요한 경비를 더하여 대상물건의 임대료를 산정하는 감정평가방법을 말한다.
② 가치발생요인이란 대상물건의 경제적 가치에 영향을 미치는 일반요인, 지역요인 및 개별요인 등을 말한다.
③ 감정평가법인등은 법령에 다른 규정이 있는 경우에는 기준시점의 가치형성요인 등을 실제와 다르게 가정하거나 특수한 경우로 한정하는 조건을 붙여 감정평가할 수 있다.
④ 일체로 이용되고 있는 대상물건의 일부분에 대하여 감정평가하여야 할 특수한 목적이나 합리적인 이유가 있는 경우에는 그 부분에 대하여 감정평가할 수 있다.
⑤ 감정평가법인등은 법령에 다른 규정이 있는 경우에는 대상물건의 감정평가액을 시장가치 외의 가치를 기준으로 결정할 수 있다.

39. 부동산 가격공시에 관한 법령에 규정된 내용으로 틀린 것은?

① 시장·군수 또는 구청장이 개별공시지가를 결정·공시하는 경우에는 해당 토지와 유사한 이용가치를 지닌다고 인정되는 하나의 표준지의 공시지가를 기준으로 토지가격비준표를 사용하여 지가를 산정하되, 해당 토지의 가격과 표준지공시지가가 균형을 유지하도록 하여야 한다.
② 국토교통부장관이 표준주택가격을 조사·산정할 때에는 「한국부동산원법」에 따른 한국부동산원에게 이를 의뢰하여야 한다.
③ 표준지공시지가에 이의가 있는 자는 그 공시일부터 30일 이내에 서면(전자문서를 포함한다)으로 국토교통부장관에게 이의를 신청할 수 있다.
④ 표준지공시지가는 토지시장에 지가정보를 제공하고 일반적인 토지거래의 지표가 되며, 국가·지방자치단체 등이 그 업무와 관련하여 지가를 산정하거나 감정평가법인등이 개별적으로 토지를 감정평가하는 경우에 기준이 된다.
⑤ 표준지로 선정된 토지에 대하여는 개별공시지가를 결정·공시하지 아니할 수 있다. 이 경우 표준지로 선정된 토지에 대하여는 해당 토지의 표준지공시지가를 개별공시지가로 본다.

40. 감정평가 과정상 지역분석 및 개별분석에 관한 설명으로 옳은 것은?

① 동일수급권(同一需給圈)이란 대상부동산과 대체·경쟁관계가 성립하지 않고 가치 형성에 서로 영향을 미치지 아니하는 다른 부동산이 존재하는 권역(圈域)을 말한다.
② 지역분석보다 개별분석을 먼저 실시하는 것이 일반적이다.
③ 인근지역이란 대상부동산이 속한 지역으로서 부동산의 이용이 동질적이고 가치형성요인 중 개별요인을 공유하는 지역을 말한다.
④ 개별분석이란 대상부동산의 개별적 요인을 분석하여 해당 지역 내 부동산의 표준적 이용과 가격수준을 판정하는 것을 말한다.
⑤ 지역분석이란 대상부동산이 속해 있는 지역의 지역요인을 분석하여 대상부동산의 표준적이용을 판정하는 것을 말한다.

2025년도 제36회 시험대비 THE LAST 모의고사

김백중 부동산학개론

회차	문제수	시험과목
3회	40	부동산학개론

수험번호		성명	

【수험자 유의사항】

1. 시험문제지의 **총면수**, **문제번호**, **일련순서**, **인쇄상태** 등을 확인하시고, 문제지 표지에 수험번호와 성명을 기재하시기 바랍니다.
2. 답은 각 문제마다 요구하는 **가장 적합하거나 가까운 답 1개**만 선택하고, 답안카드 작성 시 시험문제지 **마킹착오**로 인한 불이익은 전적으로 **수험자에게 책임**이 있음을 알려드립니다.
3. 답안카드는 국가전문자격 공통 표준형으로 문제번호가 1번부터 125번까지 인쇄되어 있습니다. 답안 마킹 시에는 반드시 **시험문제지의 문제번호와 동일한 번호**에 마킹하여야 합니다.
4. **감독위원의 지시에 불응하거나 시험시간 종료 후 답안카드를 제출하지 않을 경우** 불이익이 발생할 수 있음을 알려드립니다.
5. 시험문제지는 시험 종료 후 가져가시기 바랍니다.
6. 답안작성은 **시험시행일 현재 시행되는 법령 등**을 적용하시기 바랍니다.
7. 가답안 의견제시에 대한 개별회신 및 공고는 하지 않으며, **최종 정답 발표로 갈음**합니다.
8. 시험 중 **중간 퇴실은 불가**합니다. 단, 부득이하게 퇴실할 경우 **시험 포기각서 제출 후 퇴실은 가능**하나 **재입실이 불가**하며, **해당시험은 무효처리됩니다.**

박문각은 여러분의 제36회 공인중개사 시험 합격을 진심으로 응원합니다!

박문각 공인중개사

부동산학개론

1. 토지관련 용어의 설명으로 틀린 것은?

① 택지지역 내에서 주거지역이 상업지역으로 용도변경이 진행되고 있는 토지를 이행지라고 한다.

② 필지는 하나의 지번이 부여된 토지의 등록단위이다.

③ 획지는 인위적·자연적·행정적 조건에 따라 다른 토지와 구별되는 가격수준이 비슷한 일단의 토지를 말한다.

④ 택지 등 다른 용도로 조성되기 이전 원래 상태의 토지를 한계지라고 한다.

⑤ 공지는 건부지 중 건폐율·용적률의 제한으로 건물을 짓지 않고 남겨둔 토지를 말한다.

2. 부동산거래신고 등에 관한 법령상 토지거래허가구역의 지정 등에 관한 설명이다. 틀린 것은?

① 국토교통부장관 또는 시·도지사는 토지의 투기적인 거래가 성행하거나 지가(地價)가 급격히 상승하는 지역과 그러한 우려가 있는 지역으로서 대통령령으로 정하는 지역에 대해서는 5년 이내의 기간을 정하여 토지거래계약에 관한 허가구역으로 지정할 수 있다.

② 국토교통부장관 또는 시·도지사는 허가대상자, 허가대상 용도와 지목 등을 특정하여 허가구역을 지정할 수 있다.

③ 허가구역의 지정은 허가구역의 지정을 공고한 날부터 7일 후에 그 효력이 발생한다.

④ 국토교통부장관은 지정기간이 끝나는 허가구역을 계속하여 다시 허가구역으로 지정하려면 심의 전에 미리 시·도지사 및 시장·군수 또는 구청장의 의견을 들어야 한다.

⑤ 국토교통부장관이 허가구역을 지정하려면 중앙도시계획위원회의 심의를 거쳐야 한다.

3. 토지의 자연적 특성에 관한 설명으로 옳은 것을 모두 고른 것은?

> ㄱ. 부증성으로 인해 부동산은 용도적 공급이 가능해진다.
> ㄴ. 영속성으로 인해 부동산은 장기적 배려가 필요하고 부동산관리가 중요해진다.
> ㄷ. 인접성으로 인해 토지를 수익방식으로 평가하는 경우 직접환원법을 적용하게 된다.
> ㄹ. 부동성으로 인해 부동산활동은 임장활동이 되며, 감정평가시 지역분석을 하여야 한다.

① ㄱ, ㄴ ② ㄱ, ㄷ ③ ㄴ, ㄷ
④ ㄴ, ㄹ ⑤ ㄷ, ㄹ

4. 아파트 매매가격이 10% 상승할 때, 아파트 매매수요량이 5% 감소하고 오피스텔 매매수요량이 8% 증가하였다. 이때 아파트 매매수요의 가격탄력성의 정도(A), 오피스텔 매매수요의 교차탄력성(B), 아파트에 대한 오피스텔의 관계(C)는?(단, 수요의 가격탄력성은 절댓값이며, 다른 조건은 동일함)

① A: 비탄력적, B: 0.5, C: 대체재

② A: 탄력적, B: 0.5, C: 보완재

③ A: 비탄력적, B: 1.0, C: 대체재

④ A: 탄력적, B: 0.8, C: 보완재

⑤ A: 비탄력적, B: 0.8, C: 대체재

5. 수요와 공급이 동시에 변화할 경우, 균형가격과 균형량에 관한 설명으로 옳은 것은?(단, 수요곡선은 우하향, 공급곡선은 우상향, 다른 조건은 동일함)

① 수요와 공급이 증가하는 경우, 수요의 증가폭이 공급의 증가폭보다 크다면 균형가격은 상승하고 균형량은 감소한다.

② 수요와 공급이 감소하는 경우, 수요의 감소폭이 공급의 감소폭보다 작다면 균형가격은 상승하고 균형량은 증가한다.

③ 수요는 감소하고 공급이 증가하는 경우, 수요의 감소폭이 공급의 증가폭보다 작다면 균형가격은 하락하고 균형량은 증가한다.

④ 수요는 증가하고 공급이 감소하는 경우, 수요의 증가폭이 공급의 감소폭보다 작다면 균형가격은 상승하고 균형량은 증가한다.

⑤ 수요와 공급이 감소하는 경우, 수요의 감소폭과 공급의 감소폭이 같다면 균형가격은 알 수 없고 균형량은 감소한다.

6. A주택시장과 B주택시장의 함수조건이 다음과 같다. 거미집이론에 의한 두 시장의 모형형태는?(단, x축은 수량, y축은 가격, 각각의 시장에 대한 P는 가격, Qd는 수요량, Qs는 공급량, 다른 조건은 동일함)

> • A주택시장: $4Qd = 200 - 2P$, $6Qs = 100 + 4P$
> • B주택시장: $5Qd = 500 - 2P$, $Qs = 200 + \frac{1}{2}P$

① A: 수렴형, B: 수렴형 ② A: 수렴형, B: 발산형
③ A: 수렴형, B: 순환형 ④ A: 발산형, B: 수렴형
⑤ A: 발산형, B: 발산형

7. 수요와 공급의 가격탄력성에 관한 설명으로 옳은 것은? (단, x축은 수량, y축은 가격, 수요의 가격탄력성은 절댓값이며, 다른 조건은 동일함)

① 수요의 가격탄력성은 가격의 변화율에 대한 수요량의 변화비율을 측정한 것이다.

② 수요의 가격탄력성이 완전비탄력적이면 가격이 변화할 때 수요량이 무한대로 변화한다.

③ 수요의 가격탄력성이 비탄력적이면 수요량의 변화율이 가격의 변화율보다 더 크다.

④ 공급의 가격탄력성이 탄력적이면 가격의 변화율보다 공급량의 변화율이 더 작다.

⑤ 공급곡선이 수직선이면 공급의 가격탄력성은 완전탄력적이다.

8. A부동산에 대한 기존 시장의 균형 상태에서 수요함수는 P = 200 − 2Qd, 공급함수는 Qs = 2P − 40이다. 시장의 공급자 수가 2배로 증가되는 경우, 새로운 시장의 균형량과 기존 시장의 균형량의 차이는? [단, P는 가격(단위 : 만원), Qd는 수요량(단위 : m^2), Qs는 공급량(단위 : m^2)이며, A부동산은 민간재(private goods)로 시장의 수요자는 모두 동일한 개별수요함수를 가지며, 다른 조건은 동일함]

① 8 증가 ② 24 증가 ③ 56 증가
④ 24 감소 ⑤ 56 감소

9. 아파트시장에서 균형가격을 하락시키는 요인은 모두 몇 개인가?(단, 아파트는 정상재이며, 다른 조건은 동일함)

- 철근가격 상승
- 대체주택에 대한 수요 증가
- 아파트시장 수요에 대한 규제강화
- 수요자들의 아파트 가격하락 예상
- 대체주택의 가격하락

① 1개 ② 2개 ③ 3개 ④ 4개 ⑤ 5개

10. 도시공간구조이론 및 지대이론에 관한 설명으로 틀린 것은?

① 버제스(E. Burgess)의 동심원이론에 따르면 중심업무지구와 저소득층 주거지대 사이에 점이지대가 위치한다.

② 호이트(H. Hoyt)의 선형이론에 따르면 도시공간구조의 성장과 분화는 주요 교통축을 따라 부채꼴 모양으로 확대되면서 나타난다.

③ 버제스(E. Burgess)의 동심원이론에 교통축을 적용하여 개선한 이론이 호이트의 선형이론이다.

④ 헤이그(R. Haig)의 마찰비용이론에 따르면 마찰비용은 생산비와 지대로 구성된다.

⑤ 알론소(W. Alonso)의 입찰지대곡선은 도심에서 외곽으로 나감에 따라 가장 높은 지대를 지불할 수 있는 각 산업의 지대곡선들을 연결한 것이다.

11. 다음을 모두 설명하는 입지이론은?

- 공간상에서 수요를 고려하게 되면 최소비용지점은 무의미하다.
- 수요를 최대로 하는 지점이 이윤을 극대화시키는 최적입지점이 된다.
- 기업이 이윤극대화를 꾀하기 위해서는 시장확대가능성이 가장 높은 지점에 위치해야 한다.
- 개개 시장지역의 형태는 자유경쟁을 통해 정육각형 패턴의 공간조직이 이루어진다.

① 베버(A. Weber)의 최소비용이론
② 호텔링(H. Hotelling)의 입지적 상호의존설
③ 뢰쉬(A. Lösch)의 최대수요이론
④ 애플바움(W. Applebaum)의 소비자분포기법
⑤ 크리스탈러(W. Christaller)의 중심지이론

12. 다음 표는 쌀, 우유, 사과 세 가지 상품의 1,000m^2당 연간 산출물의 시장가격, 생산비용, 교통비용을 나타낸다. 튀넨의 이론에 의할 경우 15km인 지점에서 가장 경쟁력이 높은 상품은?

(단위 : 만원)

제 품	시장가격	생산비용	교통비용(1km당)
쌀	150	70	5
우 유	200	100	4
사 과	250	130	6

① 쌀 ② 우유 ③ 사과
④ 쌀과 우유 ⑤ 우유와 사과

13. 다음은 3가지 효율적 시장(A~C)의 유형과 다양한 유형의 투자자와 관련된 내용이다. 옳은 것은 모두 몇 개인가?

투자자	투자대상 시장
갑 : 아무런 분석을 하지 않음	A. 약성 효율적 시장
을 : 기술적 분석을 행함	B. 준강성 효율적 시장
병 : 기본적 분석을 행함	C. 강성 효율적 시장

- 갑이 A시장에 투자하는 경우 갑은 정상이윤을 획득할 수 있다.
- 을이 A시장에 투자하는 경우 을은 정상이윤을 획득할 수 있다.
- 병이 C시장에 투자하는 경우 병은 정상이윤을 획득할 수 있다.
- 병이 A시장에 투자하는 경우 병은 초과이윤을 획득할 수 있다.

① 0개 ② 1개 ③ 2개 ④ 3개 ⑤ 4개

14. 개발이익을 환수하기 위한 제도와 가장 거리가 먼 것은?

① 재건축부담금제 ② 용도지역지구제
③ 토지초과이득세 ④ 개발부담금제
⑤ 택지초과소유부담금제

15. 부동산조세에 관한 설명으로 틀린 것은?

① 양도소득세는 거래세이며 지방세이다.
② 양도소득세를 중과하면 동결효과가 나타날 수 있고, 그 결과 주택가격이 오히려 상승할 수 있다.
③ 조세는 국가 또는 지방자치단체가 그에 필요한 경비충당을 위한 재정수입 등을 조달할 목적으로 부과한다.
④ 매도자와 매수자 중에서 더 탄력적인 자가 상대적으로 세금을 더 적게 부담한다.
⑤ 헨리죠지는 토지단일세를 주장하였다.

16. 부동산 거래규제에 관한 설명으로 틀린 것은?

① 거래당사자는 부동산의 매매계약을 체결한 경우 그 실제 거래가격을 거래계약의 체결일부터 60일 이내에 공동으로 신고하여야 한다.
② 투기지역으로 지정되더라도 그 지역에서 건설·공급하는 도시형 생활주택은 분양가상한제를 적용하지 않는다.
③ 농지취득자격증명제는 농지취득을 제한하는 제도다.
④ 주택취득시 자금조달계획서의 제출을 요구하는 것은 주택취득을 제한하는 방법이다.
⑤ 토지거래허가구역으로 지정된 지역에서 토지거래계약을 체결할 경우 시장·군수 또는 구청장의 허가를 받아야 한다.

17. 현재 우리나라에서 시행되고 있는 정책수단이 아닌 것은?

① 공공토지비축제도
② 주거급여제도
③ 주택청약종합저축제도
④ 수용방식에 의한 도시개발
⑤ 재개발초과이익환수제도

18. 주택담보대출 등에 관한 설명으로 틀린 것은?

① 담보인정비율(LTV)은 주택담보대출 취급시 담보가치에 대한 대출취급가능금액의 비율을 말한다.
② 총부채원리금상환비율(DSR)은 차주의 소득에 대한 금융부채 중 이자상환액의 비율을 말한다.
③ 총부채상환비율(DTI)은 차주의 소득을 중심으로 대출규모를 결정하는 기준이다.
④ 한국은행 금융통화위원회는 물가 동향, 국내외 경제 상황, 금융시장 여건 등을 종합적으로 고려하여 연 8회 기준금리를 결정하고 있다.
⑤ 변동금리 주택담보대출은 이자율 변동으로 인한 위험을 차주에게 전가하는 방식으로 금융기관의 이자율 변동위험을 줄일 수 있다.

19. 다음은 투자부동산의 매입, 운영 및 매각에 따른 현금흐름이다. 이에 기초한 순현재가치는?(단, 0년차 현금흐름은 초기투자액, 1년차부터 5년차까지 현금흐름은 현금유입과 유출을 감안한 순현금흐름이며, 기간이 5년인 연금의 현가계수는 4.3, 5년 일시불의 현가계수는 0.78이고, 주어진 조건에 한함)

(단위 : 백만원)

기간(년)	0	1	2	3	4	5
현금흐름	−2,000	90	90	90	90	2,090

① −53백만원 ② −24백만원 ③ 0원
④ 24백만원 ⑤ 53백만원

20. 화폐의 시간가치 계산에 관한 설명으로 옳은 것은?

① 현재 10억원인 아파트가 매년 2%씩 가격이 상승한다고 가정할 때, 5년 후 아파트 가격을 산정하는 경우 연금의 미래가치계수를 사용한다.

② 원리금균등상환방식으로 담보대출을 받은 가구가 매월 상환할 금액을 산정하는 경우, 일시불의 현재가치계수를 사용한다.

③ 저당상수에 연금의 미래가치계수를 곱하면 감채기금계수가 된다.

④ 임대기간 동안 월임대료를 모두 적립할 경우, 이 금액의 현재시점 가치를 산정한다면 감채기금계수를 사용한다.

⑤ 연금의 현재가치계수와 일시금의 미래가치계수를 곱하면 연금의 미래가치계수가 된다.

21. 부동산 투자수익률에 관한 설명으로 옳은 것은?(단, 위험회피형 투자자를 가정함)

① 요구수익률이 기대수익률보다 높을 경우 투자자는 투자가치가 있는 것으로 판단한다.

② 요구수익률은 투자에 대한 위험이 주어졌을 때, 투자자가 투자부동산에 대하여 자금을 투자하기 위해 충족되어야 할 최소한의 수익률을 말한다.

③ 기대수익률이 실현수익률보다 크거나 같을 경우 투자타당성이 있다고 판단한다.

④ 요구수익률은 투자에 수반되는 위험이 클수록 작아진다.

⑤ 내부수익률은 다른 투자의 기회를 포기한다는 점에서 기회비용이라고도 한다.

22. 포트폴리오이론에 관한 설명으로 옳은 것은?(단, 위험회피형 투자자를 가정함)

① 포트폴리오 분산투자를 통해 체계적 위험 및 비체계적 위험을 감소시킬 수 있다.

② 효율적 프론티어는 투자대상 포트폴리오 중에서 가장 위험이 낮은 포트폴리오를 연결한 곡선을 말한다.

③ 공격적 성향의 투자자일수록 무차별곡선의 기울기의 값은 더 작아진다.

④ 포트폴리오를 구성하는 투자자산의 숫자를 늘릴수록 체계적 위험을 더 많이 감소시킬 수 있다.

⑤ 두 자산으로 포트폴리오를 구성할 경우, 포트폴리오에 포함된 개별자산의 수익률 간 상관계수에 상관없이 분산투자효과가 있다.

23. 부동산 투자분석기법에 관한 설명으로 옳은 것은?

① 부동산 투자분석기법 중 화폐의 시간가치를 고려한 방법에는 순현재가치법, 내부수익률법, 회계적 이익률법이 있다.

② 내부수익률이란 순현가를 '1'로 만드는 할인율이고, 기대수익률은 순현가를 '0'으로 만드는 할인율이다.

③ 어림셈법 중 순소득승수법의 경우 승수값이 작을수록 자본회수기간이 길어진다.

④ 순현가법에서는 재투자율로 요구수익률을 사용하고, 내부수익률법에서는 내부수익률을 사용한다.

⑤ 내부수익률법에서는 요구수익률이 내부수익률보다 작은 경우 해당 투자안을 선택하지 않는다.

24. 다음 표와 같은 투자사업(A~C)이 있다. 모두 사업기간이 1년이며, 사업 초기(1월 1일)에 현금지출만 발생하고 사업 말기(12월 31일)에는 현금유입만 발생한다고 한다. 할인율이 연 5%라고 할 때 다음 중 옳은 것은?

투자사업	초기 현금지출	말기 현금유입
A	3,800만원	6,825만원
B	1,250만원	2,940만원
C	1,800만원	4,725만원

① 수익성지수(PI)가 가장 큰 사업은 C이다.

② 순현재가치(NPV)가 가장 큰 사업은 B이다.

③ 수익성지수가 가장 작은 사업은 B이다.

④ A의 순현재가치는 B의 순현재가치의 1.6배이다.

⑤ A와 B의 순현재가치는 같다.

25. 지분금융, 메자닌금융, 부채금융 중 부채금융에 해당하는 것을 모두 고른 것은?

ㄱ. 자산유동화증권(ABS)
ㄴ. 조인트 벤처(joint venture)
ㄷ. 신탁증서금융
ㄹ. 자산담보부기업어음(ABCP)
ㅁ. 부동산신디케이트
ㅂ. 후순위채권

① ㄱ, ㄷ, ㅂ ② ㄱ, ㄴ, ㄹ ③ ㄱ, ㄷ, ㄹ
④ ㄴ, ㄷ, ㄹ ⑤ ㄷ, ㄹ, ㅂ

26. 각 지역과 산업별 고용자수가 다음과 같을 때, 가, 나, 다, 라의 입지계수의 합계는?(단, 주어진 조건에 한하며, 결과값은 소수점 셋째 자리에서 반올림함)

구 분		A지역	B지역	전지역 고용자수
X산업	고용자수	30	50	80
	입지계수	0.75	가	
Y산업	고용자수	30	30	60
	입지계수	나	다	
Z산업	고용자수	40	20	60
	입지계수	라	0.67	
고용자수 합계		100	100	200

① 3.24 ② 4.25 ③ 4.58 ④ 4.72 ⑤ 5.02

27. A는 주택 구입을 위해 연초에 6억원을 대출 받았다. A가 받은 대출 조건이 다음과 같을 때, (ㄱ) 대출금리와 18회차에 상환할 (ㄴ) 원리금은?(단, 주어진 조건에 한함)

> • 대출금리 : 고정금리
> • 대출기간 : 30년
> • 원리금상환조건 : 원금균등상환방식
> 매년 말 연단위로 상환
> • 1회차 원리금상환액 : 5,600만원

① (ㄱ) 연 4%, (ㄴ) 4,240만원
② (ㄱ) 연 4%, (ㄴ) 3,560만원
③ (ㄱ) 연 5%, (ㄴ) 4,240만원
④ (ㄱ) 연 6%, (ㄴ) 4,320만원
⑤ (ㄱ) 연 6%, (ㄴ) 3,560만원

28. 메자닌금융(mezzanine financing)에 해당하는 것을 모두 고른 것은?

> ㄱ. 배당우선주 ㄴ. 전환사채
> ㄷ. 주택상환사채 ㄹ. 후순위채권
> ㅁ. 보통주

① ㄱ, ㄴ, ㄷ ② ㄱ, ㄴ, ㄹ ③ ㄱ, ㄷ, ㄹ
④ ㄴ, ㄷ, ㅁ ⑤ ㄴ, ㄹ, ㅁ

29. 모기지(mortgage) 유동화에 관한 설명으로 틀린 것은?

① MPTS(mortgage pass－through securities)는 지분형 증권이다.
② MPTB(mortgage pay－through bond)의 경우, 저당소유권은 발행자가 보유하며, 발행자는 채무불이행 위험을 부담한다.
③ MBB(mortgage backed bond)의 경우, 신용보강을 위한 초과담보가 필요하다.
④ CMO(collateralized mortgage obligation)는 조기상환 위험은 증권발행자가 부담하고, 채무불이행 위험은 투자자가 부담한다.
⑤ 한국주택금융공사는 주택저당채권을 기초로 주택저당채권담보부채권과 주택저당증권을 발행한다.

30. 대출 상환방식에 관한 설명으로 옳은 것은?(단, 고정금리 기준이고, 다른 조건은 동일함)

① 상환 첫기에 원리금상환액에서 이자가 차지하는 비중은 원리금균등상환방식의 경우가 원금균등상환방식의 경우보다 크다.
② 원금균등상환방식의 경우, 매기 상환하는 원리금이 동일하다.
③ 점증(체증)상환방식의 경우, 원리금균등상환방식보다 대출금의 듀레이션이 더 짧다.
④ 원리금균등상환방식의 경우, 매기 상환하는 이자는 직선적으로 감소한다.
⑤ 만기일시상환방식의 경우, 원금균등상환방식에 비해 대출 금융기관의 이자수입이 줄어든다.

31. 민간투자사업의 유형이 옳게 짝지어진 것은?

> ㄱ. 민간사업자가 자금을 조달하여 시설을 건설하고, 일정기간 소유 및 운영을 한 후 사업종료 후 국가 또는 지방자치단체 등에게 시설의 소유권을 이전하는 방식
> ㄴ. 민간사업자가 자금을 조달하여 시설을 건설하고, 준공과 함께 민간사업자가 당해 시설의 소유권과 운영권을 갖는 방식

	ㄱ	ㄴ
①	BTO(build－transfer－operate)	BOO(build－own－operate)
②	BLT(build－lease－transfer)	BTO(build－transfer－operate)
③	BOT(build－operate－transfer)	BTO(build－transfer－operate)
④	BOT(build－operate－transfer)	BOO(build－own－operate)
⑤	BOO(build－own－operate)	BLT(build－lease－transfer)

32. 부동산마케팅에 관한 설명으로 틀린 것은?

① 부동산시장이 공급자 우위에서 수요자 우위의 시장으로 전환되면 마케팅의 중요성이 더욱 증대된다.

② STP전략이란 고객집단을 세분화(Segmentation)하고 표적시장을 선정(Targeting)한 후 차별화(Positioning)를 하는 전략이다.

③ 시장점유 마케팅전략이란 부동산시장을 점유하기 위한 전략으로 4P Mix전략, STP전략이 있다.

④ 관계 마케팅전략이란 고객과 공급자 간의 지속적인 관계를 유지하여 마케팅효과를 도모하는 전략이다.

⑤ 경쟁사의 가격을 추종해야 할 경우 4P Mix의 가격전략으로 시장침투전략을 이용한다.

33. 부동산개발에 관한 설명으로 틀린 것은?

① 부동산개발사업 진행시 행정의 변화에 따른 사업의 인·허가 지연위험은 사업시행자가 스스로 관리할 수 없는 위험이다.

② 공영(공공)개발은 공공성과 공익성을 위해 택지를 조성한 후 분양 또는 임대하는 토지개발방식을 말한다.

③ 수용방식은 택지가 개발되기 전 토지의 위치·지목·면적 등을 고려하여 택지개발 후 개발된 토지를 토지소유자에게 재분배하는 방식을 말한다.

④ 부동산개발은 미래의 불확실한 수익을 근거로 개발을 진행하기 때문에 위험성이 수반된다.

⑤ 민감도분석은 재무적 사업타당성분석에서 사용했던 주요변수들의 투입값을 낙관적, 비관적 상황으로 적용하여 수익성을 예측하는 것을 말한다.

34. 부동산마케팅 전략에 관한 설명으로 옳은 것은?

① 스키밍 가격전략(skimming pricing strategy)은 SNS, 블로그 등 다양한 매체를 통해 해당 브랜드나 제품에 대해 입소문을 내게 하여 마케팅효과를 극대화시키는 것이다.

② 분양성공을 위해 아파트 브랜드를 고급스러운 이미지로 고객의 인식에 각인시키도록 하는 노력은 STP전략 중 시장세분화(Segmentation)전략에 해당한다.

③ 아파트 분양 모델하우스 방문고객 대상으로 추첨을 통해 자동차를 경품으로 제공하는 것은 4P Mix전략 중 유통경로(Place)전략에 해당한다.

④ 셀링 포인트(selling point)란 사용 편의나 만족감 등 소비자의 구매 욕구를 일으키는 제품이나 서비스의 특징, 적합성, 융통성, 내구성, 쾌적성, 조화성, 유행성, 외관미 등을 의미한다.

⑤ 고객점유 마케팅전략에서 AIDA의 원리는 주의(Attention)－관심(Interest)－결정(Decision)－행동(Action)의 과정을 말한다.

35. 지역분석과 관련된 용어와 가장 거리가 먼 것은?

① 부동성과 인접성

② 균형의 원칙

③ 표준적이용

④ 가격수준의 판정

⑤ 인근지역과 유사지역 및 동일수급권 분석

36. 원가법에서 사용하는 감가수정 방법에 관한 설명으로 틀린 것은?

① 정액법과 정률법의 감가누계액은 직선적으로 증가한다.

② 정액법에서는 매년 감가율은 일정하고 감가액도 일정하다.

③ 정률법에서는 매년 감가율은 일정하고 감가액은 감소한다.

④ 상환기금법은 건물 등의 내용연수가 만료될 때 감가누계상당액과 그에 대한 복리계산의 이자상당액분을 포함하여 당해 내용연수로 상환하는 방법이다.

⑤ 정액법, 정률법, 상환기금법은 모두 내용연수에 의한 감가수정 방법이다.

37. 감정평가에 관한 규칙상 용어의 정의로 틀린 것은?

① 기준가치란 감정평가의 기준이 되는 가치를 말한다.

② 원가법이란 대상물건의 재조달원가에 감가수정을 하여 대상물건의 임대료를 산정하는 감정평가방법을 말한다.

③ 가치형성요인이란 대상물건의 경제적 가치에 영향을 미치는 일반요인, 지역요인 및 개별요인 등을 말한다.

④ 거래사례비교법이란 대상물건과 가치형성요인이 같거나 비슷한 물건의 거래사례와 비교하여 대상물건의 현황에 맞게 사정보정, 시점수정, 가치형성요인 비교 등의 과정을 거쳐 대상물건의 가액을 산정하는 감정평가방법을 말한다.

⑤ 수익환원법이란 대상물건이 장래 산출할 것으로 기대되는 순수익이나 미래의 현금흐름을 환원하거나 할인하여 대상물건의 가액을 산정하는 감정평가방법을 말한다.

38. 다음 자료를 활용하여 직접환원법으로 산정한 대상부동산의 수익가액은?(단, 연간 기준이며, 환원이율은 물리적 투자결합법을 이용해서 구한다)

> • 가능총소득(PGI) : 80,000,000원
> • 공실상당액 및 대손충당금 : 가능총소득 10%
> • 영업경비(OE) : 유효총소득(EGI)의 40%
> • 토지와 건물의 가격구성비는 2:8이며, 토지의 환원이율은 5%이고 건물의 환원이율은 10%이다.

① 245,000,000원
② 266,000,000원
③ 385,000,000원
④ 399,000,000원
⑤ 480,000,000원

39. 부동산가격공시에 관한 법률에 규정된 내용으로 틀린 것은?

① 공동주택가격에 이의가 있는 자는 그 결정·공시일부터 30일 이내에 서면(전자문서를 포함한다)으로 국토교통부장관에게 이의를 신청할 수 있다.

② 표준주택가격은 국가·지방자치단체 등이 그 업무와 관련하여 개별주택가격을 산정하는 경우에 그 기준이 된다.

③ 표준주택으로 선정된 단독주택에 대하여는 개별주택가격을 결정·공시하지 아니할 수 있다.

④ 공동주택가격은 국가·지방자치단체 등이 과세 등의 업무와 관련하여 주택의 가격을 산정하는 경우에 그 기준으로 활용될 수 있다.

⑤ 국토교통부장관은 표준주택가격을 조사·산정하고자 할 때에는 감정평가법인에 의뢰한다.

40. 다음 자료를 활용하여 공시지가기준법으로 산정한 대상토지의 가액(원/m^2)은?(단, 주어진 조건에 한함)

> • 대상토지 : A시 B구 C동 320번지, 일반상업지역
> • 기준시점 : 2025.10.25.
> • 비교표준지 : A시 B구 C동 300번지, 일반상업지역, 2025.01.01. 기준 공시지가 10,000,000원/m^2
> • 지가변동률(A시 B구, 2025.01.01.~10.25.) : 상업지역 4% 상승
> • 지역요인 : 대상토지와 비교표준지의 지역요인은 동일함
> • 개별요인 : 대상토지는 비교표준지에 비해 가로조건 2% 우세, 환경조건 12% 열세하고, 다른 조건은 동일함(상승식 계산)
> • 그 밖의 요인 보정치 : 1.2

① 9,240,448
② 11,202,048
③ 13,860,082
④ 17,010,124
⑤ 20,790,064

2025년도 제36회 시험대비 THE LAST 모의고사
김백중 부동산학개론

회차	문제수	시험과목
1회	40	부동산학개론

수험번호		성명	

【정답 및 해설】

박문각은 여러분의 제36회 공인중개사 시험 합격을 진심으로 응원합니다!

박문각 공인중개사

부동산학개론

1. ①	2. ④	3. ⑤	4. ④	5. ④	6. ③	7. ③	8. ②
9. ④	10. ②	11. ⑤	12. ③	13. ①	14. ①	15. ②	16. ①
17. ④	18. ⑤	19. ③	20. ⑤	21. ⑤	22. ①	23. ①	24. ④
25. ③	26. ③	27. ⑤	28. ①	29. ②	30. ③	31. ②	32. ⑤
33. ④	34. ②	35. ②	36. ⑤	37. ①	38. ③	39. ④	40. ②

〈문제분석〉

▌표본: 35회 기출문제

▌체감난이도: 중상 (계산문제 10문제)

▌난이도분석

난이도 하 17문항	하나도 틀리지 말 것
	1, 6, 7, 8, 10, 12, 16, 17, 20, 25, 26, 29, 30, 34, 37, 39, 40
난이도 중 11문항	최소 반타작
	2, 5, 9, 11, 13, 14, 19, 22, 33, 35, 36
난이도 상 12문항	맨 나중에 풀 것
	3, 4, 15, 18, 21, 23, 24, 27, 28, 31, 32, 38

1. ① 테마 03 난이도 下

② 개별성으로 인해 완전한 대체가 불가능하다.
③ 사회적 위치 → 행정적 위치
④ 완전탄력 → 완전비탄력
⑤ 개별성 → 부동성

2. ④ 테마 02 난이도 中

ㄱ.은 공유지에 대한 설명이고, ㄴ.은 환지에 대한 설명이다.

3. ⑤ 테마 02 난이도 上

⑤ 기숙사는 주택법상 공동주택에 속하지 않는다. 기숙사는 주택법상 준주택에 해당되고, 건축법상 공동주택에 해당된다.

▌주택(주택법)

① 장기간 독립된 주거생활을 할 수 있는 건축물의 전부(일부) 및 그 부속토지
② 공동주택(아파트, 연립, 다세대)과 단독주택(다가구, 다중, 단독)으로 구분
③ 면적과 관계없이 5개 층 이상은 모두 아파트에 해당된다.

4	4	3	3
연립	다세대	다가구	다중
초과	660m²	19세대 이하	직장인

4. ④ 테마 02 난이도 極上

④ 난이도 극상의 문제로 시험장에서는 버리는 문제. 문제유형만 확인.

5. ④ 테마 32 난이도 中

④ 개발이익의 측면에서는 토지를 전면매수하는 수용방식이 더 유리하다.

1. 환지방식(권리축소의 방식)
① 미개발지를 도시토지로 개발한 후 기존의 토지소유자에게 재분배
② 공공의 재정투자를 최소화시킬 수 있다.

2. 수용방식(수용 또는 사용방식, 공영개발, 권리소멸의 방식)
① 공영개발은 개발이익의 사회적 환수를 가능하게 한다.
② 환지방식과 비교할 때 개발기간을 단축시킬 수 있다.

6. ③ 테마 28 난이도 下

③ BTO 방식 → BOT 방식

투자방식	주요 특성
BTO	사회기반시설의 준공과 동시에 당해 시설의 소유권이 국가 또는 지방자치단체에 귀속되며, 사업시행자에게 일정기간의 시설관리운영권을 인정
BTL	준공과 동시에 시설소유권이 국가 등에 귀속되며, 사업시행자에게 일정기간의 시설운영권을 인정하되 그 시설을 국가 등이 협약에서 정한 기간 동안 임차하여 사용·수익하는 방식
BOT	사회기반시설의 준공 후, 일정기간 동안 사업시행자에게 당해 시설의 소유권이 인정되며, 기간만료시 시설소유권이 국가 등에 귀속되는 방식
BOO	사회기반시설의 준공과 동시에 사업시행자에게 당해 시설의 소유권이 인정되는 방식
BLT	사업시행자가 사회기반시설을 준공한 후, 일정기간 동안 타인에게 임대하고, 임대기간 종료 후 시설물을 국가 또는 지방자치단체 이전

7. ③ 테마 34 난이도 下

③ 마케팅믹스는 4P를 구성요소로 하며, 4P MIX전략이란 제품(Product), 판매촉진(Promotion), 가격(Price), 유통경로(Place)의 제 측면에서 차별화를 도모하는 전략이다. 주로 상업용 부동산의 마케팅에서 사용된다.

▌마케팅믹스(4P믹스 = 제판가유)의 내용

제품 Product	실개천 설치+설계+홈 오토매틱+보안설비의 디지털화
판촉 Promotion	시장의 수요자들을 강하게 자극하고 유인하는 전략 판매유인(경품) + 직접적인 인적판매 등
가격 Price	고가정책(스키밍) / 저가정책(침투) / 시가정책 Vs 단일가격정책 / 신축가격정책(적응가격전략) → 방위, 위치에 따라 다른 가격
유통 Place	제품이 소비자에게 원활하게 전달될 수 있도록 하는 작업 중개업소, 분양대행사 등 활용

8. ② 테마 05 난이도 下

① 균형거래량은 감소한다. → 균형거래량은 증가한다.
③ 균형가격은 상승한다. → 균형가격은 하락한다.
④ 균형거래량은 증가한다. → 균형거래량은 감소한다.
⑤ 균형가격은 하락한다. → 균형가격은 상승한다.

9. ④ 테마 07 난이도 中

(1) 공식을 적는다. $\frac{수}{가}=0.5$ $\frac{수}{교}=0.9$

(2) 분모값을 적용한다. $\frac{수}{가+2\%}=0.5$ $\frac{수}{교+5\%}=0.9$

(3) 가격탄력도와 교차탄력도의 분자값을 구한다. 가격탄력도는 분모와 분자의 값은 항상 반대를 적용한다. 교차탄력도는 값이 (+)이면 분자와 분모의 방향성이 동일한 것이고, 값이 (−)이면 분자와 분모는 반대인 것이다. $\frac{수-1.0\%}{가+2\%}=0.5$ $\frac{수+4.5\%}{교+5}=0.9$

전체 수요량의 변화율은 −1.0% + 4.5% = +3.5%

10. ② 테마 05 난이도 下

- 아파트 재산세 상향조정 → 수요감소 + 공급증가 → 가격하락
- 아파트에 대한 선호도 감소 → 수요감소 → 가격하락
- 아파트 건축자재 가격의 상승 → 공급감소 → 가격상승
- 아파트 담보대출 이자율의 상승 → 수요감소 → 가격하락

11. ⑤ 테마 05 난이도 中

공수공수	공급함수 $Q = 100 + \frac{1}{4}P$ → $Q = 100 + \frac{1}{4}P$ 수요함수 $Q = 900 - P$ → $Q = 1{,}500 - \frac{9}{4}P$	
연립방정식 풀기	$100 + 0.25P = 900 - P$ $1.25P = 800$ $P = 640,\ Q = 260$	$100 + 0.25P = 1{,}500 - 2.25P$ $2.5P = 1{,}400$ $P = 560,\ Q = 240$
	가격은 80 하락, 거래량은 20 감소	

12. ③ 테마 04 난이도 下

유량	변화분	신규	장기공급	소득월급 GDP	거래량 발행량	기간	임료
저량	존재량	재고	단기공급	재산자산 국부	인구수 통화량 보유고	시점	가격

13. ① 테마 32 난이도 中

① **주거환경개선사업** : 도시저소득 주민이 집단거주하는 지역으로서 정비기반시설이 극히 열악하고 노후·불량건축물이 과도하게 밀집한 지역의 주거환경을 개선하거나 단독주택 및 다세대주택이 밀집한 지역에서 정비기반시설과 공동이용시설 확충을 통하여 주거환경을 보전·정비·개량하기 위한 사업을 말한다.

② **재개발사업** : 정비기반시설이 열악하고 노후·불량건축물이 밀집한 지역에서 주거환경을 개선하거나 상업지역·공업지역 등에서 도시기능의 회복 및 상권활성화 등을 위하여 도시환경을 개선하기 위한 사업을 말한다. 이 경우 공적주체가 일정비율 이상을 공공임대주택 등으로 건설·공급하는 재개발사업을 "공공재개발사업"이라 한다.

③ **재건축사업** : 정비기반시설은 양호하나 노후·불량건축물에 해당하는 공동주택이 밀집한 지역에서 주거환경을 개선하기 위한 사업을 말한다. 이 경우 공적주체가 일정세대수 이상을 공급하면 "공공재건축사업"이라 한다.

14. ① 테마 10 난이도 中

(1) 문제를 그림의 형태로 변환한다.

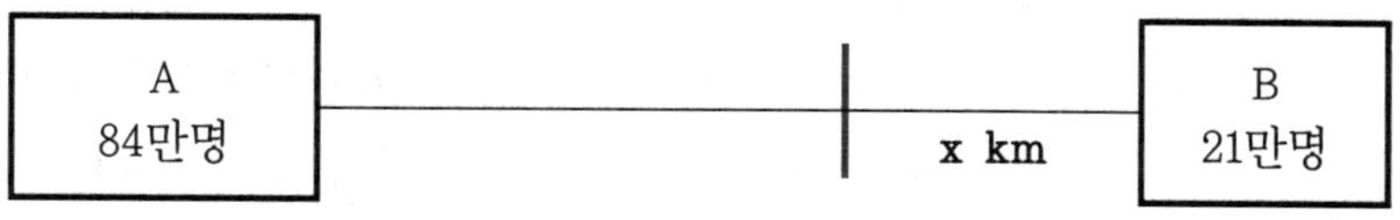

(2) 경계지점은 작은 도시에서 가깝게 형성된다. 따라서 전체 45km의 중간인 22.5km보다는 더 오른편에 위치한다. 즉 보기 지문 중에서 ③ 25km ④ 30km ⑤ 35km은 정답이 아니다.

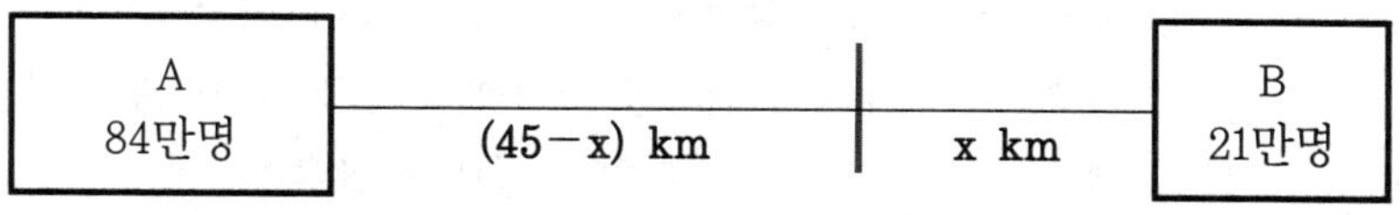

(3) 경계지점은 양쪽의 도시에서 당기는 유인력의 크기가 동일한 지점이다.

따라서 $\frac{840{,}000}{(45-x)^2} = \frac{210{,}000}{x^2}$의 관계가 성립한다. 이제 남은 15, 20을 각각 대입해보면 15 대입시 등호가 성립하므로 정답은 15km 지점이다.

15. ② 테마 12 난이도 上

② 선형이론에서는 점이지대가 존재하지 않는다. 주어진 지문은 동심원이론에 대한 설명이다.

시험용으로 확인할 것 : 점이지대는 동심원이론에만 존재하며, 부도심은 다핵심이론에만 존재한다.

16. ① 테마 11 난이도 下

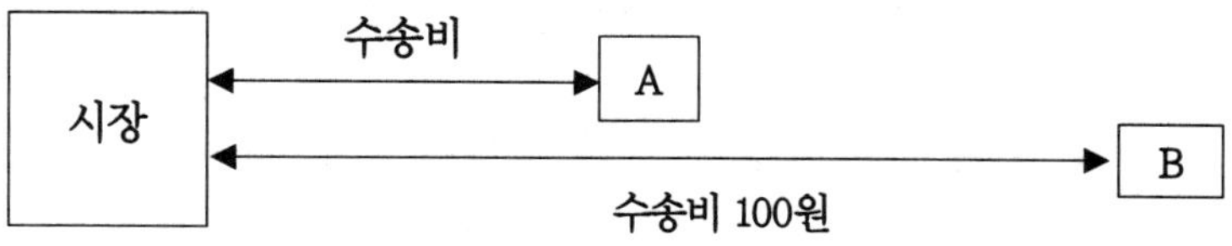

① 위치지대 : A토지는 40원의 수송비절감분이 발생하며 이것이 지대임

- 리카르도 차액지대 : 비옥도(생산성)의 차이가 지대의 차이이다.
- 튀넨 위치지대 : 수송비(위치)의 차이가 지대의 차이이다.

② 튀넨 이론의 확장

- 튀넨의 입찰지대(농업) → 알론소의 입찰지대곡선(도시)
- 튀넨의 6개의 동심원 → 버제스의 5개의 동심원

17. ④ 테마 08 난이도 下

개발정보의 현재가치

$= \frac{개발될\ 때와\ 개발되지\ 않을\ 때의\ 차액 \times 개발\ 안\ 될\ 가능성}{(1+할인율)^{1년\ 후면\ 1,\ 2년\ 후면\ 2를\ 적용}}$

$= \frac{차액(2{,}420 - 1{,}210 = 1{,}210) \times 개발\ 안\ 될\ 가능성(0.6)}{(1+0.1)^2}$

= 600백만(=6억원)

18. ⑤ 테마 15 난이도 上

▌토지거래허가구역 지정과 관련된 핵심내용

1. 국토교통부장관 또는 시·도지사는 토지의 투기 우려가 있는 지역에 대해서는 5년 이내의 기간을 정하여 토지거래허가구역으로 지정할 수 있다.
2. 허가구역에서 토지거래계약을 체결하려는 당사자는 공동으로 시장·군수 또는 구청장의 허가를 받아야 한다.
3. 허가를 받지 아니하고 체결한 토지거래계약은 그 효력이 발생하지 아니한다.
4. 시장·군수 또는 구청장은 '공익사업용 토지 또는 토지거래계약 허가를 받아 취득한 토지를 그 이용목적대로 이용하고 있지 아니한 토지'에 대해서 토지거래계약에 관한 허가신청이 있는 경우 국가 등이 그 매수를 원하는 경우에는 해당 토지를 매수할 자를 지정하여 그 토지를 협의 매수하게 할 수 있다.
5. 공익사업용 토지 등에 관하여 토지거래허가신청이 있는 경우에는 1개월 이내에 선매자를 지정해야 하고, 선매자는 1개월 이내에 토지소유자와 선매협의를 끝내야 한다.

19. ③ 테마 16 난이도 中

▌공공주택 특별법 시행령 제2조(공공임대주택)의 종류

1. 영구임대주택 : 최저소득 계층의 주거안정을 위하여 50년 이상 또는 영구적인 임대를 목적으로 공급
2. 국민임대주택 : 저소득 서민의 주거안정을 위하여 30년 이상 장기간 임대를 목적으로 공급하는 공공임대주택
3. 행복주택 : 대학생, 사회초년생, 신혼부부 등 젊은 층의 주거안정을 목적으로 공급하는 공공임대주택
4. 통합공공임대주택 : 최저소득 계층, 저소득 서민, 젊은 층 및 장애인·국가유공자 등 사회 취약계층 등의 주거안정을 목적으로 공급
5. **장기전세주택** : 전세계약의 방식으로 공급하는 공공임대주택
6. **분양전환공공임대주택** : 일정기간 임대 후 분양전환할 목적으로 공급
7. **기존주택등매입임대주택** : 기존주택을 매입하여 저소득층과 청년 및 신혼부부 등에게 공급하는 공공임대주택
8. **기존주택전세임대주택** : 기존주택을 임차하여 저소득층과 청년 및 신혼부부 등에게 전대(轉貸)하는 공공임대주택

20. ⑤ 테마 14 난이도 下

⑤ 총부채원리금상환비율이란 차입자의 입장에서 매년 갚아야 할 주택담보대출 원리금과 기타대출원리금의 합산액이 연간 소득에서 차지하는 비중이 얼마인지를 나타내는 비율이다.

▌DTI(총부채상환비율)와 DSR(총부채원리금상환비율)의 구분

$$\text{DTI} : \frac{\text{주택담보대출 원리금상환액} + \text{기타대출 이자상환액}}{\text{연소득}}$$

$$\text{DSR} : \frac{\text{주택담보대출 원리금상환액} + \text{기타대출 원리금상환액}}{\text{연소득}}$$

21. ⑤ 테마 02 난이도 上

⑤ 도시형 생활주택은 작은 규모의 공동주택을 의미하며 아파트형 주택, 단지형 연립주택, 단지형 다세대주택으로 구분된다.

▌주택법상 용어정리

도시형 생활주택 (내 동생 삼백이 연세아파트에 산다)	① 작은 **공동주택** (300세대 미만 + 국민주택규모) : 단지형 연립, 단지형 다세대, 아파트형 ② 분양가상한제 적용하지 않는다.
토지임대부 분양주택	토지는 시행자, 건축물은 분양받은 자 소유
주택조합	지역주택조합, 직장주택조합, 리모델링주택조합
세대구분형 공동주택	구분된 공간의 일부를 구분소유할 수 없음

22. ① 테마 17 난이도 中

① 옳은 것은 ㄱ, ㄷ이다.

ㄴ. 재산세와 종합부동산세의 과세기준일이 6.1이다.

ㄹ. 지방세는 개별과세가 일반적이고(토지의 경우 예외 있음), 국세는 합산과세가 일반적이다.

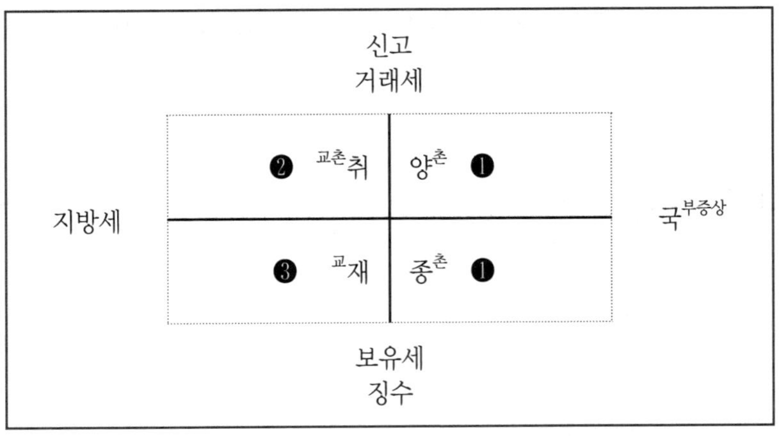

23. ① 테마 23 난이도 上

<table>
<tr><td colspan="2" rowspan="3">800
(총투자액)</td><td>110</td><td>가</td><td>공</td><td>4</td><td>: －공실과 대손＋기타소득</td></tr>
<tr><td>106</td><td>유</td><td>경</td><td>6</td><td>: 수선유지비＋용역비＋재산세＋직원인건비</td></tr>
<tr><td>100</td><td>순</td><td>은</td><td>15</td><td>: 부채서비스액</td></tr>
<tr><td rowspan="2">400
(융자)</td><td rowspan="2">400
(지분)</td><td>85</td><td>전</td><td>세</td><td>5</td><td>: 영업소득세</td></tr>
<tr><td>80</td><td>후</td><td></td><td></td><td></td></tr>
</table>

- 순소득승수(ㄱ) = 총투자액(800) / 순영업소득(100) = 8
- 세후현금흐름승수(ㄴ) = 지분투자액(400) / 세후현금수지(80) = 5

24. ④ 테마 24 난이도 上

④ 자산 B와 자산 D는 위험이 같은 투자안이므로 수익이 더 높은 자산 D가 더 선호된다. (평균분산 지배원리 : 위험이 같은 투자안이 여러 개 있으면 수익이 더 높은 투자안을 선택한다)

	자산 A	자산 B	자산 C	자산 D
평균(기댓값) = 수익	4.0%	4.0%	8.0%	8.0%
표준편차 = 위험	1.41%	4.24%	0.71%	4.24%

25. ③ 테마 22 난이도 下

③ 하나의 투자안에 있어 수익성지수가 1보다 크면 순현재가치는 0보다 크고, 내부수익률은 요구수익률보다 크다.

▌순현재가치법이 내부수익률법보다 더 우수한 이유는,

> 첫째, 재투자수익률에 대한 가정이 더 합리적이고(순현가법은 요구수익률로 재투자한다고 가정하고, 내부수익률법에서는 내부수익률로 재투자한다고 가정한다),
> 둘째, 순현재가치법에서는 가치가산의 원리가 적용되며,
> 셋째, 순현재가치법은 부의 극대화를 판단할 수 있고,
> 넷째, 내부수익률법은 복수해나 무해가 나올 수 있는데 그럴 경우 순현재가치법으로 다시 분석을 해야 하기 때문이다.

26. ③ 테마 17 난이도 下

▌헨리 조지의 토지단일세

> 공급의 탄력성이 큰 재화일수록 세금을 부과하면 시장에서 자원배분의 왜곡을 크게 만든다. 반대로 비탄력적인 재화일수록 자원배분의 왜곡이 작아지고 완전비탄력적이면 자원배분의 왜곡이 없는 것이다. 즉 완전비탄력적인 토지에 대한 보유세는 자원배분의 왜곡을 가져오지 않는다. 그래서 헨리 조지는 토지에서 나오는 지대수입을 100% 징세할 경우, 토지세 수입만으로 재정을 충당할 수 있다고 주장했다.

27. ⑤ 테마 23 난이도 上

⑤ 자본환원율이 상승하면 개발사업의 가치가 하락하므로 개발타당성이 낮아진다.

▌자본환원율의 개념

> 1. 기회비용을 반영하므로, 시장금리가 상승하면 함께 상승한다.
> 2. 자본환원율이 상승하면 자산가격은 하락한다.
> 3. 프로젝트의 위험이 높아지면 자본환원율도 상승한다.
> 4. 부동산자산이 창출하는 순영업소득을 해당자산의 가격으로 나눈 값이다.

28. ① 테마 33 난이도 上

비율임대차 임대료 = 기본임대료 + 추가임대료 = 157,200,000원

- 기본임대료 : 300m² × 40,000원 × 12개월 = 144,000,000원
- 추가임대료 : 1월~6월까지는 추가임대료가 발생하지 않는다.

(300m² × 190,000원) − 35,000,000원 × 10% × 6개월
(예상임대료) (손익분기점 임대료) (임대료율)

= 13,200,000원

29. ② 테마 25 난이도 下

LTV 기준	DTI 기준
① 공식 적기 $\frac{L}{V} = 0.6$ ② V에 부동산가격 500을 대입 ③ L을 구한다. (500 × 0.6 = 300)	① 공식 적기 $\frac{D}{I} = 0.4$ ② I에 차입자의 연소득 80을 대입 ③ D를 구한다. (80 × 0.4 = 32) ④ 융자가능금액을 계산한다. D(32) ÷ 저당상수(0.1) = 320

① LTV 기준 융자가능 최대금액은 300이다.
② DTI 기준 융자가능 최대금액은 320이다.
③ 두 기준을 모두 만족시키는 금액은 적은 금액인 300이다.
④ 이미 50을 빌렸기 때문에 추가로 융자가능한 금액은 250(2.5억원)이다.

30. ③ 테마 33 난이도 下

▌위탁관리의 장단점

> • 장점
> ㉠ 부동산소유자는 본업에 전념할 수 있다.
> ㉡ 부동산관리를 위탁함으로써 자사의 참모체계는 단순화시킬 수 있다.
> ㉢ 합리적인 부동산관리를 통해 부동산관리비용을 절감할 수 있다.
> ㉣ 관리업무의 타성화(매너리즘)를 방지할 수 있다.
> • 단점
> ㉠ 기밀유지 및 보안관리가 불안할 수 있다.
> ㉡ 관리요원의 인사이동이 잦을 수 있어 안정성이 문제된다.
> ㉢ 각 부문의 종합적인 관리가 용이하지 않다.

31. ② 테마 26 난이도 上

② 옳은 것은 ㄱ, ㄷ이다.
ㄴ. 원리금균등상환방식 → 원금균등상환방식
ㄹ. 더 길다. → 더 짧다. (야매 : 듀레이션은 잔금으로 용어를 바꿔서 풀도록 한다)

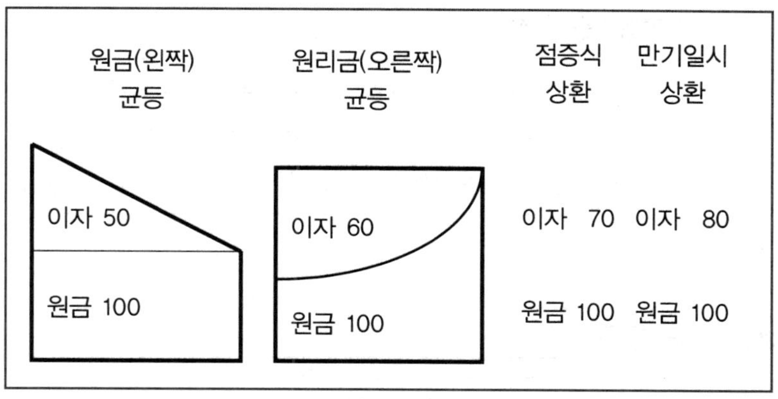

32. ⑤ 테마 27 난이도 上

① 다주택자인 경우에도 부부 소유주택의 공시지가를 합산한 가격이 12억원 이하이면 신청할 수 있다.
② 주택연금은 주택소유자가 소유권을 가지고 공사는 담보주택에 저당권을 설정하는 저당권방식과, 주택소유자가 주택을 공사에 신탁(소유권이전)하고 공사는 우선수익권을 담보로 취득하는 신탁방식이 있다. 그리고 주택연금 가입 중 담보제공방식의 변경이 가능하다.
③ 부부 중 한 명이 사망한 경우에도 연금감액 없이 100% 동일금액의 지급을 보장한다.
④ 부부 중 한 명이라도 만 55세 이상이고, 공시가격 12억원 이하의 주택 또는 주거용도의 오피스텔을 소유한 사람이라면 누구나 이용할 수 있다.

33. ④ 테마 29 난이도 中

④ 옳은 것은 ㄷ, ㄹ이다.

ㄱ. 감정평가사 또는 공인회계사 → 감정평가사 또는 공인중개사

ㄴ. 부동산투자회사에서 3년을 근무한 사람 → 부동산투자회사 등에 5년 이상 근무하고 그중 3년 이상을 해당 업무에 종사한 경력이 있는 사람

> **부동산투자회사법 제22조【자기관리 부동산투자회사의 자산운용 전문인력】** 자기관리 부동산투자회사는 그 자산을 투자·운용할 때에는 전문성을 높이고 주주를 보호하기 위하여 다음에 따른 자산운용 전문인력을 상근으로 두어야 한다.
> ① 감정평가사 또는 공인중개사로서 해당 분야에 5년 이상 종사한 사람
> ② 부동산 석사학위 이상의 소지자로서 관련된 업무에 3년 이상 종사한 사람
> ③ 그 밖에 대통령령으로 정하는 사람: 부동산투자회사 등에 5년 이상 근무하고 그중 3년 이상을 해당 업무에 종사한 경력이 있는 사람

34. ② 테마 27 난이도 下

① MBB증권의 경우 차입자가 상환한 원리금은 유동화기관에 전달되고 유동화기관이 책임을 지고 MBB 투자자와 약속한 원리금을 지불한다.

③ 초과담보를 제공하지 않는 증권은 MBB이며, CMO증권은 어느 정도 초과담보를 제공하여야 한다.

④ MBB 투자자 입장에서는 불확실성(위험)이 가장 적은 증권이다.(현금흐름이 가장 안정적인 증권)

⑤ MPTS에 관한 설명이다.

35. ② 테마 36 난이도 中

② 감정평가법인등은 법령에 다른 규정이 있는 경우에는 기준시점의 가치형성요인 등을 실제와 다르게 가정하거나 특수한 경우로 한정하는 조건을 붙여 감정평가할 수 있다.

▌현황기준 원칙

> ① 감정평가는 기준시점에서의 대상물건의 이용상황(불법이나 일시적 이용 제외) 및 공법상 제한을 받는 상태를 기준으로 한다.
> ② 일정한 경우 감정평가조건을 붙여 감정평가할 수 있다.

36. ⑤ 테마 38 난이도 中

400	80 가 공 8 72 유 경 32 40 순
	환원이율 ?

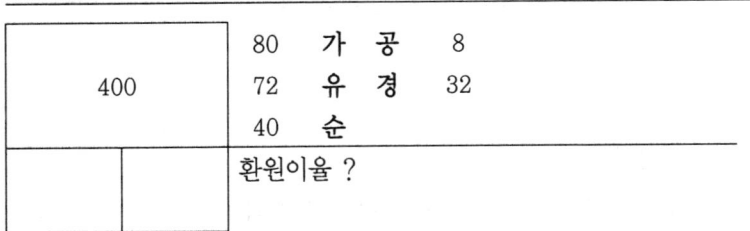

환원이율 = 40 ÷ 400 = 0.1(= 10%)

37. ① 테마 39 난이도 下

800,000,000원 × 0.5(토지가격구성비) × $\frac{100}{200}$(면적) × 1.04(주거지역 지가변동률) × 1.1(개별요인) = 228,800,000원

38. ③ 테마 38 난이도 上

③ 복제원가 → 대치원가

▌재조달원가

> 1. 의의: 기준시점에서 대상물건을 재생산(재취득)하는 데 소요되는 적정원가의 총액
> 2. 종류
> ┌ 복제원가: 물리적 동일성
> └ 대체원가: 효용적 동일성, 기능적 감가는 이미 반영됨
> 3. 산정기준: 재조달원가는 항상 도급건설한 경우에 준하여 처리한다.
>
> **재조달원가** = 표준적인 건설비 + 통상의 부대비용
> 공사비 + 적정이윤　설계비, 허가비 등

39. ④ 테마 40 난이도 下

④ 표준주택가격 → 개별주택가격 및 공동주택가격

국토교통부장관 – 중앙의 심의	시장·군수·구청장 – 시군구의 심의
공동주택은 표준과 개별로 구분하지 않는다. 공동주택은 표준과 개별(세금)의 성격을 모두 가진다.	'개별'을 산정하지 않아도 되는 경우 ┌ 표준지와 표준주택: 표를 개로 본다. └ 세금이나 부담금 안 내는 토지
	분할(합병)이 발생한 경우 공시기준일 • 토지: 1.1 또는 7.1 • 주택: 1.1 또는 6.1
┌ 개별가격산정의 기준(○) ├ 토지 감정평가 기준(○) └ 국가 토지평가 기준(○)	세금, 사용료, 부담금 부과의 기준

40. ② 테마 36 난이도 下

② 옳은 것은 ㄱ, ㄹ이다.

ㄴ. 수익환원법 → 거래사례비교법

ㄷ. 거래사례비교법 → 원가법

토지	원칙: 공시지가기준법
과수원, 자동차, 동산	거래사례비교법
건물, 건설기계, 선박, 항공기	원가법
무형자산, 각종 권리, 광업재단, 기업가치	수익환원법
임대료	임대사례비교법

수고하셨습니다.

당신의 합격을 응원합니다.

www.pmg.co.kr

박문각 공인중개사

2025년도 제36회 시험대비 THE LAST 모의고사

김백중 부동산학개론

회차	문제수	시험과목
2회	40	부동산학개론

수험번호		성명	

【정답 및 해설】

박문각은 여러분의 제36회 공인중개사 시험 합격을 진심으로 응원합니다!

박문각 공인중개사

부동산학개론

1. ③	2. ②	3. ②	4. ③	5. ③	6. ⑤	7. ①	8. ④
9. ⑤	10. ④	11. ②	12. ③	13. ④	14. ①	15. ④	16. ③
17. ⑤	18. ⑤	19. ②	20. ④	21. ①	22. ④	23. ①	24. ⑤
25. ⑤	26. ①	27. ③	28. ②	29. ②	30. ①	31. ①	32. ④
33. ⑤	34. ④	35. ③	36. ③	37. ②	38. ②	39. ①	40. ⑤

〈문제분석 및 학습방향〉

▌표본 : 34회 기출문제

▌체감난이도 : 중하 (계산문제 9문제)

▌난이도분석

난이도 하 19문항	하나도 틀리지 말 것
	1, 2, 3, 4, 5, 7, 9, 15, 16, 17, 19, 21, 24, 26, 29, 32, 33, 38, 40
난이도 중 10문항	최소 반타작
	8, 10, 20, 23, 25, 31, 34, 35, 36, 37
난이도 상 11문항	맨 나중에 풀 것
	6, 11, 12, 13, 14, 18, 22, 27, 28, 30, 39

1. ③ 테마 03 난이도 下

③ 부증성 → 부동성

특 성	파생현상			
부동성	환경에 영향	지역분석 필요	동산과 구분	지방
	외부효과	임장활동	등기이전	지방세
부증성	물리적 공급 ×	수요자경쟁	**집약적이용**	토지공개념
	완전비탄력	지대·지가↑	최유효이용	생산비 모름
영속성	**감가 없음**	장기적 배려	자본이득	수익환원법
	재생산 불가	관리 중요	소득이득	직접환원법
개별성	일물일가 안 됨	정보수집 난이	감정평가 필요	개별분석
	정보비공개	거래비용 증가		
용도의 다양성	최유효이용	가치다원설	이행과 전환	용도적 공급 가능
			이행지, 후보지	

2. ② 테마 01 난이도 下

② 경제적 측면의 부동산에는 자산, 자본, 생산요소, 소비재, 상품 등이 포함된다.

복합개념의 부동산							복합부동산
법률 (무형)	협의	토지 + 토지정착물 → 민법상 부동산					건물 토지
	광의	토지 + 토지정착물 + 준부동산					
기술 (유형)	물리	공간	자연	환경	위치		
경제 (무형)	가격	자산	자본	생산요소	소비재	상품	

3. ② 테마 02 난이도 下

② 공지 → 맹지

- **공지 :** 건부지(1필지 전체) 중 건물이 지어진 토지(60평)를 제외하고 남은 부분의 토지로(40평), 건축법령에 의한 건폐율 등의 제한으로 인해 1필지 내에 비어있는 토지를 말한다.
- **맹지 :** 타인토지에 둘러싸여 도로에 직접 연결되지 않은 토지이다.

4. ③ 테마 04 난이도 下

③ 대체재 수요량의 감소 → 해당재화 수요의 증가(수요곡선 우측이동)

▌대체재와 보완재 (기도하는 와 ~~)

1. 대체재의 가격이 상승하면(대체재의 수요가 감소하면) 해당재의 수요는 증가한다.
2. 보완재의 가격이 상승하면(보완재의 수요가 감소하면) 해당재의 수요도 감소한다.

② 수요량감소 ↓ ① 가격상승 ↑	③ 수요증가 ↑ ④ 가격상승 ↑
아파트 (대체재)	**단독주택** (해당재화)

5. ③ 테마 09 난이도 下

① 공급자는 현재의 가격만을 고려해 미래의 공급을 결정한다는 가정을 전제하고 있다.

② 발산형 → 수렴형

④ 수요보다 공급이 한 타임 늦게 반응한다고 가정하여 균형의 변화를 정태적으로 분석한 모형이다.

⑤ 가격이 변동하면 수요는 즉각 반응하고 공급은 한 타임 늦게 반응한다는 가정을 전제하고 있다.

6. ⑤ 테마 05 난이도 上

⑤ 6m² 만큼 감소 → 6m² 만큼 증가

	변경 전
공	$P = \frac{2}{3}Qs + 20$
수	$P = -Qd + 40$
연립	$0.67Q + 20 = -Q + 40$ $1.67Q = 20$ $Q = 12$ $P = 28$

변경 후
$P = \frac{2}{3}Qs + 10$
$P = -Qd + 40$
$0.67Q + 10 = -Q + 40$ $1.67Q = 30$ $Q = 18$ $P = 22$

7. ① 테마 06 난이도 下

② 공급곡선이 수직선이면, 공급의 가격탄력성은 완전비탄력적이다.

③ 공급의 가격탄력성이 0이라면, 완전비탄력적이다.

④ 수요의 가격탄력성이 1보다 작은 값을 가진다면, 수요의 가격탄력성은 비탄력적이다.

⑤ 가격변화율보다 공급량의 변화율이 커서 1보다 큰 값을 가진다면, 공급의 가격탄력성은 탄력적이다.

8. ④ 테마 04 난이도 中

④ 개별수요곡선의 수평합(수량합)이 시장수요곡선이므로 시장수요곡선이 개별수요곡선보다 우측에 존재한다.

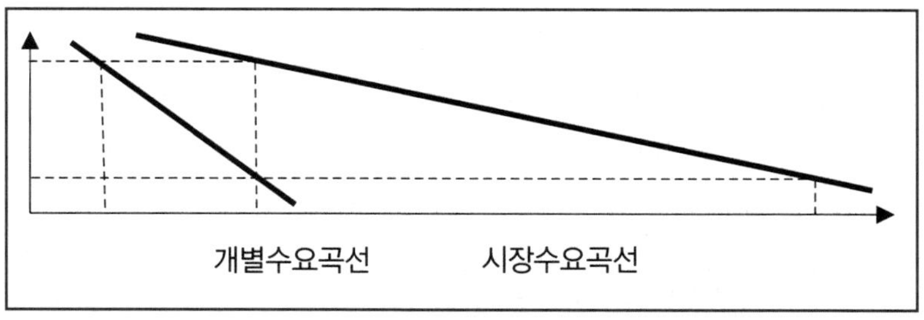

9. ⑤ 테마 11 난이도 下

① 비옥도 차이에 기초한 지대에 의한 비농업적 토지이용이 결정된다.
→ 위치 차이에 기초한 지대에 의한 농업적 토지이용이 결정된다.
② 경제지대 → 준지대
③ 운송비의 차이 → 비옥도의 차이
④ 마르크스의 절대지대설 : 최열등지에서는 지대가 발생한다.

10. ④ 테마 12 난이도 中

① 중산층 주거지대 → 통근자지대
②⑤ 넬슨의 소매입지이론은 특정 점포가 최대이익을 확보하기 위해 어떤 장소에 입지하는가에 대한 8원칙을 제시한다.
③ 운송비를 최적입지 결정에 가장 우선적으로 검토한다.

11. ② 테마 31 난이도 極上

② 난이도 극상의 문제로 풀이에 많은 시간 소요. 문제유형만 확인.

지역 / 산업	A		B		C		전 국	
제조업	150	0.28	170	0.31	195	0.33	515	0.31
금융업	200	0.37	180	0.33	190	0.32	570	0.34
숙박업	180	0.339	190	0.35	200	0.341	570	0.344
합계(명)	530		540		585		1,655	

12. ③ 테마 10 난이도 上

	A	-5-	C	-10-	B
작년	5만명 $\frac{50,000}{25} = 2,000$		2만명		20만명 $\frac{2십만}{100} = 2,000$ (50% : 만명)
올해	5만명 $\frac{50,000}{25} = 2,000$		3만명		30만명 $\frac{3십만}{100} = 3,000$ (60% : 만8천명)

13. ④ 테마 10 난이도 上

④ 1개의 원료산지와 1개의 소비시장 → 2개의 원료산지와 1개의 소비시장

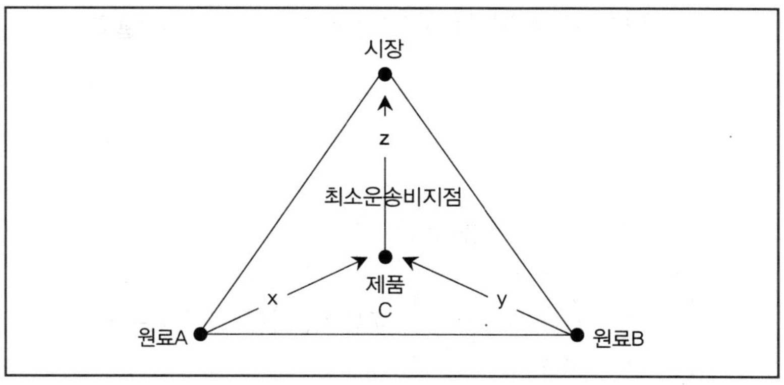

14. ① 테마 10 난이도 上

① 최소요구범위 → 최소요구치

▌크리스탈러의 중심지이론

① 중심지 재화 및 서비스 : 중심지에서 배후지로 제공되는 재화 및 서비스
② 배후지 : 중심지에 의해 재화와 서비스를 제공받는 주변지역
③ 중심지 성립요건 : 최소요구치가 재화의 도달범위 내에 있어야 성립
④ 중심지계층화 : 중심지는 고차중심지(백화점)와 저차중심지(슈퍼)로 계층화된다.
⑤ 이상적인 중심지 상권의 형태

15. ④ 테마 17 난이도 下

④ 재산세는 과세대상 물건에 따라 물건별 개별과세(주택 등)와 납세의 무자별 합산과세(종합합산토지, 별도합산토지)가 혼재한다.

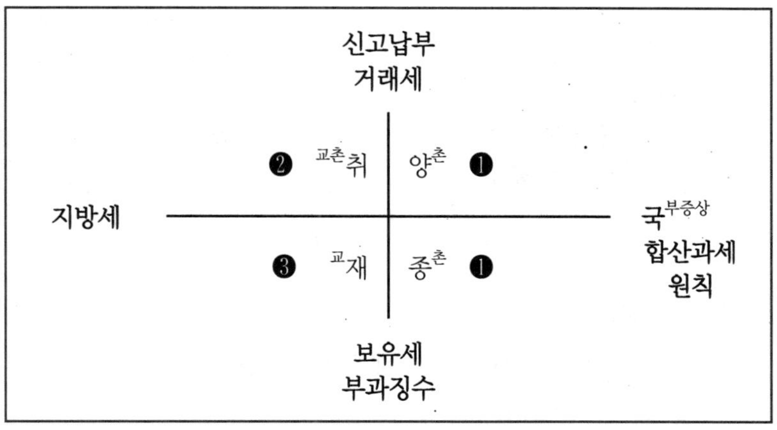

16. ③ 테마 15 난이도 下

③ 현재 우리나라에서 시행되고 있지 않은 대표적인 제도는 개발권양도제(TDR), 토지초과이득세, 택지소유상한제, 공한지세, 종합토지세 등이 있다.

17. ⑤ 테마 16 난이도 下

⑤ 정부가 민간분양주택 분양가를 규제할 경우 신축민간주택의 공급을 축소시킨다.

▌분양가규제(주택법 : 분양가상한제) ↔ 분양가자율화

> 분양가상한제는 주택가격 안정화 및 무주택자의 신규주택 구입부담 경감을 위해서 정부가 신규주택시장에서 분양가의 상한선을 규제하는 정책이다.
> ① 적용대상 : 적용하여야 한다.
> ㉠ 공공택지
> ㉡ 민간택지에서 국토교통부장관이 지정하는 지역
> ㉢ 적용제외 : 도시형 생활주택
> ② 분양가격 : 분양가상한제의 분양가격은 택지비와 건축비로 구성
> ③ 효과 : 공급자를 규제하므로 신규주택의 공급이 감소하고 질이 하락한다.

18. ⑤ 테마 21 난이도 上

$$투자가치 = \frac{\text{예상순이익 : 6,000만원}}{\text{요구수익률 : 10\%}} = \text{6억원}$$

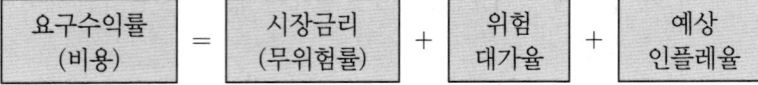

요구수익률 (비용)	=	시장금리 (무위험률)	+	위험 대가율	+	예상 인플레율

19. ② 테마 16 난이도 下

ㄷ. 주택바우처제도는 수요자지원방식이며, 수요자지원방식이 공급자지원방식보다 주거지 선택의 폭이 넓다.

ㅁ. 민간임대주택의 공급량도 감소하고 질적 수준도 저하된다.

임대료보조	임대료규제
① 방법(20원 지원) [주거급여 : 현금 [바우처 : 쿠폰	① 방법(최고가격 80원) [높게 규제 → 효과 없음 [낮게 규제 → 효과 있음
② 효과 [공급량 증가 [공급질 향상	② 효과 [공급량 감소, 공급질 하락 [임차자고정(이동촉진 ×)

20. ④ 테마 16 난이도 中

④ 공공임대주택과 민간임대주택에 대한 설명이다.

▌공공임대주택의 종류

> 1. 영구임대주택 : 국가나 지방자치단체의 재정을 지원받아 최저소득 계층의 주거안정을 위하여 50년 이상 또는 영구적인 임대를 목적으로 공급하는 공공임대주택
> 2. 국민임대주택 : 국가나 지방자치단체의 재정이나 주택도시기금의 자금을 지원받아 저소득 서민의 주거안정을 위하여 30년 이상 장기간 임대를 목적으로 공급하는 공공임대주택
> 3. 행복주택 : 국가나 지방자치단체의 재정이나 주택도시기금의 자금을 지원받아 대학생, 사회초년생, 신혼부부 등 젊은 층의 주거안정을 목적으로 공급하는 공공임대주택
> 4. 통합공공임대주택 : 국가나 지방자치단체의 재정이나 주택도시기금의 자금을 지원받아 최저소득 계층, 저소득 서민, 젊은 층 및 장애인·국가유공자 등 사회 취약계층 등의 주거안정을 목적으로 공급하는 공공임대주택
> 5. 장기전세주택 : 국가나 지방자치단체의 재정이나 주택도시기금의 자금을 지원받아 전세계약의 방식으로 공급하는 공공임대주택
> 6. 분양전환공공임대주택 : 일정기간 임대 후 분양전환할 목적으로 공급하는 공공임대주택
> 7. 기존주택등매입임대주택 : 국가나 지방자치단체의 재정이나 주택도시기금의 자금을 지원받아 기존주택을 매입하여 저소득층과 청년 및 신혼부부 등에게 공급하는 공공임대주택
> 8. 기존주택전세임대주택 : 국가나 지방자치단체의 재정이나 주택도시기금의 자금을 지원받아 기존주택을 임차하여 저소득층과 청년 및 신혼부부 등에게 전대(轉貸)하는 공공임대주택

21. ① 테마 24 난이도 下

① 옳은 것은 ㄱ, ㄴ이다.

ㄷ. 변이계수(변동계수)는 위험을 수익으로 나눈 값이므로 위험의 크기를 말한다. 따라서 변이계수가 작을수록 위험도 작다.

ㄹ. 유동성위험 → 금융위험

22. ④ 테마 23 난이도 上

500		50	가	공	10
		40	유	경	16
		24	순	은	10
250	250	14	전	세	
			후		

$$부채감당률 = \frac{\text{순영업소득 : 24}}{\text{부채서비스액 : 10}} = 2.40$$

23. ① 테마 23 난이도 中

50,000		8,000	가	공	800
		7,200	유	경	1,200
		6,000	순	은	900
	36,000	5,100	전	세	600
		4,500	후		

$$세후현금흐름승수 = \frac{\text{지분투자액 : 36,000}}{\text{세후현금수지 : 4,500}} = 8$$

24. ⑤ 테마 19 난이도 下

▌정(+)의 지렛대효과, 부(−)의 지렛대효과, 중립적 지렛대효과

(종합) 수익률	
(저당) 수익률	(지분) 수익률

정(+)	잘했다	**지분수익률 〉 종합수익률** 지분수익률 〉 저당수익률 종합수익률 〉 저당수익률
중립	본전	지분수익률 = 종합수익률 = 저당수익률
부(−)	못했다	정(+)과 반대의 경우

25. ⑤ 테마 23 난이도 中

1,200			가	공	
		400	유	경	200
		200	순	은	50
600	600	150	전	세	
			후		

$$종합환원율 = \frac{순영업소득\ 200}{총투자액\ 1,200} = 0.167$$

26. ① 테마 22 난이도 下

① 순현가법 → 내부수익률법

순현가법은 순현재가치와 0을 비교해서 순현재가치가 0보다 크거나 같으면 투자타당성이 있다고 판단한다.

순현가법	① 의의 : 유입현가에서 유출현가를 차감한 값 ② 판단 : 순현재가치가 0보다 크거나 같으면 투자타당성이 있다.
수익성 지수법	① 의의 : 유입현가에서 유출현가를 나눈 값 ② 판단 : 수익성지수가 1보다 크거나 같으면 투자타당성이 있다.
내부 수익률법	① 의의 ┌ 유입현가와 유출현가를 같게 하는 할인율 ├ 순현가를 0으로 만드는 할인율 └ 수익성지수를 1로 만드는 할인율 ② 판단 : 내부수익률이 요구수익률보다 크거나 같으면 타당성 있다.

27. ③ 테마 27 난이도 極上

③ 극상 난이도의 문제는 무조건 패스.(절대 공부하지 말 것)

28. ② 테마 33 난이도 上

- 전년도 매출액 : 800m² × 100만원 = 800,000,000원
- 손익분기점 매출액 : 800m² × 50만원 = 400,000,000원
- 기본임대료 : 800m² × 10만원 = 80,000,000원

총임대료 =	기본임대료 +	추가임대료(초광분의 일정비율)
150	80	70
		400 × **임대료율(0.175)**

29. ② 테마 29 난이도 下

② 50억원 → 70억원

부동산 투자회사	부동산투자회사		
	1 자기관리	2 위탁관리	3 기업구조조정
실체여부	실체 ○ 전문인력 ○	상근×, 지사×, 4에 위탁 일정요건 충족시 법인세 감면	
설립자본금	5억원	3억원	3억원
최저자본금 −6개월−	70억원	50억원	50억원
현물출자	최저자본금 전 현물출자(×) + 임차권 현물출자(○)		

30. ① 테마 27 난이도 極上

① 극상 난이도의 문제는 무조건 패스.(절대 공부하지 말 것)

31. ① 테마 21 난이도 中

① 옳은 것은 ㄱ, ㄴ, ㄷ이다.

ㄹ. 무위험률 → 위험할증률

ㅁ. 흡수율분석 → 민감도분석

32. ④ 테마 33 난이도 下

ㄴ, ㄹ, ㅁ은 위탁관리방식의 특징이다.

직접관리 (자가, 자치)	㉠ 소유자단독 또는 약간 명의 관리요원을 고용(인건비 지출) ㉡ 단점 : 안일화, 불필요한 비용지출, 인건비 지출
간접관리 (위탁)	㉠ 대규모빌딩의 관리를 전문가 집단에게 관리위탁(관리비 지출) ㉡ 관리회사 : 법률팀 + 경영팀 + 시설팀 등에서 업무담당 ㉢ 단점 : 종합적 관리 어려움 및 기밀유지의 어려움
혼합관리	㉠ 자가관리(경영) + 위탁관리(시설)의 혼합 ㉡ 책임소재 불분명

33. ⑤ 테마 34 난이도 下

⑤ 공급자의 집단을 세분 → 수요자의 집단을 세분

▌STP 전략의 내용

시장세분화 (Segmentation)	전체소비자(수요자)를 유사한 소비패턴을 가지는 수요자로 구분, 분할
표적시장 선정 (Target)	세분화된 시장에서 가장 매력적인 시장(또는 틈새시장)을 선정, 선택하는 작업
시장차별화 (Positioning)	자사제품을 경쟁사의 제품과 차별화시키는 방법을 연구

34. ④ 테마 28 난이도 中

④ 사업시행자가 직접 운영해서 수익창출이 어려운 학교, 도서관 등의 시설은 국가와 임대차계약을 맺는 BTL 또는 BLT 방식이 활용된다.

35. ③ 테마 39 난이도 中

8,000,000(상업지역 표준지) × 1.02(상업지역 지가변동률) × 0.9(표준지 2번 기준) × 1.4(40% 증액 보정) = 10,281,600

- 대상토지 현황 : A시 B구 C동 120번지, **일반상업지역**, 상업용
- 기준시점 : 2025.10.25.
- 표준지공시지가(A시 B구 C동, 2025.01.01. 기준)

	소재지	용도지역	이용상황	공시지가(원/m²)
1	C동 110	준주거지역	상업용	6,000,000
2	C동 130	**일반상업지역**	**상업용**	**8,000,000**

- 지가변동률(A시 B구, 2025.01.01.~2025.10.25.)
  - 주거지역 : 3% 상승
  - **상업지역 : 2% 상승**
- 지역요인 : 표준지와 대상토지는 인근지역에 위치하여 지역요인 동일함
- 개별요인 : 대상토지는 표준지 기호 1에 비해 개별요인 4% 우세하고, 표준지 **기호 2에 비해 개별요인 10% 열세함**
- 그 밖의 요인 보정 : **40% 증액** 보정함
- 상승식으로 계산할 것

36. ③ 테마 38 난이도 中

재조달원가 : 2(공사비) × 400(연면적) × 2.0(건축비지수) = 1,600

1,600	0%

$\dfrac{1,600 \quad 0\%}{50}$ × 10년 − 1,600 = 1,280

37. ② 테마 36 난이도 中

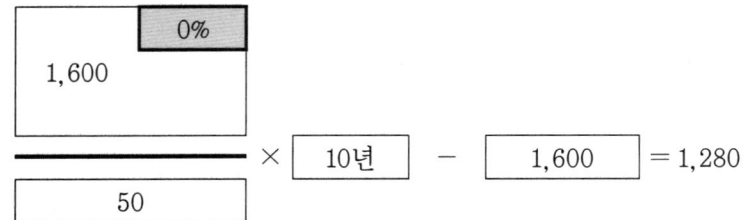

② ㄷ, ㅂ, ㅅ은 거래사례비교법을 적용한다.

ㄱ. 토지(공시지가기준법)

ㄴ. 건물(원가법)

ㄷ. 토지와 건물의 일괄(거래사례비교법)

ㄹ. 임대료(임대사례비교법)

ㅁ. 광업재단(수익환원법)

ㅂ. 과수원(거래사례비교법)

ㅅ. 자동차(거래사례비교법)

38. ② 테마 35 난이도 下

② 가치발생요인 → 가치형성요인

▌부동산의 가치변화 과정

가치형성요인	⇨	가치발생요인(상관결합)	⇨	가치변화
일반요인 지역요인 개별요인		**효**용 + **상**대적희소성 + **유**효수요 + **이**전성		

39. ① 테마 40 난이도 上

① 하나의 → 하나 또는 둘 이상의

40. ⑤ 테마 37 난이도 下

① 대체 · 경쟁관계가 성립하지 않고 가치 형성에 서로 영향을 미치지 아니하는 → 대체 · 경쟁관계가 성립하고 가치 형성에 서로 영향을 미치는

② 개별분석보다 지역분석을 먼저 실시

③ 개별요인을 공유 → 지역요인을 공유

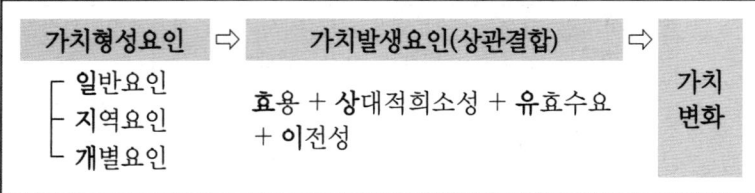

④ 표준적 이용과 가격수준을 판정 → 최유효이용과 구체적 가격을 판정

수고하셨습니다.

당신의 합격을 응원합니다.

박문각 공인중개사

2025년도 제36회 시험대비 THE LAST 모의고사

김백중 부동산학개론

회차	문제수	시험과목
3회	40	부동산학개론

수험번호		성명	

【정답 및 해설】

박문각은 여러분의 제36회 공인중개사 시험 합격을 진심으로 응원합니다!

박문각 공인중개사

부동산학개론

1. ④	2. ③	3. ④	4. ⑤	5. ③	6. ⑤	7. ①	8. ①
9. ④	10. ④	11. ③	12. ②	13. ③	14. ②	15. ①	16. ①
17. ⑤	18. ②	19. ①	20. ⑤	21. ②	22. ③	23. ④	24. ①
25. ③	26. ③	27. ⑤	28. ②	29. ④	30. ①	31. ④	32. ⑤
33. ③	34. ④	35. ②	36. ①	37. ②	38. ⑤	39. ⑤	40. ②

〈문제분석〉

▌**표본** : 32회 기출문제

▌**체감난이도** : 중 (계산문제 9문제)

▌**난이도분석**

<table>
<tr><td rowspan="2">난이도 하
14문항</td><td>하나도 틀리지 말 것</td></tr>
<tr><td>1, 3, 11, 14, 15, 17, 21, 22, 23, 25, 31, 33, 35, 37</td></tr>
<tr><td rowspan="2">난이도 중
12문항</td><td>최소 반타작</td></tr>
<tr><td>5, 7, 10, 12, 16, 24, 28, 32, 34, 38, 39, 40</td></tr>
<tr><td rowspan="2">난이도 상
14문항</td><td>맨 나중에 풀 것</td></tr>
<tr><td>2, 4, 6, 8, 9, 13, 18, 19, 20, 26, 27, 29, 30, 36</td></tr>
</table>

1. ④ 테마 02 난이도 下

④ 한계지 → 소지 또는 원지

2. ③ 테마 15 난이도 極上

③ 7일 후에 그 효력이 발생 → 5일 후에 그 효력이 발생

3. ④ 테마 03 난이도 下

④ 옳은 것은 ㄴ, ㄹ이다.

ㄱ. 부증성 → 용도의 다양성

ㄷ. 인접성 → 영속성(토지는 감가되지 않기 때문에 수익방식 적용시 직접환원법을 적용한다)

<table>
<tr><th>특 성</th><th colspan="4">파생현상</th></tr>
<tr><td rowspan="2">부동성</td><td>환경에 영향</td><td>지역분석 필요</td><td>동산과 부동산 구분</td><td>지방</td></tr>
<tr><td>외부효과</td><td>임장활동</td><td>등기이전</td><td>지방세</td></tr>
<tr><td rowspan="2">부증성</td><td>물리적 공급 불가능</td><td>수요자경쟁</td><td>집약적이용</td><td>토지공개념</td></tr>
<tr><td>완전비탄력</td><td>지대 · 지가↑</td><td>최유효이용</td><td>생산비 모름</td></tr>
<tr><td rowspan="2">영속성</td><td>감가(소모) 없음</td><td>장기적 배려</td><td>가치보존 ⇨ 자본이득</td><td>수익환원법</td></tr>
<tr><td>재생산불가</td><td>관리 중요</td><td>임대차 ⇨ 소득이득</td><td>접환원법</td></tr>
<tr><td rowspan="2">개별성</td><td>일물일가 안 됨</td><td>정보수집 난이</td><td rowspan="2">감정평가 필요</td><td rowspan="2">개별분석</td></tr>
<tr><td>정보비공개</td><td>거래비용 증가</td></tr>
<tr><td rowspan="2">용도의 다양성</td><td rowspan="2">최유효이용</td><td rowspan="2">가치다원설</td><td>이행과 전환</td><td rowspan="2">용도적공급 가능</td></tr>
<tr><td>이행지, 후보지</td></tr>
</table>

4. ⑤ 테마 07 난이도 上

아파트		오피스텔	
수요량	−5	수요량	+8
가격	+10		

(A) 아파트의 가격탄력성 $= \dfrac{수\ -5}{가\ +10} = 0.5$(절댓값)이므로 비탄력적이다.

(B) 오피스텔의 교차탄력성 $= \dfrac{오피스텔수요량\ +8}{아파트가격\ +10} = 0.8$

(C) 아파트와 오피스텔의 수요의 방향이 반대이므로 둘은 대체관계이다.

5. ③ 테마 05 난이도 中

① 수요와 공급이 증가하는 경우, 수요의 증가폭이 공급의 증가폭보다 크다면 균형가격은 상승하고 균형량은 증가한다.

② 수요와 공급이 감소하는 경우, 수요의 감소폭이 공급의 감소폭보다 작다면 균형가격은 상승하고 균형량은 감소한다.

④ 수요는 증가하고 공급이 감소하는 경우, 수요의 증가폭이 공급의 감소폭보다 작다면 균형가격은 상승하고 균형량은 감소한다.

⑤ 수요와 공급이 감소하는 경우, 수요의 감소폭과 공급의 감소폭이 같다면 균형가격은 변하지 않고(불변) 균형량은 감소한다.

6. ⑤ 테마 09 난이도 上

• A주택시장 : $4Qd = 200 - 2P$, $6Qs = 100 + 4P$

 − 수요곡선의 기울기 $= \dfrac{4}{2} = 2$,

 공급곡선의 기울기 $= \dfrac{6}{4} = 1.5$

 − 공급이 수요보다 작기 때문에 발산

• B주택시장 : $5Qd = 500 - 2P$, $Qs = 200 + \dfrac{1}{2}P$

 − 수요곡선의 기울기 $= \dfrac{5}{2} = 2.5$,

 공급곡선의 기울기 $= \dfrac{1}{0.5} = 2$

 − 공급이 수요보다 작기 때문에 발산

7. ① 테마 06 난이도 中

② 완전비탄력적이면 → 완전탄력적이면

③ 비탄력적이면 → 탄력적이면

④ 탄력적이면 → 비탄력적이면

⑤ 수직선이면 → 수평선이면

8. ① 테마 05 난이도 極上

① 시간이 너무 오래 걸리는 문제이므로 풀어도 득보다 실이 많은 문제입니다. 패스~

9. ④ 테마 05 난이도 上

- 철근가격 상승: 공급감소 → 가격상승
- 대체주택에 대한 수요 증가: 수요감소 → 가격하락
- 아파트시장 수요에 대한 규제강화: 수요감소 → 가격하락
- 수요자들의 아파트 가격하락 예상: 수요감소 → 가격하락
- 대체주택의 가격하락: 수요감소 → 가격하락

10. ④ 테마 11 난이도 中

마찰비용 = 교통비 + 지대

▌헤이그의 마찰비용이론: 헤이그 수지랑 마찰있구나 ~

① 도시 내에서의 입지는 마찰비용을 최소화하는 곳에 결정된다.
② 마찰비용 = 교통비(수송비) + 지대

11. ③ 테마 10 난이도 下

③ 뢰쉬의 최대수요이론에 대한 설명이다.

12. ② 테마 10 난이도 中

② 가장 경쟁력이 높은 상품은 해당 지점에서 이윤이 가장 높게 나오는 우유이다.

제 품	시장가격	생산비용	교통비용(1km당)	이 윤
쌀	150	70	5	150－70－(5×15)＝5
우 유	**200**	**100**	**4**	**200－100－(4×15)＝40**
사 과	250	130	6	250－130－(6×15)＝30

13. ③ 테마 08 난이도 上

투자자	투자대상 시장
갑: 아무런 정보가 없음	A. 과거정보가 유통 중
을: 과거정보를 앎	B. 과거와 현재정보가 유통
병: 과거와 현재정보를 앎	C. 미공개 정보까지 유통

- 갑이 A시장에 투자하는 경우 갑이 보유하는 정보가 시장의 다른 투자자가 보유하는 정보보다 부족하므로 정상이윤을 획득할 수 없다.
- 병이 C시장에 투자하는 경우 병은 시장의 다른 투자자보다 정보량이 부족하므로 정상이윤을 획득할 수 없다.

14. ② 테마 15 난이도 下

② 용도지역지구제는 부(－)의 외부효과를 제거하거나 감소시키는 제도이다.

▌개발이익 환수제도: 개발허용 ⇨ 개발이익 발생 ⇨ 환수

토지 공개념	토지의 소유와 처분은 공익을 위하여 적절히 제한할 수 있다.	
1990년 실천법률	① 개발이익 환수에 관한 법률 → **개발부담금**	시행
	② 토지초과이득세법 → **토지초과이득세**	폐지
	③ 택지소유상한에 관한 법률 → **택지초과소유부담금**	폐지
2006 주택 확대	재건축 초과이익 환수에 관한 법률 → **재건축부담금**	시행

15. ① 테마 17 난이도 下

① 양도소득세는 거래세이면서 국세이다.

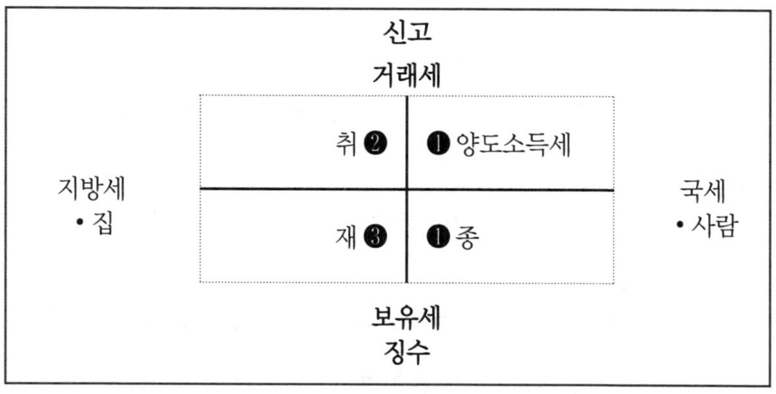

16. ① 테마 15 난이도 中

① 60일 이내 → 30일 이내

▌부동산 거래신고 등에 관한 법률

제3조 【부동산 거래의 신고】 거래당사자는 '부동산 매매계약, 공급계약, 분양권과 입주권의 매매계약'을 체결한 경우 그 실제 거래가격 등을 거래계약의 체결일부터 30일 이내에 부동산소재지를 관할하는 시장·군수 또는 구청장에게 공동으로 신고하여야 한다. 다만, 거래당사자 중 일방이 국가, 지방자치단체, 대통령령으로 정하는 자의 경우에는 국가 등이 신고를 하여야 한다.

17. ⑤ 테마 15 난이도 下

현재 우리나라에서 시행되고 있지 않은 대표적인 정책은 개발권이전제도(TDR), 토지초과이득세, 택지소유상한제, 공한지세, 종합토지세, 재개발초과이익환수제도 등이 있다.

18. ② 테마 25 난이도 上

(1) 총부채상환비율(DTI)

$$= \frac{\text{주택담보대출 원리금상환액} + \text{기타대출 이자상환액}}{\text{연소득}}$$

(2) 총부채원리금상환비율(DSR)

$$= \frac{\text{주택담보대출 원리금상환액} + \text{기타대출 원리금상환액}}{\text{연소득}}$$

19. ① 테마 19 난이도 上

(1) 현금유입: 90 × 5(개)
→ 현금유입의 현가: 90 × 4.3(연금의 현가계수) = 387
현금유입: 2,000 × 1(개)
→ 현금유입의 현가: 2,000 × 0.78(일시금의 현가계수) = 1,560
현금유입의 현가합: 387 + 1,560 = 1,947
(2) 현금유출의 현가: 2,000
(3) 순현재가치 = (1) － (2) = －53백만

20. ⑤ 테마 19 난이도 上

① 현재 10억원인 아파트 5년 후 아파트 가격을 산정: 일시금 내가계수
일시금 미래가치를 구함

② 원리금균등상환방식 + 매월 상환할 금액을 산정: 저당상수

③ 저당상수에 연금의 미래가치계수를 곱하면 감채기금계수 (×)
$\frac{1}{4}$ 6 $\frac{1}{6}$

④ 월임대료를 모두 적립할 경우, 현재시점 가치 산정: 연금의 현가계수
뭉친 연금

⑤ 연금의 현재가치계수 (4)와 일시금의 미래가치계수($\frac{6}{4}$)를 곱하면 연금의 미래가치계수(6)가 된다.

▌연현사 연미육: 5년 기준 → 숫자 암기하기

현가계수	일시금의 현재가치계수	$\frac{4}{6}$	내가계수	일시금의 미래가치계수	$\frac{6}{4}$
	연금의 현재가치계수	4		연금의 미래가치계수	6
	저당상수	$\frac{1}{4}$		감채기금계수	$\frac{1}{6}$

21. ② 테마 21 난이도 下

① 기대수익률이 요구수익률보다 높을 경우 투자자는 투자가치가 있는 것으로 판단한다.
③ 기대수익률이 요구수익률보다 크거나 같을 경우 투자타당성이 있다고 판단한다.
④ 요구수익률은 투자에 수반되는 위험이 클수록 커진다.
⑤ 요구수익률은 다른 투자의 기회를 포기한다는 점에서 기회비용이라고도 한다.

▌요구수익률(주관적인 수익률, 최소한의 수익률) – 요구르트 비용 주소!!!

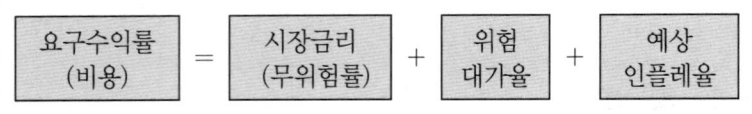

요구수익률(비용) = 시장금리(무위험률) + 위험대가율 + 예상인플레율

22. ③ 테마 24 난이도 下

① 포트폴리오 분산투자를 통해 비체계적 위험만 감소시킬 수 있다.
② 가장 위험이 낮은 → 수익이 동일한 투자안 중에서 위험이 가장 낮은
④ 체계적 위험을 더 많이 감소 → 비체계적 위험을 더 많이 감소
⑤ 상관계수에 상관없이 → 상관계수의 값이 –1에 가까울수록 분산효과가 커진다.

▌무차별곡선: 뭐 먹을래? 아무거나…

① 의의: 동일한 효용을 주는 투자안들을 연결해 놓은 곡선
② 형태: 공격적 투자자는 완만(창), 보수적인 투자자는 가파르다(방패)

23. ④ 테마 22 난이도 下

① 회계적 이익률법은 비할인법에 해당된다.
② 내부수익률이란 순현가를 '0'으로 만드는 할인율이다.
③ 순소득승수는 자본회수기간을 의미하므로 승수값이 작을수록 자본회수기간이 짧아진다.
⑤ 요구수익률이 내부수익률보다 작은 경우 투자안을 선택한다.

▌순현가법과 내부수익률법 비교

구 분	순현가법	내부수익률법
재투자율(할인율)	요구수익률 적용	내부수익률 적용
복수해, 무해	가능성 없음	가능성 있음 → NPV로 재분석
부의 극대화	판단 가능	판단 불가능
가치가산원리	성립함	성립하지 않음

24. ① 테마 22 난이도 中

	초기 현금지출	말기 현금유입	순현가	수익성지수
A	유입현가: 6,500 3,800만원	6,825만원	2,700	1.71
B	유입현가 2,800 1,250만원	2,940만원	1,550	2.24
C	유입현가 4,500 1,800만원	4,725만원	2,700	2.5

② 순현재가치(NPV)가 가장 큰 사업은 A와 C이다.
③ 수익성지수가 가장 작은 사업은 A이다.
④ A의 순현재가치는 B의 순현재가치의 1.74배이다.
⑤ A와 C의 순현재가치는 같다.

25. ③ 테마 28 난이도 下

총투자 100억원		
부채금융 80억원 (빌린 돈–이자지급)	메자닌금융 후배전신에 매달린 증권	지분금융 20억원 (투자유치–배당지급)
• 자산유동화증권 (ABS, MBS) • 채권 (회사채, 국공채) • 주택상환사채 • 저당금융 • 신탁증서금융 • 자산담보부기업어음	• 후순위채권 • 배당우선주 • 전환사채 • 신주인수권부사채	• 투자 (회사, 신탁, 펀드) • 공동투자: 신디죠컨네 ┌ 부동산신디케이트 ├ 죠인트벤처 └ 컨소시엄 • 신주(보통주), 증자

26. ③ 테마 31 난이도 上

③ 가(1.25) + 나(1) + 다(1) + 라(1.33) = 4.58

구 분		A지역	B지역	전지역 고용자수
X산업	고용자수	30	50 (50%)	80 (40%)
	입지계수	0.75	가 $\frac{50\%}{40\%}=1.25$	
Y산업	고용자수	30 (30%)	30 (30%)	60 (30%)
	입지계수	나 $\frac{30\%}{30\%}=1$	다 $\frac{30\%}{30\%}=1$	
Z산업	고용자수	40 (40%)	20	60 (30%)
	입지계수	라 $\frac{40\%}{30\%}=1.33$	0.67	
고용자수 합계		100	100	200

27. ⑤ 테마 26 난이도 上

	1회차	18회차			
원 금	$\frac{600}{30\text{년}} = 20$	20			
이 자	600 × 금리 = 36	남은 기간	원금	이자율	이자
	금리(ㄱ) = 0.06	13	× 20	× 0.06	=15.6
원리금	56	20 + 15.6 = 35.6 (ㄴ)			

28. ② 테마 28 난이도 中

총투자 100억원		
부채금융 80억원 (빌린 돈-이자지급)	메자닌금융 후배전신에 매달린 증권	지분금융 20억원 (투자유치-배당지급)
• 유동화증권 (ABS, MBS) • 채권 (회사채, 국공채) • 주택상환사채 • 저당금융 • 신탁증서금융	• 후순위채권 • 배당우선주 • 전환사채 • 신주인수권부사채	• 투자 (회사, 신탁, 펀드) • 공동투자: 신디죠컨네 ┌ 부동산신디케이트 ├ 죠인트벤처 └ 컨소시엄 • 신주(보통주), 증자

29. ④ 테마 27 난이도 上

④ 채무불이행 위험과 소유권은 발행자가 부담하고, 조기상환 위험은 투자자가 부담한다.

	종 류	특 징	
1	MPTS	① 지분증권: 수익이 가장 높은 증권 ② 위험최고	
2	MBB	① 가장 안전한 증권: 모든 것은 발행자가 책임진다. ② 위험최소	
3	MPTB	① 혼합형 증권: 위험과 수익을 반반씩 나눈 증권	**채소밭에 조기투자** 채무불이행위험과 소유권은 발행자가 보유하고, 조기상환 위험은 투자자가 부담한다.
4	CMO	① 다양한 증권: 혼합형 ② 만기와 이자율이 다른 여러 종류의 채권이다.	

30. ① 테마 26 난이도 上

② 원리금이 동일 → 원금이 동일하고 원리금은 감소한다.

③ 점증(체증)상환방식의 경우, 원리금균등상환방식보다 대출금의 듀레이션이 더 길다.

④ 이자는 체감한다. (곡선적으로 감소)

⑤ 금융기관의 이자수입이 늘어난다.

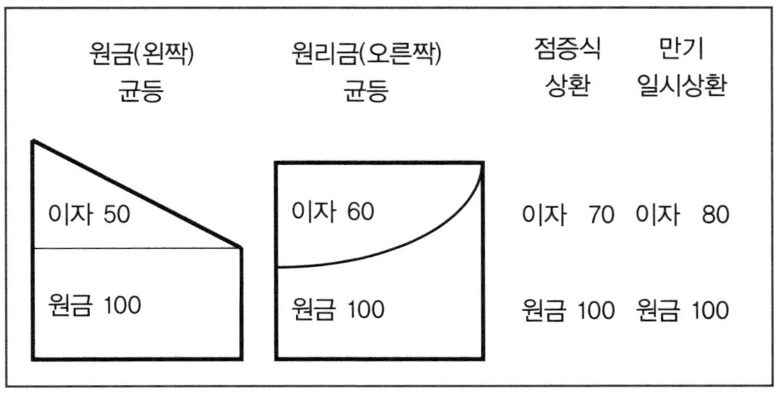

31. ④ 테마 28 난이도 下

ㄱ. 민간사업자가 자금을 조달하여 시설을 건설(B)하고, 일정기간 소유 및 운영(O)을 한 후 사업종료 후 국가 또는 지방자치단체 등에게 시설의 소유권을 이전(T)하는 방식

ㄴ. 민간사업자가 자금을 조달하여 시설을 건설(B)하고, 준공과 함께 민간사업자가 당해 시설의 소유권(O)과 운영권(O)을 갖는 방식

32. ⑤ 테마 34 난이도 中

⑤ 시장침투전략(=저가전략) → 시가전략

제품 Product	실개천 설치+설계+홈 오토매틱+보안설비의 디지털화
판촉 Promotion	┌ 시장의 수요자들을 강하게 자극하고 유인하는 전략 └ 판매유인(경품) + 직접적인 인적판매 등
가격 Price	고가정책(스키밍 전략) 저가정책(시장에 침투하기 위한 전략) 시가정책(경쟁사의 가격을 추종하는 전략)
유통 Place	┌ 제품이 소비자에게 원활하게 전달될 수 있도록 하는 작업 └ 중개업소, 분양대행사 등 활용

33. ③ 테마 32 난이도 下

③ 수용방식 → 환지방식

1. **환지방식**
   ① 미개발지를 도시토지로 개발한 후 기존의 토지소유자에게 재분배
   ② 공공의 재정투자를 최소화시킬 수 있다.
2. **수용방식**
   ① 공영개발은 개발이익의 사회적 환수를 가능하게 한다.
   ② 환지방식과 비교할 때 개발기간을 단축시킬 수 있다.

34. ④ 테마 34 난이도 中

① 스키밍 가격전략 → 바이럴마케팅

② 시장세분화전략 → 시장차별화전략(포지셔닝)

③ 유통경로전략 → 판촉전략

⑤ 결정(Decision) → 욕망(Desire)

35. ② 테마 37 난이도 下

② 개별분석의 결과, 균형의 원칙에 위배되면 기능적 감가가 발생한다. 지역분석의 결과, 적합의 원칙에 위배되면 경제적 감가가 발생한다.

지역분석(거시분석) 인근지역, 유사지역, 동일수급권 분석
표준적이용 판정(주변부동산의 일반적인 이용상황)
적합의 원칙(주변과 대상부동산의 균형상태 판단)
수준 판정(지역 내 부동산의 가격수준의 판단)
경제적 감가(적합의 원칙에 위배되는 경우 발생)
부동성(지역분석의 근거가 되는 토지의 특성)
선행분석(지역분석을 하고 그 다음 개별분석)

36. ① 테마 38 난이도 上

① 정액법의 감가누계액은 직선적으로 증가하지만, 정률법의 감가누계액은 감가액이 후반으로 갈수록 감소하므로 누계액의 증가폭은 감소한다. (체감)

▌내용연수법에 의한 감가수정방법

내용연수법	**정액법**(건물) : 100억원이 50년 동안 감가되면 정액법에 의할 경우 $\frac{100억}{50년}$ = 2억원 : 매년 2억원(일정한 금액)의 감가가 일정하게 발생
	정률법(기계) : 100만원이 매년 20%의 정률로 감가되는 경우 1기 : 100 × 0.2 = 20 2기 : 80 × 0.2 = 16 (매년 감가액 감소)
	상환기금법 : 복리이자의 개념이 적용되는 방법
관찰감가법	전문가의 식견을 이용하여 감가액을 산정하는 방법
분해법	감가요인을 물리적 감가, 기능적 감가, 경제적 감가로 분해하는 방법

37. ② 테마 35 난이도 下

② 임대료를 산정 → 가액을 산정

원가법이란 대상물건의 재조달원가에 감가수정을 하여 대상물건의 가액을 산정하는 감정평가방법을 말한다.

평가방식	가액산정(원수거공)	임료산정(적분임)	원 리
원가방식	원가법	적산법	비용성
수익방식	수익환원법	수익분석법	수익성
비교방식 (3개)	거래사례비교법	임대사례비교법	시장성(2개)
	공시지가기준법		

38. ⑤ 테마 38 난이도 中

순영업소득(43,200,000원) ÷ 환원이율(0.09) = 480,000,000원

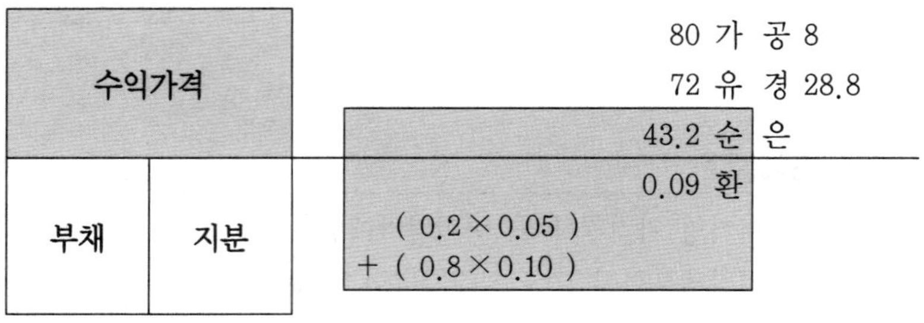

39. ⑤ 테마 40 난이도 中

⑤ 국토부장관은 공법주부에게 의뢰한다.
(공법주부 : 표준지공시지가는 감정평가법인에게 의뢰하고, 표준주택가격은 한국부동산원에 의뢰한다.)

40. ② 테마 39 난이도 中

10,000,000원 × 1.04(지가변동률) × 1.02(가로조건) × 0.88(환경조건) × 1.2(그 밖의 요인) = 11,202,048원

- 대상토지 : A시 B구 C동 320번지, 일반상업지역
- 기준시점 : 2025.10.25.

- 비교표준지 : A시 B구 C동 300번지, 일반상업지역, 2025.01.01. 기준 공시지가 10,000,000원/m^2

- 지가변동률(A시 B구, 2025.01.01.~10.25.) : 상업지역 4% 상승
- 지역요인 : 대상토지와 비교표준지의 지역요인은 동일함
- 개별요인 : 대상토지는 비교표준지에 비해 가로조건 2% 우세, 환경조건 12% 열세하고, 다른 조건은 동일함(상승식 계산)
- 그 밖의 요인 보정치 : 1.2

수고하셨습니다.

당신의 합격을 응원합니다.

www.pmg.co.kr

박문각 공인중개사

2024년 3월 23일 시행

국가공무원 9급 공개경쟁채용 필기시험

| 일반행정 |

응시번호	
성명	

문제책형

㉮

[시 험 과 목]

제1과목 국어

국가공무원 9급 공개경쟁채용 필기시험 대비 모의고사 제1회 ~ 제20회

⚠ 응시자 주의사항

1. **시험 시작 전 시험 문제를 열람하는 행위나 시험 종료 후 답안을 작성하는 행위를 한 사람**은 「공무원임용시험령」 제51조에 의거 **부정행위자**로 처리됩니다.
2. **답안지 책형 표기는 시험 시작 전** 감독관의 지시에 따라 **문제책 앞면에 인쇄된 문제책형을 확인**한 후, **답안지 책형란에 해당 책형(1개)**을 '●'로 **표기**하여야 합니다.
3. **답안은 문제책 표지의 과목 순서에 따라 답안지에 인쇄된 순서(제1·2·3·4·5과목)에 맞추어 표기**해야 하며, 과목 순서를 바꾸어 표기한 경우에도 **문제책 표지의 과목 순서대로 채점**되므로 유의하시기 바랍니다.
4. 시험이 시작되면 문제를 주의 깊게 읽은 후, **문항의 취지에 가장 적합한 하나의 정답만을 고르며**, 문제 내용에 관한 질문은 할 수 없습니다.
5. **답안을 잘못 표기하였을 경우에는 답안지를 교체하여 작성**하거나 **수정할 수 있으며**, 표기한 답안을 수정할 때는 **응시자 본인이 가져온 수정 테이프만을 사용**하여 해당 부분을 완전히 지우고 부착된 수정 테이프가 떨어지지 않도록 손으로 눌러 주어야 합니다. (**수정액 또는 수정 스티커 등은 사용 불가**)
   - **불량한 수정 테이프의 사용과 불완전한 수정 처리**로 발생하는 **모든 문제는 응시자 본인에게 책임이 있습니다.**
6. **시험 시간 관리의 책임은 응시자 본인에게 있습니다.**
   ※ 문제책은 시험 종료 후 가지고 갈 수 있습니다.

※ 본 안내문은 과년도 실제 시험지를 참조한 예시로서, 금년도 실제 안내문과는 다를 수 있습니다.

선재국어연구소

제1회 실전 모의고사

1. 다음 글에 대한 이해로 적절하지 않은 것은?

> 마이코플라스마 폐렴균은 전 세계 지역 사회 획득 폐렴의 주요한 원인 병원체로 학령기 소아 및 젊은 성인에게서 발생하는 호흡기 감염의 가장 흔한 원인균 중 하나이다. 마이코플라스마 폐렴은 대부분 특별한 치료 없이 자연 치유되기도 하지만, 마크롤라이드계 항생제 치료에도 불구하고 폐렴의 악화를 보여 중증 폐렴 또는 심한 폐 외 합병증을 일으키는 경우도 드물지 않다.
>
> 최근 아시아 국가들에서 마크롤라이드 내성 마이코플라스마 폐렴균이 증가함에 따라 적절한 마크롤라이드계 항생제 투약에도 불구하고 증상 또는 영상 소견이 악화되는 마크롤라이드계 불응성 마이코플라스마 폐렴의 환자 수가 증가하고 있다. 또한 그로 인한 합병증으로 지속성 무기폐, 괴사성 폐렴, 폐쇄성 세기관지염, 기관지 확장증 등이 보고되고 있다.
>
> 특히 마이코플라스마 폐렴에 의한 무기폐는 소아에게서 16~29% 정도의 발생 빈도로 보고되고 있다. 폐의 부피가 쭈그러든 상태인 무기폐는 많은 수에서 점차 호전되지만 종종 4주 넘게 지속되는 경우가 있다. 무기폐 지속 시 발열, 호흡 곤란, 기침 등의 증상이 지속될 수 있어 입원 기간을 증가시킬 수 있고, 이차 세균성 폐렴과 기관지 확장증의 잠재적 위험성이 있다. 또한 장기간 호전되지 않으면 폐기능 감소가 지속될 수 있다.

① 최근 마크롤라이드계 항생제에 내성을 가진 마이코플라스마 폐렴균이 증가하고 있다.
② 마이코플라스마 폐렴에 의한 무기폐는 괴사성 폐렴과 폐쇄성 세기관지염과 같은 합병증을 발생시킬 위험이 있다.
③ 마이코플라스마 폐렴은 학령기 소아 및 젊은 성인에게 발생하는 호흡기 감염병이다.
④ 기관지 확장증은 마이코플라스마 폐렴으로 인한 무기폐 증상이 단기간에 호전되지 않는 환자에게 동반될 수 있는 증상이다.

2. (가)와 (나)에 대한 설명으로 잘못된 것은?

> (가) ᄒᆞᆫ 손에 막ᄃᆡ 잡고 ᄯᅩ ᄒᆞᆫ 손에 가싀 쥐고,
> 늙ᄂᆞᆫ 길 가싀로 막고 오ᄂᆞᆫ 백발 막ᄃᆡ로 치려터니,
> 백발이 제 몬져 알고 즈럼길로 오더라.
>
> – 우탁 –
>
> (나) 님이 오마 ᄒᆞ거ᄂᆞᆯ 져녁밥을 일지어 먹고
> 중문(中門) 나서 대문(大門) 나가 지방(地方) 우희 치ᄃᆞ라 안자 이수(以手)로 가액(加額)ᄒᆞ고 오ᄂᆞᆫ가 가ᄂᆞᆫ가 건넌 산(山) ᄇᆞ라보니 거머횟들 셔 잇거ᄂᆞᆯ 져야 님이로다. 보션 버서 품에 품고 신 버서 손에 쥐고 겻븨님븨 님븨곰븨 쳔방지방 지방쳔방 즌 듸 ᄆᆞ른 듸 ᄀᆞᆯ희지 말고 워렁충창 건너가셔 정(情)엣말 ᄒᆞ려 ᄒᆞ고 겻눈을 흘긧 보니 상년(上年) 칠월(七月) 사흔날 ᄀᆞᆯ가벅긴 주추리 삼대 ᄉᆞᆯ드리도 날 소겨거다.
> 모쳐라 밤일ᄉᆡ만졍 힝혀 낫이런들 ᄂᆞᆷ 우일 번ᄒᆞ괘라.
>
> – 작가 미상 –

① (가)와 달리 (나)는 공간의 이동에 따라 시상을 전개하고 있다.
② (나)와 달리 (가)는 추상적 관념을 구체화하여 표현하고 있다.
③ (가)는 '백발'을 '가싀'와 '막ᄃᆡ'로 막으려는 상황의 부조화를 통해 해학성을 드러내고 있다.
④ (나)의 '주추리 삼대'는 화자와 임을 이어 주는 매개체이다.

3. 빈칸에 들어갈 내용으로 가장 적절한 것은?

> 애리얼리는 실험에 참가한 A 그룹과 B 그룹에게 레고 블록을 건네며, "레고 블록을 다 조립하면 3,000원을 드립니다."라고 약속한다. 이야기를 전해 들은 두 그룹 참가자들은 대부분 3,000원을 받고 조립을 마친다. 첫 번째 조립이 끝나면 두 번째 레고 블록이 등장한다. 그런데 이번에는 조립을 마치면 대가가 2,800원으로 줄어든다. 그래도 대부분의 참가자들은 조립을 한다. 이런 식으로 대가를 조금씩 깎다 보면, 어느 시점에서 참가자들은 조립을 포기한다. 그런데 A 그룹 참가자들이 조립을 마치면 진행자는 완성품을 들고 밖으로 나가 버렸다. 이러면 참가자들은 자기가 완성한 레고 블록이 무엇에 쓰이는지 알지 못한다. 반면 B 그룹 참가자들이 조립을 마치면, 진행자는 그 앞에서 레고 블록을 분해해 버렸다. 그리고 그 분해된 블록을 주면서 "한 번 더 하실래요?"라고 제안한다. 이러면 B 그룹 참가자들은 자기가 조립한 레고 블록이 불과 5초 뒤에 산산조각이 날 것을 알게 된다.
>
> 실험 결과 A 그룹 참가자들은 보상이 200원씩 깎여도 평균 11단계까지 조립을 계속한다. 보상이 800원으로 떨어져야 비로소 조립을 거부한 것이다. 반면 B 그룹 참가자들은 평균 8단계에서 조립을 중단한다. 이 실험은 [　　　　　　　　　　] 점을 잘 보여 준다.

① 인간이 자신의 노동에 부여되는 의미를 중요하게 생각한다는
② 작업을 할 때, 관리자의 개입이 많을수록 노동자의 지구력은 강해진다는
③ 노동을 할 때, 노동하는 행위 그 자체는 돈보다 더 큰 동기를 부여한다는
④ 단계별 보상 액수의 변화는 노동자의 작업 능률에 영향을 미치지 못한다는

4. (가)의 중심 주장을 바탕으로 (나)를 평할 때 가장 적절한 것은?

> (가) 사람의 마음이 입으로 표현된 것이 말이요, 말의 가락이 있는 것이 시가 문부(詩歌文賦)이다. 사방(四方)의 말이 비록 같지는 않더라도 진실로 말할 수 있는 사람이 각각 그 말에 따라 가락을 맞춘다면, 다 같이 천지를 감동시키고 귀신을 통할 수가 있는 것은 유독 중국만이 그런 것은 아니다. 지금 우리나라의 시문(詩文)은 자기 말을 버려두고 다른 나라말을 배워서 표현한 것이니, 설사 아주 비슷하다 하더라도 이는 단지 앵무새가 사람의 말을 하는 것이다. 여염집 골목길에서 나무꾼이나 물 긷는 아낙네들이 '에야디야' 하며 서로 주고받는 노래가 비록 저속하다 하여도 그 진가(眞價)를 따진다면, 정녕 학사대부들의 이른바 시부(詩賦)라고 하는 것과 같은 입장에서 논할 수는 없다.
>
> – 김만중, 『서포만필』에서 –
>
> (나) 구룸 비치 조타 ᄒᆞ나 검기ᄅᆞᆯ ᄌᆞ로 ᄒᆞᆫ다.
> ᄇᆞ람 소리 ᄆᆞᆰ다 ᄒᆞ나 그칠 적이 하노매라.
> 조코도 그칠 뉘 없기ᄂᆞᆫ 믈뿐인가 ᄒᆞ노라.
>
> – 윤선도, 「오우가」에서 –

① 훈: 양반에 대한 비판 의식을 상징적으로 풀어 나가고 있다는 점을 높이 평가해야 한다.
② 민: 문학은 서민들의 삶을 담아야 하는데 그러한 점이 보이지 않는다는 문제가 있다.
③ 정: 자연의 아름다움을 노래한다는 점에서 조선 전기 문학의 경향을 창조적으로 계승하고 있다.
④ 음: 우리말의 아름다움을 잘 살려 썼다는 점에서 훌륭한 작품이라 할 수 있다.

5. 다음 글의 말하기 방식에 대한 설명으로 잘못된 것은?

> 진행자: 만약 이순신 장군이 환생해서 특허청에 찾아와 거북선을 특허 출원한다면, 특허 등록이 가능한 겁니까?
>
> 특허청 심사관: 특허를 받기 위해서는 여러 가지 특허 요건을 갖춰야 하는데, 제가 만약에 이 건을 심사한다고 가정하고 살펴보겠습니다. 먼저 특허 요건의 첫 번째는 산업상 이용 가능성입니다. 거북선은 실제 전장에서 활용되면서 우수한 전투력을 입증했으므로 방위 산업 분야에서 이용 가능성이 충분히 인정된다고 볼 수 있겠습니다.
>
> 진행자: 요즘 우리나라 방산 수출 소식이 종종 들려오는데, 거북선을 대량 생산해서 나라도 지키고 수출도 하고, 좋네요!
>
> 특허청 심사관: 다음은 신규성이 있어야 하는데요. 다시 말해 출원하기 이전에 세상에 전혀 없었던 새로운 것이어야 합니다. 비록 기존의 판옥선을 기초로 했지만, 덮개로 갑판을 덮어 노출이 전혀 없는 형태의 배는 이전까지 없었던 구조이므로 선체 구조적인 면에서 최초의 장갑선으로 신규성이 인정됩니다.
>
> 진행자: 그럼 주요 요건은 다 갖춰진 건가요? 오늘 바로 특허 등록해도 되겠네요?
>
> 특허청 심사관: 제 심사는 이순신 장군이 생존했던 당시를 기준으로 한 것입니다. 현대의 조선 기술과 임진왜란 시기의 조선 기술을 직접 비교할 수는 없으니, 이순신 장군이 현대에 와서 특허 출원을 했을 때의 결과는 저도 알 수가 없지요.

① 심사관은 시대적 특수성을 고려하여 판단을 유보하고 있다.
② 심사관은 대상이 조건에 부합하는지를 인과적으로 설명하고 있다.
③ 진행자는 심사관의 말을 에둘러서 반박하고 있다.
④ 진행자와 심사관은 모두 불가능한 상황을 가정하여 말하고 있다.

6. 국어의 음운 변동을 다음과 같이 유형화할 때, 각 단어에서 일어나는 음운 변동 현상에 대한 설명으로 옳지 않은 것은?

> ㉠ 교체: XaY → XbY ㉑ 부엌[부억], 신라[실라]
> ㉡ 축약: XabY → XcY ㉑ 맏형[마텽], 국화[구콰]
> ㉢ 탈락: XaY → XY ㉑ 넋[넉], 쌓이다[싸이다]
> ㉣ 첨가: XY → XaY ㉑ 솜이불[솜:니불], 식용유[시굥뉴]

① '뜻하다[뜨타다]'를 발음할 때에는 ㉠과 ㉡이 모두 일어난다.
② '값지다[갑찌다]'를 발음할 때에는 ㉠과 ㉢이 모두 일어난다.
③ '앉히다[안치다]'를 발음할 때에는 ㉢만 일어난다.
④ '설익다[설릭따]'를 발음할 때에는 ㉠과 ㉣이 모두 일어난다.

7. ㉠, ㉡에 들어갈 단어가 바르게 짝 지어진 것은?

> • 영수는 장학 재단으로부터 학비 [㉠]을/를 받아 유학을 떠났다.
> • 김 의원은 정부의 정책으로 인한 농민의 피해 [㉡] 방안을 질의하였다.

	㉠	㉡		㉠	㉡
①	補助	補塡	②	補助	補給
③	補強	補給	④	補強	補塡

8. 다음 글의 전개 순서로 가장 자연스러운 것은?

> ㉠ 그림을 바라보든 그림이 나타내고 있는 대상을 유리창을 통해 바라보든 시각적으로 차이가 없어야 한다.
> ㉡ 시각 예술은 20세기 초 프랑스에서 혁명을 맞이했는데, 그 이전까지 예술은 시각적 외양을 다양한 방법으로 모사하는 일에 전념했다.
> ㉢ 이미 밝혀진 대로 이 예술적 모사에는 이탈리아의 지오토와 치마부에의 시대에서 시작해 빅토리아 시대에 정점에 이른 점진적인 역사가 있었다.
> ㉣ 따라서 잘 그린 초상화라면, 우리가 초상화 속의 인물과 창문을 사이에 두고 마주보는 상황과 구분할 수 없어야 한다.
> ㉤ 빅토리아 시대에 시각 예술가들은 이상적인 재현 양식에 도달했는데, 르네상스 화가 재온 바티스타 알베르티는 『회화론』이란 책에서 그 표현 방식을 다음과 같이 정의했다.

① ㉡-㉢-㉠-㉤-㉣ ② ㉡-㉢-㉤-㉠-㉣
③ ㉤-㉠-㉢-㉡-㉣ ④ ㉤-㉢-㉠-㉣-㉡

9. 다음 시에 대한 설명으로 적절하지 않은 것은?

> 들가에 떨어져 나가 앉은 멧기슭의
> 넓은 바다의 물가 뒤에,
> 나는 지으리, 나의 집을,
> 다시금 큰길을 앞에다 두고.
> 길로 지나가는 그 사람들은
> 제가끔 떨어져서 혼자 가는 길.
> 하이얀 여울턱에 날은 저물 때.
> 나는 문간에 서서 기다리리
> 새벽 새가 울며 지새는 그늘로
> 세상은 희게, 또는 고요하게,
> 번쩍이며 오는 아침부터,
> 지나가는 길손을 눈여겨보며,
> 그대인가고, 그대인가고.
>
> – 김소월, 「나의 집」 –

① 감각적 이미지를 사용하여 시간적 배경을 표현하고 있다.
② '집'은 화자의 소망과 체념이 공존하는 모순의 공간이다.
③ 도치법을 사용하여 시적 의미를 강조하고 있다.
④ 동일한 시어를 반복하여 정서를 심화하고 있다.

10. ㉠에 들어갈 말로 가장 적절한 것은?

> 우리말은 문법 요소인 조사도 생략할 수 있고, 주어나 서술어나 목적어, 부사어 등 어느 성분이라도 생략할 수 있으니, 언어에서 우리가 느낄 수 있는 속박감은 거의 없는 편이라고 볼 수 있다. 그러나 우리말의 폭넓은 생략은 거저 이루어진 것이 아니다. 대화의 상대방과 부단하게 의사소통을 한 결과 서로 교감이 이루어짐으로써 얻게 된 소중한 결과이다. 다시 말하면 말을 하지 않아도 서로의 생각을 이해할 수 있을 정도로 마음이 통하는 집단을 이룸으로써 이런 생략이 가능하게 되었다. 서구인들이 끊임없이 다른 종족들과 부대끼면서 살고 있을 때에 우리는 한 지역에 정착하여 농경 사회를 발전시킨 것이 일찍부터 집단 내부의 의사소통을 완전하게 이룰 수 있는 계기가 되었고, 이로 인해서 한국어는 과감한 생략이 가능한 언어로 발전할 수 있었다. 한국어의 과감한 생략은 우리 사회의 [㉠] 성격이 잘 반영된 결과이다.

① 합리적 ② 공동체적
③ 배타적 ④ 다층적

제2회 실전 모의고사

1. 다음 글의 논증 구조로 적절하지 않은 것은?

> ㉠ 인터넷과 뉴 미디어를 기반으로 성장한 위키피디아(Wikipedia)의 가장 큰 특징은 전 세계 누구나 자유롭게 접속하여 정보를 활용할 수 있고, 나아가 작성과 편집에도 참여할 수 있다는 점이다. ㉡ 하지만 이러한 개방성은 누군가가 부정확하거나 잘못된 정보를 입력할 수 있는 위험성을 내포하고 있다. ㉢ 이로 인해 위키피디아와 같은 오픈 소스 백과사전은 전문성을 충분히 확보하지 못하여 정보의 신뢰성을 떨어뜨리는 경우가 발생한다. ㉣ 더욱이 부정확한 정보를 무비판적으로 받아들이고 뉴 미디어를 통해 유포한다면 광범위한 피해가 발생할 수 있다. ㉤ 따라서 비판적 사고를 바탕으로 정보를 올바르게 이해하고 표현할 수 있어야 한다.

① ㉠은 ㉡~㉤의 논의에 대한 전제이다.
② ㉡과 ㉢은 인과 관계로, ㉡은 원인, ㉢은 결과이다.
③ ㉢과 ㉣은 종속 관계이고, ㉣은 ㉡의 요약이다.
④ ㉤은 ㉡~㉣의 해결 방안이자 글의 주지이다.

2. 다음 글에 대한 설명으로 적절하지 않은 것은?

> 벌써 육 개월 전의 일이다.
> 형무소에서 병보석으로 가출옥되었다는 중환자가 업혀서 왔다. [중략]
> 입원시킬 것인가, 거절할 것인가…….
> 환자의 몰골이나 업고 온 사람의 옷매무새로 보아 경제 정도는 뻔한 일이라 생각되었다.
> 그러나 그것보다도 더 마음에 켕기는 것이 있었다. 일본인 간부급들이 자기 집처럼 들락날락하는 이 병원에 이런 사상범을 입원시킨다는 것은 관선 시의원이라는 체면에서도 떳떳지 못할뿐더러, 자타가 공인하는 모범적인 황국 신민의 공든 탑이 하루아침에 무너지는 결과를 가져오는 것이라는 생각이 들었다.
> 순간 그는 이런 경우의 가부 결정에 일도양단하는 자기식으로 찰나적인 단안을 내렸다.
> 그는 응급 치료만 하여 주고 입원실이 없다는 가장 떳떳하고도 정당한 구실로 애걸하는 환자를 돌려보냈다.
> 환자의 집이 병원에서 멀지 않은 건너편 골목 안에 있다는 것은 후에 간호원에게서 들었다. 그러나 그쯤은 예사로운 일이었기에 그는 그대로 아무렇지도 않게 흘려버렸다.
> 그런데 며칠 전 시민대회 끝에 있은 해방 경축 시가행진을 자기도 흥분에 차 구경하느라고 혜숙이와 함께 대문 앞에 나갔다가, 자위대 완장을 두르고 대열에 끼인 젊은이와 눈이 마주쳤다.
> 이쪽을 노려보는 청년의 눈에서 불똥이 튀는 것 같은 살기를 느꼈다.
> 무슨 영문인지 모르고 어리벙벙하던 이인국 박사는, 그것이 언젠가 입원을 거절당한 사상범 환자 춘석이라는 것을 혜숙에게서 듣고야 슬금슬금 주위의 눈치를 살피며 집으로 기어들어 왔다.
>
> − 전광용, 「꺼삐딴 리」에서 −

① 과거 회상을 통해 사건의 인과 관계를 밝히고 있다.
② 특정한 단어를 활용하여 시대적 배경을 나타내고 있다.
③ 역설적 표현을 통해 인물의 부정적 면모가 폭로되고 있다.
④ 전지적 서술자가 특정 인물의 시각에서 사건을 서술하고 있다.

3. 다음 글에서 알 수 없는 것은?

> 벤담에게 쾌락은 쾌락이고 고통은 고통이다. 이 경험이 저 경험보다 더 나은가, 못한가를 판단하는 유일한 기준은 그로 인한 쾌락이나 고통의 강도와 지속성이다. 벤담은 여러 쾌락의 질적 차이를 인정하지 않는다. 벤담은 사람들의 선호도를 가치로 따지지 않은 채 모두 더해서 어떤 법이 필요한가를 결정하려 했다. 그런데 렘브란트 그림을 감상하기보다는 투견을 보고 싶어 하는 사람이 더 많다면, 사회는 미술관보다는 투견장에 보조금을 지급해야 할까? 저급하고 천박한 쾌락이 따로 있다면, 어떤 법을 도입할지 결정하는 과정에서 그런 쾌락이 조금이라도 영향력을 행사해야 할 이유는 없지 않은가.
> 밀은 이런 반박에서 공리주의를 구하려 한다. 그는 벤담과 달리 욕구의 양이나 강도만이 아니라 질을 평가해 고급 쾌락과 저급 쾌락을 구별할 수 있다고 믿는다. 그리고 다른 도덕적 이상이 아니라 공리만으로 그 구별이 가능하다고 생각한다. 그렇다면 어떤 쾌락이 질적으로 더 우수한지 어떻게 알 수 있을까? 밀은 간단한 시험을 제안한다. "두 가지 쾌락이 있을 때, 그 둘을 모두 경험한 사람들 전부 또는 거의 전부가 어느 하나를 절대적으로 좋아한다면, 그것을 좋아해야 한다는 도덕적 의무감 따위는 상관없이, 그것이 더 바람직한 쾌락이다."

① 법 결정에 대한 벤담의 기준
② 욕구의 질을 구분하는 밀의 기준
③ 쾌락에 대한 벤담과 밀의 관점 차이
④ 공리주의에서 쾌락을 도덕보다 우선시하는 이유

4. 다음 글에서 추론할 수 없는 것은?

> 우리 뇌에 있는 생체 시계가 잠을 조절한다. 이 시계는 각성과 수면, 두 가지 힘으로 작동하는데, 깨우는 힘인 각성과 재우려는 힘인 수면이 잘 조절이 되어야 잘 자고 잘 깰 수 있다. 아침에 눈 뜨자마자 머리가 바로 맑아지는 게 아닌 것은, 두 가지 힘이 서서히 교체되기 때문이다. 반대로 밤이 되면 각성도가 조금씩 줄어들다가 각성과 수면의 힘이 역전되면서 잠으로 빠져들 수 있다. 수면의 힘이 각성의 힘보다 1%라도 세져야 잠이 온다.
> 우울증이나 공황 장애, 불안 장애 등의 원인으로 잠이 안 오는 경우를 이차성 불면증이라고 한다. 이런 요인 없이 불면증이 단독으로 있는 경우는 일차성 불면증이다. 일차성 불면증에는 생체 시계를 잘 맞추어 주는 생활 습관 교정이 약만큼 효과가 있다고 한다. 잠자리에 누워 있는 시간 중 실제 잠을 잔 시간의 비율을 수면 효율이라고 하는데, 10시간 누워서 6시간 자는 것보다는, 6시간 누워서 5시간 자는 게 더 개운할 수도 있다. 수면 효율을 올리려면 가장 졸릴 때 침대에 누워야 한다. 이때 각성도가 떨어지지 않고 잠이 오지 않으면 30분 이상 누워 있지 않도록 한다. 일어나서 TV를 보거나 책을 읽거나 음악을 듣는다든지 하면서 나만의 휴식 거리를 하다가 다시 졸리면 누워야 한다.

① 각성의 힘과 수면의 힘이 비슷할 때 학습하면 효율이 높을 것이다.
② 5시간 누워 있는 사람보다 6시간 누워 있는 사람의 수면 효율이 더 나쁠 수 있다.
③ 누워 있는 시간이 동일하다면, 수면의 힘이 강할 때가 각성의 힘이 강할 때보다 수면 효율이 높을 것이다.
④ 각성보다 수면의 힘이 강할 때 의도적으로 몸을 움직이는 것은 수면 효율을 높이는 데 도움이 되지 않을 것이다.

5. (가)~(라)의 전개 순서로 가장 자연스러운 것은?

> (가) 썩거나 부서지거나, 물과 바람에 마모되거나 날리거나 하면서 사라져 버리는 것이다. 죽고 난 뒤 최대한 빨리 땅속에 묻혀야 화석으로 보존될 가능성이 높아진다.
>
> (나) 또한 땅속에 묻힌 모든 생물이 다 화석이 되는 것도 아니다. 땅속에 묻혔더라도 몸에 단단한 부분이 있는 생물은 좋은 화석이 되지만 몸이 연약한 부분으로만 이루어진 생물은 그렇지 않다.
>
> (다) 왜 지구에 살았던 10억 종의 생물 중 화석으로 발견되는 것은 극히 일부에 불과할까? 옛날에 살았던 생물들이 모두 다 화석이 되어 어딘가에 묻혀 있었다면 그것을 찾는 일이 아주 쉬웠을 텐데, 그렇지 않기 때문이다.
>
> (라) 모든 생물 개체는 태어나면 죽게 마련이고, 죽은 뒤 화석이 되려면 땅속에 묻혀야 한다. 그런데 땅속에 묻히기도 전에 대부분의 생물들은 쉽게 분해된다.

① (다) – (나) – (가) – (라)　② (다) – (라) – (가) – (나)
③ (라) – (나) – (다) – (가)　④ (라) – (다) – (나) – (가)

6. ㉠과 ㉡에 들어갈 한자 성어가 바르게 연결된 것은?

> • 경기 침체로 상품이 팔리지 않자, 그 상점에서는 가격을 최대한 낮추는 [㉠]을 마련했다.
> • 공식 인가나 허가를 받지 않고 단기 고수익을 미끼로 불특정 다수인을 투자자로 모집했던 한 업체는 실제 수익은 보잘것없는데 나중에 참여한 투자자들의 돈으로 먼저 참여한 투자자들의 돈을 갚는 [㉡]식 운영을 해서 금감원에 적발되었다.

	㉠	㉡		㉠	㉡
①	苦肉之策	狐假虎威	②	苦肉之策	上下撑石
③	同價紅裳	狐假虎威	④	同價紅裳	上下撑石

7. 다음 시에 대한 설명으로 적절하지 않은 것은?

> 내 언제고 지나치는 길가에 한 그루 남아 선 노송(老松) 있어 바람 있음을 조금도 깨달을 수 없는 날씨에도 아무렇게나 뻗어 높이 치어든 그 검은 가지는 추추히 탄식하듯 울고 있어, 내 항상 그 아래 한때를 머물러 아득히 생각을 그 소리 따라 천애(天涯)에 노닐기를 즐겨하였거니, 하룻날 다시 와서 그 나무 이미 무참히도 베어 넘겨졌음을 보았나니.
>
> 진실로 현실은 이 한 그루 나무 그늘을 길가에 세워 바람에 울리느니 보다 빠개어 육신의 더움을 취함에 미치지 못하겠거늘, 내 애석하여 그가 섰던 자리에 서서 팔을 높이 허공에 올려 보았으나, 그러나 어찌 나의 손바닥에 그 유현(幽玄)한* 솔바람 소리 생길 리 있으랴.
>
> 그러나 나의 머리 위, 저 묘막(渺漠)한* 천공(天空)에 시방도 오고 가는 신운(神韻)*이 없음이 아닐지니 오직 그를 증거할 선(善)한 나무 없음이 안타까울 따름이로다.
>
> – 유치환, 「선한 나무」 –
>
> * 유현한: 깊고 그윽하며 미묘한
> * 묘막한: 아득하게 넓은
> * 신운: 고상하고 신비스러운 운치

① 시간의 흐름에 따른 화자의 심리적 변화를 드러내고 있다.
② 음성 상징어를 사용하여 대상의 역동성을 표현하고 있다.
③ 설의적 표현을 사용하여 화자의 정서를 부각하고 있다.
④ 의인화한 대상이 지닌 가치를 설명하고 있다.

8. 다음 시에 대한 설명과 거리가 먼 것은?

> 구스리 아즐가 구스리 바회예 디신ᄃᆞᆯ
> 위 두어렁셩 두어렁셩 다링디리
> 긴힛ᄃᆞᆫ 아즐가 긴힛ᄃᆞᆫ 그츠리잇가 나ᄂᆞᆫ
> 위 두어렁셩 두어렁셩 다링디리 [중략]
>
> 대동강(大同江) 아즐가 대동강 너븐디 몰라셔
> 위 두어렁셩 두어렁셩 다링디리
> ᄇᆡ 내여 아즐가 ᄇᆡ 내여 노ᄒᆞᆫ다 샤공아
> 위 두어렁셩 두어렁셩 다링디리
> 네 가시 아즐가 네 가시 럼난디 몰라셔
> 위 두어렁셩 두어렁셩 다링디리
> 녈 ᄇᆡ예 아즐가 녈 ᄇᆡ예 연즌다 샤공아
> 위 두어렁셩 두어렁셩 다링디리
> 대동강 아즐가 대동강 건너편 고즐여
> 위 두어렁셩 두어렁셩 다링디리
> ᄇᆡ타들면 아즐가 ᄇᆡ타들면 것고리이다 나ᄂᆞᆫ
> 위 두어렁셩 두어렁셩 다링디리
>
> – 작가 미상, 「서경별곡」에서 –

① 설의적 표현으로 화자의 의지를 강조하고 있다.
② ‘긴’은 임에 대한 깊은 신뢰를 비유한다.
③ ‘연즌다’와 ‘것고리이다’의 주체는 사공이다.
④ 화자에게, ‘샤공’은 원망을 일으키며 ‘곶’은 불안을 일으킨다.

9. 밑줄 친 부분 중 표기가 옳지 않은 것이 들어 있는 문장은?

① 활짝 갠 날씨에 마음마저 설렌다.
② 너무도 분하고 설운 나머지 슬피 울.
③ 서투른 행동으로 일을 망치지 말아라.
④ 대학생이 돼 갖고 그에 걸맞는 행동을 해야지.

10. 다음 글의 ‘허생’에 대한 설명으로 적절하지 않은 것은?

> 허생은 크게 꾸짖어 말했다.
> “소위 사대부란 것들이 무엇이란 말이냐? 오랑캐 땅에서 태어나 자칭 사대부라 뽐내다니 이런 어리석을 데가 있느냐? 의복은 흰옷을 입으니 그것이야말로 상인(喪人)이나 입는 것이고, 머리털을 한데 묶어 송곳같이 만드는 것은 남쪽 오랑캐의 습속에 지나지 못한데, 대체 무엇을 가지고 예법이라 한단 말인가? 번오기(樊於期)는 원수를 갚기 위해서 자신의 머리를 아끼지 않았고, 무령왕(武靈王)은 나라를 강성하게 만들기 위해서 되놈의 옷을 부끄럽게 여기지 않았다. 이제 대명(大明)을 위해 원수를 갚겠다 하면서, 그까짓 머리털 하나를 아끼고, 또 장차 말을 달리고 칼을 쓰고 창을 던지며 활을 당기고 돌을 던져야 할 판국에 넓은 소매의 옷을 고쳐 입지 않고 딴에 예법이라고 한단 말이냐? 내가 세 가지를 들어 말하였는데, 너는 한 가지도 행하지 못한다면서 그래도 신임받는 신하라 하겠는가? 신임받는 신하라는 게 참으로 이렇단 말이냐? 너 같은 자는 칼로 목을 잘라야 할 것이다.”
> 하고 좌우를 돌아보며 칼을 찾아서 찌르려 했다. 이 대장은 놀라서 일어나 급히 뒷문으로 뛰쳐나가 도망쳐서 돌아갔다.
>
> – 박지원, 「허생전」에서 –

① 의문형 문장을 반복 사용하여 상대를 평가하고 있다.
② 일상생활 속 예법에 소홀한 사대부를 비판하고 있다.
③ 구체적 사례를 제시하여 주장하는 바를 뒷받침하고 있다.
④ 상대와 대조되는 인물을 통해 바람직한 태도를 강조하고 있다.

제3회 실전 모의고사

1. 다음 글의 내용과 부합하지 않는 것은?

> 어려서 부친을 여읜 단종은 슬픔이 얼마나 컸던지 식음을 전폐했다. 『효경』의 「상친장」에 부모님이 돌아가시면 아무리 슬퍼도 3일이 지나면 음식을 먹어야 한다고 했다. 죽은 자로 인해 산 사람의 생명이 훼손되지 않게 하기 위한 권면이다. 그럼에도 단종은 그 슬픔이 극에 달해 음식을 먹지 못했다.
>
> 단종은 1452년 즉위 교서를 통해서 부친 문종이 태조, 태종, 세종의 치적을 효로써 계승하였음을 밝혔다. 그리고 부친의 단명을 안타깝게 여기며 그 유업을 계승했다. 효와 사랑으로 나라를 바로 다스리겠노라 각오를 다졌다. 전국의 효자, 효부를 추천받아 포상하고 정표(旌表)하는 일에 앞장섰다. 부모, 조부모에게 해악을 미친 패륜 범죄자는 철저히 처벌하겠다는 선언도 했다. 그리고 각 도의 감사에게 효자, 절부를 추천하도록 명했다. 비록 어린 나이였지만 '효치(孝治)'를 표방한 것이다.

① 단종은 효행 장려 정책을 활발히 시행하였다.
② 단종은 부친을 여읜 슬픔으로 『효경』의 권면을 따르지 못했다.
③ 단종은 선친이 선대의 치적을 계승하였음을 문서로 밝혔다.
④ 단종은 패륜 범죄자를 공개적으로 처벌하는 제도를 도입했다.

2. 밑줄 친 단어가 신체와 관련이 없는 것은?

① 그가 빈정대던 소리를 생각하면 할수록 <u>배알</u>이 꼴렸다.
② 문틈으로는 찬 바람이 들어와서 <u>덜미</u>가 서늘하였다.
③ 김 씨는 <u>오지랖</u>이 넓어 동네 모든 일에 관여하려 한다.
④ 구석에 앉은 소년은 <u>오금</u>이 저린지 자꾸 자세를 바꾸었다.

3. 다음 시에 대한 감상으로 적절한 것은?

> 봄은 오고 또 오고 플은 플으고 또 플으ᄂᆡ
> 나도 이 봄 오고 이 플 프르기 ᄀᆞᄐᆡ
> 어ᄂᆞ날 고향(故鄕)의 도라가 노모(老母)ᄭᅴ 뵈오려뇨. 제1수
>
> 친년(親年)*은 칠십오(七十五)ㅣ오 영로(嶺路)*ᄂᆞᆫ 수천리(數千里)오
> 도라갈 기약(期約)은 가디록 아득ᄒᆞ다.
> 아마도 즘 업슨 중야(中夜)의 눈믈 계워 셜웨라. 제2수
>
> 하늘이 놉흐시나 ᄂᆞ즌 ᄃᆡ를 드르시ᄂᆡ
> 일월(日月)이 갓가오샤 하토(下土)*의 비최시ᄂᆡ
> 아ᄆᆞ라타 우리 모자지정을 슬피실 제 업ᄉᆞ오랴. 제11수
>
> – 이담명, 「사노친곡」에서 –
>
> * 친년: 어머님 연세
> * 영로: 고갯길
> * 하토: 인간 세상

① 제1수에서는 고향의 풍경을 묘사하여 고향에 대한 그리움을 드러내고 있군.
② 제2수에서는 '노모'와의 공간적 거리감을 '친년은 칠십오'로 표현하고 있군.
③ 제11수의 'ᄂᆞ즌 ᄃᆡ'는 제2수의 '도라갈 기약'의 실현을 가능케 하는 상황이군.
④ 제11수에는 자신의 처지를 개선해 줄 '하늘'과 '일월'에 대한 화자의 기대감이 드러나는군.

4. 다음 글을 읽고 추론한 내용으로 적절하지 않은 것은?

> '비대칭 정보의 시장 이론'은 어느 한쪽 시장에 있는 사람은 다른 한쪽 시장에 있는 사람보다 더 좋은 정보를 훨씬 많이 지니고 있다는 것이다. 예컨대 보험 회사는 가입자의 병력을 밝히려고 하지만 그 정보는 완전히 '비대칭'적이다. 가입자는 자신에 대해 잘 알고 있지만 보험 회사는 그렇지 못하기 때문이다. 결국 이러한 정보의 비대칭성 때문에 보험 회사 입장에선 '피하고 싶은 고객'을 선택하게 된다. 이것이 '역선택'이다.
>
> 중고차 시장에서도 판매자가 구매자보다 품질에 대해 더 많은 정보를 갖고 있을 경우 결국엔 구매자가 품질이 낮은 제품을 선택하는 일이 발생하게 된다. 즉, 판매자는 좋은 차와 형편없는 차를 구분할 수 있는 정보가 있지만 구매자는 이에 대한 정보가 없어 평균적인 가격을 지불하고 차를 사게 된다는 것이다. 그러나 결국 판매자는 이윤을 높이려고 성능이 형편없는 차를 팔게 돼 시장의 자원 배분 기능이 실패한다는 것이다.

① 여행객들이 처음 방문한 관광지의 식당에서 실제보다 높은 가격을 지불하는 것은 정보의 비대칭성 때문이군.
② 기업이 학력 등의 정보를 통해 입사 지원자를 평가하는 행위는 정보의 비대칭성을 해소하려는 노력이군.
③ 보험 회사는 정보의 비대칭성을 약화시키기 위해 암 보험 상품 가입 희망자에게 의료 보험 기록을 요구하는 것이군.
④ 중고차 시장에서 구매자가 판매자에게 자신이 원하는 자동차의 종류와 브랜드를 정확히 알려 주면 시장의 자원 배분 기능이 성공할 수 있겠군.

5. 다음 대화 참여자의 말하기 방식에 대한 설명으로 잘못된 것은?

> 진행자: 설문 조사에 의하면 성인 열 명 가운데 여덟 명꼴로 허리 통증을 경험한 적이 있다고 하던데요. 청소년들의 상황도 심각한가요?
> 김 박사: 네, 성인 못지않게 허리 통증을 호소하는 청소년들이 빠르게 늘고 있습니다.
> 진행자: 왜 그럴까요?
> 김 박사: 청소년기는 키가 크고 골격이 발달하는 시기입니다. 커 가는 키와 골격을 근육이 지탱해 줄 수 있어야 하죠. 그런데 너무 오래 앉아 있으면 근육 활동이 감소하여 허리 근육이 약화됩니다. 근육이 약화되면 척추가 휘어지는 척추 측만증, 추간판 탈출증 같은 요통 질환으로 이어질 수 있어 각별한 주의가 필요합니다.
> 진행자: 아무래도 앉아서 공부하는 시간이 많아서 그렇겠죠?
> 김 박사: 그렇죠. 앉아서 공부하는 시간이 지나치게 많죠.
> 진행자: 청소년 여러분에게 공부를 조금씩 하라고 할 수는 없는 노릇이니 운동 시간을 늘리라는 주문밖에 할 수 없군요. 혹시 또 다른 요인은 없을까요?
> 김 박사: 생활 습관이 문제입니다. 구부정하게 앉거나, 책상에 엎드려 자거나, 무거운 가방을 한쪽으로만 메고 다니는 것과 같은 생활 습관들이 허리에 부담을 주어 허리 통증을 유발합니다.
> 진행자: 바른 생활 습관이 정말 중요하겠군요. 청소년 여러분 잘 들으셨나요? 허리는 우리 몸의 기둥입니다. 기둥이 부실하면 건물이 무너집니다. 여러분의 소중한 기둥을 지킵시다.

① 김 박사는 진행자의 의견에 동의하면서 강조하는 말을 덧붙이고 있다.
② 김 박사뿐 아니라 진행자도 문제의 예방책을 제시하고 있다.
③ 김 박사는 문제가 발생하는 원인을 연쇄적으로 설명하고 있다.
④ 진행자는 비유적 표현으로 견해를 드러내고 있다.

6. 다음 시에 대한 설명으로 적절한 것은?

노주인(老主人)의 장벽(腸壁)에
무시(無時)로 인동(忍冬) 삼긴 물이 나린다.

자작나무 덩그럭 불이
도로 피어 붉고,

구석에 그늘 지어
무가 순 돋아 파릇하고,

흙냄새 훈훈히 김도 사리다가
바깥 풍설(風雪) 소리에 잠착하다.

산중(山中)에 책력(冊曆)도 없이
삼동(三冬)이 하이얗다.

– 정지용, 「인동차」 –

① 중의적 의미의 시구를 활용하고 있다.
② 색채 대비를 통해 체념적 정서가 드러난다.
③ 감각의 전이를 통해 긍정적 상황 인식이 드러난다.
④ 설의적 표현을 통해 탈속적 세계에 대한 지향을 나타낸다.

7. ㉠~㉢에 대한 설명으로 적절한 것은?

㉠ 낯선 사람이 조용히 내 뒤로 다가왔다.
㉡ 부모님은 동생이 고향에 돌아오기만을 기다리셨다.
㉢ 기린은 목이 길다.

① ㉠에는 목적어가 생략된 안긴문장이 있다.
② ㉠과 달리 ㉡에는 안긴문장 속에 부사어가 있다.
③ ㉢에서 안긴문장의 주어와 안은문장의 주어는 같다.
④ ㉠~㉢에는 모두 주성분으로 쓰인 안긴문장이 있다.

8. ㉠~㉣의 <한글 맞춤법> 규정이 적용된 단어로 옳은 것은?

제10항 한자음 '녀, 뇨, 뉴, 니'가 단어 첫머리에 올 적에는, 두음 법칙에 따라 '여, 요, 유, 이'로 적는다.
[붙임 1] 단어의 첫머리 이외의 경우에는 본음대로 적는다.
[붙임 2] 접두사처럼 쓰이는 한자가 붙어서 된 말이나 합성어에서, 뒷말의 첫소리가 'ㄴ' 소리로 나더라도 두음 법칙에 따라 적는다. ········ ㉠

제11항 한자음 '랴, 려, 례, 료, 류, 리'가 단어의 첫머리에 올 적에는, 두음 법칙에 따라 '야, 여, 예, 요, 유, 이'로 적는다.
[붙임 1] 단어의 첫머리 이외의 경우에는 본음대로 적는다. 다만, 모음이나 'ㄴ' 받침 뒤에 이어지는 '렬, 률'은 '열, 율'로 적는다. ········ ㉡

제12항 한자음 '라, 래, 로, 뢰, 루, 르'가 단어의 첫머리에 올 적에는, 두음 법칙에 따라 '나, 내, 노, 뇌, 누, 느'로 적는다.
[붙임 1] 단어의 첫머리 이외의 경우에는 본음대로 적는다.
········ ㉢
[붙임 2] 접두사처럼 쓰이는 한자가 붙어서 된 단어는 뒷말을 두음 법칙에 따라 적는다. ········ ㉣

① ㉠: 신여성(新女性), 공염불(空念佛)
② ㉡: 백분율(百分率), 명중율(命中率)
③ ㉢: 가정란(家庭欄), 내래월(來來月)
④ ㉣: 실낙원(失樂園), 태능(泰陵)

9. <보기 1>을 참고할 때 <보기 2>의 조건을 모두 만족하는 음운이 사용된 것은?

<보기 1>

단모음

혀의 위치 / 입술의 모양 / 혀의 높이	전설 모음		후설 모음	
	평순 모음	원순 모음	평순 모음	원순 모음
고모음	ㅣ	ㅟ	ㅡ	ㅜ
중모음	ㅔ	ㅚ	ㅓ	ㅗ
저모음	ㅐ		ㅏ	

<보기 2>

• 혀의 정점이 입 안의 앞쪽에 위치하여 발음되는 모음
• 입술을 둥글게 오므려 발음하는 모음
• 혀의 위치를 가장 높게 발음하는 모음

① 개울 ② 거위
③ 참외 ④ 그림

10. (가)~(마)의 전개 순서로 가장 적절한 것은?

(가) 듣기는 수동적인 활동으로 인식하기 쉽지만, 오히려 복잡한 인지 처리 과정을 거쳐야 하는 능동적인 활동이다. 이는 대화 상황을 살펴보면 간단히 확인된다.

(나) 학습자들은 한국어 듣기를 위해 필요한 자원이 부재하거나, 이를 갖추고 있다고 하더라도 불균형하게 가지고 있기 때문이다.

(다) 한국어 듣기 교육의 목표는 한국어 학습자들이 이러한 자원을 갖추도록 하는 것에 있다.

(라) 그러나 한국어 학습자들이 한국어 듣기를 능동적으로 수행하는 것에는 여러 제약이 따른다.

(마) 실제 대화에서 화자와 청자는 고정되지 않고 수시로 바뀌는데 이는 대화 참여자들이 서로의 발화 의도를 실시간으로 파악하려고 노력해야만 가능한 일이다.

① (가) – (다) – (나) – (마) – (라) ② (가) – (마) – (라) – (나) – (다)
③ (마) – (나) – (다) – (라) – (가) ④ (마) – (라) – (나) – (가) – (다)

11. 다음 글의 주제로 가장 적절한 것은?

절대 보편화될 수 없고 이성으로도 용납할 수 없는 법률을 국가가 공표하는 경우에는 어떻게 해야 할까? 국민들을 억압하는 독재 국가의 경우, 겉보기에 정상적인 방식으로 법이 제정되었다 해도 이성은 그것을 받아들일 수 없을 때가 많다. 이때 악법에 대한 불복종은 우리가 이성을 존중한다는 것을 증명할 수 있는 유일한 수단이 될 것이다. 법에 대한 불복종이 이성적 행동이 될 수 있는 것은 오직 이 법 자체가 보편성에 위반될 때뿐이다. 이러한 악법을 따르는 것은 오히려 이성과 인간성을 포기하는 것이다. 단, 이러한 경우라도 법에 대한 불복종은 일시적이어야 한다. 왜냐하면 악법에 대한 불복종은 정상적 법체계의 복원을 상정하는 것이고 때로 그것을 적극 준비하는 것이기 때문이다.

① 국민들의 인정을 받는 법이 진정한 법이다.
② 정상적인 법체계를 이루기 위해 노력해야 한다.
③ 인간은 이성을 존중하는 삶을 살아야 한다.
④ 이성으로 용납될 수 없는 악법에는 불복종해야 한다.

제4회 실전 모의고사

1. '자동차 안전벨트'를 소재로 한 공익 광고 문구로 <보기>의 조건이 모두 충족된 것은?

<보기>
- 안전벨트 착용을 완곡하게 요청할 것
- 의문형 문장과 비유적 표현을 사용할 것

① 뒷자리 안전벨트 아직도? 뒷자리 안전벨트는 이제 선택이 아닌 필수!
② 자동차 첨단 안전 기술을 찾으셨습니까? 안전벨트가 첨단 기술보다 더 안전합니다.
③ 당신을 살리는 생명띠, 안전벨트. 잠깐의 시간 투자로 귀중한 생명을 보호하는 것이 어떨까요?
④ 자동차 사고는 나의 일이 될 수 있습니다. 자동차 사고 시 안전벨트는 당신을 안아서 보호해 줍니다.

2. ㉠ ~ ㉣ 중 논지 전개상 불필요한 문장은?

역설적이게도 민주적 권리 행사로서 정치 참여는 민주주의의 독이 될 수 있다. ㉠ 사회학자 마이클 맨은 현대 민주주의가 '민(民)의 통치'라는 이상을 추구하지만 여기서 그 '민'이 어떻게 이해되느냐에 따라 민주주의 이념은 다원주의적 상호 인정과 이익 조정을 뜻할 수도 있고, 배타적이고 독단적인 이념으로 변질될 수도 있음을 경고했다. ㉡ 여론을 만드는 사람도, 여론을 이용하는 사람도 소수의 몇 명일 뿐이며 언론은 이 과정에서 소수에게 권력이 집중되는 것을 돕는 역할을 하여 민주주의가 발전하는 데 독이 된다. ㉢ 무엇보다 자신들이 진정한 '국민의 뜻'을 대변한다고 믿는 일군의 대중이 열렬히 정치에 관여해 영향을 미칠 때, 이 설익은 주권자의 민주주의에 대한 열정은 위험한 것이 된다. ㉣ 열정적 일부 주권자의 참여가 정치를 장악하면 제도로서의 민주주의가 위험에 처한다는 것, 이스라엘의 사회학자 슈무엘 아이젠슈타트는 이것을 바로 '민주주의의 이율배반'이라고 불렀다.

① ㉠ ② ㉡
③ ㉢ ④ ㉣

3. 다음 글의 서술 방식으로 적절하지 않은 것은?

초고령 사회로 진입하는 국가의 증가로 노인 인구 증가, 노동력 감소, 인건비 상승이 심화되고 있다. 노인 인구 증가는 생산성 저하와 경제 성장 둔화를 초래할 우려가 있다. 생산량 감소는 경기 침체와 무역 갈등을 야기한다. 이러한 문제를 해결하기 위해 각국 정부와 기업은 로봇을 활용한 자동화에 주목하고 있다. 로봇은 인간보다 빠르고 정확하게 작업을 수행할 수 있어 노동력을 대체하고 생산성을 향상시킬 수 있기 때문이다.

로봇은 크게 산업용 로봇과 서비스 로봇으로 구분할 수 있다. 산업용 로봇은 제조업, 물류, 건설 등 산업 현장에서 주로 사용하는 로봇이다. 서비스 로봇은 의료, 교육, 보안, 미디어 등의 분야에서 사용한다. 시장 분석 기관에 따르면, 산업용 로봇 시장은 2022년 기준 약 222억 달러에 달하며, 서비스 로봇 시장은 약 168억 달러로 두 로봇 시장은 매년 가파른 성장률을 보이고 있다.

① 상위 대상을 하위 대상으로 나누고 있다.
② 두 대상의 공통점과 차이점을 소개하고 있다.
③ 특정 현상이 일으키는 연쇄적 문제를 설명하고 있다.
④ 통계 자료를 사용하여 당면한 과제를 제시하고 있다.

4. ㉠ ~ ㉤에 대한 설명으로 적절하지 않은 것은?

제목: ○○군 5대 기업과 함께하는 2024 취업 박람회 개최

우리 군에서는 우리 지역의 5대 기업과 함께 취업 박람회를 개최할 예정입니다. 박람회에 참여하는 5대 기업은 그동안 우리 지역에서 ㉠ 적쟎은 일자리를 창출하고, 구직자들에게 우리 지역의 유망한 일자리를 ㉡ 제공하므로써 지역 발전과 군민의 삶의 질 향상에 기여해 왔습니다. 군민 여러분께서 이번 행사에 관심을 가지고 많이 참가해 주셨으면 합니다. 올해의 마지막 박람회이므로 개최일㉢(2024. 9. 27.(금))을 꼭 기억해 주시기 바랍니다.

1. 일시: 2024. 9. 27.(금) 10:00~17:00
2. 장소: ○○ 호텔 별관 2층
3. 참가비: 무료
4. 혜택: 박람회에 참가하시는 분들에게는 사진집 ㉣ <숲이 아름다운 우리 마을>을 증정합니다. 군청 앞 광장 '○○ 찻집'에서 사용할 수 있는 ㉤ 커피(coffee) 쿠폰도 드립니다.

① ㉠의 '적쟎은'은 어법에 맞게 '적잖은'으로 고친다.
② ㉡의 '제공하므로써'는 어법에 어긋난 표현이므로 '제공함으로써'로 고친다.
③ ㉢의 바깥쪽 괄호는 대괄호를 써서 [2024. 9. 27.(금)]으로 고친다.
④ ㉣은 《숲이 아름다운 우리 마을》로, ㉤은 '커피[coffee]'로 고친다.

5. ㉠과 ㉡에 대한 이해로 적절한 것만을 <보기>에서 모두 고르면?

㉠ 상(商)나라는 왕과 귀족, 평민, 그리고 노예로 구성된 사회였다. 당시에는 귀족만 성(姓)을 가질 수 있었기 때문에 그들을 '백성(百姓)'이라고 불렀는데 이들은 조상에게 제사를 지내는 것으로 씨족 사회의 질서를 유지했다. 농업 같은 직접 생산에 참여한 계급은 '소인(小人)'이라고 불렀다. 소인은 일정한 규모의 토지를 점유하고 그 토지를 경작할 수 있었지만 그 대가로 공물을 납부하고 병역의 의무를 졌다. 최하층을 구성하던 계급은 노예였다. 이들은 대부분 전쟁 포로로 잡혀 온 사람들로 '민(民)'이라고 불렀다. '민'은 일종의 재산으로 취급되었고 제사에 희생물로 바쳐지기도 했으며 주인이 사망하면 순장(殉葬)되기도 했다.

상나라를 멸망시킨 ㉡ 주(周)나라에서는 상나라의 '백성'에 해당하는 귀족을 '인(人)', '소인'을 '민(民)', 노예를 '신(臣)'이라고 불렀다. '신'도 상나라와 마찬가지로 전쟁 포로로 구성되었는데 제사나 순장의 희생물로 바쳐지는 사례는 줄었지만 여전히 짐승처럼 취급되었다. 주나라에서는 '인'이 지배층으로서 정치나 제사 등의 정신노동에 종사하는 부류였다면, '민'은 농업 등의 육체노동을 담당했던 피지배층을 가리켰다. 따라서 고대 중국의 문헌에서 '백성'이나 '인'이란 개념을 '민'이라는 개념과 구별하지 못한다면 많은 오해와 혼란이 생길 수 있다.

<보기>
㉮ ㉠에서 '민'은 피지배층을, ㉡에서는 지배층을 의미했다.
㉯ ㉠의 '백성'과 ㉡의 '인'은 모두 제사를 지내는 역할을 담당했다.
㉰ ㉠의 '민'과 ㉡의 '신'은 모두 제사나 순장의 희생물로 바쳐졌다.
㉱ ㉠과 ㉡에서는 모두 '백성', '인', '민'이라는 용어를 사용했으므로 혼란이 생길 수 있다.

① ㉮, ㉯ ② ㉯, ㉰
③ ㉯, ㉱ ④ ㉰, ㉱

6. 다음 글에 대한 설명으로 알맞지 않은 것은?

> 야생 소, 야생 염소, 야생 양, 이 3종은 가축화된 동물이라는 점에서 일치된 특징을 보인다. 이들은 무리 지어 살고 대가족 정도 되는 규모의 집단을 이루며 풀을 먹고 사는 반추 동물이다. 이 3종의 동물은 계절에 따라 이동하며 지도자 역할을 하는 동물을 따라다닌다. 이때 지도자 역할을 사람이 대신할 수 있다. 그리고 이들은 수확한 농작물의 찌꺼기는 무엇이든지 잘 먹기 때문에 농경 문화와 잘 어울린다. 짐승을 사육하려면 크기도 적당해야 한다. 이렇게 보면 가축으로 선택할 수 있는 종은 대폭 줄어든다. 이런 이유로 현재 가축화한 몇몇 종만 남게 된 것이다.
>
> 왜 이들 가축 중에는 아프리카산 대형 동물이 하나도 없을까? 근본적으로 중요하고 널리 재배되는 곡물 중에도 아프리카산은 없기 때문이다. 밀은 고대 이집트인들이 중동에서 받아들인 것이다. 여기서 농경 문화와의 관계가 나타난다. 야생 동물에서 유용 동물로 전환한 곳은 농경이 행해지고 이에 따라 잉여 생산물이 생긴 지역이다. 닭과 집오리도 이런 원칙에 들어맞는 가축이다. 닭이나 오리는 사람이 식량으로 쓰고 남은 잉여 자원이나 영양분이 풍부한 먹이를 공급받을 수 있는 곳에서 가장 잘 자란다. 쌀을 재배하는 아시아 지역이 이에 해당하고 옥수수를 재배하는 중앙아메리카의 칠면조도 같은 예라고 할 수 있다.

① 농경 문화와 잘 어울리는 동물들이 가축화의 대상이 되었다.
② 짐승의 크기와 먹이, 무리의 특성은 가축화 여부의 기준이 된다.
③ 가금류는 사람이 남긴 잉여 자원이 있는 곳에서 가축화가 잘 되었다.
④ 아프리카산 대형 동물은 농경을 돕는 데에 적합하지 않기 때문에 가축화가 이루어지지 않았다.

7. 다음 글에 대한 이해로 적절하지 않은 것은?

> 다시 방수액을 부어 완벽을 기하고 이음새 부분은 손가락으로 몇 번씩 문대어 보고 나서야 임 씨는 허리를 일으켰다. 임 씨가 일에 몰두해 있는 동안 그는 숨소리조차 내지 않고 일하는 양을 지켜보았다. 저 열 손가락에 박인 공이의 대가가 기껏 지하실 단칸방만큼의 생활뿐이라면 좀 너무하지 않나 하는 안타까움이 솟아오르기도 했다. 목욕탕 일도 그러했지만 이 사람의 손은 특별한 데가 있다는 느낌이었다. 자신이 주무르고 있는 일감에 한 치의 틈도 없이 밀착되어 날렵하게 움직이고 있는 임 씨의 열 손가락은 손가락 이상의 그 무엇이었다. 처음에는 이 사내가 견적대로의 돈을 다 받기가 민망하여 우정 지어내 보이는 열정이라고 여겼었다. 옥상 일의 중간에 잠시 집에 내려갔을 때 아내도 그런 뜻을 표했다.
>
> "예상외로 옥상 일이 힘드나 보죠? 저 사람도 이제 세상에 공돈은 없다는 사실을 깨달았을 거예요."
>
> 하지만 우정 지어낸 열정으로 단정한다면 당한 쪽은 되레 그들이었다. 밤 여덟 시가 지나도록 잡역부 노릇에 시달린 그도 고생이었고, 부러 만들어 시킨 일로 심적 부담을 느끼기 시작한 그의 아내 역시 안절부절못했으니까.
>
> – 양귀자, 「비 오는 날이면 가리봉동에 가야 한다」에서 –

① 외양과 행동을 통해 인물의 성격을 드러내고 있다.
② 대상에 대한 인물의 인식이 변화하는 모습을 확인할 수 있다.
③ 이야기 속에 이야기를 삽입하여 인물의 대립 구도를 부각하고 있다.
④ 작품 밖 서술자가 특정 인물의 시각에서 사건을 서술하고 있다.

8. 다음 시에 대한 설명으로 잘못된 것은?

> 열치매
> 나토얀 ᄃᆞ리
> 힌 구룸 조초 ᄠᅥ 가ᄂᆞᆫ 안디하.
> 새파른 나리여희
> 기랑(耆郞)ᄋᆡ 즈ᅀᅵ 이슈라.
> 일로 나리ㅅ ᄌᆡ벽히
> 낭(郞)ᄋᆡ 디니다샤온
> ᄆᆞᅀᆞᄆᆡ ᄀᆞᆺ홀 좇누아져.
> 아으 잣ㅅ가지 노파
> 서리 몯누올 화반(花判)이여.
>
> – 충담사, 「찬기파랑가」 –

① 기파랑을 화랑의 우두머리로 칭송하고 있다.
② 기파랑의 부재로 나타난 현실의 모순을 안타까워하고 있다.
③ 기파랑을 따르고 싶은 화자의 마음을 드러내고 있다.
④ 'ᄃᆞᆯ', '나리', 'ᄌᆡ벽', '잣ㅅ가지'는 기파랑의 인품을 빗댄 자연물이다.

9. ㉠에 들어갈 한자 성어로 적절한 것은?

> "조선이 삼팔선 뭉개고 조국 통일되는 날까지 남조선 땅에서 우리는 어디로 가나 쫓기는 몸 아입니까."
>
> 배종두가 말한다.
>
> "아이구 이 사람아, 해방된 지 멫 핸데 왜늠도 아이고 우리 동포한테 쫓길 짓을 와 하고 댕겨. 고생하는 처자슥 생각도 좀 해야지러. 배 도령은 안죽 총각이지만 [㉠] 걱정하며 숨도 제대로 몬 쉬는 부모님이 안 계신가. 자네 자당이 자네 때문세 자리보전하미 몸져누벘다 일어난 거 모리는가?"
>
> "알고 있습니더."
>
> "알몬사 행실을 바로 해야지러."
>
> – 김원일, 「불의 제전」에서 –

① 寤寐不忘
② 同病相憐
③ 髀肉之歎
④ 我田引水

10. ㉠ ~ ㉣ 중 <보기>가 들어갈 곳으로 가장 적절한 것은?

<보기>

> 그런데 트라우마의 반복을 통해 다시 경험하는 '습관화'의 과정은 심리적 반응을 자연스럽게 감소시켜 트라우마에 대한 반응을 둔화시킨다.

> 트라우마를 의식적으로 잊으려는 노력은 '반동(反動) 효과'로 인해 상황을 악화시킨다. [㉠] 즉, 무조건적으로 기억을 억누르려는 것은 자연스러운 습관의 과정을 막는 것으로서 '기억 의지 속성'이 증가되어 억압된 기억이 유지된다는 것이다. [㉡] 예를 들어 일반적으로 외상 사건을 경험한 트라우마 환자의 치료는 '심상적 노출 치료'를 통해 충격적인 사건을 자연스럽게 다시 경험하게 한다. [㉢] 관련된 자극을 반복적으로 노출하여 생생한 이미지 회상을 통해 침투 기억, 플래시백, PTSD[외상 후 스트레스 장애]를 감소시키는 것이다. [㉣]

① ㉠
② ㉡
③ ㉢
④ ㉣

제5회 실전 모의고사

1. 다음 대화에 적용된 공손성의 원리가 아닌 것은?

(해외 여행지에서 우연히 만난 한국인 여행객 훈과 민)
훈: 반가워요, 이 나라엔 유난히 한국인 여행객이 없어서 외로웠거든요.
민: 그래요? 저는 꽤 많이 만났는데요. 혼자 여행한 나라가 20개국 정도 되는데, 진짜 한국인을 한 명도 보지 못한 나라도 있었어요.
훈: 와, 대단하시네요, 20개국이나 혼자 다니시다니! 전 혼자 여행은 이번이 처음이에요. 제가 점심 살 테니 노하우를 조금만 알려 주시겠어요?
민: '노하우'라니, 과찬이세요.

① 자신에 대한 칭찬을 최소화하고 비방을 극대화한다.
② 상대방에게 부담이 되는 표현을 최소화하고 이익이 될 수 있는 표현을 극대화한다.
③ 다른 사람에 대한 비방을 최소화하고 칭찬을 극대화한다.
④ 자신의 의견과 다른 사람의 의견 사이의 다른 점을 최소화하고 일치점을 극대화한다.

2. 다음 글의 내용과 일치하지 않는 것은?

주인-대리인 이론의 모델에서 '주인-대리인 관계'는 1인 이상의 사람(주인)이 다른 사람(대리인)에게 자신을 대신하여 의사 결정을 할 수 있도록 의사 결정 권한을 위임한 계약 관계라고 정의된다. 주주와 경영자가 주인-대리인 관계의 실례라고 할 수 있다. 주인-대리인 관계에 있는 해당 이해관계자들은 모두 자신의 이익을 극대화하기 위해 노력한다. 이 과정에서 서로 간의 이해가 상충하면 '대리인 문제'가 발생하며, 이 문제를 해결하기 위해서 '대리인 비용'이 발생한다. 대리인 비용은 대리인 문제의 방지 수단에 따라 다음과 같이 구분할 수 있다.

첫째, '감시 비용'은 대리인의 활동이 주인의 이익을 감소시키지 않는지를 감시하는 데 소요되는 비용이다. 기업 경영에서 주주는 경영자의 행동이 주주가 바라는 행동에서 벗어나지 못하도록 감시하는 활동을 하게 된다. 대표적인 예는 이사회의 구성, 감사의 임명, 예산 제약 설정 등이다. 이러한 통제 시스템을 운영하는 데 감시 비용이 소요된다.

둘째, '확증 비용'은 대리인의 행동이 주인의 이익에 상반되지 않는다는 것을 증명할 때 소요되는 비용이다. 경영자는 주주가 원하지 않는 행동을 하지 않겠다는 것을 증명해야 한다. 예를 들어, 기업의 재무 상황에 대한 공인과 보고, 회계 감사를 받은 영업 보고서의 공시가 대표적인 증명 활동이다. 이런 활동에 소요되는 비용이 확증 비용이다.

셋째, '잔여 손실'이란 확증 비용과 감시 비용이 지출되었음에도 대리인 때문에 발생한 주인의 손실이다. 주주와 경영자 간에 감시 활동과 확증 활동이 최적으로 이루어진다고 하더라도 회사의 가치를 극대화하는 의사 결정과 경영자의 의사 결정 사이에는 괴리가 생길 수 있다. 이러한 차이로 말미암아 생기는 회사 이익의 감소가 바로 잔여 손실이다.

① 경영자가 주주의 이익보다 자신의 이익을 우선시할 때 대리인 문제가 발생한다.
② 대리인 비용은 경영자가 주주의 이익을 위해 활동하는지를 감시하고 증명할 때 발생한다.
③ 주주는 이사회를 구성하고 영업 보고서를 공시함으로써 경영자의 활동에 제약을 두고 이를 감시하여 자신의 이익을 보호한다.
④ 감사의 임명, 예산 제약 설정, 기업의 재무 상황에 대한 공인과 보고 등이 적절히 이루어져도 대리인 문제는 발생할 수 있다.

3. ㉠~㉤의 전개 순서로 가장 자연스러운 것은?

㉠ 유전 연구를 위해서는 멘델이 연구한 완두나, 모건이 연구한 초파리처럼 짧은 기간 내 여러 세대를 관찰할 수 있어야 하고, 인위적인 교배가 가능해야 한다.
㉡ 따라서 사람의 유전 현상에 관한 많은 정보는 주로 가계도 조사, 집단 조사, 쌍둥이 연구 등과 같은 간접적인 방법을 이용한다.
㉢ 사람의 유전 현상을 연구하는 것은 다른 생물의 경우와 달리 많은 어려움이 있다.
㉣ 그러나 사람은 한 세대의 길이가 수십 년에 이르며, 자손의 수가 적고 임의 교배가 불가능하므로 유전 현상을 직접 연구하기는 곤란하다.
㉤ 그리고 최근에는 분자 생물학의 발달로 염색체 수나 모양을 조사하는 핵형 분석이나 특정 유전자를 직접 분리하여 분석하는 방법 등을 통해서도 사람의 유전 현상을 연구한다.

① ㉠-㉢-㉣-㉡-㉤　　② ㉠-㉢-㉤-㉣-㉡
③ ㉢-㉠-㉣-㉡-㉤　　④ ㉢-㉠-㉤-㉡-㉣

4. 다음 글을 읽고 추론한 내용으로 적절하지 않은 것은?

래리는 프랑스 군의관으로 평생을 보내면서 외과와 응급 의학의 발전에 큰 공헌을 하였다. 전쟁터에서 유용하게 사용될 수 있는 구급차를 고안했고, 현대적인 환자 분류법을 개발했다. 래리가 환자 분류에 관심을 가진 것은 전쟁터에서 갑자기 환자가 많이 발생하는 경우에 군의관이 동시에 모든 환자를 돌볼 수가 없었기 때문이다. 당시에는 환자들 중 전쟁터에서 다시 싸울 수 있는 병사와 계급이 높은 병사를 우선적으로 치료하고 있었다. 이는 가능한 한 많은 생명을 구하기보다는 효과적인 군사력 유지에 중점을 둔 것이었다. 래리가 환자 분류법을 개발한 목적은 부상자 전체의 생존율을 향상시키기 위한 것이었다. 위험한 부상자는 국적과 계급에 관계없이 먼저 치료를 받고, 덜 심각한 부상자는 심각한 부상자들이 먼저 치료받을 때까지 기다리도록 했다. 그의 분류법에 따라 프랑스의 동맹군은 물론 적군의 병사들도 치료를 받게 되었다.

① 래리의 환자 분류법이 적용되기 이전에는 찰과상을 입은 중사가 총탄에 맞은 하사보다 우선적으로 치료를 받았을 것이다.
② 래리의 환자 분류법에서는 계급의 우열을 나누지도, 아군과 적군을 나누지도 않았다.
③ 래리의 환자 분류법 덕분에 적은 수의 군의관으로도 많은 부상자를 효과적으로 살릴 수 있었을 것이다.
④ 래리의 환자 분류법이 적용되기 이전에는 인권보다는 전시 상황을 더 고려하여 치료하였다.

5. <보기>에서 알 수 있는 언어의 특성으로 적절한 것은?

<보기>
• 우리가 구름, 바람, 비라고 부르는 것은 사회적 구성원의 합의에 따른 것이며, 이들 단어들과 실제 자연 현상들 사이에는 필연적이거나 인과적인 관계가 존재하지 않는다.
• '오늘'이라는 의미를 가진 말을 한국어로는 '오늘[오늘]', 영어로는 'today(투데이)'라고 한다.
• '배'는 '배[腹]:배[舟]:배[梨]'와 같이 뜻은 다르지만 소리가 같은 단어인 동음어가 존재한다.

① 역사성　　② 자의성
③ 사회성　　④ 창조성

6. 독음이 모두 올바른 것은?

① 斡旋(알선) – 否運(비운) ② 洞察(동찰) – 嗚咽(오인)
③ 捕捉(포촉) – 殺到(살도) ④ 看做(간고) – 龜裂(균열)

7. 밑줄 친 단어의 외래어 표기가 모두 옳은 것은?

① 레크레이션 시간에 친구와 배드민턴을 함께 치기로 했다.
② 텔레비전을 가득 실은 컨테이너 트럭이 빗길에 전복되었다.
③ 날이 어두워져 헤드라이트를 켜고 네비게이션에 의지해 차를 몰았다.
④ 그는 이번 프리젠테이션을 준비하면서 뛰어난 리더쉽을 발휘했다.

8. ㉠~㉣ 중 맞춤법에 맞게 쓰인 문장을 모두 고른 것은?

> ㉠ 그는 커튼을 걷어 젖히고 창밖을 한참 바라보았다.
> ㉡ 그동안 틈틈히 사들인 책들인데 몰래 다 버리면 어떻해?
> ㉢ 밤을 새워 일해 주신 여러분께 이 자리를 빌려 감사드립니다.
> ㉣ 삼촌 집에서 당분간만 숙식을 부치기로 했지만 서러움이 걷잡을 수 없이 밀려왔다.

① ㉠, ㉢ ② ㉠, ㉣
③ ㉡, ㉢ ④ ㉡, ㉣

9. 다음 글에 나타난 '다윈'의 견해와 가장 부합하는 것은?

> 어떤 행위적 특성이 어떤 경로를 통해서 사회에 전파되는가 하는 물음에 대해 우리는 지금껏 암묵적으로 자연 선택이라고 불리는 힘이 작용하고 있다고 가정했다. 자연 선택이란 무엇인가? 간단히 말하자면, 당시 환경에 가장 적합한 특성이 그 환경에서 살아남는다는 것이다. 자연 선택은 개인을 대상으로 일어나는 것일까, 집단을 대상으로 일어나는 것일까? 전자를 개인 선택, 후자를 집단 선택이라고 부르는데, 이에 대한 다윈의 견해를 살펴보자.
>
> 한 부족 내에서 고결한 도덕적 가치를 지닌 사람이 그렇지 않은 사람에 비해 유리한 점이 별로 없을지도 모르지만, 고결한 도덕적 가치를 지닌 사람이 많은 집단은 그렇지 못한 집단에 비해 훨씬 유리하다. 집단에 대해 충성하려는 성향이 강하고, 용감하며, 타인에 대해 동정심을 갖고 있어서 항상 다른 사람을 도울 자세가 되어 있을 뿐 아니라 공공의 이익을 위해서 스스로를 희생할 수 있는 사람들이 많은 집단이 그렇지 않은 다른 집단과의 경쟁에서 승리할 가능성이 크다는 것은 의심의 여지가 없다. 이것 또한 자연 선택이라고 할 수 있을 것이다. 언제나 부족들 간에는 하나의 부족이 다른 부족을 대체해 나가는 과정이 진행되므로, 그리고 이 과정에서 도덕성이 중요한 요인이 될 것이므로, 높은 도덕적 가치를 지닌 사람들이 차지하는 수적 비중이 점차 늘어나게 될 것이다.

① 사람들의 생존에는 결국 이타적인 태도보다 이기적인 태도가 더 유리하다.
② 도덕성 덕분에 집단이 이득을 볼 가능성은 높지 않을 것이다.
③ 개인 선택과 집단 선택 모두에서 이타적인 사람이 자연 선택될 가능성이 높다.
④ 도덕성은 집단의 생존 가능성을 높이므로 그로 인해 그 속성이 집단 전체로 퍼져 나가게 된다.

10. 다음은 토의의 안내문이다. 이를 보고 판단한 내용으로 가장 옳은 것은?

> 1. 주제: 감정 노동과 노동 사회
> 2. 주최: ○○대학교 노동 문제 연구소
> 3. 참석자: 신훈민 사회학과 교수, 김정음 의과 대학 교수, 조용비 ○○대 노동대학원장
> 4. 순서
>   1부: 주제 발표
>   – 신훈민 사회학과 교수의 '감정 노동과 사회 구조적 맥락'
>   – 김정음 의과 대학 교수의 '과도한 감정 노동이 초래하는 건강 위험'
>   2부: '감정 노동의 법제화 과정에서 기업이 해야 할 역할'을 주제로 한 참석자들의 논의
>   3부: 질의응답 및 마무리

① 훈: 청중이 주도적으로 공공의 문제에 관한 토의를 이끌고 있으므로 포럼이야.
② 민: 찬반을 바탕으로 상대방의 의견을 논파하고 있으므로 토론이야.
③ 정: 대표성을 띤 배심원끼리 토의를 하면서 이견을 조정하고 있으므로 패널 토의야.
④ 음: 토의 참여자가 특정 주제에 대해 강연식으로 발표하고 있으므로 심포지엄이야.

11. 다음 시에 대한 설명으로 적절하지 않은 것은?

> 징이 울린다 막이 내렸다
> 오동나무에 전등이 매어 달린 가설무대
> 구경꾼이 돌아가고 난 텅 빈 운동장
> 우리는 분이 얼룩진 얼굴로
> 학교 앞 소줏집에 몰려 술을 마신다
> 답답하고 고달프게 사는 것이 원통하다
> 꽹과리를 앞장세워 장거리로 나서면
> 따라붙어 악을 쓰는 건 쪼무래기들뿐
> 처녀애들은 기름집 담벽에 붙어 서서
> 철없이 킬킬대는구나
> 보름달은 밝아 어떤 녀석은
> 꺽정이처럼 울부짖고 또 어떤 녀석은
> 서림이처럼 해해대지만 이까짓
> 산구석에 처박혀 발버둥친들 무엇하랴
> 비료값도 안 나오는 농사 따위야
> 아예 여편네에게나 맡겨 두고
> 쇠전을 거쳐 도수장 앞에 와 돌 때
> 우리는 점점 신명이 난다
> 한 다리를 들고 날라리를 불거나
> 고갯짓을 하고 어깨를 흔들거나
>
> – 신경림, 「농무」 –

① '운동장'에서 '도수장 앞'까지 공간의 이동을 통해 시상이 전개되고 있다.
② 암울한 농촌 현실에 대한 농민들의 감정을 절제된 어조로 표현하고 있다.
③ '비료값도 안 나오는 농사'는 농민들이 울분을 느끼는 근본적인 이유이다.
④ 중의적 의미의 시구와 반어적 표현을 사용하여 농민들의 한을 강조하고 있다.

제6회 실전 모의고사

1. ㉠과 ㉡에 대한 설명으로 적절한 것은?

> 편견이란 고정 관념을 토대로 어떤 사회 구성원에 대해 갖고 있는 부정적인 태도를 말한다. 이러한 편견은 선천적으로 타고나는 것이 아니라 주로 학습의 결과로 발생하는데, 그 원인은 먼저 전위된 공격을 들 수 있다. 공격성은 신체적 고통이나 권태, 혹은 좌절과 같은 불쾌한 심리적 상황에서 생성된다. 그중에서 ㉠ 좌절한 사람은 좌절의 원인을 공격하려는 경향을 보이는데, 이때 좌절을 초래한 원인이 너무 강한 존재일 경우에는 쉽게 공격할 수 없다. 이럴 경우, 좌절한 사람은 원인 제공자를 대신할 애꿎은 대리인을 찾기 마련이다. 이 대리인은 좌절한 사람보다 힘이나 지위가 약한 존재일 경우가 많다. 이렇듯 약한 대리인에 대한 공격이 편견으로 발전하는 것이다.
>
> 이와 같은 외부적 원인 외에도 성격적인 원인 때문에 편견을 가질 수 있다. ㉡ 권위주의 성격을 가진 사람은 자신의 신념에 지나치게 경직되어 있고, 자기 자신이나 타인이 나약한 것을 참지 못한다. 또한 지나칠 정도로 권위를 중시하며, 타인에게 가혹하고 의심이 많다. 이러한 성격적인 특징이 편견을 유발할 수 있다.

① ㉠은 ㉡과 달리 내부적 원인에 의해 편견이 나타난다.
② ㉡은 ㉠에 비해 자기 신념에 대한 확신이 강하다.
③ ㉠과 ㉡은 모두 약한 존재에 대해 부정적 태도를 보인다.
④ ㉠과 ㉡은 모두 편견이 인간의 선천적 특성임을 드러낸다.

2. 다음 토의에 대한 설명으로 가장 적절한 것은?

> 사회자: 지금부터 ‘인터넷 댓글 문화를 어떻게 개선할 것인가?’를 주제로 토의를 시작하겠습니다. 먼저 김 교수님.
>
> 김 교수: 조사한 바에 따르면, 이용자의 0.12%가 전체 댓글의 30% 이상을 작성하고, 독자 중 2.5%만이 댓글을 달거든요. 댓글에서 전체 여론의 향방을 읽어 내는 데에는 한계가 있죠.
>
> 이 소장: 저는 그 원인으로 댓글의 구조적 측면을 간과할 수 없다고 봅니다.
>
> 사회자: 구조적 측면이 의미하는 바가 무엇입니까?
>
> 이 소장: 가령 매우 적은 글자 수로 제한되어 있는 댓글 달기 방식은 단편적인 반응을 유도할 수 있고요. 조회 수를 겨냥해 자극적인 뉴스나 게시물을 상단에 노출하는 관행도 악성 댓글을 양산하는 책임과 무관하지 않죠.
>
> 사회자: 그럼 어떤 개선 방안이 있을까요?
>
> 김 교수: 저는 악성 댓글로부터 선의의 이용자를 보호하기 위해 적극적 규제가 필요하다고 봅니다. 다만 정부 규제보다는 인터넷 사업자, 이용자, 공공 기관 등이 함께하는 사회적 협의체 구성을 통해 규제가 이루어져야 합니다.
>
> 이 소장: 적극적 규제는 악성 댓글을 줄이는 데 어느 정도 효과가 있을 겁니다. 하지만 그로 인해 이용자들이 의사 표현에 심리적 위축을 느낄 수 있고, 표현의 자유라는 헌법적 가치와 대립될 소지도 있습니다. 따라서 이 문제는 매우 신중히 접근해야 합니다.

① 사회자는 상대가 말한 내용을 요약하여 들은 바를 확인하고 있다.
② 이 소장은 상대의 주장에 일부 동조하면서도 한계점을 지적하고 있다.
③ 김 교수와 달리 이 소장은 문제를 해결하기 위한 구체적 방안을 제시하고 있다.
④ 김 교수는 사례를 통해, 이 소장은 통계 자료를 통해 문제의 원인을 설명하고 있다.

3. 다음 글을 통해 글쓴이가 말하고자 하는 바로 가장 적절한 것은?

> 가격이 급격히 오르면 차익 실현 매물이 늘어나고 가격이 많이 떨어지면 반발 매수가 늘어나는 것이 일반적이다. 하지만 주가를 결정하는 요인은 한두 가지가 아니다. 실적, 경기, 환율, 금리는 물론 전쟁, 팬데믹 같은 돌발 변수, 그리고 종잡을 수 없는 인간의 심리까지. 만약 주가 변동에 일정한 패턴이 존재한다면 지구상의 누군가는 AI 따위를 사용해서 이미 그것을 찾아냈을지도 모르겠다. 하지만 이마저도 누군가가 거래에 개입하는 순간 그 개입 자체가 주가를 변동시키고 패턴은 무너진다. 주가 변동의 패턴은 주가를 예측하는 자의 개입을 상정하지 않았기 때문이다. 따라서 주가는 다시 예측 불가의 영역으로 돌아가고 기껏 알아낸 패턴은 더 이상 쓸모가 없어진다.

① 무엇이든 쉽게만 얻으려고 해서는 안 된다.
② 문제를 해결하기 위해서는 문제를 일으킨 원인을 먼저 살펴봐야 한다.
③ 과거는 일정한 패턴으로 반복되는 것처럼 보이지만 똑같이 반복되지는 않는다.
④ 모든 일에는 질서와 차례가 있으므로 일의 순서를 모른 채 성급하게 덤비면 안 된다.

4. 밑줄 친 말과 바꿔 쓸 수 있는 한자어로 적절하지 않은 것은?

① 그 성이 적의 손에 떨어졌다는 전갈이 왔다. – 墮落했다
② 예상한 바와 같이 연일 주가가 떨어지고 있다. – 下落하고
③ 각 종목 예선 경기에서 우리 반은 모두 떨어졌다. – 脫落했다
④ 그는 암벽 등반을 하다가 밑으로 떨어졌다. – 墜落했다

5. 다음 글에 대한 설명으로 적절하지 않은 것은?

> 눈앞엔 흰 눈뿐, 아무것도 없다. 인제 모든 것은 끝난다. 끝나는 그 순간까지 정확히 끝을 맺어야 한다. 끝나는 일 초, 일각까지 나를, 자기를 잊어서는 안 된다.
>
> 걸음걸이는 그의 의지처럼 또한 정확했다. 아무리 한 걸음 한 걸음 다가가는 걸음걸이가 죽음에 접근하여 가는 마지막 길일지라도 결코 허튼, 불안한, 절망적인 것일 수는 없었다. 흰 눈, 그 속을 걷고 있다. 휜칠히 트인 벌판 너머로, 마주 선 언덕, 흰 눈이다. 연발하는 총성, 마치 외부 세계의 잡음만 같다. [중략] 누가 뒤통수서 잡아 일으키는 것 같다. 뒤 허리에 충격을 느꼈다. ㉠ 아니, 아무것도 아니다. 아무것도 아닌 것이다.
>
> 흰 눈이 회색빛으로 흩어지다가 점점 어두워 간다. 모든 것은 끝난 것이다. 놈들은 멋쩍게 총을 다시 거꾸로 둘러메고 본부로 돌아들 갈 테지. 눈을 털고 추위에 손을 비벼 가며 방 안으로 돌아들 갈 것이다. 몇 분 후면 화롯불에 손을 녹이며 아무 일도 없었던 듯 담배들을 말아 피우고 기지개를 할 것이다. 누가 죽었건 지나가고 나면 아무것도 아니다. 모두 평범한 일인 것이다. 의식이 점점 그로부터 어두워 갔다.
>
> – 오상원, 「유예」에서 –

① 전쟁의 비인간성과 비극성을 시각적 이미지로 표현하고 있다.
② 1인칭 시점과 3인칭 시점을 혼용하여 서술하고 있다.
③ 주동 인물의 의식의 흐름에 따라 사건이 서술되고 있다.
④ ㉠은 죽음에 대한 인물의 강한 저항 의지를 의미하는 말이다.

6. 다음 글에 대한 반응으로 옳지 않은 것은?

> 문화는 사람들에게 우연히 들이닥치는 임의적인 역할과 상징의 집합이 아니라, 사람들이 삶을 위해 축적하는 기술적 · 사회적 혁신의 웅덩이이다. 이 개념은 문화적 차이와 유사성의 원인을 설명하는 데 도움이 된다. 분리된 집단이 부족을 떠나 바다, 산맥, 비무장 지대 등에 의해 격리될 때, 장벽 한쪽에서 발생하는 혁신이 반대쪽으로 보급될 방법은 없다. 각 집단이 자신의 발견과 인습의 집적물을 수정해 감에 따라, 양쪽의 집적물은 갈라지고 두 집단은 다른 문화를 갖게 된다. 심지어 두 집단이 소리치면 들릴 거리에 있다 해도 서로의 관계가 매우 적대적이라면, 그들은 개인이 어느 편인가를 알리는 상징물을 채택하고 모든 차이를 더욱 과장해 행동상의 정체성을 확보하려 할 것이다. 이러한 분기(分岐)와 차별화는 문화적 진화의 가장 분명한 예인 언어의 진화에서 쉽게 찾아볼 수 있다. 다윈이 지적했듯이 그것은 한 생태 집단이 둘로 나뉜 후각 집단의 후손들이 서로 다른 방향으로 진화할 때 종종 발생하는 종의 기원의 경우와 매우 흡사하다. 언어와 종의 경우처럼, 문화도 보다 늦게 분리된 것들은 서로 더 비슷한 경향이 있다. 예를 들어 이탈리아와 프랑스의 전통문화는 마오리와 하와이의 문화보다 훨씬 유사하다.

① 물리적 장벽을 사이에 두고 격리되어 있는 두 집단의 문화적 교류는 불가능하겠군.
② 문화는 사람들이 목적성을 지니고 만든 능동적 성격의 산물이군.
③ 1천 년 전에 분리된 어족들보다 1만 년 전에 분리된 어족들의 언어적 이질성이 더 심하겠군.
④ 서로 적대적인 두 집단의 물리적 거리가 좁혀진다면 둘의 문화적 유사성은 증가하겠군.

7. (가) ~ (라)의 순서로 가장 자연스러운 것은?

> (가) 전라도 방언을 쓰는 사람과 강원도 방언을 쓰는 사람이 한 언어를 사용하고 있다고 말할 수 있는 것은 그들이 소통할 수 있기 때문이다. 그런데 외래어를 비롯한 이물질이 한국어에 스며드는 것을 비판하는 사람들이 소통 가능성에 대한 염려 때문에 그러는 것은 아닌 듯하다. 그들이 외래어를 비판하는 것은 상상된 순수성에 대한 집착 때문일 것이다. 그들은 불순해진 지금의 한국어를 한탄하고 순수했던 과거의 어떤 한국어를 상상한다.
>
> (나) 우리가 한국어라고 부르는 것은 7세기에 신라인들이 쓰던 언어가 진화한 것인데, 그 진화는 압도적으로 외래 요소를 들여오는 과정이기도 했다. 그리고 이런 외래 요소와의 혼합은 한국어 역사만의 별난 일은 아니다. 우리가 알고 있는 거의 모든 문명어들은 외래 요소와의 혼합을 경험했다.
>
> (다) 그러나 순수한 한국어란 무엇일까? 언어 민족주의자들이 상정하는 순수한 한국어 어휘는 한국어 사전에 오른 표제어 가운데 한자를 비롯한 외래 문자로 어원이 표기되지 않은 말들을 가리키는 것 같다. 그러나 그 순수한 한국어 가운데도 깊이 살펴보면 그 어원이 중국어나 몽고어에서 온 것이 상당수 있다.
>
> (라) 구체적 화용 맥락 속에서 실현된 언어를 소쉬르는 '파롤'이라고 불렀다. 그리고 이런 이질적인 '파롤'들이 모여 한국인들의 관념 속에서 한국어라는 '랑그'를 이루고 있다. 파롤들의 모든 차이를 감싸 안아 그것을 한국어라는 랑그로 만드는 것은 소통 가능성이다.

① (가) – (나) – (다) – (라)　　② (가) – (라) – (다) – (나)
③ (나) – (가) – (다) – (라)　　④ (라) – (가) – (다) – (나)

8. 다음 글의 내용에 부합하는 설명은?

> 범종은 사찰에서 시각을 알릴 때, 의식을 행할 때, 또는 사람을 불러 모을 때 사용하는 것으로, 그 기원에 대해서는 여러 설이 있다. 범종은 기본적으로 몸체인 종신(鐘身)과 종 고리인 종뉴(鐘紐)로 구성되며 종신에는 여러 가지 장식이 가해지고 몸체를 나무 봉으로 때려 울린다. 이는 몸체 속의 방울로 울리는 서양종과 다른 동양의 독특한 형식이다. 그런데 한 · 중 · 일 삼국의 범종은 비슷하면서도 또 각기 형태와 특징이 달라 한 · 중 · 일 삼국 문화의 정서적 특질을 잘 보여 준다.
>
> 중국 종은 형태가 대단히 화려하고 장중한 멋이 있다. 종의 몸체가 여덟 팔(八) 자 모양으로 넓게 퍼지면서 맨 아랫부분인 종구(鐘口)가 나팔꽃 모양으로 각이 지게 돌려졌다. 일본 종은 엄숙함을 느끼게 하는 단순미가 있다. 형체가 거의 수직으로 내려오고 몸체에는 열 십(十) 자를 반복적으로 그린 기하학적 구성이 있다.
>
> 한국 종은 형태에 유연한 곡선미가 있다. 몸체에는 아름다운 비천상이 조각되었고 종봉(鐘棒)과 마주치는 자리에 당좌*가 연꽃무늬로 새겨졌다. 그리고 종 윗부분에는 종유라는 돌기 모양의 꽃봉오리가 달려 있다. 종 고리는 한 마리 용으로 만들어지고 음통이 피리처럼 솟아 있다. 통일 신라부터 시작된 우리나라 범종은 그 소리와 울림이 아름다워 음향학에서는 한국 종[Korean bell]이라는 별도의 학명으로 불린다.
>
> * 당좌(撞座): 종을 칠 때에 망치가 늘 닿는 자리

① 동양의 사찰에서는 시각을 알릴 때 범종의 몸체 안에 있는 방울을 울려 소리를 냈다.
② 범종은 종신과 종뉴로 구성되는데, 한국의 범종은 종신에 비천상이, 종뉴에 용이 있다.
③ 중국 종은 몸체의 형태가 여덟 팔(八) 자이고, 일본 종은 몸체의 형태가 열 십(十) 자이다.
④ 한국의 범종은 중국이나 일본의 종과 달리 형태의 아름다움보다 소리의 울림을 중시했다.

9. 다음 글의 중심 내용으로 가장 적절한 것은?

> 식품 및 식품 첨가물에 대한 면역학적 이상 반응으로 정의되는 식품 알레르기는 세계 인구 중 약 2.2~2.5억 명이 고통받고 있는 중요한 공중 보건 문제이다. 식품 알레르기로 인한 사회 경제적 비용도 막대하다. 미국에서는 식품 알레르기를 관리하기 위해 연간 30조 원이 소비되고 있다. 호주에서도 알레르기의 치료 등으로 인한 비용 손실이 약 8조 원 이상이며, 그에 따른 노동력과 삶의 질 저하 비용까지 추산하면 피해액이 24조 원에 달한다고 보고되었다.
>
> 현재까지 식품 알레르기로 인한 사고를 방지할 수 있는 방법은 환자 본인이 알레르기 반응을 보이는 식품을 철저히 식단에서 제외하는 것 외에는 없다. 과거 가정에서만 식사를 하던 것과 달리 현대 사회는 외식을 포함한 가공식품의 종류 및 섭취 빈도가 증가하고 있으며, 이로 인한 알레르기 사고 발생 가능성도 높아지고 있다. 이에 따라 세계 각국은 포장 또는 비포장 식품에 대한 알레르겐 함유 여부를 표기하도록 규정함으로써 식품 알레르기 환자들이 정확한 정보를 제공받을 수 있도록 하고 있으며, 미표시 알레르겐에 대한 규제를 강화하고 있다. 미국, 호주 등 국가에서는 자국에서 유통되는 제품을 대상으로 미표시 알레르겐의 함유 여부를 정기적으로 검사하고 있으며, 그 결과를 웹사이트에 게시하고 있다.

① 식품 알레르기 문제의 현황과 앞으로의 전망
② 현대 사회의 식품 알레르기 문제와 그 예방법
③ 식습관의 변화로 인해 증가하는 식품 알레르기
④ 날로 심각해지는 식품 알레르기 증상과 그 치료법

제7회 실전 모의고사

1. 두괄식 문단을 만들고자 할 때, 전개 순서로 가장 적절한 것은?

(가) 이후 고대, 중세로 접어들면서 종교화를 성스럽게 표현하기 위해 색채와 도구를 이용한 그림을 그리기 시작했다. 그리고 미술은 단순히 대상의 재현일 뿐만 아니라 사유의 표현이며, 상상력의 산물이 되었다.

(나) 인류 최초의 미술은 2만 5,000년 전 선사 시대에 그려진 그림들로, 스페인의 알타미라 동굴 벽화, 프랑스 라스코 동굴 벽화에서 찾을 수 있다.

(다) 미술의 발전은 문명의 발달과 맥을 같이 한다.

(라) 미적인 의미도 없었거니와 표현 방법도 정교하지 않았으며, 그저 그림을 실물과 정확하고 충실하게 일치시키는 '모사'에서 출발한다.

(마) 이 그림들은 인류가 거주 생활을 시작하면서 예측 불가한 자연의 힘을 통제하고, 풍요와 번성을 바라는 주술적 의미를 담아서, 대상의 분신을 만드는 목적으로 그려졌다.

① (나) – (가) – (마) – (라) – (다)
② (나) – (마) – (라) – (다) – (가)
③ (다) – (나) – (가) – (마) – (라)
④ (다) – (나) – (마) – (라) – (가)

2. 다음 글에 대한 이해로 적절하지 않은 것은?

[앞부분의 줄거리] 공룡의 침입으로 불안한 원시 시대의 한 도시. 박물관장은 커다란 알을 가져와 알 속에 공룡을 물리칠 위대한 왕이 있다고 했다가 말을 바꾸어 공룡이 있다고 위협한다.

박물관장: 예이, 꼴 보기 싫다. 너희들 마음대로 해라. (퇴장하려 한다.)
시민 나: (황급히 박물관장을 가로막으며) 왜 이러십니까? 자, 지금 시민들이 손을 들려고 하지 않아요? (군중들에게) 시민 여러분, 표결합시다. 먼저 박물관장을 왕으로 택할 시민들은 손을 드시오.
군중들: (열광적인 소리) 와! 새 임금님 만세! 우리들을 괴롭히는 공룡을 물리치셨다. [중략]
박물관장: 그렇다. 조금만 더 기다리면 알은 부화되어 위대한 임금님이 나오셨을 텐데…… 자, 돼지들아, 괴로워하라. 이마를 땅에 찧으며 어리석음을 한탄하거라.
시민들: (쓰러져서 가슴을 치고 몸을 굴리며 괴로워한다.)
시민 라: (허탈에 빠진 그는 멍하게 시민들을 바라본다.)
박물관장: (잠시 후에) 아냐, 사실은 알 속엔 공룡이 들어 있었어.
시민들: (고통의 몸짓을 멈춘다.)
박물관장: 그게 아니야, 알 속엔 위대한 임금님이 계셨어.
시민들: (고통을 당하듯이 신음 소리를 지른다.)
박물관장: (잔인하게) 아니다, 그건 아니다. 알 속에 들었던 건 공룡이었다.
시민들: (고통을 멈추고 전신에 흐르는 식은땀을 씻는다.)
박물관장: 별놈들 다 보겠네, 공룡이라고 해야 고통을 멈추니. 그러나 아니다, 아니야. 위대한 임금님이 알 속에 계셨었지.

– 이강백, 「알」에서 –

① 박물관장은 위기의식을 조장하여 군중의 심리를 장악한다.
② '알'은 박물관장이 권력을 잡기 위해 조작한 도구로 그 실체를 알 수 없다.
③ 박물관장은 자신을 의심하여 끝까지 진실을 밝히려는 시민을 '돼지'라고 조롱한다.
④ 박물관장은 알의 정체에 대해 말을 번복함으로써 자신의 의도대로 군중들을 조종한다.

3. 다음 시에 대한 설명으로 옳지 않은 것은?

公無渡河　임이여, 물을 건너지 마오.
公竟渡河　임은 그예 물을 건너시네.
墮河而死　물에 빠져 돌아가시니,
當奈公何　가신 임을 어이할꼬.

– 백수 광부의 아내, 「공무도하가」 –

① 이별을 만류하는 화자와 이를 거부하는 시적 대상의 모습이 나타난다.
② '물'은 사랑에서 이별과 죽음으로 시적 이미지가 변용되고 있다.
③ 개인적 서정시의 성격을 지닌 작품으로 배경 설화가 함께 전한다.
④ 이별의 정한과 그 극복 의지라는 주제 의식은 고려 가요 「가시리」로 계승된다.

4. ㉠~㉣의 고쳐쓰기 방안으로 적절하지 않은 것은?

㉠ 현재로써는 이번 사태가 극적으로 풀릴 전망은 거의 없다.
㉡ 주변에 저희 제품을 소개시켜 주시는 고객님께 다양한 혜택을 드립니다.
㉢ 이 노래가 아이들에게 가장 많이 불려지던 노래이다.
㉣ 그 일은 나에게 있어 실로 엄청난 충격이었다.

① ㉠: '로써'는 조사의 쓰임이 적절하지 못하므로 '현재로써는'은 '현재로서는'으로 고쳐 쓴다.
② ㉡: '소개시켜'는 과도한 사동 표현이므로 '소개해'로 고쳐 쓴다.
③ ㉢: 필수 부사어가 누락되었으므로 '아이들에게' 앞에 '이 근방에서'와 같이 적절한 부사어를 넣어 준다.
④ ㉣: '나에게 있어'는 번역 투 표현이므로 '나에게'로 고쳐 쓴다.

5. 다음 글을 서술하는 방식에 대한 설명으로 잘못된 것은?

각종 흉악 범죄가 잇따르면서 피의자의 인권을 부정하는 주장이 스멀스멀 번져 나온다. 용의자의 마스크를 벗기라는 아우성과 성범죄자에게 전자 발찌를 채우라는 주장 속에, 사형 집행의 부활을 외치는 이들까지 있다. 이와 함께 헌법과 인권은 더욱 위축되고 있다. 문제는 중요한 원칙이 한번 기울기 시작하면 가속도가 붙는다는 점이다. 그 쏠림 현상으로 인해 사회의 윤리도 길을 잃을 수 있다.

인권이고 뭐고 따질 것 없이 누군가를 고문하고, 극형에 처하고, 짐승처럼 감시해야 한다는 주장이 우세한 환경 속에서 자라나는 아이들은 증오하는 것부터 배우게 된다. 반대로 범죄자의 인권마저 인정하면서 범죄에 대한 대책을 세우자는 흐름이 대세를 이룬다면, 아이들은 증오 대신 용기를 배우게 될 것이다. 그때는 훗날 또 다른 흉악범이 되어 돌아올 가능성이 큰 아이가 누구일지 굳이 생각하지 않아도 될 것이다.

1999년 국가 안보원[GSS]의 테러리스트 고문 관행에 관한 이스라엘 대법원의 관결이 있었다. "테러를 막기 위해 어떤 수단이든 다 동원할 수는 없다는 게 민주 사회의 숙명이다. 민주 사회는 한 손이 뒤로 묶인 채 적과 싸워야 하는 것이다. 그래도 우리에게는 나머지 한 손이 있지 않은가. 헌법의 지배와 개인의 권리 인정은 안보를 다루는 데서도 불가결한 요소다. 그것이 마침내는 우리 사회의 정신과 힘을 강화시킬 것이기 때문이다." 이 판결은 우리에게 헌법과 인권에 관하여 시사하는 바가 크다 하겠다.

① 열거와 비유적 표현을 사용하여 독자의 이해를 돕고 있다.
② 상반된 방식이 도출할 결과를 서로 대비하여 그중 한 방식을 지지하고 있다.
③ 인용을 통하여 글쓴이가 주장하는 바를 간접적으로 제시하고 있다.
④ 글쓴이의 것과 다른 견해를 일부 인정한 뒤 그 견해의 허점을 비판하고 있다.

6. 다음 글의 내용과 일치하지 않는 것은?

> 조선 시대의 교육 목표는 백성들에게 삼강오륜 등의 예의를 가르쳐 이를 실천하게 하는 것이었다. 위정자들은 백성들에게 충과 효를 바탕으로 한 예의를 가르치면 백성들은 자연히 왕에게 충성하고 부모에게 효도하며 어른을 공경하고, 가난하고 외로운 이웃을 돌보게 되어 사회는 안정되고 정치는 스스로 이루어진다고 믿었다. 왕을 위시한 집권자들이 교육에 대해 커다란 관심을 가졌던 이유가 바로 여기에 있었던 것이다.
>
> 교육의 목표가 이처럼 백성에게 오로지 예의를 가르치고 이를 실천하도록 하는 데 있었기 때문에 그로 인한 문제점도 적지 않았다. 우선 무예 교육에 너무 소홀했다는 점을 지적할 수 있다. 무과 응시자를 위한 별도의 교육 기관이 설립되지 않았다는 점은 두 차례의 외침을 겪은 이후에도 시정되지 않아 군사력이 거의 증강되지 않았으며, 그 결과 개항기에 열강의 침탈에 대해 적절히 대처하지 못하는 원인이 되기도 했다. 또 각종 기술 교육을 경시하고 이에 종사하는 관료들을 천대했기 때문에 조선 시대 내내 이렇다 할 기술적 진보를 이루지 못했으며, 이로 말미암아 조선 말기의 근대화 과정에서도 많은 어려움을 겪어야 했다는 점도 지적되어야 할 것이다. 이것이 예의를 중시했던 조선 시대의 유교적 교육관으로 인하여 빚어진 어두운 측면이다.

① 조선 시대의 위정자들은 궁극적으로 나라의 안정 도모에 교육의 목표를 두었다.
② 조선 시대에 기술직 관료들은 문인들보다 천시받았을 것이다.
③ 조선 시대의 위정자들이 무예와 각종 기술 교육에 소홀했던 이유는 이를 교육할 기관이 없었기 때문이다.
④ 유교적 교육관은 열강의 침입이 빈발하고 근대화가 진행된 19세기 말의 조선에 악영향을 미쳤다.

7. 다음 글에 대한 설명으로 적절하지 않은 것은?

> 나심 탈렙의 책 『블랙 스완』은 단순한 경제 서적이 아니라 불확실성이 당대에 영향을 미치는 메커니즘을 다각도로 고찰하는 사회 과학 서적이다. 그런 의미에서라면, 혜성같이 나타나 드라마틱한 승리를 쟁취한 버락 오바마는 또 다른 블랙 스완이라 할 만하다. 블랙 스완이라는 개념이 우연성의 출현, 그리고 예측 불가능한 사건이 역사적으로 치명적이고 결정적인 결과를 만든다는 의미라고 한다면, 전 세계의 경제 위기를 불러온 서브 프라임 모기지 사태나 버락 오바마나 모두 블랙 스완이라고 명명되기에 부족함이 없어 보인다.
>
> 나심 탈렙은 "미리 문제를 해결한 사람은 영웅이 되지 못한다."라고 말한다. 정규 분포에서 완전히 벗어난 특이한 사건 내지 현상을 사전에 발견하고 그것이 몰고 올 부정적 파장을 미리 차단한 사람은 정작 주목받지 못한다는 뜻이다. 반면 블랙 스완이 완전히 모습을 드러내고 치명적인 결과를 만들어 냈을 때 그것을 해결하는 자는 영웅이 된다는 것이다.
>
> 두 마리의 블랙 스완인 동시에 파괴와 희망의 양극단이라고 할 수 있는 '세계 금융 위기'와 '오바마'가 역사책의 같은 페이지에 나란히 서 있는 것이 과연 우연일까? 만약 조만간 어떤 방식으로든 오바마가 미국발 경제 위기를 성공적으로 극복해 낸다면 하나의 블랙 스완이 다른 블랙 스완을 몰아내고 영웅이 될 것이다.

① '블랙 스완'은 느닷없이 발생하지만 치명적인 결과를 만들어 낸다.
② '블랙 스완'은 우연히 발생하여 부정적 파장을 몰고 오는 사건에 의미가 한정된다.
③ '블랙 스완'이 만들어 낸 치명적 문제를 해결하는 사람은 당대의 영웅이 된다.
④ 사람들이 미처 인식하지 못했던 문제를 예견하여 해결한 사람은 영웅이 되지 못한다.

8. '미란'의 말하기 방식에 대한 설명으로 옳은 것은?

> 정은: 선배, 저 어제 프레젠테이션 할 때 정말 쥐구멍에라도 들어가고 싶었어요.
> 미란: 아, 시작 전에 단상에 걸려 넘어진 것 때문에?
> 정은: 네.
> 미란: 너무 긴장해서 그랬나 보다.
> 정은: 이번이 입사하고 첫 프레젠테이션이라 제가 너무 떨었나 봐요.
> 미란: 대신 프레젠테이션 내용이 너무 좋다고 임원진들에게 칭찬도 들었잖아. 그런 사소한 일은 잊어버리고 좋은 결과만 생각해.
> 정은: 고마워요, 선배.

① 상대의 발언을 요약하여 그의 말에 집중하고 있음을 드러내고 있다.
② 상대의 상태를 살핀 뒤 그의 태도를 타박하고 있다.
③ 사실을 바탕으로 한 조언으로 상대를 위로하고 있다.
④ 상대가 듣고 싶어 하는 말에 자신의 경험을 덧붙이고 있다.

9. 다음 글을 통해 글쓴이가 궁극적으로 말하고자 하는 바는?

> 사회적으로 민감한 금기어들을 완곡어로 바꾸려는 언어학자들의 태도와 실천은 90년대 들어 미국에서 '정치적 올바름'이라는 비아냥 섞인 이름을 얻었다. 그들은 '검둥이'나 '흑인'이라는 말 대신에 '아프리카계 미국인'이라는 말을 사용했고, '정신 박약'이라는 말을 대체하기 위해 '학습 곤란'이라는 말을 만들어 냈다. 그러나 이 새로운 말들도 이내 옛말이 지녔던 부정적 의미를 갖게 되었다. 완곡어의 반대자들은 언어가 반영하는 사회적 불평등이나 불의가 존속하는 한, 말을 다듬고 바꾸는 것은 무의미한 것이라고 말한다. 여기에 대해 완곡어의 지지자들은 편견을 드러내는 언어의 사용 자체가 불평등과 불의를 고착화한다고 반박한다. 둘 다 일리 있는 견해다. 확실한 것은 언어의 통제와 조작은 언어학자에 의해 이루어지는 것이 아니라 사회적 조건에 의해 일어난다는 사실이다.

① 사람들은 언어를 통해 타인과 관계를 맺는다.
② 언어의 변화는 신중하게 이루어져야 한다.
③ 언어는 개인의 범주를 넘어선 사회적 약속이다.
④ 언어는 한 사회의 문화적 수준을 평가하는 척도이다.

10. <보기>를 통해 사동문과 피동문에 대해 이해한 내용으로 적절하지 않은 것은?

> <보기>
> ㉠ 길이 넓다. → 인부들이 길을 넓혔다.
> ㉡ 동생이 꽃다발을 안았다. → 선생님이 동생에게 꽃다발을 안겼다.
> ㉢ 철수가 아기를 안았다. → 아기가 철수에게 안겼다.

① ㉠과 ㉡을 보니, 주동문을 사동문으로 바꾸면 서술어의 자릿수가 변할 수 있다.
② ㉠과 ㉡을 보니, 형용사와 동사 모두 사동화될 수 있다.
③ ㉡과 ㉢을 보니, 사동사와 피동사의 형태가 같을 수 있다.
④ ㉢을 보니, 능동문을 피동문으로 바꾸면 능동문의 주어는 피동문의 목적어로 나타난다.

제8회 실전 모의고사

1. 다음 글에서 범하고 있는 논증의 오류가 나타난 것은?

> 다른 운전자에 대한 예의를 지키는 것은 운전의 기본이다. 따라서 응급 환자를 이송하는 구급차의 운전자도 다른 차량의 운전자를 배려하여 규정 속도 이하로 안전한 거리를 유지하며 주행해야 한다.

① 비가 오는 날 복권을 샀더니 당첨됐거든. 오늘도 비가 오니 복권을 사면 당첨될 것이 분명해.
② 학교에 개근하는 것은 학생의 본분이야. 그런데 어제 태풍 때문에 학교로 가는 도로가 침수되어 결석을 했다고? 넌 학생의 본분을 소홀히 한 것이야.
③ 아침잠이 없는 사람은 일찍 아침을 시작한다. 왜냐하면 아침을 일찍 시작하는 사람은 아침잠이 없기 때문이다.
④ 상처가 나면 소독약으로 상처 부위를 소독해야 한다. 인간은 삼림 벌채와 도시 확장으로 지구에 상처를 냈다. 그러니 이제부터 도시화된 곳에는 소독약을 발라 주어야 한다.

2. ㉠~㉣ 중 <보기>가 들어갈 자리로 가장 알맞은 것은?

<보기>
> 그런데 실제로 이것은 이상일 뿐, 대상에 따라 사람들이 태도를 달리하는 것을 심정적인 면에서까지 완전히 없앨 수는 없었다.

> 사실 모든 사람의 생명이 존엄하다는 대원칙이 보편화되기까지는 오랜 역사적 과정이 소요되었다. 윤리라는 사회적 장치도 이 과정에서 발생한 어려움을 극복하기 위한 의식적 노력의 일환으로 나타나게 된 것이다. [㉠] 특히 남의 생명의 소중함이 자기 생명의 소중함과 같다는 생각은 인간 사회를 지탱하는 근본을 이루는 것이었으므로, 이 생각은 윤리의 '황금률'로 받아들여지게 되었다. [㉡] 그러므로 사람들은 윤리의 초점을, 상대방의 입장에 대한 '이해'를 바탕으로, 기준이 되는 사회 규범을 마련하는 것에까지만 맞추게 되었다. [㉢] 사람들은 이 윤리를 바탕으로 생명을 확장시키거나 감소시킬 수 있는 중요한 판단을 끊임없이 해 오고 있다. [㉣]

① ㉠　② ㉡
③ ㉢　④ ㉣

3. <보기>의 설명을 바탕으로 할 때, 밑줄 친 부분이 ㉠, ㉡과 같은 품사가 아닌 것은?

<보기>
> 수사란 명사의 수량이나 순서를 가리키는 단어로 '하나, 둘, 셋, 넷', '일, 이, 삼, 사', '첫째, 둘째, 셋째, 넷째' 등이다. 수 관형사란 뒤에 오는 명사의 수량을 표시한 것으로 마치 수사와 비슷해 보이지만 '한 개, 세 사람'처럼 뒤에 오는 체언을 수식하는 역할을 담당한다. 수사는 조사가 붙을 수 있으나 수 관형사는 조사가 붙을 수 없는 점이 다르다.

> • 약속 장소에 모인 사람은 모두 ㉠ <u>열</u> 명이다.
> • ㉡ <u>열</u>을 셀 때까지 대답하지 않으면 더 이상 기회가 없다.

① ㉠: 너와 나는 <u>둘</u> 다 키가 크다.
② ㉠: 이제 목적지까지 <u>세</u> 정거장 남았다.
③ ㉡: 나는 달리기 시합에서 <u>셋째</u>로 들어왔다.
④ ㉡: 그는 필통에서 연필 <u>하나</u>를 꺼냈다.

4. 다음 글의 제목으로 가장 적절한 것은?

> 범죄 보도는 범죄의 경과와 그 수사 및 처벌에 관한 보도이다. 범죄 보도는 사회 공동체의 기본 질서를 파괴하는 일탈적인 사건에 대한 것이며, 공공의 안녕과 관련되기 때문에 일반인의 관심을 끌게 되고, 뉴스 가치를 가진다. 언론의 범죄 보도는 사회 공동체 구성원에게 현행법상 허용되는 행위와 일탈 행위가 무엇인지 교육하고, 여론 형성을 통하여 미비한 법질서를 개선하고, 범죄를 수사하고 처벌하는 과정에서 필연적으로 드러나는 공권력의 행사를 통제한다는 점에서 공공의 이익에 기여한다.
> 범죄 보도는 긍정적 효과와 부정적 효과를 모두 가지고 있다. 범죄 보도의 부정적 효과 중 모방 범죄의 조장과 형사 사법 체제의 불신 형성은 범죄 보도의 긍정적 효과에 부수적으로 동반되는 효과이다. 범죄 보도가 가지는 교육적 효과의 부수적 효과가 모방 범죄의 조장이고, 범죄 보도가 여론 형성을 통하여 미비한 법질서를 개선하는 긍정적 효과에 부수되는 효과가 형사 사법 체제에 대한 불신 조장이다. 범죄 보도의 긍정적 효과가 부수적인 효과보다 크다고 할 수 있으므로 이러한 부정적 효과는 크게 고려할 사항은 아니다.

① 여론 형성의 중요성　② 범죄 사건 보도의 의의
③ 범죄 사건 보도의 역기능　④ 범죄 사건 보도의 교육적 효과

5. 밑줄 친 시어 중 ㉠과 가장 유사한 의미를 지닌 것은?

> 해가 졌는데도 어두워지지 않는다
> 겨울 저물녘 광화문 네거리
> 맨몸으로 돌아가 있는 가로수들이
> 일제히 불을 켠다 나뭇가지에
> 수만 개 ㉠ <u>꼬마전구</u>들이 들러붙어 있다
> 불현듯 불꽃나무! 하며 손뼉을 칠 뻔했다 [중략]
>
> 엽록소를 버린 겨울나무들
> 한밤중에 이상한 광합성을 하고 있다
> 광화문은 광화문(光化門)
> 뿌리로 내려가 있던 겨울나무들이
> 저녁마다 황급히 올라오고
> 겨울이 교란당하고 있는 것이다
> 밤에도 잠들지 못하는 사람들
> 광화문 겨울나무 불꽃나무들
> 다가오는 봄이 심상치 않다
>
> – 이문재, 「광화문, 겨울, 불꽃, 나무」에서 –

① 내가 단추를 눌러 주기 전에는 / 그는 다만 / 하나의 라디오에 지나지 않았다. // 내가 그의 단추를 눌러 주었을 때 / 그는 나에게로 와서 / <u>전파</u>가 되었다.
– 장정일, 「라디오와 같이 사랑을 끄고 켤 수 있다면」 –
② 보라, 하늘을. / 아무에게도 엿보이지 않고 / 아무도 엿보지 않는다. / 새는 코를 막고 솟아오른다. / 얏호, 함성을 지르며 / 자유의 섬뜩한 덫을 끌며 / 팅! 팅! 팅! / 시퍼런 <u>용수철</u>을 / 튕긴다.
– 황인숙, 「새는 하늘을 자유롭게 풀어놓고」 –
③ <u>엘리베이터</u>는 나른다, 병든 입으로 들어갈 밥과 국을 / 엘리베이터는 나른다, 더 이상 밥과 국을 삼키지 못하는 육체를 / 엘리베이터는 나른다, 병든 손을 잡으려는 수많은 손들을 / 엘리베이터는 나른다, 더 이상 병든 손조차 잡을 수 없는 손들을
– 나희덕, 「엘리베이터」 –
④ <u>텔레비전</u>을 끄자 / 풀벌레 소리 / 어둠과 함께 방 안 가득 들어온다 / [중략] / 귀뚜라미나 여치 같은 큰 울음 사이에는 / 너무 작아 들리지 않는 소리도 있다 / 그 풀벌레들의 작은 귀를 생각한다
– 김기택, 「풀벌레들의 작은 귀를 생각함」 –

6. ㉠에 대한 이해로 적절하지 않은 것은?

> 인류가 등장한 이래로 '대부분의' 시대, '대부분의' 사람들은 직접 죽이거나 수확한 것만 먹었다. 냉장 보관이 등장하기 전에는 가까울수록 신선했고, 신선할수록 좋은 것이었다. 그러나 19세기는 신선함을 둘러싼 전통적인 관념들을 하나하나 땅속에 파묻어 버렸다.
> 도시화가 진행되고 슈퍼마켓이 늘어나면서 ㉠ 이러한 경향은 더욱 빨라졌다. 도시로 몰려든 사람들은 무언가를 기를 수 있는 땅을 가질 수 없었다. 그러나 1950년대를 넘어서면서 통조림 제조업체에서 만든 제품들을 잔뜩 쌓아 놓은 거대한 슈퍼마켓들이 동네 근처에 들어섰다. 깡통이 아니라 큰 통에 들어 있던 식료품의 품질을 자기 이름으로 보증한다며 자부심을 갖고 있던 동네 식료품상들은 사람 냄새가 나지 않는 거대한, 하지만 값은 싼, 그리고 점점 수가 늘고 있던 도시 외각 주민들이 자가용으로 쉽게 갈 수 있는 슈퍼마켓들에 밀려 설자리를 잃게 되었다.
> 결국 상대적으로 소수의 기업들이 엄청난 돈을 들여 브랜드를 키우고, 이를 앞세워 물건들을 팔고 있었다. 이렇게 해서 가공식품 시장은 몇몇의 손에 집중되는데, 슈퍼마켓이 이를 가능하게 했던 것이다. 그리고 이런 브랜드들은 광고를 통해 사람들에게 더욱 익숙해지게 되었다.
> 이렇게 해서 200여 년 전의 세계는 완전히 뒤집어졌다. 광고 때문에 멀리 떨어진 곳은 친숙해졌고, 가까운 곳은 잘 모르는 시대가 온 것이다. 공장에서 만들어 셀로판지로 포장한 음식들은 위생적이고, 손으로 만든 음식들은 그냥 먹기에는 좀 찜찜한 것이 되었다. 가까이에 사는 이웃의 음식 솜씨가 깔끔하다는 평판보다는 감독 기관의 인증이 훨씬 더 믿음직스러워졌다.

① 광고를 통해 친숙해진 제품을 더 위생적으로 여기게 되었다.
② 신선함의 척도가 거리상의 가까움에서 감독 기관의 인증으로 바뀌었다.
③ 냉장 기술의 발달과 유통 구조의 변화, 도시화의 영향으로 ㉠이 가속화되었다.
④ 결과적으로, ㉠은 비위생적인 음식을 판다고 증명된 동네 식료품상들을 도태시켰다.

7. 다음 글을 이해한 내용으로 적절한 것은?

> 대상에 대한 묘사는 시각적 사실성에 의지해 표현하는 방법이 일반적이지만 이와 달리 시각적으로는 모순되더라도 알고 있는 사실을 명확하게 전달하는 데 중점을 둔 방법도 있다. 전자는 '시각상'에 의존하여 표현하는 방법이고, 후자는 '촉각상'에 의존하여 표현하는 방법이다. 여기서 시각상이란 시각적 경험이 가져다주는 이미지이다. 즉, 앞뒤로 떨어져 있는 크기가 동일한 사물이 주체가 보는 위치에 따라 그 크기가 달라 보이는데 이를 이미지로 표현한 것이다. 반면 촉각상이란 촉각적 경험을 통해 대상에 대해 이미 알고 있는 이미지이다. 어떤 한 지점에서 앞뒤로 떨어져 있는 크기가 동일한 사물을 보면 서로 달라 보이지만 실제로는 그 사물의 크기가 같다는 인식에서 나온 이미지인 것이다. 원근법적 표현에 익숙한 오늘의 시각에서 보자면 시각상보다 촉각상에 더 치중해 그린 표현이 어색하게 느껴질 수도 있다. 그러나 원근법적으로 표현하는 훈련을 따로 받지 않은 어린아이에게는 그렇지 않은 경우를 쉽게 볼 수 있다.

① 대상과의 거리에 따라 크기가 달라 보여도 같은 사물이라면 똑같은 크기로 그리는 것이 시각상이다.
② 촉각상은 경험했던 대상에 대해 시각적으로는 모순되어도 현상을 명백하게 전달하는 것에 집중한다.
③ 어린아이는 시각상에 의존하여 자신이 알고 있는 사실 그대로 그림을 그리는 경우가 많다.
④ 원근법적 표현이 발달한 오늘날의 시각에서 볼 때 시각상에 치중해 그린 그림은 어색할 수 있다.

8. 띄어쓰기가 옳은 것은?

① 그∨사람이라면∨속은∨척하고∨넘어갈∨만도∨하다.
② 두∨도시간∨열차는∨석∨달∨만에∨다시∨운행하게∨되었다.
③ 지난∨밤에∨밖에∨나갈∨때∨문단속만큼은∨철저히∨했어야∨했다.
④ 생각은∨그럴듯한데∨실행할∨수∨있을∨지∨모르겠다.

9. 다음 글의 논리적 구조에 대한 설명으로 적절한 것은?

> ㉠ 미디어 기술이 우리를 점점 더 일차원적으로, 심지어 전체주의적으로 만들고 있다. ㉡ 히틀러의 나치스, 스탈린의 공산주의자와 같은, 전체주의 사회가 보여 준 '절대 악'의 모습은 역사 속으로 사라졌다. ㉢ 그러나 앞으로 더욱 고도화될 기술 사회 속에서 그리고 다른 모습으로 나타날 '전체주의 사회' 속에서, 우리는 타자에 대한 사유는 없고 기능에만 충실한 인간으로 어떻게 전락하게 될지 그 정도와 폭을 알 수 없다. ㉣ 미디어상에서 언어의 무능은 타자에 대한 사유의 무능을 낳는다. ㉤ 평범한 모습을 하고 시작될, 이미 시작되었을 수 있는 여러 가지 '악(惡)'에 나도 모르게 동참하지 않기 위해, 우리의 어리석음으로 이익을 취하는 자들에게, 그들의 세상에 순응하지 않기 위해, 민주적 절차에 따른 숙고와 설득, 합의의 언어가 필요하다.

① ㉠은 글 전체의 전제이다.
② ㉡은 ㉠을 부연 설명한 것이다.
③ ㉢은 ㉡의 일부 내용을 옹호한 것이다.
④ ㉤은 주지인 ㉣의 구체적 사례이다.

10. 다음 글의 내용에 부합하지 않는 것은?

> 청소년을 규정한 법률은 매우 다양하지만 정의가 제각각이어서 큰 혼선을 주고 있다. 청소년 기준에 대해 청소년 기본법과 청소년 복지법, 청소년 활동법은 만 9~24세, 청소년 보호법과 영화 비디오법은 만 19세 미만, 게임 산업 진흥법은 만 18세 미만으로 각각 규정하고 있다. 이런 규정을 따르면 '만 18세'는 사행성 · 성인용 게임 등 청소년 이용 불가 게임을 할 수 있지만 청소년 관람 불가 영화를 볼 수 없다. 만 20세인 사람은 청소년 보호법 제한 대상이 아니기 때문에 주점에서 술을 마실 수 있지만 청소년 기본법을 따르자면 이들은 여전히 청소년이다. 청소년 혜택은 더 복잡하다. 청소년 혜택의 기준이 되는 '청소년증' 발급 기준은 만 9~18세다. 교통 카드의 청소년 정의는 더 좁아 만 13~18세다. ○○시에서 열린 '대한민국 청소년 박람회'는 만 24세 이하에게 '청소년 무료입장' 혜택을 줬으나 △△시의 유명 관광지 매표소는 입장료 할인을 받는 청소년 기준을 만 13~24세로 규정하고 있다.

① 청소년 관람 불가 영화를 볼 수 있는 사람이라면 청소년 이용 불가 게임을 할 수 있다.
② 교통 카드의 청소년 할인 혜택 대상자는 청소년 복지법에서 정한 청소년 범위 안에 포함되어 있다.
③ 청소년증의 발급 대상자 중 일부는 올해부터 마트에서 술을 구매할 수 있다.
④ 청소년 활동법상 청소년인 자들 중 일부는 △△시의 유명 관광지 매표소에서 입장료 할인을 받을 수 없다.

제9회 실전 모의고사

1. 다음 글의 내용과 일치하지 않는 것은?

체면은 남을 대하기에 떳떳한 도리나 얼굴이다. 우리나라의 체면과 비슷한 개념으로 서양에는 '페이스(face)'라는 개념이 있으나, 서양의 페이스와 우리나라의 체면에는 차이가 있다. 고프만은 서양의 페이스 개념이 가지는 특징을 다음과 같이 정리하였다. 페이스란, 자아에 대한 이미지로서, 사회적 상호 작용을 통해 주장되고 강화되며, 긍정적 사회 가치와 관련을 가진다. 한편 한국의 체면은 이 세 가지 측면에서 모두 서양의 페이스와 차이점을 갖는다. 한국의 체면은 서양의 체면이 가진 모든 속성을 포함하기는 하나, 개인적인 자아보다는 사회적인 자아와 관련되어 있다. 또한 체면이 사회적 상호 작용을 통해 주장되고 강화되는 것은 사실이나 체면의 많은 부분은 대부분 사회에 의해 거의 일방적으로 부과되는 것이며, 개인은 그러한 사회적 기준에 부합함으로써 체면을 보호하려고 한다. 또한 서양의 페이스는 연속상의 개념을 갖는 것임에 비해, 한국의 체면은 종종 체면을 지켰느냐, 잃었느냐의 이분법적인 잣대로 평가된다.

한편 우리나라의 체면은 같은 동양 문화권인 중국과도 다르다. 중국에서 체면을 가리키는 말은 '미엔쯔(mientzu)'로서 이는 '리엔(lien)'과 대응되는 개념인데, 리엔이 자기 스스로를 보고 느끼는 자괴적이며 반성적인 부끄러움이라면, 미엔쯔는 남에게 비추어진 자신의 모습을 보고 느끼는 부끄러움이다. 그러나 중국과 달리 한국의 체면은 사회적 체면과 개인적 체면을 구분하지 않으며, 오히려 체면은 이 두 가지의 개념을 모두 포함하고 있다고 볼 수 있다.

① 미엔쯔는 사회적인 자아와, 리엔은 개인적인 자아와 관련된 개념이다.
② 서양의 체면은 한국의 체면과 달리 사회적 상호 작용을 통해 강화된다.
③ 한국의 체면은 사회적 체면과 개인적 체면 개념을 모두 포함하는 개념이다.
④ 서양의 페이스는 한국의 체면과 달리 연속적인 속성을 지닌다.

2. 다음 시에 대한 설명으로 옳지 않은 것은?

살어리 살어리랏다 ㉠ <u>청산</u>애 살어리랏다.
멀위랑 ᄃᆞ래랑 먹고, 청산애 살어리랏다.
얄리얄리 얄랑셩 얄라리 얄라

우러라 우러라 새여 자고 니러 우러라 ㉡ <u>새</u>여.
널라와 시름 한 나도 자고 니러 우니노라.
얄리얄리 얄라셩 얄라리 얄라

가던 ㉢ <u>새</u> 가던 새 본다 믈 아래 가던 새 본다.
잉 무든 장글란 가지고, ㉣ <u>믈 아래 가던 새 본다</u>.
얄리얄리 얄라셩 얄라리 얄라 [중략]

살어리 살어리랏다 ㉤ <u>바ᄅᆞ래</u> 살어리랏다.
ᄂᆞᄆᆞ자기 구조개랑 먹고, 바ᄅᆞ래 살어리랏다.
얄리얄리 얄라셩 얄라리 얄라

– 작가 미상, 「청산별곡」에서 –

① ㉠과 ㉤은 화자가 희구하는 공간을 의미한다.
② ㉡과 ㉢은 화자의 감정이 이입된, 화자와 동일시되는 대상이다.
③ ㉣에는 속세에 대한 화자의 미련이 나타난다.
④ 유음이 반복되는 후렴구를 통해 음악성을 나타내고 있다.

3. 다음 글의 요지로 가장 적절한 것은?

작가는 작품을 통하여 작가 자신의 견해를 피력한다. 그럼에도 불구하고 작가는 반드시 자기가 피력한 견해에 구속될 것을 요구받지 않는 것 같다. 작가는 상상력에 의해서 가능한 모든 명제를 제기할 권리를 용인받기 때문일 것이다. 그러나 작가가 한 사람의 지식인으로서 상황 문제에 대하여 글로 피력한 견해로부터 결코 자유스러워지지는 않을 것이다. 지식인이란 존경할 명칭에는 자기가 피력한 견해를 그대로 실천하지 못한다 하더라도, 자기가 피력한 견해와 상반된 행동을 하지 않는다는 정직과 근엄의 어감이 숨겨져 있다. 춘원이 비난받는 큰 이유는 그가 친일했기 때문이라기보다 '민족정신'을 주장한다면서 그에 반하는 행동을 한 데에 있을 듯싶다.

① 작가는 자신이 작품으로써 독자에게 내보인 견해에 맞게 행동해야 할 책임이 있다.
② 글과 행동이 일치하지 않았다는 점에서 춘원은 작가가 아니라 지식인으로서 비난을 받아 마땅하다.
③ 작가는 작품이 아닌 다른 글에서 피력한 자신의 견해를 행동으로 옮겨야 한다.
④ 작가는 지식인으로서 글로 피력한 자신의 견해에 관한 한 그 책임을 면할 수 없다.

4. '앤서니 기든스'의 주장에 나타난 논증 방식과 가장 가까운 것은?

앤서니 기든스는 서구식 근대화가 내포한 한계를 넘어서기 위한 이론적 노력을 기울였다. 기든스가 말하는 '제3의 길'은 '제1의 길'과 '제2의 길'을 넘어서려는 새로운 정치적 프로그램이다. 제1의 길이 '요람에서 무덤까지'로 일컫는 북유럽 국가의 사회 민주주의 기획이라면, 제2의 길은 시장에서의 자유를 극대화하고 국가의 간섭을 최소화하려는 미국식 신자유주의 개혁이다. 제3의 길은 유럽의 복지 국가에서 시장의 효율성을 강조하고, 미국과 같은 신자유주의 국가에서 사회적 평등을 부각하는 전략으로 제1의 길과 제2의 길에 대한 통합을 모색하고 있다. 기든스는 국가가 개인의 역할을 대신해 주는 전통적 사회 민주주의도 반대하지만, 연대와 평등의 개념이 없는 신자유주의의 개인주의도 반대한다. '제3의 길'이란 경제적 효율의 달성과 사회적 약자 보호를 동시에 지향하자는 것이다.

① 철근이 고층 건물을 지탱하는 힘을 제공하듯 뼈는 우리 몸의 체중과 운동에 따른 하중을 견뎌 낸다. 철골 사이를 잇는 콘크리트 벽과 바닥, 지붕이 건물 안에 방을 만들어 많은 사람이 그 속에서 안전하게 활동할 수 있게 하듯, 뼈가 만드는 공간은 중요한 장기들을 보호한다.
② 현대 사회는 이성적인 인간을 요구해 왔다. 이로 인해 인류는 놀라운 문명의 발전을 이룰 수 있었다. 이성을 바탕으로 한 세상에서 감성이 자리를 빼앗기자 세상은 갈수록 각박해지고 냉혹해졌다. 지금 우리 사회가 감성과 이성을 적절히 조절할 수 있는 인간을 요구하는 이유가 여기에 있다.
③ 기업이 성장하기 위해서는 명확한 목표를 설정하고, 기업의 변화를 위한 구성원들의 노력이 있어야만 한다. 그러나 이를 실천하는 기업은 많지 않다. 그러므로 우리나라 기업의 성장에 대한 확신을 갖기가 어렵다.
④ 대한민국 국민은 나라의 주인으로서 투표권을 통해 주권을 행사할 의무가 있다. 올해 대학에 입학한 19세 청년들은 대한민국의 국민이다. 따라서 그들은 이번 선거에 투표권을 행사하여 나라를 운영할 대표자를 뽑아야 하는 의무가 있다.

5. 다음 글에 쓰인 전개 방식이 아닌 것은?

> '심미적인 것'이란 아름다움을 살펴 찾은 것이라고 할 수 있다. 그러나 이때의 아름다움이란 단순히 '예쁘다'거나 '편안하다'와 같은 좁은 의미의 아름다움이 아니라 넓은 의미의 아름다움이다. 아름다운 것은 우리가 눈으로 보고 귀로 들으며 혀로 맛보고 코로 냄새 맡으며 손으로 잡을 수 있는 자연의 모든 대상에서 감지된다. 잎을 떨쳐 버린 겨울 나뭇가지의 앙상함이나 이 가지들 사이에 있는 허공, 오후의 한가한 햇살과 이 햇살을 받는 벽 한쪽의 희미한 그림자, 이 벽 아래 놓인 책상과 이 서랍 속에 가득 담겨 있는 햇볕 같은 것들 말이다.

① 지진은 땅이 지구 내부에서 작용하는 힘을 오랫동안 받아 끊어지면서 발생한다. 나무판을 양손으로 잡고 수평 방향으로 힘을 주다 보면 판자가 휘어지고, 가운데 부분이 볼록하게 올라오다 결국 부러지면서 진동하는 것처럼 말이다.
② 사진에서 파인더는 프레임을 정하기 위한 장치이지 프레임 자체는 아니다. 파인더는 고정적이지만 프레임은 사진작가의 움직이는 시선에 따라 유동적이다.
③ 인간이라면 자신을 돌아보고 반성할 줄 알아야 한다. 장 자크 루소는 다섯 자식을 유기한 일을 포함한 과거 허물을 모두 『고백록』에 담아냈고, 톨스토이는 삶의 의미를 잃어버렸다고 느낀 순간 위선과 교만에 찬 과거를 돌아보는 『참회록』을 썼다.
④ 이 바람에 고개가 무거운 벼 이삭이 황금빛 물결을 이루는 들판에서는, 마음 놓은 새 떼들이 모여들어 풍성한 향연을 벌인다.

6. 밑줄 친 시어의 의미가 ㉠과 가장 이질적인 것은?

> 생각해 보면 어린 때 동무들
> 하나, 둘, 죄다 잃어버리고
>
> 나는 무얼 바라
> 나는 다만, 홀로 침전(沈澱)하는 것일까?
>
> 인생(人生)은 살기 어렵다는데
> 시(詩)가 이렇게 쉽게 씌어지는 것은
> 부끄러운 일이다. [중략]
>
> 등불을 밝혀 어둠을 조금 내몰고,
> 시대(時代)처럼 올 아침을 기다리는 ㉠ 최후(最後)의 나,
>
> – 윤동주, 「쉽게 씌어진 시」에서 –

① 벌판한복판에꽃나무하나가있소. 근처에는꽃나무가하나도없소. 꽃나무는제가생각하는꽃나무를열심으로생각하는것처럼열심으로꽃을피워가지고섰소. – 이상, 「꽃나무」 –
② 파란 녹이 낀 구리거울 속에 / 내 얼굴이 남아 있는 것은 / 어느 왕조의 유물이기에 / 이다지도 욕될까. // 나는 나의 참회(懺悔)의 글을 한 줄에 줄이자. – 윤동주, 「참회록」 –
③ 고향에 돌아온 날 밤에 / 내 백골이 따라와 한 방에 누웠다. // [중략] 어둠 속에서 곱게 풍화 작용하는 / 백골을 들여다보며 / 눈물짓는 것이 내가 우는 것이냐 / 백골이 우는 것이냐 / 아름다운 혼이 우는 것이냐. – 윤동주, 「또 다른 고향」 –
④ 나의 지식이 독한 회의(懷疑)를 구하지 못하고 / 내 또한 삶의 애증을 다 짐 지지 못하여 / 병든 나무처럼 생명이 부대낄 때 / 저 머나먼 아라비아의 사막으로 나는 가자. // [중략] 그 열렬한 고독 가운데 / 옷자락을 나부끼고 호올로 서면 / 운명처럼 반드시 '나'와 대면케 될지니 – 유치환, 「생명의 서」 –

7. <보기>와 같은 유형의 잘못된 표현이 없이 의미가 명확한 문장은?

> <보기>
> 저녁 모임에 사람들이 다 오지 않았다.

① 훈민이는 넥타이를 매고 있는 친구를 바라보았다.
② 철수는 웃으며 떠나는 누나를 배웅했다.
③ 영수와 지수는 함께 영희를 만날 것이다.
④ 아버지는 할아버지의 초상화를 헐값에 팔았다.

8. ㉠~㉢에 들어갈 말로 가장 적절한 것은?

> • 간략하게나마 우선 이것으로 소개의 말을 [㉠]할까 합니다.
> • 소에게 [㉡] 농부가 중상을 입고 병원에 입원했다.
> • 그녀는 바짓단을 [㉢] 세탁소에 옷을 맡겼다.

	㉠	㉡	㉢
①	갈음	받힌	늘이려고
②	갈음	받친	늘리려고
③	가름	받친	늘이려고
④	가름	받힌	늘리려고

9. ㉠에 대한 설명으로 적절한 것은?

> [앞부분의 줄거리] 한국 전쟁이 끝난 직후 생계를 위해 시골에서 도시로 이주한 아버지가 풀빵 장사를 시작하자 가족들은 기대감을 갖고 풀빵을 만들지만, 그날 밤 아버지는 팔리지 않은 풀빵을 가득 들고 돌아온다.
>
> 야릇한 분위기였다. 조금은 허전하고, 또 조금은 거북스러운 그런 분위기였다. 하지만 결코 짜증스럽거나 서글픈 기분은 아니었다. 우리는 다만 서로의 얼굴을 쳐다보려 하지 않았을 따름이었다. 시선을 내리깐 채 우리는 말없이 젓가락을 집어 들었다.
> "자, 먹자구. 밤도 깊고 하니 오늘 저녁밥은 이걸로 때워야지 뭐."
> 만찬의 시작을 선언하듯 아버지가 말하고 ㉠ 풀빵 하나를 통째로 입에다 넣었다. 그러고는 유리잔을 집어 들며 또 말했다.
> "서양 사람들은 빵만 먹고 산다는데 우리라고 한두 끼 정도야 어떨라구. 시골 구석에 백혀 있어 봐. 이런 재미가 어디 있나……."
> 나는 풀빵을 하나 집어 아버지처럼 한입에 냉큼 밀어 넣었다. 그것은 식어서 차고 딱딱했다. 하지만 나는 열심히 먹어 댔다. 미적지근한 냉차로 목을 연신 축여 가면서.
> 비로소 나는 한 가지 사실을 깨달았다. 누나와 내가 해종일 찍어 낸 것은 아버지가 기대하던 지폐가 아니라 역시 풀빵에 지나지 않는다는 사실을. 그래서 나는 또 생각했다. 어쩌면 앞으로도 계속 지폐를 찍어 내는 일에는 실패할지도 모른다고.
>
> – 이동하, 「장난감 도시」에서 –

① 정신적 가치와 물질적 가치의 전도를 드러낸다.
② 가족의 사랑을 확인하는 계기를 제공하고 있다.
③ '나'의 가족이 겪을 암울한 미래를 예측하게 한다.
④ 가난함 속에서도 만족감을 느끼게 하는 소재이다.

제10회 실전 모의고사

1. 다음 글에 부합하지 않는 내용은?

연료 전지는 수소가 산화할 때 생기는 화학 에너지를 직접 전기 에너지로 변환시키는 장치이다. 물을 전기 분해하면 수소와 산소로 분해되는데, 이와 반대로 수소와 산소를 결합하여 물을 만들고 이때 발생하는 에너지를 전기 형태로 바꾸는 것이다.

화학적 반응으로 전기를 생산한다는 점에서 연료 전지는 일반 전지와 비슷하다. 그러나 연료 전지는 연료가 공급되는 한 별도의 충전 없이 지속적으로 전기를 발생시킨다. 또 연료의 연소 반응 없이 에너지가 발생되기 때문에 기존의 내연 기관에 비해 공해 물질의 배출이 없고 이산화 탄소 배출량도 획기적으로 줄일 수 있다. 에너지 효율도 내연 기관보다 두 배나 높고, 소음도 거의 없다.

이처럼 연료 전지는 내연 기관에 의존하는 지금까지의 화석 연료 시스템에 비해 획기적인 장점들을 갖고 있다. 그러나 태양광 산업과 마찬가지로 경제성이 떨어진다. 정부의 보조금 정책에 의해 상당 부분 상용화된 태양광에 비해, 연료 전지는 아직 상용화 자체가 별로 되지 않았다고 해야 할 것이다. 또 수소를 생산하기 위해서 여전히 화석 연료에 의존할 수밖에 없다는 한계도 있다.

① 연료 전지는 물이 만들어지는 화학적 반응으로 전기를 생산한다.
② 연료 전지는 충전 기능이 뛰어나 별도의 연료 공급이 불필요하다.
③ 연료 전지는 아직 화석 연료에서 완전히 자유롭지 못한 상태이다.
④ 연료 전지는 오염 물질 배출을 줄일 수 있고 에너지 효율 면에서도 획기적이다.

2. 다음 글에 대한 설명으로 옳은 것은?

고려 때 하생이란 사람이 평원에 살았다. 대대로 한미한 집안 출신으로, 일찍 부모를 여의고 홀로 지냈다. 혼인하고 싶었지만 딸을 주려는 집이 없었고, 가난해서 혼자 먹고살기도 버거웠다. 그러나 하생은 풍채가 대단히 좋고 재주가 빼어나서 마을에서는 현명한 사람이라는 칭찬이 자자했다. 고을 사또는 하생의 명성을 듣고 태학 학생으로 추천하였다.

하생은 행장을 꾸려 개경을 향해 출발하면서 노비들에게 말했다.

"내가 위로는 부모님이 안 계시고 아래로는 처자식이 없으니, 너희에게 무슨 구구히 할 말이 있겠느냐? 옛날 종군이란 사람은 고향으로 돌아올 때 쓸 통행증을 버리고 서울로 떠났고, 사마상여란 사람은 고향의 다리 기둥에다 성공하기 전에는 다시 이 다리를 지나지 않겠다는 글귀를 썼으니, 모두 약관의 나이에 큰 뜻을 품은 이들이다. 내가 비록 노둔하지만 저 두 사람을 자못 흠모하고 있으니, 훗날 금의환향하여 너희들에게도 영예가 돌아가도록 할 테다. 아무쪼록 집을 잘 지켜 주었으면 한다."

하생은 국학(國學)에 입학했다. 국학의 여러 학생들과 재주를 겨뤄 보니 하생을 능가할 만한 사람이 없었다. 하생은 과거에 급제하여 부귀공명을 얻을 수 있으리라 생각하며 오연(傲然)히 드높은 뜻을 지녔다.

이때 나라 정치가 이미 어지러워 인재 등용 또한 공정하게 이루어지지 않았다. 이러구러 너덧 해가 지나는 동안 하생은 원망을 품고 웅크린 채 학교에서 지내며 늘 답답하고 우울한 마음이었다.

– 신광한, 「하생기우전」에서 –

① 사건에 대한 서술자의 주관적 서술이 나타나 있다.
② 고사를 인용하여 부정적 세태를 비판하고 있다.
③ 서술자가 인물에 대한 정보를 요약적으로 제시하고 있다.
④ 특정 소재를 활용해 인물의 불우한 처지를 드러내고 있다.

3. 다음 글을 읽은 독자의 반응으로 옳은 것은?

표절이 근본적으로 문제가 되는 것은 표절한 곡으로 돈을 벌 수 있기 때문이다. 물론 멜로디에 대한 창작자로서의 명예가 문제가 되지 않는 것은 아니지만 이는 대중들의 판단이나 후일의 판단에 맡길 수가 있다. 그러나 음악을 통해 돈을 버는 문제는 현실적인 것이기 때문에, 다시 말해 표절자가 돈을 버는 것이 정당한 행위가 아니기 때문에 법적으로 규제되지 않을 수 없는 것이다.

따라서 표절에 대한 논쟁이 심각해지는 곳은 하나의 노래가 성공함으로써 큰돈을 벌 수 있는 미국과 같은 나라이다. 선의로 생각할 때에 남의 곡을 베끼려는 의도 없이 그와 유사한 멜로디를 우연히 만들어 낼 수 있는 경우도 있을 수 있다. 이런 경우 베꼈는가 아닌가는 본인의 양심의 문제이다. 그러나 표절이다, 아니다를 판단해야 하는 법적 권위를 가진 판결은 소위 양심적이라고 하는 표절자의 진술에만 기댈 수는 없는 것이다. 그래서 표절을 판단하는 객관적 기준이 나타나는 것이다. 예를 들어 시작하는 첫 두 마디가 같으면 무조건 표절로 판단하는 등의 경우이다.

① 표절에 대한 법적 판단은 표절자의 표절 인정 여부에 따라 달라지겠군.
② 표절 여부는 이를 판단하는 재판관에 따라 그 결과가 달라질 수 있겠군.
③ 표절을 법적으로 규제하는 이유는 궁극적으로 창작자의 명예를 보호하기 위해서군.
④ 표절하려는 의도가 없었어도 작품의 일정 부분이 동일하다면 표절로 판단할 수 있군.

4. 문맥상 ㉠, ㉡에 들어갈 말로 가장 적절한 것은?

경험주의에 따르면 인간의 모든 능력 또는 지식은 실제 경험 또는 행동 여하에 따라 결정된다. 우리가 말을 하는 것도 주로 후천적인 언어 경험에 의한 것으로 보는데 이러한 견해를 '후천성 가설'이라 부른다. 한편 이성주의는 인간의 본성을 선천적 능력 또는 이성에 의하여 결정된다고 본다. 인간 언어들 속에는 공통적으로 나타나는 보편적 요인들이 있으며 아이들은 보편적 요인들을 갖고 태어나므로 모국어를 매우 어린 나이에, 매우 빠르게, 특별한 노력도 없이 습득할 수 있다고 보는 것이다. 이러한 견해를 '선천성 가설'이라 부른다.

예를 들자면 [㉠]로 더 잘 설명할 수 있다. 이것은 동일한 지시물을 가리키는 어휘가 언어마다 다른 것에서 잘 나타난다. 우리가 '물'이라고 부르는 것을 영어에서는 'water,' 불어에서는 'eau,' 그리고 중국어에서는 'shui'라고 부른다. 이러한 어휘의 특성에도 불구하고 여섯 살 무렵의 아이들이 평균 1만 4천 개의 어휘를 구사할 수 있을 만큼 모국어의 어휘를 습득하는 속도는 매우 빠르다.

그런데 [㉡]로 더 잘 설명할 수 있다. 여러 언어들이 지닌 어휘들을 들여다보면 언어들 간에 한 가지 공통점이 발견된다. 어휘들은 일정한 숫자의 음운들로 구성되어 있다. 음운은 언어에 쓰이는 음, 즉 자음과 모음을 일컬으며 그 수는 제한되어 있다. 국제 음성학 기구에서 만든 자·모음 표에 따르면 음운의 수는 80여 개가 넘지 않는다. 지구상에는 약 7,000종이 넘는 다양한 언어들이 쓰이고 있지만 각 언어에 쓰이는 음운들은 언어마다 차이가 있을지라도 위에서 지적한 자음과 모음 중의 일부이다.

① ㉠: 어휘가 지닌 추상성은 후천성 가설
　㉡: 어휘가 지닌 음운의 보편성은 선천성 가설
② ㉠: 어휘가 지닌 자의성은 후천성 가설
　㉡: 어휘가 지닌 음운의 제한성은 선천성 가설
③ ㉠: 어휘가 지닌 추상성은 선천성 가설
　㉡: 어휘가 지닌 음운의 보편성은 후천성 가설
④ ㉠: 어휘가 지닌 자의성은 선천성 가설
　㉡: 어휘가 지닌 음운의 제한성은 후천성 가설

5. ㉠~㉣에 들어갈 단어로 적절하지 않은 것은?

> • 그는 어떤 일이든 끝까지 밀고 나갈 정도로 [㉠]이/가 있다.
> • 김 의원은 여론의 [㉡]을/를 받고 정계를 떠났다.
> • 지나간 50년을 곰곰 [㉢]해 보니 후회되는 일이 허다하다.
> • 그는 수필을 본격적인 문학의 장르로 끌어올림으로써 한국 수필 문학의 [㉣]로 불린다.

① ㉠: 軋轢　　② ㉡: 叱咤
③ ㉢: 反芻　　④ ㉣: 鼻祖

6. 다음 시의 화자의 정서와 거리가 먼 것은?

> 진쥬관(眞珠館) 듁셔루(竹西樓) 오십쳔(五十川) ᄂᆞ린 믈이,
> 태ᄇᆡᆨ산(太白山) 그림재를 동ᄒᆡ(東海)로 다마 가니,
> 출하리 한강(漢江)의 목멱(木覓)의 다히고져.
>
> – 정철, 「관동별곡」에서 –

① 천만 리(千萬里) 머나먼 길ᄒᆡ 고은 님 여희ᄋᆞᆸ고 / ᄂᆡ ᄆᆞᄋᆞᆷ 둘 ᄃᆡ 업서 냇ᄀᆞ의 안쟈시니, / 져 믈도 ᄂᆡ 안 ᄀᆞᆺᄒᆞ여 우러 밤길 녜놋다.
– 왕방연 –

② 심산(深山)의 밤이 드니 북풍(北風)이 더욱 차다 / 옥루 고처(玉樓高處)에도 이 ᄇᆞᄅᆞᆷ 부ᄂᆞᆫ 게오 / 긴 밤의 치우신가 북두(北斗) 비겨 바ᄅᆡ로라
– 박인로, 「오륜가」 –

③ 노래 삼긴 사ᄅᆞᆷ 시름도 하도 할샤. / 닐러 다 못 닐러 불러나 푸돗든가. / 진실(眞實)로 플릴 거시면은 나도 불러 보리라.　– 신흠 –

④ 추성(秋城) 진호루(鎭胡樓) 밧긔 울어 예는 저 시내야. / 무음 호리라 주야(晝夜)에 흐르는다. / 님 향한 내 뜻을 조차 그칠 뉘를 모르나다.
– 윤선도, 「견회요」 –

7. 다음 글에 이어질 내용으로 적절하지 않은 것은?

> 연극, 콘서트와 같은 공연에서는 공연을 간절하게 보고 싶어 하는 사람들을 위해 대리 줄서기와 암표 판매를 금지한다. 이에 대해 자유 시장 옹호자들은 다음과 같은 반응을 보일 수 있다. 극장 측이 공연을 열렬하게 관람하고 싶어 하는 사람들로 관람석을 채우고 공연이 주는 즐거움을 극대화하고 싶다면, 공연의 가치를 가장 높게 평가하는 사람에게 입장권이 돌아가게 해야 한다. 그런데 그 사람은 바로 입장권에 최고 가격을 지불하는 사람들이다. 따라서 공연에서 최대의 즐거움을 누릴 관객으로 공연장을 채울 수 있는 최선의 방법은 입장권 분배를 자유 시장에 맡기는 것이다. 다시 말해 시장이 정하는 가격에 입장권을 판매하든지, 아니면 돈을 받고 대신 줄을 서는 사람과, 가장 높은 가격을 지불하려는 사람에게 입장권을 파는 암표상을 허용하는 것이다. 하지만 이러한 주장은 설득력이 없다.

① 공연의 가치를 높게 평가하지 않는 사람 중에도 최고 가격으로 입장권을 사는 사람이 있을 것이다.
② 공연의 가치를 높게 평가하는 사람들만 공연을 본다고 해서 공연이 주는 즐거움이 극대화되는 것은 아니다.
③ 공연을 간절하게 관람하고 싶어 하는 사람 중에서 입장권을 살 만한 경제적 여유가 없는 사람이 존재할 수 있다.
④ 공연의 가치를 가장 높게 평가하는 사람은 직접 줄서기를 해서라도 공연을 관람하고자 할 것이다.

8. 문장 부호 규정과 용례가 올바르지 않은 것은?

	규정	용례
①	한 문장 안에 몇 개의 선택적인 물음이 이어질 때는 맨 끝의 물음에만 물음표를 쓰고, 각 물음이 독립적일 때는 각 물음의 뒤에 쓴다.	너는 이게 마음에 드니, 저게 마음에 드니?
②	우리말 표기와 원어 표기를 아울러 보일 때는 소괄호를 쓴다.	정부는 자유 무역 협정(FTA)에 따라 국내 법률 시장을 개방했다.
③	아라비아 숫자만으로 연월일을 표시할 때는 마침표를 쓴다.	2024. 3. 23.(토)
④	괄호 안에 또 괄호를 쓸 필요가 있을 때 바깥쪽의 괄호로 대괄호를 쓴다.	이번 회의에는 두 명[이혜정(실장), 박철용(과장)]만 빼고 모두 참석했습니다.

9. ㉠~㉤ 중 <한글 맞춤법>과 <표준어 규정>에 모두 맞는 문장은?

> ㉠ 손님은 종업원에게 당장 주인을 불러오라고 닦달하였다.
> ㉡ 난로가 금새 빨갛게 달아오르면서 방 안이 훈훈해졌다.
> ㉢ 그는 아버지와 겉모습은 비스름했지만 성격은 아주 딴판이다.
> ㉣ 장식품이 비싼 거라고 자랑깨나 하더니 생각보다 아주 조그맣네.
> ㉤ 어제 보니 그 사람이 잠도 안 자고 밤새 동네를 헤매이고 다니데.

① ㉠, ㉢, ㉣　　② ㉠, ㉣, ㉤
③ ㉡, ㉢, ㉣　　④ ㉡, ㉣, ㉤

10. 다음 대화에 대한 설명으로 적절하지 않은 것은?

> A: 지난번에 발표 제재를 숨어 있는 동전을 사용하자는 취지의 '범국민 동전 교환 운동'으로 정했는데, 발표문을 어떤 방향으로 써야 할까?
> B: 사전 조사를 해 보니까 우리 반 친구들 대부분이 범국민 동전 교환 운동에 대해서 잘 모르고 있더라고. 그러니까 정보를 전달하면서 친구들의 참여도 유도하는 게 좋을 거 같은데.
> C: 맞아. 범국민 동전 교환 운동에 대한 정보가 친구들에게 유익할 거야.
> A: 그러면 여기 우리가 찾아온 자료 중에 어떤 걸 사용할까?
> C: 음, 여기 이 표는 쓸 수 있을 것 같은데, 동전을 훼손한 사람을 처벌했다는 이 기사는 우리 발표 방향하고는 안 맞는 것 같아.
> B: 그러네. 그럼 어떤 자료들이 더 필요할까?
> A: 음, 일단 이 운동에 대해 설명한 기사문이나 사람들의 참여율을 보여 주는 자료가 있으면 좋을 것 같은데?
> C: 그것도 좋고, 한 해에 폐기되는 동전의 양이나 동전을 만들 때 드는 비용에 관한 자료도 좋을 것 같아. 일단 자료를 더 많이 준비해서 다시 모이자.

① A와 C는 모두 더 준비해야 하는 자료를 언급하고 있다.
② B는 조사 결과를 근거로 들어 자신의 주장을 강조하고 있다.
③ C는 발표에 필요한 자료와 그렇지 않은 자료를 구분하고 있다.
④ A와 B는 상대의 견해에 일부 동조하며 새로운 제안을 제시하고 있다.

제11회 실전 모의고사

1. 글쓴이가 주장한 내용으로 적절한 것은?

> 한(漢)나라 유향(劉向)과 반고(班固)가 읽은 책이 13,269권이다. 옛사람들은 대나무를 편철하여 책을 만들었으므로 10여 권이 지금의 1권에 해당하니 실제로는 수천 권에 불과하다. 그러므로 그 무렵에는 천하의 책을 다 보는 것이라도 힘이 드는 일이라고 말할 수 없다. 후세에 오면서 문식(文飾)*이 더욱 승하게 되니, 학문을 하는 사람은 점차 근본에서 이탈하여 부질없는 말로 서로 다투어 자랑하고, 책에 실린 것이 날마다 더욱 많아졌다. 그러므로 독서를 할수록 마음은 흩어지고 지식이 넓어질수록 어진 성정은 황폐해졌다.
>
> 나는 일찍이 널리 배우고 많이 듣는 일에 뜻을 두었으나 그 요령을 얻지 못하여 무릇 제자백가, 술수서(術數書)에 패관잡기(稗官雜記)와 황당무계하고 불경스러운 이야기에 이르기까지 마구 읽었다. 그러다 보니 오히려 옛것을 상고하는 경전과 세상을 다스리는 업무에 대해서는 공부할 겨를이 없었다. 중도에 그러한 사실을 깨달아 비로소 점차로 간략함을 따랐으나 총명함이 미치지 못함이 개탄스럽고 나이가 따르기 어려움을 느꼈다.
>
> – 『홍씨 독서록』 서문에서 –
>
> * 문식: 글을 아름답게 꾸밈.

① 어려서부터 널리 배우고 많이 듣는 일에 뜻을 두어야 한다.
② 옛 학자들의 자세를 본받아 가능한 한 많은 책을 읽어야 한다.
③ 학자는 학문이라는 근본에서 벗어나 지식을 자랑하지 않아야 한다.
④ 모든 책을 읽으려고 하기보다는, 좋은 책을 가려서 읽는 자세가 필요하다.

2. 다음 글에 대한 반응으로 적절하지 않은 것은?

> 알코올, 흡연과 관련한 사회적 재고는 많이 이루어졌지만, 카페인과 관련해서는 많이 다뤄지지 않았다. 카페인은 전 세계적으로 오랜 기간 섭취해 왔으며 많은 사람이 즐겨 찾는 기호 식품 중 하나다. 쓴맛이 있는 무색의 고체로, 커피의 열매나 잎, 카카오와 차 따위의 잎에 들어 있다. 이를 과도하게 사용 시 중독 증세, 부작용을 일으키기도 한다. 대표적으로 카페인을 포함하는 것으로는 커피, 차, 초콜릿 등이 있다.
>
> 카페인은 중추 신경계와 말초 신경계를 자극한다. 이에 카페인이 함유된 음료를 적당량 섭취할 경우 신경 활동이 활발해지고, 피로가 경감되는 효과가 있다. 그러나 과도한 양을 섭취하게 되면 신경과민, 흥분, 불면 등을 유발할 수 있다. 또한, 신장 질환이나 위궤양 환자에게는 부정적인 영향을 가져다줄 수 있다.
>
> 카페인은 체내에서 이뇨제 역할을 해 체내 노폐물을 제거하는 기능을 수행한다. 그러나 과도한 카페인 섭취는 소변 배출량의 증가와 함께 무기질 배설을 함께 야기하기도 한다. 이는 무기질 및 전해질 불균형을 초래하고, 부종과 같은 가벼운 증상 외에도 의식 장애, 경련, 뇌 기능 장애 등 치명적인 증상을 초래할 수 있다.

① 신부전증을 앓고 있는 환자는 커피 섭취를 자제해야겠군.
② 이뇨 작용을 통해 무기질을 배출하는 것은 몸에 이롭구나.
③ 녹차를 지나치게 많이 마시면 몸에 경련이 날 수 있겠네.
④ 적절한 양의 초콜릿을 섭취하면 피로 회복에 도움이 되겠어.

3. ㉠의 사례로 가장 적절한 것은?

> 자기 가족의 문제를 위해서는 마다할 게 없는 사람들이, 함께 사는 사회를 위해서는 남의 집 불구경하듯 무관심한 것이 우리의 솔직한 현실이다. '배달민족'으로서의 '과잉 정체성'이 외국인 노동자에 대한 배타적 태도로 나타나고, 생존의 수단이기도 하였던 닫힌 가족주의, 닫힌 인종주의, 닫힌 민족주의는 한국인의 배타성을 강화하는 자양분이 되었다. 한국의 기업들이 저임금과 열악한 근무 환경, 비인간적 처우로 제3 세계 여성 노동자들을 수탈해도 우리의 사회적 양심은 이를 자각하지 못하고 있다. 식민지 지배에 대한 일본의 망언과 수사학적인 사과에 대해서 분노하면서도, 한국의 베트남 참전에 대해서는 아무런 말이 없다. 이것이 우리의 닫힌 가족주의 · 인종주의 · 민족주의의 현주소이다. 우리의 닫힌 의식은 나와 가족을 넘어서는 사회적 공생(共生)의 원리, 또한 국민 국가를 넘어서는 전 지구적 공생의 원리로 나아가지 못하고 있다. ㉠ <u>새로운 윤리</u>를 요구하는 지구촌 사회에 우리가 '전위적 전형'을 만들어 내는 대열에 합류하기 위해서도 외세에 의한 숱한 시련과 피억압 민족으로서의 역사적 경험, 분단과 냉전적 증오로 찌든 정서에서 벗어나야 한다.

① 국제결혼에 의한 결혼 이주민에 대해서 적극적인 문화 동화 정책을 시행하고 이를 위한 제도적 기반을 강화해야 한다.
② 일제 강점기 조선의 피해만을 강조하는 것이 아니라 그 기간의 경제적 발전상에 대해서도 합리적으로 볼 수 있어야 한다.
③ 한국 전쟁으로 인한 남한 국민의 피해와 고통에 매몰되어 있기보다는, '민족 통일'이라는 시대적 과업의 달성을 위해 힘써야 한다.
④ 외국인 노동자의 열악한 노동 실태에 대한 조사를 바탕으로 보편적인 인권과 노동권에 입각해서 정당한 대우를 위한 조치가 취해져야 한다.

4. 다음 글을 읽고 알 수 있는 내용으로 적절하지 않은 것은?

> 채권은 사업에 필요한 자금을 조달하기 위해 발행하는 유가 증권이다. 채권의 액면 금액, 액면 이자율, 만기일 등의 지급 조건은 채권 발행 시 정해지며, 채권 소유자는 매입 후에 정기적으로 이자액을 받고, 만기일에는 마지막 이자액과 액면 금액을 지급받는다. 이때 이자액은 액면 이자율을 액면 금액에 곱한 것으로 대개 연 단위로 지급된다.
>
> 채권 투자자는 정기적으로 받게 될 이자액과 액면 금액을 각각 현재 시점에서 평가한 값들의 합계인 채권의 현재 가치에서 채권의 매입 가격을 뺀 순수익의 크기를 따진다. 채권 보유로 미래에 받을 수 있는 금액을 현재 가치로 환산하여 평가할 때는 금리를 반영한다. 가령 금리가 연 10%이고, 내년에 지급받게 될 금액이 110원이라면, 110원의 현재 가치는 100원이다. 즉 금리는 현재 가치에 반대 방향으로 영향을 준다. 따라서 금리가 상승하면 채권의 현재 가치가 하락하게 되고 이에 따라 채권의 가격도 하락하게 되는 결과로 이어진다.
>
> 채권의 매입 시점부터 만기일까지의 기간인 만기도 채권의 가격에 영향을 준다. 일반적으로 다른 지급 조건이 동일하다면 만기가 긴 채권일수록 가격은 금리 변화에 더 민감하므로 가격 변동의 위험이 크다. 채권은 발행된 이후에는 만기가 점점 짧아지므로 만기일이 다가올수록 채권 가격은 금리 변화에 덜 민감해진다. 따라서 투자자들은 만기가 긴 채권일수록 높은 순수익을 기대하므로 액면 이자율이 더 높은 채권을 선호한다.

① 동일한 지급 조건에서 장기 채권이 가격 변동성이 더 크다고 할 수 있다.
② 채권 소유자에게는 액면 금액을 기준으로 채권의 이자가 지급된다.
③ 채권 가격과 채권 수익률은 금융 시장 상황의 영향을 받는다.
④ 시중 금리가 내려갈 경우 채권의 가격도 동반 하락하게 된다.

5. ㉠~㉣의 규정이 적용된 단어로만 묶인 것은?

<한글 맞춤법>
제6항 'ㄷ, ㅌ' 받침 뒤에 종속적 관계를 가진 '-이(-)'나 '-히-'가 올 적에는 그 'ㄷ, ㅌ'이 'ㅈ,ㅊ'으로 소리 나더라도 'ㄷ, ㅌ'으로 적는다. ······ ㉠

제7항 'ㄷ' 소리로 나는 받침 중에서 'ㄷ'으로 적을 근거가 없는 것은 'ㅅ'으로 적는다. ······ ㉡

제28항 끝소리가 'ㄹ'인 말과 딴 말이 어울릴 적에 'ㄹ' 소리가 나지 아니하는 것은 아니 나는 대로 적는다. ······ ㉢

제29항 끝소리가 'ㄹ'인 말과 딴 말이 어울릴 적에 'ㄹ' 소리가 'ㄷ' 소리로 나는 것은 'ㄷ'으로 적는다. ······ ㉣

① ㉠: 해돋이, 곧이어
② ㉡: 돗자리, 훗날
③ ㉢: 다달이, 우짖다
④ ㉣: 이튿날, 여닫다

6. 로마자 표기가 모두 옳은 것은?

	왕십리	광희문	묵호
①	Wangsibni	Gwanghuimun	Muko
②	Wangsimni	Gwanghuimun	Mukho
③	Wangsimni	Gwanghimun	Muko
④	Wangsibni	Gwanghimun	Mukho

7. 다음 글에 대한 설명으로 적절하지 않은 것은?

"서희 이, 이년! 썩 나오지 못할까!"
나오길 기다릴 홍 씨는 아니다. 방문을 박차고 들어가서 서희를 끌어 일으킨다.
"네년 소행인 줄 뉘 모를 줄 알았더냐? 자아! 내 왔다! 이제 죽여 보아라! 화적 놈 불러들일 것 없이!"
나오지 않는 목청을 뽑으며, 거품이 입가에 묻어 나온다.
"자아! 자아! 못 죽이겠니?"
손이 뺨 위로 날았다. 앞가슴을 잡고 와락와락 흔들어 댄다. 서희 얼굴이 흙빛으로 변한다. 울고 있던 봉순이,
"왜 이러시오!"
달려들어 서희 몸을 잡아당기니 실 뜯어지는 소리와 함께 홍 씨 손에 옷고름이 남는다.
"감히 누굴! 감히!"
하다가 별안간 방에서 뛰쳐나간다. 맨발로 연못을 향해 몸을 날린다. 그는 죽을 생각을 했던 것이다.
"애기씨!" / 울부짖으며 봉순이 뒤쫓아 간다.
"죽어라! 죽어! 잘 생각했어! 어차피 너는 산목숨은 아니란 말이야! 죽고 남지 못할 거란 말이야!"
고래고래 소리를 지른다. 서희는 연못가에서 걸음을 뚝 멈춘다. 돌아본다. 흙빛 얼굴에 웃음이 지나간다.
"내가 왜 죽지? 누구 좋아하라고 죽는단 말이냐?"
나직한 음성이다. 홍 씨 눈을 똑바로 주시한다.
"사람 영악한 것은 범보다 더 무섭다는 말 못 들으셨소?"
여전히 나직한 음성이다.

- 박경리, 「토지」에서 -

① 대화와 행동 묘사를 통해 인물의 성격을 제시하고 있다.
② 현재형 진술과 음성 상징어를 활용해 현장감을 자아내고 있다.
③ 장면 전환을 통해 인물 간의 갈등 해소를 암시하고 있다.
④ 전지적 서술자가 인물의 내면 심리를 직접적으로 서술하고 있다.

8. ㉠~㉣ 중 밑줄 친 단어의 품사가 다른 것끼리 묶인 것은?

㉠ • 훈민아, 키가 몰라보게 컸구나.
• 그는 발이 너무 커서 맞는 신발을 찾기 어렵다.
㉡ • 훈민이는 시청에서 행정직 공무원으로 있다.
• 나는 신이 있다고 믿지만 본 적은 없다.
㉢ • 벽지가 밝아서 집 안이 아주 환해 보인다.
• 그는 경위가 밝은 사람이므로 그럴 리가 없다.
㉣ • 편식하지 말고 다른 것도 좀 먹어라.
• 성격이 다른 사람하고 함께 사는 것은 쉽지 않다.

① ㉠, ㉡
② ㉠, ㉣
③ ㉡, ㉢
④ ㉡, ㉣

9. ㉠~㉢에 들어갈 말로 알맞게 짝 지어진 것은?

우리가 "아는 대로 행한다."라고 말할 때 '안다'의 대상은 규범이나 당위에 관한 지식을 의미한다. [㉠] 규범적 지식을 안다는 것은 그렇게 행동하지 못할 때 스스로 수치심이나 죄책감을 느끼는 상태에 있다는 것을 의미한다. 시험 시간에 부정행위를 한 학생들이 자신의 행위에 수치심이나 죄책감을 느끼지 못한다고 볼 수는 없다. [㉡] 죄책감을 느끼면서도 성적을 올리고 싶은 욕망 때문에 부정행위를 저질렀다고 볼 수 있다. [㉢] 부정행위를 한 학생들이 모두 '아는 대로 행동한' 것이라고 판단할 수는 없는 것이다. 이런 점에서 인간의 삶에는 욕망에 의한 지행의 괴리가 분명히 존재하며, 이에 따라 욕망의 통제도 반드시 필요한 것이다.

	㉠	㉡	㉢
①	그러나	도리어	하지만
②	하지만	한편	그런데
③	그리고	오히려	따라서
④	요컨대	그러나	그리고

10. (가)~(라)의 전개 순서로 가장 자연스러운 것은?

(가) 고양이, 강아지, 원숭이, 침팬지 등 새끼를 낳는 동물인 포유류의 뇌에는 해마가 존재한다. 인간도 역시 포유류이다.

(나) 이것은 해마가 그만큼 진화적으로 오래된 뇌 영역이라는 이야기이다. 사람과 진화상에서 멀리 떨어져 있는 하등 동물을 비교했을 때 굉장히 차이가 크게 나는 부분은 진화하면서 더 필요하다고 여겨져 추가로 발달한 영역이라고 볼 수 있다. 하지만 하등 동물과 비슷한 영장류의 뇌 구조는 기본적으로 비슷한 기능을 요구하기 때문에 그다지 큰 변화의 필요성이 없었다는 뜻이다.

(다) 포유류에서도 상당히 진화된 뇌를 가지고 있는 원숭이, 침팬지, 그리고 사람을 영장류로 분류한다. 해마의 구조만을 놓고 보자면 영장류의 해마에서 다른 포유류의 해마와 차이점을 발견할 수 있다.

(라) 그러나 다른 포유류 동물이 가지고 있지 않은 해마 내 구조가 영장류의 해마에만 있거나 다른 포유류 동물이 가지고 있는 해마 내 구조가 인간을 비롯한 영장류의 해마에는 없다거나 하는 등의 근본적인 차이점은 보이지 않는다.

① (가)-(다)-(나)-(라)
② (가)-(다)-(라)-(나)
③ (다)-(가)-(나)-(라)
④ (다)-(라)-(나)-(가)

제12회 실전 모의고사

1. 'A'의 견해로 적절하지 않은 것은?

> A에 따르면, 인간이 죽음 후에도 영원히 살 수 있을 것이라는 기대에 대해 모든 사람들의 반응은 크게 두 가지로 나눌 수 있다. 한 부류의 사람들은 영혼 불멸의 가능성을 쉽게 받아들이는 반면, 다른 부류의 사람들은 이를 받아들이는 데 어려움을 겪는다. 그런데 우리는 A가 이 두 그룹 중 어느 쪽에 속해 있건 간에 사람들의 마음은 모두 종교적이라고 보고 있다는 사실에 주의할 필요가 있다. 즉 '이들은 똑같이 만물에 깃든 신을 따르고 교감하기를 갈망한다'. A의 설명처럼 이 두 그룹의 사람들이 동일하게 종교적 갈망을 갖고 있다면, 영혼 불멸의 기대와 관련해서 차이가 발생하는 이유는 무엇일까?
>
> A에 따르면, 그 이유는 전자는 종교적 상상력을 발휘하는 데 자유로운 반면, 후자는 자신의 감각과 과학이 제공하는 확실한 지식에 사로잡혀 있기 때문이다. A는 후자를 염세주의자로 간주하고, 이러한 인생관은 종교적 갈망이 충족되지 않음으로 인하여 발생한다고 본다. 즉 위의 두 번째 그룹의 경우에서 우리가 목격할 수 있듯이, 염세주의의 큰 사색적 요인은 언제나 자연 현상과, 자연의 배후에 신이 존재하며 자연은 신의 현현이라고 믿고자 하는 종교적 갈망 사이의 모순이었다.

① 영혼 불멸을 쉽게 받아들이지 않는 사람은 종교적 갈망을 충족하기가 어렵다.
② 영혼 불멸에 대한 기대와 무관하게 사람들은 종교적 갈망을 지니고 있다.
③ 자신의 경험과 과학에 대한 과한 신뢰는 영혼 불멸에 대한 기대를 떨어뜨린다.
④ 염세주의적인 사람은 영혼 불멸에 대한 기대가 없어서 자연 현상과 종교적 갈망 사이의 모순을 겪는다.

2. 다음 글의 내용과 일치하는 것은?

> 우리나라에 현존하는 지도는 조선 시대 이후에 제작된 것이다. 조선 초기에는 조선 건국의 에너지가 각종 지도로 표현되었다. 한 예로, 1402년에 제작된 '혼일강리역대국도지도(混一疆理歷代國都之圖)'는 중국, 일본에서 유럽과 아프리카까지 당시의 세계를 종합적으로 나타낸 지도였다. 이 지도는 실제로 측량을 해서 만든 것이 아니라 당대의 기존 지도를 조합하여 제작한 것으로, 신흥 국가 조선을 세계 속에서 확인하고 싶어 했던 당시 사람들의 소망을 담고 있다. 조선 후기에는 목판 인쇄술의 발달로 목판본 지도가 많이 제작되었는데, 지도의 크기가 대형화되었으며 지도에 표시되는 정보도 상세하고 풍부해졌다. 그런데 조선 시대에 제작된 지도들의 대부분은 관(官) 중심으로 만들어져 통치와 행정의 수단으로 주로 활용되었다.
>
> 개항 이후에는 서양의 인쇄 기술과 지도 제작 기술이 도입되었고, 일제 강점기에는 주로 일본인에 의해 서양의 정밀한 지도 제작 기술이 도입되었다. 이들은 한반도 수탈을 위해 지도를 제작하였으며, 그런 점에서 지도는 여전히 통치와 행정의 도구 역할을 했다. 광복 이후가 되어서야 비로소 지도는 대중에게 보급될 수 있었다.

① 조선 시대에는 정밀한 지도 제작 기술을 도입하여 지도를 만들었다.
② 조선 시대와 일제 강점기에 만든 지도는 주로 행정과 통치의 수단으로 활용되었다.
③ 조선 후기에 지도의 크기가 대형화되면서 지도가 대중들에게 보급될 수 있었다.
④ '혼일강리역대국도지도'는 조선 전기 사람들의 가치관이 반영된 목판본 지도이다.

3. (가) ~ (마)의 전개 순서로 가장 자연스러운 것은?

> (가) '그쳤으면' 혹은 '그치지 않았으면' 하는 바람을 버리고 순수하게 희로애락을 느끼면 희로애락은 흘러가는 무엇일 뿐 고통이 되지 않는다.
>
> (나) 이 말은 거꾸로, 분노와 슬픔에 대해서도 '이것이 중단되어야 한다'는 생각을 하지 않으면 덜 고통스러워진다는 말이 되기도 한다.
>
> (다) 기쁨과 즐거움은 왜 고통인가?
>
> (라) 기쁨과 즐거움 자체가 고통은 아니다. 이것이 중단될까 봐 두려워지기 때문에 고통이 된다.
>
> (마) 기쁨과 즐거움이 고통인 이유는 우리가 기쁨과 즐거움이 '그치지 않았으면' 하고 바라기 때문이다.

① (다) - (라) - (나) - (마) - (가)　② (다) - (마) - (라) - (나) - (가)
③ (라) - (나) - (다) - (가) - (마)　④ (라) - (다) - (나) - (마) - (가)

4. ㉠ ~ ㉤에 대한 설명으로 적절하지 않은 것은?

> 지난주 ㉠ 새해 첫날에 회사 가까이로 이사를 했다. 새집으로 짐을 옮기는데 승강기가 고장 나는 바람에 걸어서 5층까지 오르내리느라 정신이 없었다. ㉡ 한겨울에 ㉢ 맨손으로 바닥 청소까지 끝낸 후 ㉣ 회덮밥을 주문해 친구와 함께 먹으며 잠시나마 ㉤ 삶의 여유를 느낄 수 있었다.

① ㉠은 어근과 어근이 결합한 통사적 합성어이다.
② ㉡과 ㉢은 어근에 접두사가 붙은 파생어이다.
③ ㉣은 파생어 '덮밥'과 어근 '회'가 결합한 합성어이다.
④ ㉤은 품사를 바꾸는 접미사가 붙은 파생어이다.

5. 다음 시에 대한 감상 중 적절하지 않은 것은?

> 我本愛山者　내가 원래 산을 아끼는 사람이어늘
> 山中今始旋　산속으로 이제야 비로소 돌아왔네.
> 樹紅花帶雨　나무는 붉을사 꽃이 비를 띠었고
> 潭碧柳含煙　못은 푸를사 버들이 안개 머금었네.
> 遠地將誰托　먼 곳에서 장차 뉘에게 기대리
> 浮生每自憐　덧없는 인생에 매양 내가 가련타.
> 眼前雙稚子　눈앞에 어린 자식 둘을
> 相對且忻然　마주하니 그래도 마음이 풀리네.
>
> \- 유방선, 「설움과 기쁨이 한량없었다」 -
>
> 이 작품은 유방선이 영천으로 유배된 지 3년째로 접어든 1412년 3월, 서울에서 부인 이씨가 두 아들을 데리고 유배지를 찾아왔을 때 그가 지은 한시이다. ㉠ 이 시의 '愛山者'에는 유배 생활을 받아들이려고 노력하는 화자의 태도가 드러난다. ㉡ 색채 대비를 중심으로 한 시각적 이미지를 통해 자연 풍경을 묘사하던 화자는 결국 ㉢ 기댈 곳 없는 타향에서 자신의 처지에 대한 참혹한 심경을 드러내고 있다. 그러면서 ㉣ '忻然'하다는 표현을 통해 가족에 대한 그리움을 표현하고 있어 더욱 가슴 아프게 읽힌다.

① ㉠　② ㉡
③ ㉢　④ ㉣

6. 다음 글에 대한 이해로 가장 적절한 것은?

> 일반적으로 가솔린 엔진은 기화기에서 공기와 연료를 먼저 혼합하고, 그 혼합 기체를 실린더 안으로 흡입하여 압축한 후, 점화 플러그로 스파크를 일으켜 동력을 얻는다. 이러한 과정에서 문제는 압축 정도가 제한된다는 것이다. 만일 기화된 가솔린에 너무 큰 압력을 가하면 멋대로 점화되어 버리는데, 이것이 엔진의 노킹 현상(실린더 안에서 일어나는 비정상적인 폭발)이다.
>
> 공기를 압축하면 뜨거워진다는 것은 알려져 있던 사실이다. 디젤 엔진의 기본 원리는 실린더 안으로 공기만을 흡입하여 피스톤으로 강하게 압축시킨 다음, 그 압축 공기에 연료를 분사하여 저절로 착화가 되도록 하는 것이다. 따라서 디젤 엔진에는 점화 플러그가 필요 없는 대신, 연료 분사기가 장착되어 있다. 또 압축 과정에서 공기와 연료가 혼합되지 않기 때문에 디젤 엔진은, 최대 12:1의 압축 비율을 갖는 가솔린 엔진보다 훨씬 더 높은 25:1 정도의 압축 비율을 갖는다. 압축 비율이 높다는 것은 그만큼 효율이 좋다는 것을 의미한다.

① 가솔린 엔진은 디젤 엔진보다 최대 압축 비율이 높다.
② 디젤 엔진과 달리 가솔린 엔진에는 실린더와 점화 플러그가 존재한다.
③ 가솔린 엔진과 달리 디젤 엔진은 압축 과정에서 공기만 압축하여 가솔린 엔진보다 효율이 좋다.
④ 동력을 얻기 전에 압력 과정을 거쳐야 하는 것은 가솔린 엔진이 아니라 디젤 엔진이다.

7. 밑줄 친 단어의 발음이 옳은 것을 모두 고른 것은?

> ㉠ 책을 <u>읽다[익따]</u> 그만 옆 사람 발을 <u>밟고[밥:꼬]</u> 말았다.
> ㉡ 봄에 <u>밭을[바츨]</u> 간 뒤 <u>흙을[흘글]</u> 파고 씨를 심었다.
> ㉢ <u>직행열차[지캥열차]</u>가 도착하자 승객들은 <u>차례[차레]</u>대로 열차에 올랐다.
> ㉣ 홍수로 <u>구근류[구근뉴]</u>가 모두 떠내려가자 <u>넋이[넉씨]</u> 나가 버렸다.

① ㉠, ㉡ ② ㉠, ㉣
③ ㉡, ㉢ ④ ㉢, ㉣

8. 다음 개요의 수정 및 보완 내용으로 적절하지 않은 것은?

> 제목: 우리나라 마약 실태와 대응 방안
>
> Ⅰ. 서론: 국내 마약류 중독자 현황
> Ⅱ. 본론
> 1. 마약류 사범의 증가 원인
> 가. 개인적 · 심리적 요인: 중독, 호기심, 유혹 등
> 나. SNS와 인터넷의 발달로 인한 마약 구매의 용이성
> 다. [㉠]
> 2. 대응 방안
> 가. 계몽과 치료 ······························· ㉡
> 나. 약물 범죄 및 피해 발생에 대한 신고 체계 구축 ········ ㉢
> 다. 마약류 사범의 형사 사법 처벌 강화
> Ⅲ. 결론: 범정부 차원의 통합 마약류 전담 부서 신설 ·············· ㉣

① ㉠은 ‘Ⅱ-2-다’와 대응하도록 ‘검경 등 유관 기관의 미흡한 공조 시스템’을 넣는다.
② ㉡은 ‘Ⅱ-1-가’를 고려하여 ‘마약의 위험성에 대한 인식 제고 및 마약 중독 치료 실시’로 구체화한다.
③ ㉢은 ‘Ⅱ-1-나’와 연결하여 ‘SNS와 인터넷을 중심으로 한 마약류 거래 단속 강화’로 수정한다.
④ ㉣은 서론과 본론의 내용을 모두 고려하여 ‘마약류 사범에 대한 사전 예방 및 사후 대응적 노력 촉구’로 고친다.

9. <보기>에 나타난 논증 방식과 가장 가까운 것은?

> <보기>
>
> 유엔은 지구 온도가 상승하면 세계 산호가 사라질 것이라고 경고한 바 있다. 산호초가 사라지면 해양 생물들의 서식지도 파괴된다. 즉 바다 생태계가 무너지게 되는 돌이킬 수 없는 파괴로 이어지는 것이다. 과학자들은 산업화 이후 지구의 평균 기온이 1.1℃ 상승한 것으로 분석했으며, 향후 5년 안에 산업화 이전보다 1.5℃ 이상 높은 시기가 도래할 가능성이 매우 높다고 예견했다. 결국 산호는 점차 사라지고 있는 추세이며, 가까운 시기에 산호가 멸종되어 바다 생태계가 파괴될 가능성이 매우 높아진 것이다.

① 개인의 이익은 사회의 공익보다 우선시되므로 사회는 개인의 희생을 강요해서는 안 된다. 그러나 개인의 이익만을 강조할 경우 공동체는 와해될 수 있다. 따라서 개인은 자신의 이익과 사회 전체의 공익을 더불어 추구해야 한다.
② 고속 도로에 눈이 쌓이면 교통사고가 발생할 확률이 높아진다. 어젯밤 전국에 많은 눈이 내렸다. 따라서 고속 도로에서 사고가 일어날 확률이 높을 것이다.
③ 인간은 슬플 때 눈물을 흘린다. 철학자인 그도 인간이다. 따라서 그도 슬플 때 눈물을 흘릴 것이다.
④ 모든 물고기는 헤엄을 칠 수 있다. 붕어도 그렇고 광어도 그렇기 때문이다.

10. ㉠~㉣에 대한 설명으로 옳지 않은 것은?

> • 분위기 쇄신을 위해 젊은 인재를 요직에 ㉠ <u>발탁</u>하기로 했다.
> • 청기와를 굽는 비법은 아버지로부터 아들에게 ㉡ <u>전수</u>되었다.
> • 집권 여당의 ㉢ <u>아성</u>이었던 지역에서 무소속 후보들이 대거 당선되었다.
> • 이 작품이 이번 신춘문예에 응모한 작품들 중 단연 ㉣ <u>압권</u>으로 평가되었다.

① ㉠ 발탁(拔擢): 쓸 사람을 뽑음.
② ㉡ 전수(傳授): 기술이 전해짐.
③ ㉢ 아성(牙城): 밤에도 대낮같이 밝은 곳
④ ㉣ 압권(壓卷): 여러 작품 가운데 제일 잘된 작품

11. 다음 시에 대한 이해로 적절하지 않은 것은?

> ᄃᆞᆯ하 노피곰 도ᄃᆞ샤
> 어긔야 머리곰 비취오시라.
> 어긔야 어강됴리
> 아으 다롱디리
> 져재 녀러 신고요
> 어긔야 즌 ᄃᆡ를 드ᄃᆡ욜셰라.
> 어긔야 어강됴리
> 어느이다 노코시라.
> 어긔야 내 가논 ᄃᆡ 졈그ᄅᆞᆯ셰라.
> 어긔야 어강됴리
> 아으 다롱디리
>
> – 어느 행상인의 아내, 「정읍사」 –

① ‘ᄃᆞᆯ’은 화자가 자신의 소망을 기원하는 신성한 대상이다.
② ‘노피곰’, ‘머리곰’에는 대상의 안전을 바라는 화자의 간절한 마음이 드러난다.
③ ‘져재’와 ‘즌 ᄃᆡ’는 화자가 대상이 있을 것이라 추측하는 장소로 모두 위험한 곳을 의미한다.
④ ‘드ᄃᆡ욜셰라’, ‘졈그ᄅᆞᆯ셰라’에는 대상에 대한 화자의 염려가 담겨 있다.

제13회 실전 모의고사

1. 다음 라디오 대담에 대한 설명으로 적절하지 않은 것은?

> 진행자: 오늘은 수필가 ○○○ 씨를 모시고 사회적 편견에 대한 성찰이라는 주제로 이야기를 나누어 보도록 하겠습니다. 안녕하십니까?
> 수필가: 예, 반갑습니다. 저는 오늘 편견의 발견과 깨달음이라는 주제를 다루어 볼까 합니다.
> 진행자: 편견과 깨달음이라, 멋진 말인 것 같습니다. 특별히 편견과 깨달음이라는 말을 쓰신 이유는 무엇입니까?
> 수필가: 편견을 가지지 않으려면 자신이 어떤 편견을 가지고 있는지를 먼저 알아야 합니다. 그것을 발견할 수 있어야 깨달음도 얻고 고쳐 나갈 수 있겠지요.
> 진행자: 자신 안에 있는 편견을 발견하라……. 선생님, 제 경험과 식견이 부족해서 그러니 구체적으로 말씀 좀 해 주시겠습니까?
> 수필가: 그렇다면 제가 감동적으로 읽은 곽재구 씨의 「그림엽서」라는 수필을 낭독하면서 구체적으로 설명드리겠습니다.
> [중략]
> 진행자: 아, 정말 많은 생각을 하게 해 주는군요. 저는 특히 생각 같은 건 해 보지 않았다는 구절이 와 닿았습니다.
> 수필가: 맞습니다. 편견이란 쉽게 말해서 생각해 보지 않았기 때문에 생기는 문제지요.

① 수필가는 인과적 방식을 통해 주제의 의미를 강조하고 있다.
② 진행자는 상대의 말에 대한 자신의 주관적 느낌을 전달하고 있다.
③ 수필가는 자신이 한 말을 요약·정리하여 상대의 이해를 돕고 있다.
④ 진행자는 자신에게 부담이 되는 표현을 최대화하여 상대에게 추가 설명을 요청하고 있다.

2. 다음 글의 내용과 부합하는 것은?

> 인류는 약 1만 년 전부터 5천 년 전까지 도시가 아닌 작은 농촌 마을에서 살았다. 이 시기 농촌 마을의 인구는 대부분 약 2천 명 정도였다. 약 5천 년 전부터 이라크 남부, 이집트, 파키스탄, 인도 북서부에서 1만 명 정도의 사람이 모여 사는 도시가 출현하였다. 이런 세계 최초의 도시들을 탄생시킨 원인은 무엇인가? 이 질문에 대해서 몇몇 사람들은 약 1만 년 전부터 5천 년 전 사이에 일어난 농업의 발전에 의해서 농촌의 인구가 점차적으로 증가해 도시가 되었다고 말한다.
> 과연 농촌의 인구는 점차적으로 증가했는가? 고고학적 연구는 그렇지 않다고 말해 주는 듯하다. 농업 기술의 발전에 의해서 마을이 점차적으로 거대화되었다면, 거주 인구가 2천 명과 1만 명 사이인 마을들이 빈번하게 발견되어야 한다. 그러나 2천 명이 넘는 인구를 수용한 마을은 거의 발견되지 않았다. 이 점은 약 5천 년 전 즈음 마을의 거주 인구가 비약적으로 증가했다는 것을 보여 준다.
> 무엇 때문에 이런 거주 인구의 비약적인 변화가 가능했는가? 이 질문에 대한 답은 사회적 제도의 발명에서 찾을 수 있다. 행정 조직, 정치 제도, 계급과 같은 사회적 제도 없이 사람들이 함께 모여 살 수 있는 인구 규모의 최대치는 2천 명 정도밖에 되지 않는다. 따라서 거주 인구가 비약적으로 증가하기 위해서는 사람들을 조직하고, 이웃들 간의 분쟁을 해소하는 것과 같은 문제들을 해결하는 사회적 제도의 발명이 필수적이다.

① 농업의 발전과 사회적 제도의 발명으로 농촌 마을의 인구가 2천 명이 넘기 시작하였다.
② 약 1만 년 전에서 5천 년 전 사이에 농촌 마을에서 정치 제도나 행정 조직이 운영되기 시작했다.
③ 도시의 발생은 사회적 제도의 출현에 따른 인구 증가에서 기인하였다.
④ 농촌 마을의 인구가 비약적으로 증가하고 나서 5천 년이 지난 뒤 도시가 탄생했다.

3. 다음 시에 대한 설명으로 적절하지 않은 것은?

> 江碧鳥逾白　ᄀᆞᄅᆞ미 프ᄅᆞ니 새 더욱 ㉠ ᄒᆡ오,
> 山靑花欲燃　뫼히 퍼러ᄒᆞ니 곳 비치 블 븓ᄂᆞᆫ ᄃᆞᆺ도다.
> 今春看又過　옰보미 본ᄃᆡᆫ ᄯᅩ 디나가ᄂᆞ니,
> 何日是歸年　어느 나리 이 도라갈 ㉡ ᄒᆡ오.
>
> – 두보, 「절구」 –

① 선경 후정의 전개 방식이 나타난다.
② 주제 의식은 '首丘初心'이다.
③ ㉠은 '白', ㉡은 '年'의 뜻을 갖는다.
④ 색채 대비를 통해 자연의 영원성을 부각하고 있다.

4. ㉠에 들어갈 한자 성어로 가장 적절한 것은?

> 지방 은행이 잇단 악재에 곤혹스러운 나날을 보내고 있다. 최고 경영자[CEO]의 경영 공백과 사퇴설, 직원들의 성희롱 논란까지 삼중고에 시달리고 있는 것이다. 지방 은행이 안고 있는 CEO 리스크는 국내 대형 지주사와 묘하게 닮았다. 국내 대형 지주사인 A 금융과 B 금융 역시 CEO 내분으로 심각한 상처를 입은 바 있다. 또 다른 공통점은 '줄타기 내부 문화'다. A 금융과 B 금융은 CEO 사태 이후 심각한 줄타기 문화에 시달려야 했다. 지방 은행 역시 정치 논리와 줄타기 문화에서 자유롭지 못하다.
> 한 금융권 관계자는 "지방이든 시중이든 국내 금융 지주사가 잇따라 CEO 내홍을 겪는 것은 금융 제도에 문제가 있음을 방증한다."라며 "가장 근본적인 이유는 내부 줄타기 문화와 연관이 있다."라고 분석했다. 이 관계자는 "지방 은행은 국내 대형 지주사를 [㉠] 삼아 버릴 것은 과감하게 버려야 한다."라고 조언했다.

① 犬馬之勞　② 反面教師
③ 臥薪嘗膽　④ 轉禍爲福

5. 다음 글의 제목으로 가장 적절한 것은?

> 기업을 관리하는 기준은 누가 만들어야 하는가? 이에 대해 테일러는, 근로자들은 절대 아니라고 주장했다. 오히려 기업이 근로자들에게서 모든 기획, 통제, 의사 결정 권한을 빼앗아 새로운 '기획자' 계층에게 넘겨줘야 한다고, 그렇게 해서 이들 계층에게 근로자들을 감독하고 조직의 업무 처리를 표준화할 하나의 최선책을 결정할 책임을 맡겨야 한다고 강조했다. 테일러가 도입한 이 새로운 직책은 최근의 용어로 바꿔 말하자면 '관리자'였다.
> 관리자라는 개념은 현대인에게는 지극히 당연한 개념처럼 생각될지 모르지만 당시 19세기 기업의 통념에는 반하는 것이었다. 테일러 이전에 기업들은 육체노동 없이 책상 앞에만 앉아 있는 '비생산적인' 직원들을 불필요한 비용 손실로 여겼다. 실제적 일은 하지 못하면서 업무나 기획하고 앉아 있는 그런 사람을 고용하는 것은 어리석은 짓이라고 생각했다. 하지만 테일러는 그것이 잘못된 생각이라는 입장을 굽히지 않았다. 판금기를 설치할 단 하나의 최선책, 알루미늄을 판금할 단 하나의 최선책, 근로자를 고용하고 배치하고 급여를 지급하고 해고할 단 하나의 최선책을 알아낼 기획자가 필요하다고 강조했다. 현대의 관리자 개념이 실무 의사 결정자로서 자리 잡게 된 것은 테일러 단 한 명의 비전에 힘입은 것이었다.

① 테일러의 업무 표준화
② 관리자가 해야 할 역할
③ 현대 관리자 개념의 탄생
④ 기업 관리 체계화의 필요성

6. 다음 글에 대한 이해로 적절하지 않은 것은?

> 후천적으로 학습된 반사 행동을 고전적 조건화라 한다. 이와 달리 조작적 조건화는 유기체가 여러 환경에서 능동적으로 반응함으로써 이루어진 조건화이다. 그러므로 고전적 조건화에서는 자극이 먼저 제시되지만, 조작적 조건화에서는 강화라는 이름으로 자극이 나중에 제시되는 것이 차이점이다. 우리들의 생활 습관들을 자세히 보게 되면 조작적 조건화로 학습된 것들이 많이 있다. 그중 하나가 징크스이다.
>
> 징크스는 사람의 무의식 속에 은밀히 존재하여 언제 닥칠지 모르는 위험으로부터 자신을 보호하려는 의도에서 비롯한다. 일단 징크스에 걸리면 저항하기 쉽지 않은 것은 이 때문이다. 징크스를 지키지 않을 경우 심리적 불안 상태에 휩싸이게 되므로, 웬만하면 징크스를 지키는 편을 선택하게 된다.
>
> 이런 징크스들은 모두가 조작적 조건화의 결과이다. 손톱을 깎지 않는 징크스의 경우를 예로 들어 보자. 그 사람은 아마도 징크스가 생기기 전에는 손톱 깎는 것과 시험 성적 사이에 연관이 있을 것이라고는 생각하지 못했을 것이다. 실제로도 아무 연관이 없다. 그런데 한번은 공부한 것에 비해 성적이 월등하게 나왔다고 하자. 무엇 때문일까라고 생각할 것이다. 그러다가 이전에 하지 않았던 행동, 즉 이번에는 손톱을 깎지 않았다는 것에 생각이 미치게 된다. 결국 '손톱을 깎지 않았다는 것'과 '시험 성적이 좋았다'라는 관계없는 두 행동이 연결되어 다음부터는 시험을 보기 전에 손톱을 깎지 않게 된다.

① 고전적 조건화보다 조작적 조건화가 능동적으로 학습된 반사 행동이다.
② 징크스를 만드는 행위들은 필연적인 인과 관계를 갖지 않는다.
③ 고전적 조건화와 조작적 조건화는 자극 제시의 순서가 서로 역전된다는 점에서 다르다.
④ 징크스는 평소 의식하고 있던 위험을 피하기 위해 개인이 스스로 만든 생활 습관이다.

7. <보기 1>을 읽고 <보기 2>의 ㉠~㉢ 중 맞는 것을 모두 고른 것은?

<보기 1>

> A: 인간은, 직립 보행을 하고 두뇌가 크게 발달되었던 것으로 밝혀지고 있는 50만 년 전부터 언어를 사용하게 되었을 것이라고 추정하고 있다. 직립 보행을 함으로써 구강 구조가 'ㄱ' 자로 변형되어 발음의 세밀화를 가져왔고, 두뇌가 발달함으로써 언어 체계를 형성할 만한 여건이 생겼다고도 할 수 있다. 그러나 단순히 지능의 발달과 구강 구조의 변형이 인간이 언어를 구사할 수 있게 된 직접적인 요인이라 보기는 어렵다.
>
> B: 유아들의 언어 능력은 주목할 만한 몇 가지 특징을 가지고 있다. 유아들은 문장을 구사할 때 이전에 들은 것이나 배운 것이 아니더라도 새로운 문장을 얼마든지 구사할 수 있다. 또한 유아들은 이미 자신의 모국어에 쓰이는 문법 규칙을 찾아내는 능력을 가지고 있으며, 성인이 보기엔 분명히 틀린 표현일지라도 나름대로의 규칙성을 가지고 언어를 사용한다.

<보기 2>

> ㉠ 구관조는 인간의 말소리를 흉내 낼 수 있는 구강 구조를 지니고 있으며, 침팬지는 어린아이 정도의 지능을 갖추고 있지만 인간과 같은 언어생활을 하지 못한다는 것은 A의 견해를 강화한다.
> ㉡ 인간의 언어 능력이 유전자에 의한 것이라는 말은 B의 견해를 약화하지 않는다.
> ㉢ '엄마 장난감 사러 가자요.'라고 말하는 4세 유아가 어른에게는 '-요'를 붙여서 말해야 한다고 생각한다는 것은 B의 견해를 강화하지 않는다.

① ㉠ ② ㉠, ㉡
③ ㉡, ㉢ ④ ㉠, ㉡, ㉢

8. 다음 글에 대한 이해로 적절하지 않은 것은?

> "방음 장치된 조그마한 밀실입니다. 수도 육군 병원에서……."
> "오디오 미터군. 알고 있어요."
> 이비인후과장은 성 중위의 말이 끝나기도 전에 말했다.
> "아시겠지만, 거기서 수신기를 둘러쓰고 청력 검사를 받았습니다. 군의관은 밖에서……."
> "글쎄 알고 있대두요."
> 이비인후과장은 다시 성 중위의 말을 방해했다. 입퇴원과장이 성 중위의 병상 일지를 가지고 왔다.
> 이비인후과장은 단번에 청력표를 찾아서 펼쳤다.
> "사천 싸이클에서 청력이……. 잘 아시겠지만."
> 성 중위가 말했다. 이비인후과장은 성 중위를 노려보았다.
> "나는 전공이 달라서,"
> 입퇴원과장이 막연히 말했다.
> "보았자 눈이 발바닥이야."
> 그러고는 성 중위를 향해서 설명하였다.
> "이분은 수도 병원에서 일루 오신 지 얼마 안 됩니다. 거기 이비인후과에 오래 계셨지요."
> "이 중위가 테스트했군."
> 이비인후과장이 병상 일지를 덮으면서 말했다. 그는 그것을 입퇴원과장에게 돌려주었다. 그리고 결론을 내렸다.
> "어드밋숑(admission)."
>
> – 서정인, 「후송」에서 –

① 이비인후과장은 시종일관 권위적인 태도로 성 중위를 대하고 있다.
② 성 중위는 이전에 수도 육군 병원에서 청력 검사를 받은 적이 있다.
③ 성 중위는 자신의 말을 왜곡하는 이비인후과장에게 반발하고 있다.
④ 입퇴원과장은 성 중위의 병력을 판단할 만한 전문 지식을 갖추지 못했다.

9. 다음 글을 통해 알 수 있거나 추론할 수 있는 바가 아닌 것은?

> 생체 시계와 일상생활 패턴이 일치하지 않는 현상을 '수면 위상 지연 증후군[DSPS]'이라고 한다. 수면 위상이란 하루 중 잠을 자는 시기다. 보통 사람은 11시경에 취침하여 다음 날 7시경에 일어난다. 하지만 수면 위상이 지연된 사람은 밤 1~2시가 되어야 잠에 들고, 아침에 깨기가 매우 힘들다. 취침 시간이 늦어지면 리듬 자체가 깨질 수 있다. 1시경 잠이 들어 오전 9시에 일어났을 때 외형상 수면 시간은 8시간이지만, 중간에 햇빛이 숙면을 방해하기 때문에 잠의 질이 떨어지고 실제 수면 시간도 5~6시간에 불과하다. 잠을 많이 자도 졸리는 경우 또한 밤에 코를 심하게 골거나 하여 대부분 수면의 질이 나쁜 게 원인이다. 숙면이 충분히 이루어지지 않으면 아무리 오래 자도 피로가 풀리지 않고 기억력이 떨어지며 신경이 예민해진다. 반대로 수면 위상이 너무 빨라지면 저녁부터 졸리고 새벽에 너무 일찍 깨게 된다.
>
> 일반적으로 생체 시계는 뇌의 시상 하부에 위치하는 교차 상핵에 의해 조절된다. 교차 상핵의 내부는 약 1만 개의 신경 세포로 가득하다. 이 1만 개의 신경 세포 하나하나가 대략 24시간 주기로 변화하는 전기 신호를 내보낸다. 즉 1만 개의 세포가 모여 우리 몸 전체 세포의 시간을 제어한다. 시상 하부 교차 상핵은 우리 몸의 생체 시계를 깨우는 환경 요인에 반응한다. 가장 대표적인 환경 요인은 아침 햇살이다. 시신경으로부터 들어온 빛의 정보에 기초해서 약 24시간의 생체 리듬을 꾸준히 만들어 낸다.

① 교차 상핵 내부의 신경 세포가 내보내는 전기 신호는 하루를 주기로 변화한다.
② 똑같이 8시간을 자더라도 자는 시간대에 따라 피로 회복 정도가 다르다.
③ 수면 위상이 지연된 이들은 수면 장애가 없는 사람에 비해 교차 상핵 신경 세포 개수가 부족하다.
④ 수면 위상이 이른 사람은 수면 장애가 없는 사람보다 이른 시간부터 졸리고 일찍 깰 확률이 높다.

제14회 실전 모의고사

1. 다음 글의 내용과 일치하지 않는 것은?

> 시장 점유율이란 시장 안에서 특정 기업이 차지하고 있는 비중을 의미하는데, 생산량, 매출액 등을 기준으로 측정할 수 있다. 시장 점유율이 시장 내 한 기업의 비중을 나타내 주는 수치라면, 시장 집중률은 시장 내 일정 수의 상위 기업들이 차지하는 비중을 나타내 주는 수치, 즉 일정 수의 상위 기업의 시장 점유율을 합한 값이다. 우리나라에서는 상위 3대 기업의 시장 점유율을 합한 값을, 미국에서는 상위 4대 기업의 시장 점유율을 합한 값을 시장 집중률로 채택하여 사용하고 있다. 경제학에서는 시장 구조를 크게 독점 시장, 과점 시장, 경쟁 시장으로 구분하는데, 시장 집중률이 높으면 그 시장은 공급이 소수의 기업에 집중되어 있는 독점 시장으로 구분하고 시장 집중률이 낮으면 공급이 다수의 기업에 의해 분산되어 있는 경쟁 시장으로 구분한다. 한국 개발 연구원에서는 어떤 산업에서의 시장 집중률이 80% 이상이면 독점 시장, 60% 이상 80% 미만이면 과점 시장, 60% 미만이면 경쟁 시장으로 구분하고 있다. 다만 어느 시장의 시장 집중률을 '생산량' 기준으로 측정했을 때 A, B, C 기업이 상위 3대 기업이고 시장 집중률이 80%로 측정되었다고 하더라도, '매출액' 기준으로 측정했을 때는 D, E, F 기업이 상위 3대 기업이 되고 시장 집중률이 60%가 될 수도 있다.

① 시장 집중률에서 몇 개의 상위 기업을 기준으로 삼느냐는 국가마다 다를 수 있다.
② 시장 집중률을 계산하기 위해서는 시장 점유율에 대한 계산이 먼저 이루어져야 한다.
③ 시장 집중률을 측정하는 기준에 따라 시장 구조에 대한 측정 결과에 차이가 발생할 수 있다.
④ 우리나라 자동차 업계의 상위 3대 기업의 시장 점유율이 각각 20%라면, 자동차 시장은 경쟁 시장이다.

2. ㉠~㉣에 대한 설명으로 적절하지 않은 것은?

> 인간를 ᄯᅥ나와도 내 몸이 겨를 업다.
> 니것도 보려 ᄒᆞ고 져것도 드르려코
> ᄇᆞᄅᆞᆷ도 혀려 ᄒᆞ고 ᄃᆞᆯ도 마즈려코
> ᄇᆞᆷ으란 언제 줍고 고기란 언제 낙고
> 시비(柴扉)란 뉘 다ᄃᆞ며 딘 곳츠란 뉘 쓸려뇨.
> ㉠ 아ᄎᆞᆷ이 낫브거니 나조ᄒᆡ라 슬흘소냐.
> 오ᄂᆞᆯ리 부족(不足)커니 내일리라 유여(有餘)ᄒᆞ랴.
> 이 뫼ᄒᆡ 안ᄌᆞ 보고 져 뫼ᄒᆡ 거러 보니
> ㉡ 번로(煩勞)ᄒᆞᆫ ᄆᆞᄋᆞᆷ의 ᄇᆞ릴 일리 아조 업다.
> 쉴 ᄉᆞ이 업거든 길히나 젼ᄒᆞ리야.
> 다만 ᄒᆞᆫ 청려장(靑藜杖)이 다 ᄆᆞ듸여 가노ᄆᆡ라. [중략]
> ㉢ 강산풍월(江山風月) 거ᄂᆞᆯ리고 내 백 년을 다 누리면
> 악양루상(岳陽樓上)의 이태백이 사라 오다,
> 호탕 정회(浩蕩情懷)야 이에서 더ᄒᆞᆯ소냐.
> ㉣ 이 몸이 이렁 굼도 역군은(亦君恩)이샷다.
>
> – 송순, 「면앙정가」에서 –

① ㉠: 시간을 나타내는 시어를 통해 오늘의 상황이 이후에도 계속될 것임을 알리고 있다.
② ㉡: 과거 세속에서의 바빴던 일상을 돌이켜 보는 화자의 모습을 나타내고 있다.
③ ㉢: 고사의 인물을 등장시켜 화자의 삶에 대한 자부심을 드러내고 있다.
④ ㉣: 화자가 처한 상황의 원인을 임금의 은혜로 돌림으로써 유교적 충의 사상을 드러내고 있다.

3. 다음 글을 통해 추론할 수 있는 내용으로 옳은 것은?

> 우리는 생명의 유지에 필요한 원소들을 활용하거나 허용하도록 진화해 왔다. 만약 그렇지 못했으면 우리가 지금 존재할 수가 없었을 것이다. 그럼에도 불구하고, 우리가 받아들일 수 있는 범위는 매우 좁다. 셀레늄은 우리 모두에게 필수적이지만, 조금만 많이 섭취하면 치명적이다. 생물이 어떤 원소들을 필요로 하거나 허용하는 정도는 진화의 흔적에 의해서 결정된다. 오늘날 양과 소는 함께 풀을 뜯어 먹지만, 그들이 필요로 하는 광물질의 양은 전혀 다르다. 현대의 소는 구리가 풍부하게 존재하는 유럽과 아프리카 지역에서 진화했기 때문에 상당한 양의 구리를 필요로 한다. 그러나 양은 구리가 결핍된 소아시아에서 진화했다. 우리는 섭취하는 살코기나 섬유소에 축적되어 있는 소량의 희귀 원소들을 당연하게 받아들이도록 진화했고, 어떤 경우에는 그런 원소들이 반드시 필요한 경우도 있다. 그러나 섭취량이 너무 늘어나면 경계를 넘어서게 된다. 어떤 경우에는 아주 조금만 늘어도 그렇게 된다. 대부분의 경우에는 그런 한계가 완벽하게 밝혀져 있지 않다. 예를 들어서, 소량의 비소가 우리의 건강에 좋은지 나쁜지는 아무도 모른다. 그렇다고 주장하는 사람도 있지만 그렇지 않다고 주장하는 사람도 있다. 확실한 사실은 너무 많이 먹으면 죽게 된다는 것뿐이다.

① 셀레늄과 달리 비소의 치사량이 얼마인지는 밝혀졌다.
② 생물에게는 진화된 환경의 차이에 따라 필요한 원소의 양이 달라진다.
③ 천연 재료에 포함된 희귀 원소들에 대한 거부 반응은 진화와 관련이 없다.
④ 광물질의 양은 소아시아보다 유럽과 아프리카에 더 풍부하다.

4. 다음 글을 전개하는 주된 방식이 나타난 것은?

> 집에 오래 지탱할 수 없이 퇴락한 행랑채 세 칸이 있어서 나는 부득이 그것을 모두 수리하게 되었다. 이때 앞서 그중 두 칸은 비가 샌 지 오래되었는데, 나는 그것을 알고도 어물어물하다가 미처 수리하지 못하였고, 다른 한 칸은 한 번밖에 비를 맞지 않았기 때문에 급히 기와를 갈게 하였다.
>
> 그런데 수리하고 보니, 비가 샌 지 오래된 것은 서까래, 추녀, 기둥, 들보가 모두 썩어서 못 쓰게 되었으므로 경비가 많이 들었고, 한 번밖에 비를 맞지 않은 것은 재목들이 모두 완전하여 다시 쓸 수 있었기 때문에 경비가 적게 들었다.
>
> 나는 여기에서 이렇게 생각한다. 사람의 몸에 있어서도 역시 마찬가지이다. 잘못을 알고서도 곧 고치지 않으면 몸의 패망하는 것이 나무가 썩어서 못 쓰게 되는 이상으로 될 것이고, 잘못이 있더라도 고치기를 꺼려 하지 않으면 다시 좋은 사람이 되는 것이 집 재목이 다시 쓰일 수 있는 이상으로 될 것이다.
>
> – 이규보, 「이옥설」에서 –

① 인공 지능은 크게 약인공 지능, 강인공 지능, 초인공 지능으로 나뉜다. 인공 지능은 약인공 지능 단계에서 시작하여 모든 분야에서 인간과 동일한 지능을 가진 강인공 지능 단계를 거쳐 궁극적으로 모든 면에서 인간을 능가하는 초인공 지능 단계로 발전할 것으로 예측하고 있다.
② 먼저 얇게 썬 무와 함께 북어를 참기름에 달달 볶다가 멸치 육수를 붓는다. 물이 끓고 무가 다 익었다고 생각되면 풀어 둔 계란을 휘휘 둘러 넣고 센 불로 한 번 더 끓이면 북엇국이 완성된다.
③ 이제 100미터만 더 가면 할머니의 집이다. 양옥식 집의 앞마당에는 멍멍이가 뛰놀고 있을 것이며, 할머니는 파란 대문 옆 감나무 앞에서 손자를 기다리며 서성이고 계실 것이다.
④ 개발 도상국은 서양을 모방하는 것으로만 근대화를 하였는데, 개발 도상국들의 최종적인 근대화 결과는 서양에서 바람직하다고 보는 것과 같지 않을 수도 있다. 이것은 요리책에 나오는 케이크 재료를 구할 수가 없어서 밀가루 대신에 쌀을, 설탕 대신에 향신료를 쓴다면 요리책의 케이크와는 다른 케이크가 만들어지는 것과 다름이 없다.

5. 다음 글의 제목으로 가장 적절한 것은?

> 최초의 인류가 사용한 의사소통 매체는 간단한 몸짓이나 눈짓이었을 것이다. 그러나 이것은 조금만 거리가 떨어져도 의사를 교환할 수 없다는 한계를 가질 수밖에 없었다. 이때 필요한 것이 바로 소리(말)였다. 하지만 소리는 금방 사라진다는 한계가 있었다. 이러한 단점을 보완하기 위한 것이 이미지이다. 이미지는 좀 더 추상화된 기호인 문자로 이어졌다. 이렇게 발전해 온 의사소통 매체는 멀티미디어의 발전에 힘입어 소리(말), 이미지, 문자를 복합적으로 사용하는 방향으로 발전하고 있다. 인터넷 채팅 중에 문자와 이모티콘, 효과음을 섞어 쓰며 문자와 이미지 그리고 소리를 두루 활용하는 것이 그 한 예라고 할 수 있다.

① 의사소통 매체의 발전 양상
② '소리, 이미지, 문자'의 매체적 한계
③ 멀티미디어를 통한 의사소통의 문제점
④ 여러 매체를 복합적으로 사용하는 인터넷의 특징

6. 밑줄 친 단어의 뜻풀이가 바른 것은?

① 담임 교사가 잠시 교실을 비운 사이 아이들이 악머구리처럼 떠들어 대고 있었다.
  – 악머구리: 기를 써서 다투며 욕설을 함. 또는 그런 사람이나 행동
② 그는 유학을 보낸 아들이 다쳤다는 소식에 안달재신처럼 안절부절못했다.
  – 안달재신: 몹시 속을 태우며 여기저기로 다니는 사람
③ 영수는 동네 불량배들과 짬짜미를 하여 무슨 일을 벌이는 것이 분명했다.
  – 짬짜미: 짬이 나는 대로 그때그때
④ 그는 해 놓은 일 없이 나이만 더금더금 먹어 가는 현실을 깨달았다.
  – 더금더금: 잇따라 조금씩 축내거나 써 없애는 모양

7. 다음 글에서 해결할 수 없는 질문은?

> 고전주의 예술관에 따르면, 독자는 작가가 담아 놓은 진리를 '원형 그대로' 밝혀내야 하고 작품에 대한 독자의 감상은 언제나 작가의 의도와 일치해야 한다. 결국 고전주의 예술관에서 독자는 작품의 의미를 수동적으로 받아들이는 존재일 뿐이다. 하지만 작품의 의미를 해석하고 작가의 의도를 파악하는 존재는 결국 독자이다. 특히 현대 예술에서는 독자에 따라 작품에 대한 다양한 해석이 가능하다고 여긴다. 바로 여기서 수용 미학이 등장한다.
>
> 수용 미학의 대표자인 이저는 독자의 능동성을 밝히기 위해 '텍스트'와 '작품'을 구별했다. 텍스트는 독자와 만나기 전의 것을, 작품은 독자가 텍스트와의 상호 작용을 통해 그 의미가 재생산된 것을 가리킨다. 그런데 이저는 텍스트에는 '빈틈'이 많다고 보았다. 이 빈틈으로 인해 텍스트는 '불명료성'을 가진다. 텍스트에 빈틈이 많다는 것은 부족하다는 의미가 아니라 독자의 개입에 의해 언제나 새롭게 해석될 수 있다는 것을 의미한다. 텍스트 속에서 독자가 어떠한 역할을 수행할지는 정해져 있지 않기 때문에 독자는 텍스트를 읽는 과정에서 텍스트의 내용과 형식에 끊임없이 반응한다. 이러한 상호 작용 과정을 통해 독자는 작품을 재생산한다. 텍스트는 다양한 독자에 따라 다른 작품으로 태어날 수 있으며 같은 독자라도 시간과 장소에 따라 다른 작품으로 생산될 수 있는 것이다. 이러한 이저를 통해 작품의 내재적 미학에서 탈피하여 작품에 대한 다양한 해석의 가능성을 열 수 있었다.

① 고전주의 예술관과 수용 미학이 등장한 배경은?
② 수용 미학에서 작품을 감상하는 독자의 역할은?
③ 고전주의 예술관과 수용 미학의 차이점은?
④ 수용 미학에서 작품의 재생산 방법은?

8. (가)와 (나)에 대한 이해로 적절하지 않은 것은?

> (가) 어인 벌리 완ᄃᆡ 낙락장송(落落長松) 다 먹ᄂᆞᆫ고
> 부리 긴 져고리ᄂᆞᆫ 어ᄂᆡ 곳에 가 잇ᄂᆞᆫ고
> 공산(空山)에 낙목성(落木聲) 들릴 제 내 안 둘 듸 업세라.
> – 작가 미상 –
>
> (나) 가마귀 눈비 마ᄌᆞ 희ᄂᆞᆫ 듯 검노ᄆᆡ라.
> 야광명월(夜光明月)이 밤인들 어두오랴.
> 님 향(向)ᄒᆞᆫ 일편단심(一片丹心)이야 고칠 줄이 이시랴.
> – 박팽년 –

① (가)의 '벌리'와 (나)의 '가마귀'는 화자가 비판하는 부정적 대상이다.
② (가)의 '낙락장송'과 (나)의 '야광명월'은 충신의 이미지를 형상화한 것이다.
③ (가)의 '부리 긴 져고리'와 (나)의 '님'은 화자가 긍정적으로 평가하는 대상이다.
④ (가)의 '낙목성'과 (나)의 '일편단심'은 화자가 추구하는 삶의 태도를 의미한다.

9. 밑줄 친 부분의 띄어쓰기가 모두 옳은 것은?

① 그는 만∨원은∨커녕, 천∨원조차도 허투루 쓰지 않는다.
② 나도 규칙을 어겼을∨시에는 법∨대로 하자는 의견에 동의한다.
③ 괜히 이 일을 아는∨척하다가는 사흘만에 직장에서 쫓겨날 수도 있다.
④ 내가 차를 살∨만한 형편은 못 되지만 얼마인지 가격이나 한번 물어볼게.

10. ㉠, ㉡에 들어갈 말로 적절한 것은?

> 박테리아에 의한 질병 치료에 사용되는 설파제는, 박테리아가 대사 과정에서 필요한 물질인 엽산을 스스로 만들어야만 한다는 점을 이용한다. 박테리아는 엽산을 만들기 위한 수용체를 가지고 있는데, 파라아미노벤조산[PABA]이 그 수용체와 결합하여 최종적으로 엽산이 된다. 박테리아에 감염된 환자가 설파제를 복용하면 설파제는 체내에서 화학적 변화를 거쳐 PABA와 분자 구조가 매우 유사한 설파닐아마이드가 되어 PABA가 결합할 수용체와 먼저 결합한다. 이로 인해 [㉠].
>
> 항바이러스제는, 스스로는 증식하지 못하고 다른 세포에 기생하여 DNA 복제 과정을 거치며 증식하는 바이러스의 특성을 활용하여, 바이러스에 감염된 세포의 증식을 막는 방식으로 바이러스 확산을 억제하기도 한다. 뉴클레오사이드 유도체를 포함한 항바이러스제가 이러한 방식의 약에 해당한다. 뉴클레오사이드 유도체는 뉴클레오타이드와 유사하지만, 뉴클레오사이드 유도체가 세포의 DNA나 RNA의 수용체와 결합하면 결과적으로 DNA 복제 과정이 이루어지지 않는다. 또한 뉴클레오사이드 유도체는 바이러스에 감염된 세포와는 쉽게 결합하지만 감염되지 않은 세포와는 잘 결합하지 않는 특성이 있다. 이 때문에 [㉡].

① ㉠: 설파제는 박테리아가 필요로 하는 엽산을 제거할 수 있게 된다
② ㉠: PABA가 된 설파제로 인해 박테리아는 엽산을 만들지 못하게 되어 결국 죽게 된다
③ ㉡: 뉴클레오사이드 유도체는 바이러스에 감염된 세포들이 더 이상 증식하지 못하게 할 수 있다
④ ㉡: 뉴클레오사이드 유도체는 정상 세포의 DNA 복제 과정에 개입해 바이러스 감염을 막을 수 있다

제15회 실전 모의고사

1. ㉠~㉣에 들어갈 말이 가장 적절하게 묶인 것은?

> ‘패션 과잉 시대’는 필연적으로 의류의 생명 주기 단축과 그에 따른 의류 처분량의 증가로 이어진다. 하지만 이러한 대량 생산과 대량 소비에도 불구하고, 전국 일일 가정생활 폐기물 중 의류 폐기물은 2010년 175.5톤에서 2013년 126.9톤으로 오히려 38%가량 감소하였다.
>
> 직접적인 데이터의 부재로 단정 지을 수는 없으나, [㉠]이 증가하고 [㉡]이 감소한 이유는 소비자들이 의류 재활용에 이전보다 더 적극적으로 참여하기 때문인 것으로 해석할 수 있다. 즉, 소비자들의 환경에 대한 높아진 관심과 지속 가능한 발전을 추구하는 정책의 결과로, 처분되는 의류가 영구 폐기로 이어지기보다는 다른 활용 방안을 찾아 재활용되고 있다는 것이다.
>
> 소비자들은 자신의 의복을 타인에게 무상으로 제공하거나, 경제 활동의 일환으로 재판매 혹은 다른 물건과 교환한다. 또한 수선이나 리폼을 통하여 디자인 혹은 사이즈에 대한 불만을 해소한 후 다시 입는 행동을 통해 의류를 [㉢]하고 있다. 그 외에 사용하지 않으면서 그냥 보관하거나 다른 용도로 사용하기도 하며, 해당하는 활용법이 없을 경우 [㉣]한다.

	㉠	㉡	㉢	㉣
①	폐기량	처분량	폐기	처분
②	처분량	폐기량	처분	폐기
③	처분량	폐기량	폐기	처분
④	폐기량	처분량	처분	폐기

2. ‘꿈’에 대해 추론한 내용으로 적절하지 않은 것은?

> 우리는 꿈을 자세히 관찰함으로써 수면 중의 정신적인 상태에 대해 알아볼 수 있다. 예를 들어, 우리는 그동안의 연구를 통해 꿈이 철저하게 자기중심적이라는 것과, 꿈의 세계에서 주도적인 역할을 하는 인물은 항상 꿈꾸는 자기 자신이라는 사실을 알게 되었다. 이것을 간단히 ‘수면 상태의 나르시시즘(narcissism)’으로 부를 수 있는데 이는 정신의 작용 방향이 외부 세계에서 자기 자신으로 바뀌면서 나타나는 현상이다.
>
> 또한 사람들이 오랫동안 신비로운 현상으로 여겨 왔던 꿈의 ‘진단’ 능력에 대해서도 이런 맥락에서 설명이 가능해졌다. 꿈속에서는 모든 감각이 크게 과장되어 정신적이거나 신체적인 이상 증상이 깨어 있을 때보다 더 빨리, 더 분명하게 감지된다는 것을 알게 되었기 때문이다. 이와 같은 ‘꿈의 과장성’ 역시 외부 세계로 향하던 정신적 에너지가 자아로 되돌려지는 데서 나오는 것으로, 깨어 있는 상태에서는 감지하기 어려웠던 미세한 정신적, 신체적 변화를 감지할 수 있도록 해 준다. 이러한 과정을 통해 우리는 꿈이 인간의 내면세계를 외면화하는 역할을 한다는 것도 알게 되었다. 이를 ‘투사(投射)’라고 하는데, 우리는 꿈속에서 평소에는 억누르고 있던 내적 욕구나 콤플렉스(강박 관념)를 민감하게 느끼고, 투사를 통해 그것을 외적인 형태로 구체화한다.

① 꿈을 통해 신체적·정신적 변화를 감지할 수 있다.
② 꿈꾸는 사람은 꿈속에서 자발적이고 능동적인 행위자가 된다.
③ 꿈을 통해 평상시 외부 세계에서 억눌린 욕망을 확인할 수 있다.
④ 꿈속에서는 깨어 있는 상태보다 자기 자신에 대한 감각이 떨어진다.

3. 다음 글에 대한 설명으로 옳지 않은 것은?

> 국립 국어 연구원에서 1999년에 편찬한 『표준국어대사전』에 따르면, 일반 보통 명사로서의 선비는 ‘학식은 있으나 벼슬하지 않은 사람’ 또는 ‘학식이 있고 행동과 예절이 바르며 의리와 원칙을 지키고 관직과 재물을 탐내지 않는 고결한 인품을 지닌 사람’을 가리킨다. 이런 정도의 선비 개념이라면, 현대 사회의 이상적 인간상으로 설정하더라도 크게 문제될 것은 없다.
>
> 그렇지만 역사 용어로서의 선비는 유교 국가인 조선에서 유교적 지식과 윤리로 무장하고 지배층을 형성한 최고 엘리트 집단, 곧 사대부를 칭하는 의미로 좁혀야 논의의 의미가 있다. 다른 말로, 성리학적 가치를 체득하고 실천한 유학자 및 그 학생들로서 조선 시대라고 하는 특정 기간 동안 한국 사회를 지배한 지식인들을 가리키는 의미로 보아야 한다. 한국의 역사에서 선비란 곧 성리학적 명분의 소산이자 바로 그 가치를 실현한 구현체이므로, 조선 사회를 독점적으로 지배한 성리학의 가치 체계와 별도로 선비의 조건이나 가치만 따로 분리해 내어 논할 수는 없다.

① 논의 대상의 보편적인 개념을 밝히고 이에 대해 평가하고 있다.
② 특정 범주에서 대상을 재정의하는 일의 필요성을 제시하고 있다.
③ 인과적 방식으로 논의 대상과 특정 학문의 연계성을 설명하고 있다.
④ 특정 계층과 학문이 시대에 끼친 영향을 지적한 뒤 그 한계를 논하고 있다.

4. 다음 시에 대한 설명으로 가장 적절한 것은?

> 말술이 다나 쓰나 술병 메고 벗을 불러 언덕 너머 어촌에 내 놀이 가자꾸나 흰 두건을 젖혀 쓰고 소정(小艇)을 타고 오니 바람에 떨어진 갈대꽃 갠 하늘에 눈이 되어 석양에 높이 날아 어지러이 뿌리는데 갈잎에 닻 내리고 그물로 잔잔한 강물 속 자린은순(紫鱗銀脣)* 수없이 잡아내어 연잎에 담은 회와 항아리에 채운 술을 실컷 먹은 후에 태기 넓은 돌에 높이 베고 누웠으니 희황천지(羲皇天地)를 오늘 다시 보는구나 잠시 잠들어 뱃노래에 깨어 보니 추월(秋月)이 만강(滿江)하여 밤빛을 잃었거늘 반쯤 취해 시 읊으며 배 위로 건너오니 강물 아래 잠긴 달은 또 어인 달인 게오 달 위에 배를 타고 달 아래 앉았으니 문득 의심은 월궁(月宮)에 올랐는 듯 물외(物外)의 기이한 경관 넘치도록 보이도다
>
> – 박인로, 「소유정가」에서 –
>
> * 자린은순: 물고기를 아름답게 표현하는 말

① 물가의 아름다운 풍경을 공감각적 표현으로 묘사하고 있다.
② 강호에서 홀로 낚시를 즐기는 한적한 정취를 그리고 있다.
③ 환상적인 공간에 빗대어 가을 달밤의 정경을 신비롭게 표현하고 있다.
④ 감정 이입의 수법으로 자연 속에서 풍류를 즐기는 만족감을 표출하고 있다.

5. 밑줄 친 단어의 품사가 ㉠과 다른 것은?

<보기>

> 사람이란 몇 십 년 살고 ㉠ <u>보면</u> 감각이나 감성이 닳고 낡아 버려져서 아주 둔해지는 모양이다.
>
> – 유치환, 「나는 고독하지 않다」에서 –

① 이들 중 누구의 말이 옳은지 이야기나 들어 <u>보자</u>.
② 재채기가 계속 나오는 것을 보니 감기가 들었나 <u>보다</u>.
③ 걱정만 하지 말고 배고픈데 밥부터 먹고 <u>봅시다</u>.
④ 나는 바둑과 관련된 책은 거의 다 읽어 <u>보았다</u>.

6. <보기>의 밑줄 친 반의 관계 어휘에 대한 설명으로 옳은 것은?

<보기>

이 도시에는 넓고 좁은 길이 너무 많아서 나는 자주 길을 잃었다.

① 두 단어가 상대적 관계에 있으면서 의미상 대칭을 이룬다.
② 한 단어의 부정이 다른 쪽 단어의 긍정을 함의한다.
③ 두 단어를 동시에 부정해도 모순되지 않는다.
④ 두 단어를 동시에 긍정하거나 부정하면 모순이 발생한다.

7. ㉠~㉣에 해당하는 사례로 적절하지 않은 것은?

문장 오류의 유형으로, ㉠ 서술어와 주어가 서로 호응하지 않는 경우, ㉡ 서술어와의 호응이 필요한 목적어가 누락된 경우, ㉢ 서술어와의 호응이 필요한 필수 부사어가 누락된 경우, ㉣ 조사나 어미가 적절하게 사용되지 않은 경우 등을 들 수 있다.

① ㉠: 내가 하고 싶은 말은 힘든 일이 있더라도 잘 극복하길 바란다.
② ㉡: 그의 지론은 신이 나서 한 일은 실패하지 않는다.
③ ㉢: 인간은 자연을 지배하기도 하고 복종하기도 한다.
④ ㉣: 주민들은 관계 당국에게 건의 사항을 전달하였다.

8. (가)~(마)의 사건이 일어난 순서대로 바르게 배열한 것은?

(가) 임시 치안대 사무소로 쓰고 있는 집 앞에 이르니, 웬 청년 하나가 포승줄에 꽁꽁 묶이어 있다. 이 마을에서 처음 보다시피 하는 젊은이라, 가까이 가 얼굴을 들여다보았다. 깜짝 놀랐다. 바로, 어려서 단짝 동무였던 덕재가 아니냐. [중략] 농민 동맹 부위원장을 지낸 놈인데, 지금 자기 집에 잠복해 있는 걸 붙들어 왔다는 것이다.

(나) 한번은 어려서 덕재와 같이 혹부리 할아버지네 밤을 훔치러 간 일이 있었다. 성삼이가 나무에 올라갈 차례였다. 별안간 혹부리 할아버지의 고함 소리가 들려 왔다.

(다) "농민 동맹 부위원장쯤 지낸 놈이 왜 피하지 않구 있었어? 필시 무슨 사명을 띠구 잠복해 있는 거지?" 덕재는 말이 없다. "바른 대루 말해라. 무슨 사명을 띠구 숨어 있었냐?"

(라) 지난 유월 달에는 성삼이 편에서 피난을 갔었다. 밤에 몰래 아버지더러 피난 갈 이야기를 했다. 그때 성삼이 아버지도 같은 말을 했다. 농사꾼이 농사일을 늘어놓구 어디루 피난 간단 말이냐. 성삼이 혼자서 피난을 갔다.

(마) "얘, 우리 학 사냥이나 한번 하구 가자." 성삼이가 불쑥 이런 말을 했다. 덕재는 무슨 영문인지 몰라 어리둥절해 있는데, "내 이걸로 올가밀 만들어 놓게, 너 학을 몰아 오너라." 포승줄을 풀어 쥐더니, 어느새 성삼이는 잡풀 새로 기는 걸음을 쳤다.

– 황순원, 「학」에서 –

① (나)-(라)-(가)-(다)-(마)
② (나)-(마)-(라)-(가)-(다)
③ (라)-(가)-(다)-(나)-(마)
④ (라)-(나)-(가)-(다)-(마)

9. '동물 행동학 학자들'이 <보기>를 읽고 보일 반응으로 가장 적절한 것은?

동물 행동학 학자들은 동일한 상황에서 일관되게 반복되는 동물의 행동을 관찰한 경우, 일단 그것을 동물의 의사 표현으로 본다. 물론 그 구체적인 의미를 알아내는 것은 상황을 다양하게 변화시켜 가며 반복 관찰하고 그 결과를 분석한 후에야 가능하다.

<보기>

등산을 갔다가 우연히 점박이 색깔이 무지갯빛인 노루를 발견하였습니다. 무심히 풀을 뜯고 있던 노루는 제가 쳐다보는 것을 보자, 갑자기 점박이의 색깔이 검은색으로 변했습니다. 이런 행동도 동물의 의사 표현으로 볼 수 있나요?

① 훈: 지금껏 알려진 사슴과의 동물들은 그런 식으로 의사를 표현한 적이 없지만 이 경우는 의사 표현으로 볼 수 있겠네요.
② 민: 노루가 의사 표현을 한 것이 맞아요. 그러나 점박이 색깔이 변한 게 어떤 의미인지는 좀 더 연구가 필요해요.
③ 정: 상대방에게 쳐다보지 말라는 의사를 표현한 거예요. 공격할 준비가 되었음을 알려 주는 것이지요.
④ 음: 아직 단정할 수 없어요. 사람을 볼 때마다 점박이 색깔이 변하는지를 우선적으로 확인해 보아야 해요.

10. 밑줄 친 한자 성어의 쓰임이 적절하지 않은 것은?

① 그 사람이 역경을 딛고 성공한 것은 螳螂拒轍이나 마찬가지이다.
② 그는 입사 시험에서 낙방한 뒤 捲土重來의 마음으로 외국어 학원에 등록했다.
③ 비록 적대 관계라도 이해가 맞으면 吳越同舟해야 할 상황도 있다.
④ 워낙 寡不適中이라 적들을 그들 두 사람의 화력으로는 당해 낼 수가 없었다.

11. ㉮와 ㉯에 들어갈 내용을 <보기>에서 골라 순서대로 배열한 것은?

세포 내 신호 전달의 일종인 'Wnt 신호 전달'은 배아 발생 과정과 성체 세포의 항상성 유지에 중요한 역할을 한다. [중략] Wnt 분비 세포의 주변 세포가 Wnt의 자극을 받지 않을 때, APC 단백질이 들어 있는 단백질 복합체 안에서 GSK3β가 β-카테닌에 인산기를 붙여 주는 인산화 과정이 그 주변 세포 내에서 수행된다. 이렇게 인산화된 β-카테닌은 분해되어 세포 내의 β-카테닌의 농도를 낮게 유지하는 기능을 한다. 이와는 달리, Wnt 분비 세포의 주변에 있는 세포 표면의 Wnt 수용체에 Wnt가 결합하게 되면 GSK3β의 활성이 억제되어 [㉮]. 이러한 β-카테닌은 자신을 분해하는 단백질과 결합할 수 없으므로 β-카테닌이 분해되지 않아 [㉯]. 이렇게 세포 내에 축적된 β-카테닌은 핵 안으로 이동하여 여러 유전자의 발현을 촉진하게 된다. 이런 식으로 유전자 발현이 촉진되면 암이 발생할 수도 있다.

<보기>

㉠ 세포 내의 β-카테닌의 농도가 높게 유지된다
㉡ β-카테닌을 인산화하는 복합체가 형성되지 않는다
㉢ β-카테닌의 인산화가 더 이상 일어나지 않는다

	㉮	㉯
①	㉠	㉡
②	㉡	㉠
③	㉡	㉢
④	㉢	㉠

제16회 실전 모의고사

1. ㉠~㉣의 의미를 풀어 쓴 것으로 적절하지 않은 것은?

> 기억에 망각이 특이하게 혼합되는 것은 우리 정신에 있는 선택 작용의 한 예이다. 그리고 기억을 위해 이 선택이 쓸모 있다는 것은 분명하다. 모든 것을 기억한다면 우리는 어떤 것도 기억하지 않는 것과 마찬가지로 살아가기 어려울 것이다. 먼 옛날의 일을 떠올리기 위해 그 일과 현재의 우리 사이에 놓인 일련의 사건들을 모두 거쳐야 한다면, 그 조작에 오랜 시간이 걸리기 때문에 기억은 불가능할 것이기 때문이다. 결국 우리는 하나의 ㉠ 역설적 결론에 도달한다.
> 하지만 망각 과정에는 아직도 설명되지 않은 ㉡ 변칙적인 것이 있다. 어느 날 망각되었던 것이 다음 날에는 기억날 수도 있다. 그리고 우리가 상기하려고 아주 열심히 노력했지만 무위로 돌아간 것이, 우리가 그 시도를 포기하자마자 마치 언제 그랬냐는 듯 천연스레 정신 속으로 어슬렁어슬렁 걸어 들어올 수도 있다. 과거의 경험들이 여러 해 동안 철저하게 망각된 다음에도, 어떤 대뇌 질환이나 사고를 당한 경우, 잠복된 연상 통로가 개방되어 재생되는 일도 가끔 있다. 마치 ㉢ 사진사의 약물이 ㉣ 콜로디온 필름 속에서 잠자고 있는 그림을 현상해 내듯이 말이다.

① ㉠: 기억하기 위해서는 망각이 필요하다.
② ㉡: 망각은 인간의 의도대로 이루어지지 않는다.
③ ㉢: 우리 정신에 있는 선택 작용
④ ㉣: 철저하게 망각된 과거의 경험들

[2~3] 다음 글을 읽고 물음에 답하시오.

> ㉠ 원근법은 멀리 있는 대상과 가까이 있는 대상을 식별할 수 있도록 하는 [ⓐ]이다. 실제로는 입체적인 것은 아니지만 인간의 인지 능력이 경험상 멀리 있는 것은 작게 보이고 가까이 있는 것은 크고 확실하게 보인다는 경험적 학습에 따른 것이다. 이런 측면에서 원근법은 3차원의 입체성을 가장 효과적으로 모사하는 2차원의 방식이다. [ⓑ] ㉡ 공시법은 원근에 따른 입체성이 약화된 반면, 시간과 공간의 제약을 초월한 공시성이 강화된다. 공시성의 강화는 어느 하나의 대상에만 국한되는 것이 아니며, 거리에 상관없이 대상은 동일한 크기로 나타나게 된다.
> 원근법에서 중요한 것은 시각 처리를 위한 초점 맞추기이다. 그것은 가장 중요하다고 생각되는 대상의 [ⓒ]이/가 가능하도록 초점의 중앙에 대상을 놓고, 나머지는 배경으로 처리한다. 그렇다고 초점 대상이 다른 대상에 비해 크게 표현되는 것은 아니며, 처리 과정에서 중요한 것을 중심에 놓고, 나머지는 좌나 우 또는 뒤로 물러나게 한다. 반대로 공시법은 하나의 대상에 초점을 맞추는 것이 아니라, 같은 시간대에 동시에 발생하는 대상을 한꺼번에 처리한 결과라고 할 수 있다. 원근법이 시각 처리를 기준으로 사용하는 데 비해 공시법은 다양한 감각 기관의 인지 결과를 반영한다는 점에서 차이가 있다.
> 인간의 시각은 사자에게 초점이 맞추어졌지만 청각은 호랑이에게 맞추어져 있을 수 있다. 이는 하나의 초점으로 대상을 드러내기보다는 동시에 다가오는 두 개의 위협을 공시적으로 처리하며, 대상과 주체 사이의 물리적 거리는 의미가 없게 된다. 모든 것이 초점이 되고, 모든 것이 전경화된다는 의미이다. 이러한 공시법에 의한 미술 텍스트는 시각 처리에 따른 묘사가 아니라 작가의 다른 감각, 즉 감정이나 정서 처리를 바탕으로 하는 해석의 결과이다. 또한 모든 것은 똑같은 가치를 지니고 동등하게 연결되어 있다는 인식의 결과로서 정서를 중시하는 심리적 태도라고 말할 수 있다.

2. ㉠과 ㉡에 대한 설명으로 옳지 않은 것은?

① ㉠이 입체성을 중시한 기법인 반면, ㉡은 동시적 시간성을 중시한 기법이다.
② ㉡과 달리 ㉠에서는 초점이 되는 대상을 배경이 되는 대상보다 크게 그린다.
③ ㉡은 ㉠과 달리 청각이나 촉각의 인지 결과를 그림에 반영할 수 있다.
④ ㉠은 후천적 인식에 따른 방식이고, ㉡은 시간과 공간을 초월한 방식이다.

3. ⓐ~ⓒ에 들어갈 말로 옳게 짝 지어진 것은?

	ⓐ	ⓑ	ⓒ
①	도구	그리고	배제
②	설계	반면	축소
③	방법	그래서	확대
④	장치	한편	포착

4. 다음 글을 바탕으로 <보기>를 판단한 내용으로 적절하지 않은 것은?

> 추론은 이미 제시된 명제인 전제를 토대로, 다른 새로운 명제인 결론을 도출하는 사고 과정이다. 논리학에서는 어떤 추론의 전제가 참일 때 결론이 거짓일 가능성이 없으면 그 추론은 '타당하다'라고 말한다. "서울은 강원도에 있다. 따라서 당신이 서울에 가면 강원도에 간 것이다.[추론 1]"라는 추론은, 전제가 참이라고 할 때 결론이 거짓이 되는 경우는 전혀 생각할 수 없으므로 타당하다. 반면에 "비가 오면 길이 젖는다. 길이 젖어 있다. 따라서 비가 왔다.[추론 2]"라는 추론은 전제들이 참이라고 해도 결론이 반드시 참이 되지는 않으므로 타당하지 않은 추론이다.
> '추론 1'의 전제는 실제에서는 물론 거짓이다. 그러나 혹시 행정 구역이 개편되어 서울이 강원도에 속하게 되었다고 가정하면, '추론 1'의 결론은 참일 수밖에 없다. 반면에 '추론 2'는 결론이 실제로 참일 수는 있지만 반드시 참이 되는 것은 아니다. 다른 이유로 길이 젖는 경우를 얼마든지 상상할 수 있기 때문이다. '추론 2'와 같은 추론은 비록 타당하지 않지만 결론이 참일 가능성이 꽤 높다. 그런 추론은 '개연성이 높다'라고 말한다. 결론이 참일 가능성이 낮은 추론은 개연성이 낮을 것이다. 한편 추론이 타당하면서 전제가 모두 실제로 참이기까지 하면 그 추론은 '건전하다'라고 정의한다.

<보기>

훈민: 이 책에 검은콩을 많이 먹으면 흰머리가 안 생긴다고 쓰여 있어. 우리 할머니는 흰머리가 하나도 없거든. 틀림없이 검은콩을 많이 드셨을 거야.
정음: 너의 추론은 타당하지 않아. 검은콩을 많이 먹어서 흰머리가 안 생기는 사람보다 검은콩을 안 먹고도 흰머리가 생기지 않는 사람이 훨씬 더 많아.

① 훈민의 추론은 '추론 1'과 달리 전제가 실제로 참이므로 건전하다.
② 정음의 말이 사실이라고 한다면, 훈민의 추론은 '추론 2'와 달리 개연성이 낮다.
③ 정음은 훈민의 추론에서 결론이 실제로 참일 수 있음을 완전히 부인하지는 않는다.
④ 훈민의 추론이 타당하지 않은 이유는 검은콩을 안 먹고도 흰머리가 생기지 않는 사람을 상상할 수 있기 때문이다.

5. 다음 글에 나타난 논증 방식과 가장 유사한 것은?

> 흄의 도덕 철학에 의하면 고대 철학자들이나 근대 연구자들 모두 도덕의 기원을 이성이나 지성에서 찾는 '오류'를 범했다. 덕은 이성에 부합하는 것이고 악덕은 이성에 어긋나는 것이라는 주장은 잘못된 것이다. 도덕적 구별은 이성의 산물이 아니라 감정에 의한 것이다. 이처럼 흄은 도덕에서 이성의 역할을 부정하고 감정이 도덕의 참된 근원이며, 감정과 공감이 없는 인간에게는 도덕이 존재하지 않는다고 주장한다. 사이코패스는 흄의 도덕 감정론을 지지하는 강력한 근거가 된다. 사이코패스는 타인의 고통과 쾌락에 공감할 수 있는 정서적 능력이 없다. 그러므로 사이코패스에게 도덕은 존재하지 않는다.

① 초대형 선박 하나를 건조하려 할 때, 그 안에 무수하게 연결된 배관과 첨단 설비를 설계하는 것 자체가 거의 예술에 가깝다. 인체에 비유하면 몸속의 뼈와 근육, 힘줄, 혈관, 장기들은 물론 뇌 구조까지 촘촘하게 연결된 해부도를 그리는 것과 비슷하다.
② 다크 패턴은 소비자를 속이기 위한 상술이다. 무료 서비스를 유료로 전환해 계약을 자동 갱신하는 것도 다크 패턴이다. 따라서 무료 서비스를 기습적으로 유료로 전환하여 계약을 자동 연장하는 일부 쇼핑몰의 행태는 소비자를 속이기 위한 상술이다.
③ 출생 코호트의 규모가 급격하게 변하면, 한 사회의 근간이 되는 다양한 제도에 균열이 생기게 된다. 한국의 출생 코호트 규모는 빠르게 줄고 있다. 따라서 한국 사회의 제도적 불균형은 확대될 것이다.
④ 5세기 중엽 반달족의 로마 침략과 문화 파괴로부터 러시아의 폭격에 초토화된 우크라이나의 오래된 성당까지 침략과 전쟁은 문화유산의 파괴를 동반했다. 따라서 인류 문화유산의 최대 파괴자는 인간이다.

6. 다음 글에 대한 이해로 적절하지 않은 것은?

> 전자 시대의 문화는 문자 시대의 문화와 상당히 다른 속성을 지닌다. 전자 매체의 급격한 발달은 이전과는 다른 새로운 전자 시대의 세상을 열어 간다. 전자 시대의 온라인 네트워크 속에는 엄청난 양의 정보와 내용이 존재한다. 이 정보와 내용은 무한히 다양한 방식으로 뒤섞여 확대, 재생산될 수 있는 한편, 단 한 번의 누름으로 수정되거나 삭제될 수 있다. 이런 속성은 책이나 문자의 공간에서는 적용되지 않는다.
>
> 온라인에 존재한다는 것은 실존적 깊이에 대한 주관적 체험을 갖는다는 것과 서로 양립할 수 없다. 달리 말해 전자적인 것과 내면적인 것은 조화를 이루기 어렵다. 전자적인 것은 곧 즉각적인 것이고, 지금 이 순간의 것이다. 우리는 전자적인 것에 대해서 즉각적이고 감각적으로 반응할 수밖에 없다. 이에 반해 문자 문화 속에 들어 있는 깊이와 주관성의 서사적 구조화는 지금 이 순간의 것이 아니다. 독서를 해 나감에 따라, 독자의 기존 의식 구조는 내면적인 수정 과정을 겪게 되고 이 과정이 점차 사회적으로 확산된다. 그 결과 세계관을 공유하는 상상의 공동체가 형성된다. 이러한 과정은 프랑스의 철학자 베르그송이 말한 '지속'의 시간 속에서 가능하다. 지속의 시간은 자유롭게 과거를 기억하고 현재와 통합시킬 수 있는 인간의 시간이다. 전자 시대 이전, 인간은 지속의 시간 속에서 살았다. 그러나 전자 시대를 지배하는 것은 지속의 시간이 아니다.

① 전자 시대의 문화와 문자 시대의 문화는 서로 조화를 이루기 어렵다.
② 독서의 사회적 확산으로 인하여 독자는 다양한 방식으로 정보를 확대, 재생산할 수 있게 되었다.
③ 독자들은 독서를 통해, 내면의 의식이 서사적으로 구조화될 수 있게 된다.
④ 독자들의 상상의 공동체 형성은 과거와 현재를 통합하는 '지속'의 시간 속에서 가능하다.

7. 다음 글에 사용된 전개 방식으로 적절하지 않은 것은?

> 무지개는 태양광이 공기 중의 물방울에 의해 반사·굴절되어 나타나는 빛의 분산 현상이다. 태양광은 물방울 내에 골고루 입사되어 굴절과 반사를 거치면서 그 양이 줄어든다. 그리고 아주 적은 양의 빛이 우리 눈에 도달하여 아름다운 무지개를 선사하는 것이다. 그런데 무지개는 왜 바깥쪽이 빨간색이고 안쪽이 보라색일까?
>
> 우리가 보는 무지개는 물방울 내에서 한 번의 반사와 두 번의 굴절로 만들어진다. 물방울은 곡면으로 되어 있고, 이 곡면에서 빛의 굴절이 일어나므로 굴절각의 차이가 커지면서 분산 현상이 관찰되는 것이다. 물방울로부터 분산되어 나오는 빛의 각도는 특정 각도로만 많은 양의 빛이 퍼져 나가게 되는데, 이 각을 '무지개각'이라고 한다. 빨간색 빛의 무지개각은 42°, 보라색 빛의 무지개각은 41°이다. 즉 백색광이 물방울에 들어갔을 때, 42°와 41° 사이로 모든 무지개색 빛이 퍼져 나가게 된다.

① 무지개의 정의를 제시하고 있다.
② 인과의 방식으로 무지개에 대해 설명하고 있다.
③ 구체적인 사례를 제시하여 통념을 반박하고 있다.
④ 의문형 진술을 통해 독자의 호기심을 유발하고 있다.

8. ㉠~㉣에 들어갈 단어로 적절하지 않은 것은?

> • 그 사건의 진상에 접근하려는 정부의 노력만이 문제 해결의 [㉠]임은 두말할 나위도 없다.
> • 그의 주장의 진위 여부는 [㉡]하고 그 주장의 제기 방식이 문제이다.
> • 도전자는 통쾌한 케이오 승을 거두겠다고 [㉢]을 토하고 있다.
> • 해저 자원의 개발이 21세기에는 전성기를 [㉣]하게 될 것이다.

① ㉠: 첩경(捷徑)　② ㉡: 차치(且置)
③ ㉢: 기함(氣陷)　④ ㉣: 구가(謳歌)

9. 밑줄 친 부분 중 ㉠~㉢에 쓰인 이미지 제시나 표현법이 나타나지 않는 것은?

> 금수(錦繡)로 굽이쳐 내리던
> 장백(長白)의 멧부리 방울 뛰어,
> ㉠ <u>애달픈 국토(國土)의 막내</u>
> <u>너의 호젓한 모습이 되었으리니,</u>
>
> 창망한 물굽이에
> 금시에 지워질 듯 근심스레 떠 있기에
> ㉡ <u>동해 쪽빛 바람</u>에
> 항시 사념(思念)의 머리 곱게 씻기우고, [중략]
>
> 멀리 조국(朝國)의 사직(社稷)의
> 어지러운 소식이 들려 올 적마다
> 어린 마음 미칠 수 없음이
> ㉢ <u>아아, 이렇게도 간절(懇切)함이여!</u>
>
> – 유치환, 「울릉도」에서 –

① <u>결별이 이룩하는 축복</u>에 싸여 – 이형기, 「낙화」 –
② 죽어 너 되는 날의 <u>길고 아득함이여</u> – 김지하, 「새」 –
③ <u>푸르게 범람하던 치자꽃 향기</u> – 고정희, 「겨울 사랑」 –
④ 그늘의 늙고 시듦에 / <u>공터는 말이 없다</u> – 최승호, 「공터」 –

제17회 실전 모의고사

1. ㉠~㉤의 전개 순서로 가장 자연스러운 것은?

> ㉠ 당연히 깊은 곳에서 오래 머무르면서 빨리 상승할수록, 그리고 반복 잠수일수록 감압병이 생길 가능성은 커진다.
> ㉡ 감압병 발생에 가장 큰 영향을 미치는 요인은 잠수 깊이, 체류 시간, 상승 속도이다.
> ㉢ 특히 수심 25m를 초과하여 잠수를 할 경우는 감압병 발생률이 현저히 커지는 것으로 보인다.
> ㉣ 국내에서 채취업에 종사하는 다이버들은 생업을 위해 비감압 한계 이상의 반복 잠수를 하는 경향이 있어, 빈번히 감압병 증상을 경험하는 것으로 보인다.
> ㉤ 또한 특별한 감압 절차가 필요 없는 비감압 한계 이상의 잠수를 하였거나, 또는 감압표에 따라 체계적으로 감압을 하였어도 감압병은 발생 가능하다.

① ㉠-㉢-㉡-㉣-㉤ ② ㉠-㉢-㉤-㉣-㉡
③ ㉡-㉠-㉢-㉤-㉣ ④ ㉡-㉢-㉠-㉣-㉤

2. 다음 글에 대한 이해 및 추론으로 적절하지 않은 것은?

> 절대적 최적화는 수학적으로 가장 작은 값을 찾는 것이고, 상대적 최적화는 이기적인 행동으로 개인의 만족도가 가장 높은 값을 추구하는 것이다. 가령 A 동네에서 출근을 하는 데 두 가지 선택지가 있다. 윗길은 고속 도로로 넓은 대신에 길게 돌아가야 한다. 그리고 아랫길은 지름길로 짧지만 대신 좁다. 고속 도로는 넓기 때문에 차가 1대가 가든 4대가 가든 언제나 10분이 걸린다. 그런데 지름길은 좁아, 이용 차량이 많을수록 길이 막혀 1대가 가면 1분이 걸리고, 2대가 가면 2분이 걸리고, 3대가 가면 3분이 걸리고, ×대가 가면 ×분이 걸린다. 만약 이 동네에 직장에 가는 사람이 10명이고, 이들이 각자 차를 타고 출근한다면 어떻게 가는 것이 가장 좋은 방법일까? 수식을 써서 푼다면 시간이 가장 적게 걸리는 최솟값이 나오는데, 그때 $x=5$가 된다. 즉 5명은 위로, 5명은 아래로 가야 한다. 그러면 위로 가는 사람은 고속 도로이므로 10분씩 걸리고, 아래로 가는 사람은 5명이므로 5분씩 걸린다. 그래서 10분으로 가는 사람 5명하고, 5분으로 가는 사람 5명을 합치면 총 75분, 한 사람당 7.5분이 걸린다. 이것이 수학적으로 가장 좋은 절대적 최적화의 답이다. 그러나 실제 운전자들은 이 방법을 사용하지 않는다. 뭔가 불공평하기 때문인데, 고속 도로로 가던 한 명이 지름길로 옮겨 가면 아래 지름길에는 차량 수가 5대에서 6대로 늘어나 6분이 걸리지만, 원래 고속 도로에서는 10분이 걸렸던 사람이니 지름길을 선택하지 않을 이유가 없다. 그런데 문제는 한 사람만 이런 선택을 하는 게 아니라는 점이다. 두 번째 사람이 옮겨 가면 지름길에는 총 7대가 되어 7분이 걸리지만 고속 도로로 갈 때보다 3분이 이익이므로 두 번째 사람도 지름길로 가게 된다. 이렇게 되면 모두 지름길을 택해, 10명이 모두 10분씩 총 100분이 소요되는 상황에 처하게 된다.

① 절대적 최적화에 따르면 A 동네의 출근 시간에서 손해를 보는 사람이 발생하게 된다.
② A 동네에서 절반은 고속 도로를, 나머지 절반은 지름길을 이용해 출근하는 것이 가장 효율적이다.
③ 상대적 최적화에 따르면 A 동네에서 출근하는 사람들은 지름길보다 고속 도로를 더 많이 이용할 것이다.
④ A 동네에서 차량 10대가 모두 고속 도로를 이용할 때 걸리는 출근 시간과, 모두 지름길을 이용할 때 걸리는 출근 시간은 동일하다.

3. 다음 시에 대한 이해로 적절하지 않은 것은?

> ᄀᆞᆺ 괴여 닉은 술을 갈건(葛巾)으로 밧타 노코, 곳나모 가지 것거, 수노코 먹으리라. 화풍(和風)이 건ᄃᆞᆺ 부러 녹수(綠水)를 건너오니, 청향(淸香)은 잔에 지고, 낙홍(落紅)은 옷새 진다. 준중(樽中)이 뷔엿거든 날ᄃᆞ려 알외여라. 소동(小童) 아ᄒᆡ다려 주가(酒家)에 술을 믈어, 얼운은 막대 집고, 아ᄒᆡᄂᆞᆫ 술을 메고, 미음완보(微吟緩步)ᄒᆞ야 시냇ᄀᆞ의 호자 안자, 명사(明沙) 조ᄒᆞᆫ 믈에 잔 시어 부어 들고, 청류(淸流)를 굽어보니, ᄯᅥ오ᄂᆞ니 도화(桃花)ㅣ로다. 무릉(武陵)이 갓갑도다. 뎌 ᄆᆡ이 긘 거인고.
> 송간(松間) 세로(細路)에 두견화(杜鵑花)를 부치 들고, 봉두(峰頭)에 급피 올나 구름 소ᄀᆡ 안자 보니, 천촌만락(千村萬落)이 곳곳ᄋᆡ 버러 잇ᄂᆡ. 연하일휘(煙霞日輝)ᄂᆞᆫ 금수(錦繡)를 재폇ᄂᆞᆫ ᄃᆞᆺ. 엇그제 검은 들이 봄빗도 유여(有餘)ᄒᆞᆯ샤.
>
> – 정극인, 「상춘곡」에서 –

① '녹수, 청류, 연하일휘'는 의미하는 바가 서로 유사하며 화자가 추구하는 대상이다.
② '청향은 잔에 지고, 낙홍은 옷새 진다'에서 대구법을 통해 화자의 모습을 표현하고 있다.
③ '시냇ᄀᆞ, 무릉, 봉두'는 화자가 풍류를 즐기고 있는 공간적 배경이다.
④ '검은 들'과 '봄빗'을 통해 화자는 자연의 변화를 인식하고 있다.

4. 밑줄 친 단어와 같은 품사인 것은?

> 언제나 동구 앞 <u>늙은</u> 홰나무 꼭대기에 앉아서 긴 목을 늘여 하늘을 바라보곤 하였다.
>
> – 김성동, 「잔월」에서 –

① 나는 더 이상 아무것도 생각할 수 <u>없었다</u>.
② 저 사람은 전혀 다른 사람이 <u>되었다</u>.
③ 그 제품은 대용량의 파일을 저장하는 데에 <u>알맞았다</u>.
④ 여러 번 실패를 경험했지만 언제나 그 맛은 <u>썼다</u>.

5. 다음 시를 감상한 내용으로 적절하지 않은 것은?

> – MENU –
> 샤를르 보들레르 800원
> 칼 샌드버그 800원
> 프란츠 카프카 800원
>
> 이브 본느프와 1,000원
> 에리카 종 1,000원
>
> 가스통 바슐라르 1,200원
> 이하브 핫산 1,200원
> 제레미 리프킨 1,200원
> 위르겐 하버마스 1,200원
>
> 시를 공부하겠다는
> 미친 제자와 앉아
> 커피를 마신다
> 제일 값싼 / 프란츠 카프카
>
> – 오규원, 「프란츠 카프카」 –

① 자조적 어조로 비판적 현실 인식을 나타내고 있다.
② 물질만능주의가 팽배한 현실을 반어적으로 풍자하고 있다.
③ 물질적 가치에 경도된 자아를 성찰하고 있다.
④ 메뉴판 형식으로 정신적 가치가 상품으로 전락한 현실을 표현하고 있다.

6. 다음 글의 주제로 가장 적절한 것은?

> 역사학에서 영화를 통한 역사 서술에 대한 관심이 일고, 영화를 사료로 파악하는 경향도 나타났다. 영화는 주로 허구를 다루기 때문에 역사 서술과는 거리가 있다고 보는 사람도 있다. 그러나 문헌 기록을 바탕으로 하는 역사 서술에서도 허구가 배격되어야 할 대상만은 아니다. 역사가는 허구의 이야기 속에서 그 안에 반영된 당시 시대적 상황을 발견하여 사료로 삼으려고 노력하기도 한다. 어떤 역사가들은 허구의 이야기에 반영된 사실을 확인하는 것에서 더 나아가 사료에 직접적으로 나타나지 않은 과거를 재현하기 위해 허구의 이야기를 활용하여 사료에 기반한 역사적 서술을 보완하기도 한다.
>
> 영화는 허구적 이야기에 역사적 사실을 담아냄으로써 새로운 사료의 원천이 될 뿐 아니라, 대안적 역사 서술의 가능성까지 지니고 있다. 영화는 공식 제도가 배제했던 역사를 사회에 되돌려주는 '아래로부터의 역사'의 형성에 기여한다. 평범한 사람들의 회고나 증언, 구전 등의 비공식적 사료를 토대로 영화를 만드는 작업은 빈번하게 이루어지고 있다. 그리하여 영화는 하층 계급, 피정복 민족처럼 역사 속에서 주변화된 집단의 묻혀 있던 목소리를 표현해 낸다. 이렇듯 영화는 공식 역사의 대척점에서 활동하면서 역사적 의식 형성에 참여한다는 점에서 역사 서술의 한 주체가 된다.

① 영화에 대한 역사적 독해의 필요성
② 사료로서 영화가 지닌 특성과 한계
③ 영화의 허구성이 구현한 역사적 진실
④ 역사 서술의 사료와 주체로서 영화가 지닌 가능성

7. 언어 예절에 맞는 문장은?

① (다른 사람에게 자기 배우자를 가리키며) 이쪽이 제 부인입니다.
② (친구 사이에서) 오랜만이야. 자당(慈堂)께서는 잘 계시지?
③ (카페에서 직원이) 주문하신 커피 나오셨습니다.
④ (간호사가 환자에게) 이제 주사 맞으실게요.

8. 다음 글에서 생략된 전제로 적절하지 않은 것은?

> 바움가르텐은 미학을 감성적 인식의 학문이라고 정의한다. 이는 미학이 '상위의 인식 능력(이성이나 지성)'과 관계된 것이 아니라 '하위의 인식 능력(감성)'을 다루는 학문이라는 뜻을 담고 있다. 바움가르텐에 따르면, 감성은 다음과 같은 역할을 수행하는 능력 전체를 포괄한다. 즉, 예리하게 지각하는 것, 어떤 것을 상상 속에서 표현하는 것, 꿰뚫어 보는 통찰, 시적인 소질의 발휘, 좋은 취미의 발휘, 미래의 것을 예견하는 것, 표상들을 표현하는 것 등이 감성의 역할에 속한다. 전통적으로 상상하고, 시를 짓고, 환상을 그려 내는 능력들은 철학자가 다뤄야 하는 것이 아니라고 간주됐다. 그러나 바움가르텐은 이런 능력들이 인간의 인식 활동의 상당 부분을 차지한다고 주장한다. 그에 따르면, 감성적 인식은 철학에서 다뤄져야 하며, 미학의 역할이 바로 그것이다.

① 인간의 추상적인 인식 능력은 분류 가능하다.
② 바움가르텐은 이성보다 감성을 가치 있게 여긴다.
③ 기존의 철학자는 미학의 역할을 중요하게 생각하지 않았다.
④ 인식 능력의 사용 비중은 철학의 영역을 결정하는 데 주요한 요건 중 하나이다.

9. 다음 글에 나타난 글쓴이의 정서와 상황이 가장 유사한 것은?

> 누런 황포 강물도 달빛을 받아 서울 한강 같다. 선창(船窓)마다 찬란하게 불을 켜고 입항하는 화륜선(火輪船)들이 있다. 문명을 싣고 오는 귀한 사절과도 같다. '브라스 밴드'를 연주하며 출항하는 호화선도 있다. 저 배가 고국에서 오는 배가 아닌가, 저 배는 그리로 가는 배가 아닌가 하는 사람도 있을 것이다. 같은 달을 쳐다보면서 그들은 바이칼 호반으로, 갠지스 강변으로, 마드리드 거리에 제각기 흩어져서 기억을 밟고 있을지도 모른다. 친구와 작별하던 가을 짙은 카페, 달밤을 달리던 마차, 목숨을 걸고 몰래 넘던 국경. 그리고 나 같은 사람이 또 하나 있었다면 영창에 비친 소나무 그림자를 회상하였을 것이다.
>
> – 피천득, 「황포탄의 추억」에서 –

① 산이란 산에는 새 한 마리 날지 않고 / 길마다 사람 자취 끊어졌는데, / 외로운 배 위에 삿갓 쓴 늙은이 / 눈 내리는 강에서 홀로 낚시질하네.
– 유종원, 「강설」 –

② 보믹 왯는 만 리 옛 나그내는 / 난(亂)이 긋거든 어느 힉예 도라가려뇨. / 강성(江城)에 그려기 / 노피 정(正)히 북으로 누라가매 애롤 긋노라.
– 두보, 「귀안」 –

③ 비 갠 긴 둑에 풀빛이 고운데, / 남포에서 임 보내며 슬픈 노래 부르네. / 대동강 물이야 언제나 마르려나, / 이별 눈물 해마다 푸른 물결 보태나니.
– 정지상, 「송인」 –

④ 어제는 영명사를 지나다가 / 잠시 부벽루에 올랐네. / 텅 빈 성엔 조각달 떠 있고 / 천 년 구름 아래 바위는 늙었네. / 기린마는 떠나간 뒤 돌아오지 않으니 / 천손은 지금 어느 곳에 노니는가? / 돌계단에 기대어 길게 휘파람 부노라니 / 산은 오늘도 푸르고 강은 절로 흐르네.
– 이색, 「부벽루」 –

10. 다음 글의 내용과 일치하지 않는 것은?

> 자격루는 세종 16년에 장영실의 주도로 만든 물시계로 우리나라 최초의 디지털시계라고 부를 수 있을 만큼 당시로서는 첨단 기술이 복합적으로 적용된 장비라고 생각해도 무리가 없을 것이다. 불세출의 천재 장영실이 만든 자격루는 불행하게도 오래전에 소실되어 정확한 원래의 모습은 알 길이 없지만, 다행히 『세종실록』의 「보루각기(報漏閣記)」에 세종 대왕이 자격루를 만들도록 한 이유와 자격루의 기본 구조 및 뛰어난 특성을 비교적 과학적으로 상세하게 설명하고 있다. 「보루각기」는 조선 초기의 뛰어난 과학자 중 한 사람인 김돈이 저술한 기록으로 자격루의 구조와 동작에 대해 아주 상세하게 기술하고 있다.
>
> 자격루는 일정하게 물을 공급하기 위한 장치와 시간 측정 장치 및 나무 인형들이 시간을 알리는 자동 시보 장치 등 크게 세 부분으로 나눌 수 있다. 자격루가 시간의 변화를 수위 변화로 나타내는 물시계인 만큼 정확한 양의 물을 공급하는 일은 시계를 동작시키기 위한 기본 요건이다. 「보루각기」에서 자격루에서 물을 공급하는 장치를 파수호라고 부르고 있으며 분명히 4개의 파수호가 있었다고 기록되어 있다. 그러나 현재 우리 학계에서는 자격루에서 일정한 양의 물을 공급하는 데는 3개의 파수호만 사용되었으며 나머지 한 개는 물이 흘러넘침에 기안한 폐수를 처리하기 위한 것으로 추정하고 있지만 이를 뒷받침할 수 있는 근거는 찾기 어렵다.

① 자격루는 물의 수위가 변화함에 따라 시간이 변화하는 원리로 움직인다.
② 『세종실록』은 자격루의 물을 공급하기 위한 장치, 시간 측정 장치, 자동 시보 장치에 대한 설명을 담고 있다.
③ 자격루는 당시의 첨단 기술이 적용된 장비였지만 지금까지 보존되어 있지는 않다.
④ 「보루각기」는 자격루의 3개의 파수호와 폐수를 처리하는 1개의 파수호에 대해 언급하고 있다.

제18회 실전 모의고사

1. 다음 대화에 대한 설명으로 적절하지 않은 것은?

> A: 네가 며칠 전에 말한 정현종의 시 「섬」을 읽어 봤어. 보통 '섬'은 바다 한가운데 있으니까 고독이라는 말이 떠오르더라. 그래서 섬이 화자가 선택한 고독의 공간처럼 느껴졌어.
> B: 아닌데. 나는 오히려 화자가 사람들과 함께 소통하면서 살고 싶어 한다고 생각했는데.
> A: 어떤 점에서 그렇게 생각했어?
> B: 시에서 섬이 '사람들 사이'에 있다고 했잖아. 그래서 나는 섬이 사람들을 이어 주는 공간이라고 생각했거든.
> A: 아, 그렇게 볼 수도 있겠네. 나는 섬을 고립된 공간으로만 생각했는데, 너는 '사이'라는 말에 초점을 맞춰서 섬을 연결의 의미로 생각했구나. 사람이 소통 없이 살아가는 게 불가능하다는 것을 생각해 보면 네 말이 맞는 것 같아.
> B: 그럼 우리 둘 다 화자가 소통을 원하고 있다는 것에 동의하는 거네.

① A는 B와 달리 자신의 견해를 수정하고 있다.
② A는 B와 달리 상대의 견해를 자신의 표현으로 바꾸어 정리하고 있다.
③ B는 A와 달리 시의 내용을 근거로 하여 시를 해석하고 있다.
④ B는 A와 달리 공손성의 원리 중 동의의 격률을 위배하고 있다.

2. <보기>의 ㉠, ㉡에 해당하는 단어가 사용된 예로 적절하지 않은 것은?

<보기>

> 다의어에서는 가장 기본적이고 핵심이 되는 ㉠<u>중심적 의미</u>가 문맥이나 상황에 따라 확장되어 ㉡<u>주변적 의미</u>도 지니게 되는 경우가 있다. '크다'의 경우, '사람이나 사물의 외형적 길이, 넓이가 보통 정도를 넘다'라는 중심적 의미가 추상화되어 주변적 의미를 지니게 된다.

① ㉠: 그는 발이 너무 <u>커서</u> 맞는 신발을 찾기 어려웠다.
② ㉠: 음악 소리가 <u>커서</u> 앞사람의 말소리도 들리지 않는다.
③ ㉡: 그녀는 씀씀이가 <u>커서</u> 항상 용돈이 모자랐다.
④ ㉡: 일에 대한 대가로 받은 돈의 액수가 <u>커서</u> 깜짝 놀랐다.

3. ㉠~㉣에 들어갈 말로 가장 적절한 것은?

> 동물이 내는 소리는 인간의 말소리와는 본질적으로 다르다. 그것은 인간의 말소리에 분절이라는 특징이 있기 때문이다. [㉠] 인간의 말소리는 일정한 수의 어음(語音)이나 단어로 분석되는 반면 동물의 소리는 분절성이 없는 한 덩어리의 외침에 지나지 않는 것이다. [㉡] 인간이 내는 소리라고 하여 모두 분절되는 것은 아니다. 혹 내가 머리에 어떤 충격을 받고 심한 고통을 느끼면 소리를 질러서 그 고통을 표출할 수도 있을 것이다. 그렇게 소리를 지르는 것은 무의식적인 행위이고 이런 경우는 오히려 심리학의 연구에 관계되는 것일는지 모른다. [㉢] 다소 의식적으로 소리를 질러서 내 고통을 주위에 알리려고 하는 경우도 있을 것이다. [㉣] 이런 것도 언어라고는 할 수 없다. 소리 지르는 음은 마디마디로 분절될 수 없으며 또 그 소리는 의미 단위로 분석될 수 없는 고통감 전체를 표출하는 것이다.

	㉠	㉡	㉢	㉣
①	또는	그러나	예컨대	따라서
②	그리고	그래서	따라서	그렇지만
③	다시 말해	한편	또는	그러므로
④	즉	하지만	혹은	하지만

4. 다음 글의 내용에 따라 변화할 상황으로 적절하지 않은 것은?

> 국민 기초 생활 보장법 개정안은 부양 의무자의 소득 기준을 완화하는 내용이다. 종전에는 부양 의무자가 '최저 생계비의 130%(4인 가구 기준율 212만 원)' 이상을 벌 경우 기초 생활비를 받을 수 없었다. 이 기준이 이번 개정법에서 '중위 소득(4인 가구 기준율 404만 원)'으로 완화되었다. 실제로는 자녀 등 가족으로부터 부양을 받지 못하고 있는데, 부양 의무자 소득 기준 때문에 기초 생활 수급자로 지정되지 못하는 이들이 줄어들 것으로 기대된다.
>
> 같은 날 통과된 공직자 윤리법 개정안과 환경 오염 피해 구제법 제정안도 관심을 끌었다. 공직자 윤리법 개정안은 고위 공직자의 재취업 제한 기간을 3년으로 늘렸고, 취업 제한 대상 기관도 대폭 늘렸다. 퇴직한 고위 공직자가 재취업을 원할 경우 취업 심사를 받아야 하는데, 세무사나 변호사 자격증을 가진 경우에도 취업 심사를 받아야만 재취업할 수 있다.
>
> 본회의에서 만장일치로 통과된 환경 오염 피해 구제법은 환경 오염 사고 피해에 대한 구제 장치를 구체화했다. 피해 범위가 넓고 가해 기업이 도산한 경우 지금까지는 법적 보완 장치가 마련되지 않아 추가 피해가 컸다. 따라서 사업자의 환경 책임 보험 가입을 의무화했고 원인 미상 환경 오염 피해에 대한 보상 지원 등이 법제화되었다.
>
> 금융 실명법 개정안도 주목받았다. 이번 개정법의 핵심은 합의에 의한 차명 거래에 대해 형사 처벌이 가능하게 되었다는 점이다. 개정된 법에 따르면 차명 계좌 명의자와 이를 알선한 금융사 직원 역시 처벌받는다.

① 75세 무직 김 씨는 월 300만 원을 버는 분가한 아들 가족(손주 둘)이 있어 기초 생활비를 받지 못했지만, 앞으로는 받을 수 있게 된다.
② 퇴직 2년 차인 전직 장관 이 씨는 변호사 자격증이 있지만 취업 심사를 받은 뒤에야 공기업 임원으로 재취업할 수 있다.
③ 화학 제품 공장을 운영하는 오 씨는 이전과 달리 환경 책임 보험에 반드시 가입해야 한다.
④ A, A에게 명의를 빌려주기 위해 계좌를 개설한 B, A와 B의 거래를 알선한 은행원 C는 모두 형사 처벌을 받게 된다.

5. ㉠의 관점을 추론한 것으로 보기에 어려운 것은?

> ㉠ '<u>새로운 과학[new science]</u>'은 네트워크식 사고와 썩 잘 어울리는 가설과 원리를 내세운다. 이전의 과학은 자연을 대상으로 보는 데 반해, 새로운 과학은 자연을 관계로 본다. 이전의 과학은 분리 · 착취 · 절단 · 환원으로 설명할 수 있지만, 새로운 과학은 참여 · 보충 · 통합 · 전체론이 특징이다. 이전의 과학은 자연을 압도할 수 있는 힘을 찾는 데 반해, 새로운 과학은 자연과 제휴를 모색한다. 이전의 과학은 자연으로부터의 자율성을 강조하는 데 반해, 새로운 과학은 자연에 다시 합세하는 것을 중요시한다. 새로운 과학은 자연을 강탈하고 노예로 삼아야 할 적으로 보는 식민지적 관점을 버리고, 양육해야 할 공동체로 품는 새로운 비전을 제시한다. 자연을 일종의 재산으로 보아 착취하고 이용하고 소유했던 권리는, 이제 품위를 지켜 주고 존중하고 대접하고 보호해야 할 의무로 순화된다.

① 개체의 하위 네트워크와 개체들이 형성하고 있는 더 큰 공동체와의 관계를 강조한다.
② 자연을 착취하고 파괴해야 할 대상으로 보는 대신 보듬고 돌보아야 할 대상으로 본다.
③ 자율성을 추구하는 존재로 자연을 바라본 과거와 달리, 자연을 인간과 통합하여 합리적으로 활용할 수 있는 존재로 본다.
④ 개별 유기체에 대한 이해는 개체를 구성하는 부분들에 대한 분절적 이해에서 나아가 개체가 속한 더 큰 네트워크에 어떻게 참여하고 통합되는지를 이해할 때 가능하다.

6. 다음 글의 내용과 부합하지 않는 것은?

> 왜 여성들이 육체를 학대하는 거식증에 더 쉽게 빠져드는가? 답은 간단하다. 여성들이 남성보다 권력에서 더 많이 소외되어 있기 때문이다. 내 몸 바깥에서 주인이 되지 못한다면 내 몸 안에서나마 주인이 되어 보겠다는 무의식이 여성들을 거식증에 빠져들게 하는 것이다. 그러므로 거식증을 단순한 질병으로 보는 데 수전 보르도는 단호히 반대한다. 거식증은 남녀의 비정상적인 권력 관계 안에서 발생하는 대단히 사회적인 질병인 것이다. '전통적인 여성의 역할에 분노하고, 그와 관련된 가치를 거부하고, 그들의 미래가 그들 어머니의 삶과 같은 방향으로 진전되는 것에 강렬하게 반발하는 데서 비롯되는 질병'이 거식증이다. '살'을 거부하는 것은 여성을 거부하는 것이요, 살을 거부하는 만큼 여성들은 자기가 자기 몸의 주인이 되었다고 생각하고 그만큼의 권력을 획득했다고 생각한다. 광고들이 보여 주는 성공한 여자, 사회적 권력을 획득한 여자들을 보라. 그들은 하나같이 비쩍 마른 남성의 몸매를 갖고 있지 않은가. 배고픔을 인내하고 포만감을 적대시함으로써 만들어진 여윈 육체를 통해, 전통적인 어머니상으로부터 멀어지고 아울러 사회적 권력을 획득할 수 있다는 무의식적인 계산이 거식증의 심리적 기제라는 것이다.

① 수전 보르도는 거식증을 단순한 질병으로 보지 않고 남녀의 비정상적인 권력 관계에 의해 발생하는 사회적 질병으로 이해한다.
② 광고에 등장하는 성공한 여자의 비쩍 마른 몸매는 여윈 육체를 통해 사회적 권력을 획득할 수 있다는 무의식적인 계산을 강화한다.
③ 여성이 거식증에 빠지기 쉬운데, 이는 구조적으로 권력에서 여성을 소외시키는 사회적 현실을 개선하려는 노력에서 거식증이 발생하기 때문이다.
④ 거식증에 걸린 여성은 '살'을 거부하는 것을 통해 전통적인 어머니의 삶을 거부하고자 하는 것이고, 그만큼 자신들이 사회적 권력을 획득했다고 생각한다.

7. 다음 글에 대한 설명으로 적절한 것은?

> 『대학』, 『논어』, 『맹자』, 『중용』 등의 사서(四書)는 배움을 위한 첫 단계에서 읽어야 할 책이다. 그 뒤를 이어 읽을 책은 『격몽요결』, 『소학』, 『근사록』, 『성학집요』로 그 체제와 내용이 정밀하여 얕은 데서 깊은 데로 들어가는 것이니 내가 일찍이 이를 후사서(後四書)라고 불렀다. 이를 반복하여 읽어 모두 이해하고 환히 알게 되면 자연히 효과가 있을 것이니 매양 동료들에게 배움의 규범으로 삼기를 권하였다.
>
> 사서 육경(四書六經)과 송나라 시대의 성리학 책은 사람이 평생토록 익히기를, 마치 농부가 오곡을 심고 가꾸듯 해야 한다. 하나의 경서를 읽고 익힐 때마다 반드시 자신의 능력을 다하여 철저하게 해야 한다. 첫째, 경서의 글을 익숙하도록 반복하여 읽어야 한다. 둘째, 여러 사람의 의견을 모두 참고하여 같은 점과 다른 점을 분별하고 장점과 단점을 비교하여 읽어야 한다. 셋째, 정밀히 생각하여 의심나는 것을 풀어 가며 읽되 감히 자신해서는 안 된다. 넷째, 명확하게 분별하여 그릇된 것을 버리면서 읽되 감히 스스로 옳다고 여기지 말아야 한다.
>
> 하나의 경서에서 그 문을 찾아 방으로 들어간다면, 방을 같이 하면서도 들어가는 문이 다른 여러 책들을 유추하여 통합 할 수 있을 것이다. 옛날 학업을 이루어 세상에 이름난 사람은 반드시 이와 같이 했다. 이상은 용촌(溶村) 이광지(李光地)의 독서법이니 배우는 사람이 본받을 만하다.

① 학업에 전념하는 선비와 오곡을 가꾸는 농부를 서로 대조하고 있다.
② 독서 과정에 따른 올바른 독서 방법을 순차적으로 제시하고 있다.
③ 읽어야 할 책과 읽지 말아야 할 책을 구분하고 있다.
④ 구체적인 인물을 언급하며 독서에 관해 본받을 만한 태도를 제시하고 있다.

8. 다음 시에 대한 설명으로 가장 적절한 것은?

> 元淳文(원슌문) 仁老詩(인노시) 公老四六(공노ᄉᆞ륙)
> 李正言(니졍언) 陳翰林(딘한림) 雙韻走筆(솽운주필)
> 沖基對策(튱긔ᄃᆡ칙) 光鈞經義(광균경의) 良鏡詩賦(량경시부)
> 위 試場(시댱)ㅅ ㉠ <u>景(경) 긔 엇더ᄒᆞ니잇고</u>.
> 葉(엽) 琴學士(금ᄒᆞᆨᄉᆞ)의 玉笋門生(옥슌문ᄉᆡᆼ) 琴學士(금ᄒᆞᆨᄉᆞ)의 玉笋門生(옥슌문ᄉᆡᆼ)
> 위 날조차 몃 부니잇고. 제1장
>
> – 한림 제유, 「한림별곡」에서 –

① 한자를 주로 사용한 시가로 4음보를 취한다.
② 선인들의 명문을 언급하여 그것을 예찬하고 있다.
③ ㉠을 통해 사대부들의 자연 친화적 성향을 강조하고 있다.
④ 대상을 나열하여 귀족 계급의 학문적 자부심을 드러내고 있다.

9. ㉠~㉣을 고쳐 쓰기 위한 의견으로 적절하지 않은 것은?

> 인구는 제한되지 않으면 기하급수적으로 ㉠ <u>감소</u>한다. 식량은 기껏해야 산술급수적으로 증가한다. 인구의 증가율과 식량의 증산율의 차이를 피할 수 없다. 사람이 사는 데 식량이 필요하다는 것은 자연의 법칙이다. 따라서 우리는 어떻게 해서든지 인구의 증가율과 [㉡] 같게 해야 한다. ㉢ <u>결과적으로</u> 인구는 식량 부족 때문에 지속적으로 강력하게 제한될 수밖에 없다. 인구가 제한될 수밖에 없다면 이것은 대부분의 사람들에게 심각한 위험이 될 수밖에 없다. ㉣ <u>인구 제한 정책은 노동 시장의 구조를 변화시킬 수 있다</u>. 많은 사람들에게 심각한 위험이 있는 사회는 모든 구성원이 편안하고 행복하게 사는 완전한 사회가 아니다. 그러므로 모든 구성원이 편안하고 행복하게 사는 완전한 사회란 있을 수 없다.

① ㉠은 글 전체의 내용과 어울리도록 '증가'로 고친다.
② ㉡은 필수 문장 성분이 빠져 있으므로 '식량의 증산율을'을 넣는다.
③ ㉢은 앞뒤 문맥을 고려하여 '그런데'로 고친다.
④ ㉣은 글의 통일성을 해치므로 삭제한다.

10. 밑줄 친 어휘의 사용이 적절하지 않은 사람은?

> 훈민: 안녕하세요? 오늘은 <u>북어 한 쾌</u>하고 <u>오징어 두 축</u>만 살게요. 얼마예요?
> 상인 1: 다 합해서 ○만 원에 가져가요. 단골이라 싸게 주는 거요.
> 정음: 감사합니다. 다음 주가 저희 어머니 환갑이신데 잔칫상에 올릴 생선도 나중에 사러 올게요.
> 상인 1: 정음씨 어머니께서 벌써 <u>회갑</u>이신가? 하긴 작년에 <u>이순</u>이시라고 들은 것 같네.
> 상인 2: 오늘 두 사람에게 처음 물건을 팔아 <u>마수걸이했으니</u>, <u>김 한 톳</u>은 서비스로 넣어 줄게요.
> 정음: 매번 이렇게 <u>무람없이</u> 챙겨 주셔서 감사합니다. 저희 어머니께서는 <u>입이 질어서</u> 늘 고급 음식점만 가시는 분인데 여기 생선은 항상 맛있다고 하셔요.

① 훈민 ② 상인 1
③ 상인 2 ④ 정음

제19회 실전 모의고사

1. '고택을 전통 숙소로 활용하자'라는 주제의 글을 쓰기 위한 개요이다. 이 개요를 고치기 위한 방안으로 옳은 것은?

Ⅰ. 서론: 고택을 전통 숙소로 활용할 필요성 ……………………… ㉠

Ⅱ. 본론
　1. 고택을 전통 숙소로 활용하는 것이 어려운 이유
　　가. 행정 절차가 복잡함.
　　나. 고택의 유지 및 보수에 많은 관리 비용이 소요됨.
　　다. 지방 자치 단체가 재정을 확보하여 지원함. ……………… ㉡
　2. 고택을 전통 숙소로 활용하기 위한 방안
　　가. 고택을 활용한 전통 숙소를 만들기 위한 행정 절차를 간소화함.

Ⅲ. 결론: 고택을 전통 숙소로 활용하기 위한 지방 자치 단체의 관심 및 지원 촉구 ……………………… ㉢

① ㉠에는 지역별 전통 문화재의 분포 현황을 추가해야겠군.
② ㉡은 상위 항목에 어울리지 않으므로 Ⅱ-2로 옮겨야겠어.
③ Ⅱ-1과의 연관성을 고려해 Ⅱ-2에 '전통 문화 체험 프로그램을 개발함'을 추가해야겠어.
④ ㉢은 글의 흐름에 맞지 않으므로 '지방 자치 단체의 무분별한 개발로 인한 문화재 훼손 금지 촉구'로 바꿔야겠어.

2. <보기>에서 맞는 추론만을 모두 고른 것은?

고대 사회를 정의하는 기준 중의 하나로 '생계 경제'가 사용되곤 한다. 생계 경제 사회란 구성원들이 겨우 먹고살 수 있는 정도의 식량만을 확보하고 있어서 식량 자원이 줄어들게 되면 자동적으로 구성원 전부를 먹여 살릴 수 없게 되고, 심하지 않은 가뭄이나 홍수 등의 자연재해에 의해서도 유지가 어렵게 될 수 있는 사회를 의미한다. 그러므로 고대 사회에서의 삶은 근근이 버텨 가는 것이고, 그 생활은 기아와의 끊임없는 투쟁이다. 왜냐하면 그 사회에서는 기술적인 결함과 그 이상의 문화적인 결함으로 인해 잉여 식량을 생산할 수 없기 때문이다.

고대 사회에 대한 이러한 견해보다 더 뿌리 깊은 오해도 없다. 소위 생계 경제의 성격을 지닌 것으로 간주되는 많은 고대 사회들, 예를 들어 남아메리카에서는 종종 공동체의 연간 필요 소비량에 맞먹는 잉여 식량을 생산했다는 점에 주의를 기울일 필요가 있다. 기아와의 끊임없는 투쟁을 의미하는 생계 경제가 고대 사회를 특징짓는 개념이라면 오히려 프롤레타리아가 기아에 허덕이던 19세기 유럽 사회야말로 고대 사회라고 할 수 있을 것이다. 사실상 생계 경제라는 개념은 서구의 근대적인 이데올로기의 영역에 속하는 것으로 결코 과학적 개념 도구가 아니다. 민족학을 위시한 근대 과학이 이토록 터무니없는 기만에 희생되어 왔다는 것은 역설적이며, 더군다나 산업 국가들이 이른바 저발전 세계에 대한 전략의 방향을 잡는 데 기여했다는 사실은 두렵기까지 하다.

<보기>

㉠ 고대 사회는 생계 경제 체제를 통해 잉여 식량을 생산할 수 있었을 것이다.
㉡ 유럽의 산업 국가들에 의한 문명화 과정을 통해 저발전된 아프리카의 생활 여건이 개선되었다는 것은 이 글의 견해를 약화하지 않는다.
㉢ 고대 사회에서 존재했던 축제는 경제적인 잉여를 해소하는 기제로 작용했다는 것은 이 글의 견해를 강화한다.

① ㉠　② ㉢
③ ㉡, ㉢　④ ㉠, ㉡, ㉢

3. ㉠에 들어갈 말로 가장 적절한 것은?

드레퓌스 사건은 여러 각도에서 논의될 수 있지만, 공통적으로 제기되는 화두는 지식인, 즉 지식인의 행동과 책임이다. 드레퓌스파 식자들은 발언을 주고받고 행동을 조직하는 가운데 자연스럽게 하나의 사회 집단을 형성했으며, 반드레퓌스파 진영에서는 이들을 다소 경멸적으로 지식인이라고 불렀다. 그 이전에도 지식인이라는 단어가 없었던 것은 아니지만, 그것이 현대적 의미, 즉 [㉠]이라는 뜻을 지니게 된 것은 이때부터이며, 사실상 졸라가 그 표본이라고 해도 과언이 아니다. 드레퓌스 사건 이후에야 프랑스에서 양심에 따른 지식인의 사회 참여가 '필요'의 차원이 아니라 '의무'의 차원으로 승화될 수 있었다. 졸라의 장례식에서 아나톨 프랑스는 자신의 조사(弔詞)를 지식인 졸라에 대한 찬사로 끝맺었다. "우리는 그를 부러워합니다. 방대한 지식과 위대한 참여를 통해 조국을 명예롭게 했기 때문입니다. 우리는 그를 부러워합니다. 걸출한 삶과 뜨거운 가슴이 그에게 가장 위대한 운명을 선사했기 때문입니다."

① 일정한 수준의 지식과 교양을 갖춘 사람
② 지적 활동과 사회 참여를 결합하는 사람
③ 실천의 영역을 사유의 영역으로 승화시키는 사람
④ 양심에 따른 행동으로 조국을 명예롭게 하는 사람

4. 밑줄 친 부분이 ㉠의 예에 해당되지 않는 것은?

어근의 앞이나 뒤에 파생 접사가 결합한 것을 파생어라 한다. 파생 접사는 그 위치에 따라 접두사와 접미사로 나누는데 접두사는 어근의 품사를 바꿀 수 없지만, ㉠ <u>접미사는 어근의 품사를 바꾸기도 한다</u>.

① 꼬마는 발꿈치를 들어 올리며 키를 높<u>이</u>려고 애를 썼다.
② 차들이 신호를 무시한 채 무섭게 달리<u>기</u> 시작했다.
③ 그는 사람됨이 착실해서 누구에게나 믿<u>음</u>을 준다.
④ 나는 어려운 상황에도 최선을 다한 선수들이 자랑<u>스럽다</u>.

5. 다음 글의 서술상의 특징으로 가장 적절한 것은?

대체로 고대, 중세에는 예술의 여러 갈래들이 저마다의 고유한 원리와 특성을 가지고 있어서 그것들을 한데 섞을 수 없는 것으로 생각했다. 그러나 이런 고정 관념은 근대에 접어들면서 무너지게 되었다. 근대인들은 인생의 참모습 속에 비극적인 것과 희극적인 것이 공존하므로 이를 반영한 '비희극(悲喜劇)'도 당연히 존재할 만하다고 생각했다. 20세기에 와서는 갈래 사이의 경계선을 넘나드는 실험이 더욱 많아졌고, 전위적(前衛的) 실험 예술에서는 여러 가지 표현 방법을 다양하게 구사하는 것이 자연스러운 일이 되었다. 시각 영상과 음악 및 연극적, 문학적 요소들을 자유롭게 활용하는 백남준의 비디오 예술 같은 것이 그 좋은 본보기이다.

이렇게 볼 때 예술의 갈래란 결국 길과 같은 것이라 하겠다. 태초부터 길과 길 아닌 것이 정해져 있었던 것은 아니다. 많은 사람들이 걸어서 그 발자국이 겹쳐진 자리가 길이 된다. 이미 길이 만들어져 있어서 그 위로 가는 것이 좋을 때에는 대다수의 사람들이 그쪽을 선택한다. 그러나 때때로 어떤 사람들은 이미 나 있는 길을 통해서 갈 수 없는 곳을 가 보고자 하는 욕구를 느끼고, 그래서 황무지나 가파른 언덕으로 발을 내딛는다. 그 결과 그들이 무엇인가 새롭고도 의미 있는 것을 발견한다면 그 자취가 또 새로운 길이 된다.

① 서로 대비되는 견해를 절충하여 결론을 도출하고 있다.
② 통시적 서술과 유추를 통해 대상의 특성을 밝히고 있다.
③ 통념의 문제점을 지적하고 새로운 주장을 내세우고 있다.
④ 다양한 사례를 통해 상이한 두 입장의 공통점을 이끌어 내고 있다.

6. 다음 글에서 '나'가 주장하는 바가 아닌 것은?

> 우레가 울 때에 누구나 다 함께 마음이 두려워지므로 '뇌동(雷同)'이란 말이 있다. 내가 우레 소리를 들을 때 처음은 간담이 서늘하였으나, 나의 잘못은 없는지 여러 차례 반성하여 마음에 꺼려 할 만한 잘못을 찾지 못한 다음에야 겨우 마음을 놓았다.
>
> 다만 한 가지 마음에 조금 꺼리는 것이 있다. 내 일찍이 『좌전(左傳)』을 읽다가 화부(華婦)가 눈을 맞추었다는 대목을 보고 아닌 게 아니라 이것은 잘못이라 생각하여, 길에서 혹시 아름다운 여인을 만나면 서로 눈이 마주칠까 두려워서 머리를 숙여 외면하고 걸음을 빨리하였다. 그러나 머리를 숙이고 외면한다는 것 자체가 벌써 무심(無心)하지 못한 까닭이라고 생각되었기에 이것을 스스로 꺼렸던 것이다.
>
> 또 한 가지 일은 인정상 어쩔 수 없는 일로서 남이 나를 칭찬하면 기뻐하고 나를 나무라면 낯빛을 변하였으니, 이것은 비록 뇌성벽력(雷聲霹靂)할 때에 두려워할 것까지는 아니라 하더라도 또한 경계하지 않을 수 없는 것이다. 옛사람이 어두운 방에서도 속일 것이 없다고 한 것을 내 어찌 따를 수 있으랴!
>
> – 이규보, 「뇌설」에서 –

① 외적인 유혹에 흔들리지 말아야 한다.
② 매사에 스스로 삼가고 조심해야 한다.
③ 용기를 가지고 두려움을 극복해야 한다.
④ 남의 질책을 겸허히 수용할 줄 알아야 한다.

7. ㉠과 상반되는 뜻을 가진 한자 성어는?

> 의사가 젊은 의사를 데리고 수술 제구를 가지고 돌아온 것은 세 시간쯤 뒤였다. [중략]
>
> 첫째로 할 일은 수혈이었다. 혈형을 검사한 결과 순의 피에 맞는 것은 숭의 피뿐이었다.
>
> "내 피를 넣어도 좋은가." / 하고 숭은 한갑에게 물었다.
>
> "면목 없네. 어찌해서든지 살려만 주게. 자네 은혜는 ㉠ <u>白骨難忘</u>일세." 하고 한갑은 숭을 바라보았다. 숭은 한갑의 말에는 대답을 아니 하고 의사가 명하는 대로 누워서 왼편 팔의 피를 뽑혔다.
>
> – 이광수, 「흙」에서 –

① 結草報恩　② 背恩忘德
③ 他山之石　④ 脣亡齒寒

8. ㉠~㉤의 전개 순서로 가장 자연스러운 것은?

> 1990년대 이후 온톨로지(ontology)는 인공 지능 연구에서 각광을 받고 있다.
>
> ㉠ 여기서 '관심 영역'은 특정 영역 중심적이라는 것을, '공유된'은 관련된 사람들의 합의에 의한 것이라는 것을, '개념화'는 현실 세계에 대한 모형이라는 것을 뜻한다.
> ㉡ 그 결과로 얻어지는 '명시적 명제'는 일종의 공학적 구조물로서 다양한 용도로 사용된다.
> ㉢ 즉 특정 영역의 지식을 모델링하여 구성원들의 지식 공유 및 재사용을 가능하게 하는 것이 바로 온톨로지인 것이다.
> ㉣ 연구자들마다 '온톨로지'란 용어를 조금씩 다른 의미로 사용하고 있지만, 널리 받아들여지는 정의는 '관심 영역 내 공유된 개념화에 대한 형식적이고 명시적인 명제'이다.
> ㉤ 또 '형식적'은 기계가 읽고 처리할 수 있는 형태로 온톨로지를 표현해야 한다는 것을 뜻한다.

① ㉢-㉣-㉠-㉡-㉤　② ㉢-㉣-㉠-㉤-㉡
③ ㉣-㉠-㉢-㉤-㉡　④ ㉣-㉢-㉠-㉤-㉡

9. 다음 시에 대한 설명으로 잘못된 것은?

> 향단아 그넷줄을 밀어라
> 머언 바다로
> 배를 내어 밀듯이,
> 향단아
>
> 이 다소곳이 흔들리는 수양버들나무와
> 베갯모에 놓이듯 한 풀꽃 더미로부터,
> 자잘한 나비 새끼 꾀꼬리들로부터
> 아주 내어 밀듯이, 향단아
>
> 산호(珊瑚)도 섬도 없는 저 하늘로
> 나를 밀어 올려 다오
> 채색(彩色)한 구름같이 나를 밀어 올려 다오
> 이 울렁이는 가슴을 밀어 올려 다오!
>
> 서(西)으로 가는 달같이는
> 나는 아무래도 갈 수가 없다.
>
> 바람이 파도(波濤)를 밀어 올리듯이
> 그렇게 나를 밀어 올려 다오
> 향단아.
>
> – 서정주, 「추천사 — 춘향의 말 1」 –

① 청자에게 말을 거는 듯한 어조를 취하고 있다.
② 자연물에 감정을 이입하여 화자의 정서를 드러내고 있다.
③ 직유법을 사용하여 정서를 형상화하고 있다.
④ '그네'의 상승과 하강 운동은 화자의 모순된 심리를 드러낸다.

10. 다음 글의 중심 내용으로 가장 적절한 것은?

> 18세기 후반의 중국은 명대 이래의 경제 발전이 정점에 달해 있었다. 향촌의 정기 시장부터 대도시의 시장에 이르는 여러 단계의 시장들이 그물처럼 연결되어 국내 교역이 활발하게 이루어지고 있었다. 상인 조직의 발전과 신용 기관의 확대는 교역의 질과 양이 급변하고 있었음을 보여 준다. 대외 무역의 발전과 은의 유입은 중국의 경제적 번영에 영향을 미친 외부적 요인이었다. 은의 유입, 그리고 이를 통해 가능해진 은을 매개로 한 과세는 상품 경제의 발전을 자극하였다. 은과 상품의 세계적 순환으로 중국 경제가 세계 경제와 긴밀하게 연결되었다.
>
> 그러나 청의 번영은 지속되지 않았고, 19세기에 접어들 무렵부터는 심각한 내외의 위기에 직면해 급속한 하락의 시대를 겪게 된다. 경제 번영의 정점이었던 18세기 후반에도 이미 위기의 징후들이 나타나고 있었다.
>
> 급격한 인구 증가로 인한 여러 문제는 새로운 작물 재배, 개간, 농경 집약화 등 민간의 노력에도 불구하고 해결되지 않았다. 인구 증가로 이주 및 도시화가 진행되는 가운데 전통적인 사회적 유대가 약화되거나 단절된 사람들이 상호 부조 관계를 맺는 결사 조직이 성행하였다. 이런 결사 조직은 불법적인 활동으로 연결되곤 했고 위기 상황에서는 반란의 조직적 기반이 되었다. 인맥에 기초한 관료 사회의 부정부패가 심화된 것 역시 인구 증가와 무관하지 않았다. 교육받은 지식인들이 늘어났지만 이들을 흡수할 수 있는 관료 조직의 규모는 정체되어 있었고, 경쟁의 심화가 종종 불법적인 행위로 연결되었다.

① 18세기 후반 중국의 사상적 변화로 인한 사회 갈등
② 18세기 후반 중국의 인구 증가로 인한 사회적 문제
③ 18세기 후반 중국의 경제적 번영과 사회적 불안 요인
④ 18세기 후반 중국의 경제를 급속하게 발전시킨 요인

제20회 실전 모의고사

1. 다음 글의 내용으로 적절하지 않은 것은?

> 개념은 정신적 관념을 나타내기 위해 우리가 사용하는 언어로 된 상징으로, 우리는 다른 사람과 소통하기 위해 또한 정신적 관념을 공유하기 위해 개념을 사용한다. 개념화를 위해 반드시 전제되어야 하는 필요조건은 배타성과 포괄성이다. 다시 말해, 어떤 개념이 학문적으로 인정받기 위해서는 다른 개념과 중복되지 않고 독립성을 가져야 하며, 또한 그 개념과 관련된 모든 내용을 포괄적으로 담고 있어야 한다. 예를 들어, 행정부 개념에는 국회나 법원이 포함되면 안 되는 반면에 국방부, 외교부 등 주요한 부처가 빠지면 안 되는 것이다.
>
> 물론 대부분 개념들이 철저하게 연구자의 논리적 사유에서 생성된다는 점에서 모더니즘과 행태주의에서 주장하는 객관성은 인정받기 어렵다. 개념 자체가 렌즈와 같이 편향성을 가질 수밖에 없기 때문이다. 즉 영고불변한 절대적인 개념은 존재할 수 없으며, 새로운 사실과 인식 변화에 바탕을 둔 개념 수정이 불가피한 것이다. 국가 주권의 개념이 왕권에서 국민 주권으로 바뀌는 것처럼 상황의 변화는 개념의 변화를 초래하게 마련이다.

① 개념은 사실과 인식의 변화에 따라 수정될 수 있으며, 영원히 변하지 않는 개념은 소수에 불과하다.
② 행정부 개념 안에 국방부나 외교부가 포함되지 않는다면 개념화를 위한 필요조건인 포괄성을 충족하지 못한다.
③ 개념은 그 배타성과 포괄성 중 어느 하나라도 충족하지 못한다면 독립된 개념으로 인정받을 수 없다.
④ 개념이 지닌 편향적 속성은 개념이 생성되는 근원으로 인해 나타난 것이다.

2. ㉠~㉣의 고쳐쓰기 방안으로 적절하지 않은 것은?

> 18세기부터 당시 유행하였던 영향 미학에 따라 음악은 '내용'을 갖추고 있어야 한다고 생각되었다. 여기서 내용은 누구나 느낄 수 있는 객관적인 감정을 의미했는데, 작곡가들은 악곡 속에 그 감정을 담아내었고, 연주자들은 자신의 생각이나 주관을 드러내기보다는 작품이 갖고 있는 감정을 청중에게 정확하게 전달하는 역할을 했다. 당시에 청중들은 연주를 통하여 ㉠ <u>연주자</u>가 곡에 담아낸 감정을 감상하였던 것이다.
>
> 그러나 19세기에 들어 작품 그 자체가 지니는 의미와 가치에 관심을 갖는 작품 미학의 영향에 따라 작곡가들은 음악이 내용을 지시하거나 표상하도록 할 필요가 없게 되었고, 오로지 음악 그 자체로서 고유한 가치를 갖는 절대 음악을 탄생시켰다. 이렇게 음악에서 지시하는 내용이나 감정이 ㉡ <u>강조되자</u> 연주자는 작품을 구성하는 형식에 의한 아름다움의 의미들을 재구성하여 표현하려 했고, 이에 따라 연주는 해석으로 이해되었다.
>
> 이러한 경향은 20세기에 들어 ㉢ <u>구체화된다</u>. 작곡가와 연주자가 뚜렷하게 분리되었고, 연주자 가운데에서도 장르나 시대 또는 작곡가에 따른 전문 영역이 세밀하게 구분되었다. 한 작품에 대해서도 수십 개의 음반이 쏟아져 나오는 상황에서 연주자들은 다른 연주자와 ㉣ <u>함께하는 연대성</u>을 강조해야 했다. 연주자는 작품을 보다 더 다양하면서도 주관적으로 해석하게 되었다. 그래서 하나의 작품이 연주될 때 작곡가의 작품은 연주자에 따라 달리 재창조되었다.

① ㉠은 '작곡가'로 고친다.
② ㉡은 '없어지자'로 고친다.
③ ㉢은 '관념화된다'로 고친다.
④ ㉣은 '구별되는 독자성'으로 고친다.

3. 다음 글에서 알 수 있는 내용이 아닌 것은?

> 한옥의 마당은 대문과 마루 그리고 부엌과 긴밀하게 연결된 공용 공간이다. 동시에 농경 문화의 부산물로, 바깥마당 한쪽은 장작을 쌓아 두거나 곡식과 채소를 말리는 용도로 활용되었으며 수확의 계절에는 각종 농기구를 세워 두고 타작하는 생산적인 공간으로 기능했다. 마당은 언제나 외부를 향해 열려 있으며 담을 두르고 있을지라도 그 너머의 외부 환경과 밀접한 관계를 맺는다. 마당은 행랑 마당, 사랑 마당, 안마당, 셋 마당, 중 마당과 같이 다양한 이름과 쓰임새를 지녔다. 혼례나 상·제례 등과 같은 다양한 활동이 이루어지는가 하면 안채와 사랑채의 거리를 유지하고 방문객의 시선을 중화시킴으로써 남녀의 공간, 공과 사적인 영역 그리고 범, 속과 신성한 공간의 위계와 쓸모를 나누는 매개 공간이자 복합 공간이기도 하다. 때문에 마당은 외부이자 내부 공간이며 때론 접객 공간으로 항상 비어 있어야 제 기능을 하는 공간이었다.

① 한옥의 마당은 농경 생활을 하는 우리 민족에게 있어 중요한 공간이었다.
② 과거에는 마당에 담을 두르지 않았기 때문에 마당이 외부 환경과 긴밀하게 연결되어 있었다.
③ 한옥의 마당은 안채와 사랑채의 거리를 유지하고, 공간의 위계를 나누는 중간 공간이다.
④ 한옥의 마당은 주인과 객 모두를 위한 공간으로서의 기능을 하였다.

4. 다음은 공문서의 어려운 표현을 쉽게 다듬은 내용이다. 적절하게 고친 것은?

> ㉠ 정부는 민간 기업에 국유지를 <u>불하(拂下)하였다</u>. → 허용하지 않았다
> ㉡ 법원은 불법으로 점유한 건물을 <u>명도(明渡)하라고</u> 판결했다. → 넘겨주라고
> ㉢ 파업 현장 상황을 <u>상신(上申)해</u> 주시기 바랍니다. → 헤아려
> ㉣ 법률을 위반하여 공고를 <u>해태(懈怠)할</u> 때에는 과태료가 부과된다. → 거짓으로 할

① ㉠　② ㉡
③ ㉢　④ ㉣

5. 다음은 아버지와 아들의 대화이다. 이 대화에서 아버지가 범하고 있는 오류가 나타난 것은?

> "할아버지는 기꺼이 응하지 않았을 게다. 네가 유혹했어."
> "결과는 마찬가지예요. 저는 그날 할아버지에게서 그걸 확인했습니다."
> "너는 할아버지와 나와의 관계에 대해, 특히 내가 취하고 있는 입장에 대단히 불만이지?"
>
> – 최일남, 「흐르는 북」에서 –

① 내 의견에 반박하는 모든 사람들은 내 지지자들에 의해 큰 피해를 입을 것입니다.
② 그 빵집 SNS에 달린 좋아요 수가 1만 개나 되는 걸 보면, 그 집 빵은 분명 맛있을 거야.
③ 내가 애국심이 부족하다는 건 인정해. 그런데 너 '저희 나라를 사랑합시다'가 틀린 표현이라는 건 알고 있니?
④ 프랑스도, 캐나다의 퀘벡주도 프랑스어를 사용한다. 따라서 퀘벡주에도 프랑스처럼 에펠탑이 있을 것이다.

6. 다음 시의 밑줄 친 부분과 그 수사적(修辭的) 유형이 같은 것은?

> 문 한 번 열지 않고
> 반추 동물처럼 죽음만 꺼내 씹었다.
> <u>나는 누워서 편히 지냈다.</u>
> 사랑하는 사람을 잃어버린
> 이 겨울.
>
> – 문정희, 「겨울 일기」에서 –

① 밤에 홀로 유리창을 닦는 것은 / <u>외로운 황홀한 심사</u>이어니 – 정지용, 「유리창 1」 –
② 먼 훗날 당신이 찾으시면 / <u>그때에 내 말이 "잊었노라."</u> // 당신이 속으로 나무라면 / "무척 그리다가 잊었노라." – 김소월, 「먼 후일」 –
③ <u>산은 사람들과 친하고 싶어서</u> / 기슭을 끌고 마을에 들어오다가도 – 김광섭, 「산」 –
④ 그칠 줄 모르고 타는 <u>나의 가슴은 누구의 밤을 지키는 약한 등불</u>입니까. – 한용운, 「님의 침묵」 –

7. ㉠~㉤을 가장 자연스럽게 배열한 것은?

> ㉠ 에너지는 매장량이 상대적으로 풍부하고 이용 과정에서 발생하는 외부 효과가 중요하게 여겨지지 않던 시기에는 시장 메커니즘을 통해 분배가 결정되었다.
> ㉡ 에너지 시장에 대한 정부 개입의 필요성은 자원의 고갈 전망이 제시되고 두 차례 석유 위기가 발발한 1970년대부터 등장하기 시작하였다.
> ㉢ 에너지 자원의 고갈 가능성은 시장에서 결정되는 균형이 사회적 측면에서 최적 수준이 아님을 인식하게 되는 계기가 되었다.
> ㉣ 즉, 에너지 소비는 각 경제 주체의 후생 극대화 의사 결정 과정에서 결정되었으며 시장 가격은 채굴이나 수송에 소요되는 직접 비용과 시장 구조에 따라 결정되었다.
> ㉤ 또한 급격한 유가 상승을 경험하면서 에너지 시스템이 본질적으로 매우 경직적이며, 이러한 특성으로 인해 시장에서 결정되는 수급 구조가 공급 관련 외생적 충격에 매우 취약함을 인식하게 되었다.

① ㉠-㉣-㉡-㉢-㉤
② ㉡-㉠-㉣-㉤-㉢
③ ㉡-㉢-㉠-㉤-㉣
④ ㉢-㉡-㉤-㉣-㉠

8. 다음 글의 글쓰기 방식에 대한 설명으로 가장 적절한 것은?

> 일반적으로 광고는 창의적이어야 한다는 믿음이 있다. 최근에는 창의적인 광고가 단순히 주의를 끄는 것뿐 아니라 광고를 오래 보게 만들고 긍정적 정서를 유발하여 보다 긍정적인 광고 효과를 일으킨다고 밝혀지기도 하였다. 그런데 막상 창의적이어서 광고상을 수상한 광고들을 보면 광고 효과가 없거나 실무적 유용성이 낮은 경우가 종종 있다. 이는 광고 창의성의 구성 요인을 일탈성과 의미성으로 구분할 때, 광고상 수상작이 일탈성 차원에서는 높은 점수를 받지만 의미성 차원에서는 그렇지 못하기 때문인 것으로 보인다. 즉 기발하고 새롭기는 하지만 의미성이 낮거나 또는 소비자와의 연결성이 낮기 때문에 광고 효과 측면에서는 그다지 효과적이지 않은 것일 수 있다.

① 화제와 관련된 문제점을 지적한 후, 대안을 소개하고 있다.
② 논의 대상이 지닌 성격에서 파생하는 효과에 대해 논의하고 있다.
③ 특정 현상을 일으키는 원인을 이론을 통해 분석하고 있다.
④ 대상을 구성하는 요소를 파헤친 후 특정 요소를 비판하고 있다.

9. 다음 글의 맥락을 고려할 때, 빈칸에 들어갈 말로 가장 적절한 것은?

> 우리가 아는 삼단 논법은 형식적으로 보통 두 개의 전제와 한 개의 결론, 즉 세 가지 언어적 표현으로 이루어진다. 그런데 여기에서 전제의 일부를 생략한 것을 생략 삼단 논법이라고 한다. 논증을 말하는 이나 듣는 이가 모두 특정 전제를 알고 있을 때는 흔히 생략된다. 모든 사람이 알고 있는 것을 미주알고주알 말하는 것은 멋쩍은 일일 뿐만 아니라 효과적인 의사소통에 방해가 되기 때문이다. 아리스토텔레스의 『시학』에는 유명한 구절이 있다. "문학은 보편적인 것을 표현하지만 역사는 특별한 것만을 다룬다. 그러므로 문학은 역사보다 더 철학적이고 진지한 행위이다." 이는 삼단 논법에서 '[   ]'를 생략한 것이다. 이처럼 아리스토텔레스는 생략 삼단 논법을 애용했다.

① 보편적인 것은 특수한 것보다 더 가치 있는 것으로 높게 평가받는다
② 역사는 사례의 특수성을 다루기 때문에 철학적이고 진지한 특성이 결여되어 있다
③ 특수한 것보다 보편적인 것을 다루는 것이 더 철학적이고 진지한 행위이다
④ 역사보다 더 철학적이고 진지한 행위인 문학을 주요 학문으로 다루어야 한다

10. <보기>에서 맞춤법에 맞게 쓰인 문장을 모두 고른 것은?

> <보기>
> ㉠ 국수를 체에 밭쳐 놓고, 달걀을 그릇 모서리에 부딪쳐 깼다.
> ㉡ 부모님께서 용돈을 푼푼이 주지는 않으셨기 때문에 간간히 일을 해서 용돈을 벌었다.
> ㉢ 그는 주말이면 으레 친구들과 축구를 하니까 이따가 운동장에 가 보자.
> ㉣ 동생은 거울 앞에 서서 매무시를 가다듬더니 얼굴에 홍조를 띄었다.

① ㉠, ㉢
② ㉠, ㉣
③ ㉡, ㉢
④ ㉡, ㉣

11. 다음 글에서 글쓴이가 궁극적으로 말하고자 하는 바는?

> "요동 들은 평평하고 넓기 때문에 물소리가 크게 울지 않는 거야."
> 하지만 이것은 물을 알지 못하는 것이다. 요하(遼河)가 일찍이 울지 않는 것이 아니라 특히 밤에 건너보지 않은 때문이니, 낮에는 눈으로 물을 볼 수 있으므로 눈이 오로지 위험한 데만 보느라고 도리어 눈이 있는 것을 걱정하는 판인데, 다시 들리는 소리가 있을 것인가.
> 지금 나는 밤중에 물을 건너는지라 눈으로는 위험한 것을 볼 수 없으니, 위험은 오로지 듣는 데만 있어 바야흐로 귀가 무서워하여 걱정을 이기지 못하는 것이다. 나는 이제야 도(道)를 알았도다. 마음을 차분히 다스린 자는 귀와 눈이 누(累)가 되지 않고, 귀와 눈만을 믿는 자는 보고 듣는 것에만 더욱 밝아져서 병이 되는 것이다.
>
> – 박지원, 「일야구도하기」에서 –

① 사람의 마음가짐에 따라 똑같은 대상이라도 다르게 인식될 수 있다.
② 상황이 변화함에 따라 사람의 생각은 자연스럽게 전환된다.
③ 사람이 느끼는 필요 정도에 따라서 대상의 가치는 달라진다.
④ 대상이 변할지라도 그에 대한 사람의 생각은 변하지 않는다.

12. 다음 글의 내용에 부합하지 않는 것은?

> 브뤼셀 효과란 EU가 소비자 보호, 제품 안전, 환경 보호 등 보편적 가치를 바탕으로 규범을 만들면 다른 국가들과 기업들이 자발적으로 이를 따르게 되는 현상을 말한다. EU의 규범이 전 세계로 확산되면서 EU 역내 기업은 규제에 대한 적응력을 먼저 갖추게 되는 반사적 이익도 누린다. 브뤼셀 효과를 가능케 하는 몇 가지 작동 원리가 있다. 우선 EU가 세계에서 두 번째로 큰 소비 시장이라는 점이다. 유럽 시장에 대한 접근을 차단한다는 위협만으로도 기업들에는 큰 압박으로 작용한다. 둘째, 유럽의 규제가 다른 나라들도 수긍할 수밖에 없는 보편적 가치에 기초한다는 점이다. EU의 규제 대부분은 서구적 가치에 기반하고 있으나 다양한 회원국들과의 이해관계 조율을 거치면서 역외국들도 고개를 끄덕일 수 있는 수준으로 다듬어진다. 셋째, 다양한 언어로 정교하게 고안된 규범은 다른 나라들이 시행착오를 최소화하며 법제화할 수 있는 길을 열어 준다. 이로 인해 EU는 역외국들 사이에서 조용한 패권을 누리고 있는데, 이는 EU의 규범이 역내 이익보다는 공공의 이익에 부합한다는 믿음에 따른 것이다.

① EU가 만든 규범은 시간의 흐름에 따라 변화할 수 있다.
② 브뤼셀 효과는 EU의 규제에 역외국들이 능동적으로 동의하는 현상이다.
③ EU의 세계 경제 지배력은 브뤼셀 효과가 일어날 수 있는 원인에 해당한다.
④ 브뤼셀 효과로 인해 EU가 규범을 만들면 EU 역내외 기업은 이익을 얻을 수 있다.

13. 밑줄 친 부분의 쓰임이 적절하지 않은 것은?

① 그의 업무 처리 능력은 결코 다른 사람<u>에</u> 뒤지지 않는다.
② 철수는 자기는 절대 범인이 아니<u>라고</u> 주장했다.
③ 지금<u>으로서</u>는 이것이 최선의 방법이다.
④ 그 항공사는 23일<u>로써</u> 취항 5주년을 맞는다.

14. 다음 시에 대한 설명으로 옳지 않은 것은?

> 이 일이 무슨 일인고 내 몸 어이 여기 온고 번화 고향 어디 두고 적막 절도(寂寞絶島) 들어온고 오량각(五樑閣) 어디 두고 두옥 반간(斗屋半間) 의지한고 안팎 장원(莊園) 어디 가고 밭고랑의 빈 터이며 세살 창호 어디 가고 죽창(竹窓)을 달았으며 서화 도벽(書畫塗壁) 어찌하고 흙 바람벽 되었으며 산수병풍 어디 가고 갈대 발을 둘렀으며 [중략] 조반 점심 어디 가고 일중(日中)하기* 어려우며 사환 노비 어디 가고 고공(雇工)이가 되었는고 아침이면 마당 쓸기 저녁이면 불 때기 볕이 나면 쇠똥 치기 비가 오면 도랑 치기 들어가면 집 지키기 보리멍석 새 날리기 거처 번화 의복 사치 나도 전에 하였더니 좋은 음식 맛난 맛은 하마 거의 잊었세라
>
> – 안조환, 「만언사」에서 –
>
> *일중하기: 아침과 저녁은 굶고 낮에 한 번만 먹기

① 대구와 열거를 활용해 화자의 체험을 구체적으로 서술하고 있다.
② 대조적 표현을 반복하여 화자의 현실적 욕망을 표출하고 있다.
③ 연쇄적 표현으로 시적 대상을 해학적으로 묘사하고 있다.
④ 설의적 표현을 사용하여 화자의 정서를 강조하고 있다.

15. <현대어 풀이>를 바탕으로 중세 국어의 표기를 이해한 내용으로 바르지 않은 것은?

> (가) :사ᄅᆞᆷ:마·다 :ᄒᆡ·ᅇᅧ :수·ᄫᅵ 니·겨 ·날·로 <u>·ᄡᅮ·메</u> 便뼌安한·킈 <u>ᄒᆞ·고·져</u> ᄒᆞᇙ ᄯᆞᄅᆞ·미니·라.
>
> <현대어 풀이>
> 사람마다 하여금 쉽게 익혀 날로 사용함에 편안하게 하고자 할 따름이니라.
>
> – 「세종어제훈민정음」에서 –
>
> (나) <u>불·휘</u> 기·픈 <u>남·ᄀᆞᆫ</u> <u>ᄇᆞᄅᆞ·매</u> 아·니 :뮐·ᄊᆡ, 곶 :됴코 여·름 <u>·하ᄂᆞ·니</u>. :ᄉᆡ·미 기·픈 ·므·른 ·ᄀᆞᄆᆞ·래 아·니 그·츨·ᄊᆡ, <u>:내·히</u> 이·러 바·ᄅᆞ래 ·가ᄂᆞ·니.
>
> <현대어 풀이>
> 뿌리가 깊은 나무는 바람에 흔들리지 않으므로 꽃이 찬란하고 열매가 많습니다.
> 샘이 깊은 물은 가뭄에도 마르지 않으므로 시내가 되어 바다로 흘러갑니다.
>
> – 「용비어천가」에서 –

① (가)의 ‘·ᄡᅮ·메’와 (나)의 ‘ᄇᆞᄅᆞ·매’를 보니 모음 조화에 따라 형태를 달리하는 부사격 조사가 있었음을 알 수 있군.
② (가)의 ‘ᄒᆞ·고·져’와 (나)의 ‘·하ᄂᆞ·니’를 보니 ‘ᄒᆞ다’는 ‘爲’의 의미로, ‘하다’는 ‘多’의 의미로 쓰였겠군.
③ (나)의 ‘불·휘’를 보니 ‘ㅣ’ 모음으로 끝난 체언 뒤에서는 주격 조사가 생략되었음을 알 수 있군.
④ (나)의 ‘남·ᄀᆞᆫ’과 ‘:내·히’를 보니 ‘나무’와 ‘시내’에 해당하는 중세 국어의 단어는 ‘낡’과 ‘냏’이고, 주격 조사와 만나 형태가 변화되었군.

16. <해설>을 참고하여, ㉠, ㉡에 대해 이해한 내용으로 적절한 것은?

> 제1항 한글 맞춤법은 표준어를 ㉠ <u>소리대로 적되</u>, ㉡ <u>어법에 맞도록</u> 함을 원칙으로 한다.
>
> <해설>
> 표준어를 소리대로 적는다는 것은 표준어의 발음 형태대로 적는다는 뜻이다. 그런데 표준어를 소리대로 적는다는 원칙만을 적용하기 어려운 경우도 있다. 그리하여 어법에 맞도록 한다는 또 하나의 원칙이 붙은 것이다.
> 어법에 맞도록 한다는 것은, 결국 뜻을 파악하기 쉽도록 하기 위하여 각 형태소의 본모양을 밝히어 적는다는 말이다.

① 훈: ‘깍두기’, ‘싹둑’은 된소리가 나는 발음 형태대로 적은 것이므로 ㉠의 예에 해당하는군.
② 민: ‘끄트러기(끝 + 으러기)’, ‘이파리(잎 + 아리)’는 발음 형태대로 적은 것이므로 ㉠의 예에 해당하는군.
③ 정: ‘개구리’, ‘뻐꾸기’는 어근의 본모양을 밝혀 적은 것이므로 ㉡의 예에 해당하는군.
④ 음: ‘좁쌀(조 + 쌀)’, ‘살코기(살 + 고기)’는 ‘ㅂ’이나 ‘ㅎ’이 덧나는 형태소의 본모양을 밝혀 적은 것이므로 ㉡의 예에 해당하는군.

17. 다음 글에 대한 설명으로 옳은 것은?

> [앞부분의 줄거리] 조정의 신하들은 이도(세종 대왕)가 새 글자를 만들어 반포하는 것에 반대하는 시위를 벌인다.
>
> S# 14. 경복궁 일각(낮)
>
> 장은성: 하오나…… 더 쉽다는 이유로 한자를 버리는 선비들이 늘면 어찌하옵니까? (cut)
>
> 이도: 선비란 배우는 것이 직업이다. 더 쉬운 것이 있다 하여 한자를 배우지 않는다면 그것은 선비의 탓이지, 백성의 글자를 만든 내 탓도, 백성의 탓도 아니다. (cut)
>
> S# 15. 성삼문 술 마신 곳(낮)
>
> 이순지: 『삼강행실도』를 그림으로 그려 배포하여도 패륜의 죄를 저지르는 자는 있는 것이옵니다. 사람의 선악은 그 사람의 자질에 달려 있는 것이지……. (cut)
>
> 이도: (버럭) 네놈이 선비냐? 네놈이 유학자야? 유학의 근본은 끊임없는 수양으로 인간 본성에 도달할 수 있다는 것이다! 사람의 자질이 날 때부터 이미 정해져 있는 것이라면, 유학에서 어찌 교화를 임금의 책무로 말한단 말이냐? (cut)
>
> – 김영현 · 박상연, 「뿌리 깊은 나무」에서 –

① 다양한 공간을 활용하여 갈등이 해소되고 있음을 나타내고 있다.
② 카메라 기법을 활용하여 앞으로 일어날 사건을 암시하고 있다.
③ 유사한 장면을 잇달아 제시하여 인물의 의도를 부각하고 있다.
④ 장면을 빠르게 전환하여 극적 긴장감을 해소하고 있다.

18. 다음 글의 내용과 부합하지 않는 것은?

> 놀이를 계속하거나 다음에 또다시 반복해서 하게 되는 결정적인 이유는 즐거움, 즉 재미가 있기 때문이다. 시간 낭비나 쓸데없는 짓쯤으로 평가될 수 있음에도 불구하고 지속적인 반복이 일어나는 것은 즐거움이나 재미가 주는 카타르시스 효과가 매우 강력한 것이며, 이로 인해 다양한 가치가 발생하기 때문이다. 개인적인 측면에서 볼 때, 즐겁게 반복되던 놀이가 취미 생활이 될 정도의 수준에 이르렀다면 이미 그 개인에게는 어떤 것보다 행복하고 중요한 삶의 요소로 자리 잡았다고 볼 수 있다.
>
> 누구나 특정한 활동을 반복하면서 매번 복제하듯이 똑같이 하지는 않는다. 어느 정도 요령을 터득하게 되면 조금이라도 더 지루하지 않고 재미있도록 놀이를 확장하고 변형시키면서 성장을 도모하게 마련이다. 단계별로 예상 밖의 힘든 요인들이 나타나지만 주어진 여건 안에서 노력을 통해 얻을 수 있는 교육적 효과는 한계를 극복하거나 어려움에 맞설 수 있는 능력을 증대시킨다는 것이다. 두려움에 맞섬으로써 용기가 무엇인지 배우며, 성취 습관의 형성과 확대로 자존감을 키우는 기회를 갖게 된다.

① 놀이를 할 때 느끼는 카타르시스 효과 때문에 놀이를 반복하게 된다.
② 인간은 누구나 취미 생활을 통해서 한계를 극복하는 경험을 한다.
③ 놀이가 항상 예상했던 대로 흘러가는 것은 아니다.
④ 어려움에 맞설 수 있는 능력을 준다는 데에 놀이의 교육적 효과가 있다.

[19 ~ 20] 다음 글을 읽고 물음에 답하시오.

> 물은 왜 투명해 보일까? 물리적으로 말하면 투명한 물질은 '들어온 빛이 흡수되거나 반사되지 않고 그대로 투과하는 물질'이다. 또한 이때 중요한 조건이 하나 있다. 그것은 사람의 눈으로 볼 수 있는 '가시광선'이 투과한다는 것이다. 눈으로 볼 수 없는 자외선이나 적외선이 투과하는 일은 사람한테는 큰 상관이 없다.
>
> 태양에서 방사되는 빛은 감마선, X선, 자외선, 가시광선, 적외선, 전파 등으로 구분할 수 있다. 이 중 파장이 극히 짧아 파괴력이 가장 큰 감마선, X선 등은 지구가 자전을 하며 생기는 자기력에 의해 튕겨져 나간다. [㉠] 강한 자외선의 상당 부분은 오존층에 의해 반사되어 걸러지게 된다. [㉡] 파괴력이 약한 일부 자외선과 적외선, 가시광선, 전파 등이 지구에 도달하는 것이다. 가시광선은 인간의 눈으로 볼 수 있는 광선으로 파장 범위는 380~780nm이다. 380nm 이하의 짧은 파장을 자외선, 780nm 이상의 긴 파장을 적외선으로 분류한다.
>
> 물은 가시광선과 파장이 약 200nm 이상인 일부 자외선 이외의 빛은 거의 투과하지 않는다. 물 분자[H_2O]를 구성하는 수소 원자[H]와 산소 원자[O]는 약 4.8eV의 에너지로 결합한다. 이것은 파장 약 260nm의 자외선이 가진 에너지와 같다. 빛은 파장이 짧을수록 에너지가 높기 때문에 약 200nm보다 파장이 짧은 자외선은 물 분자에 쬐면 흡수되어 H와 O의 결합을 끊는다. [㉢] 자외선은 물을 거의 투과하지 않는다. 가시광선보다 파장이 긴 적외선과 전파도 H와 O의 결합 거리를 바꾸거나 물 분자의 회전 상태를 바꾸는 데 필요한 에너지를 갖기 때문에 적외선과 전파도 물 분자에 쬐면 흡수되어 버린다. 한편 가시광선은 물 분자에 흡수되지 않고 입사되면 그대로 투과한다. 그래서 사람에게 물은 투명하게 보인다.

19. 이 글을 통해 알 수 있는 것만을 <보기>에서 모두 고르면?

<보기>

ⓐ 물은 가시광선보다 파장이 짧은 빛을 투과하고, 파장이 긴 빛을 흡수한다.
ⓑ 감마선과 X선에 비해 적외선과 전파는 파장이 길고 가지고 있는 에너지가 낮다.
ⓒ 가시광선보다 파장이 짧은 빛을 물 분자에 쬐면 물은 산소와 수소로 나누어진다.
ⓓ 자외선의 일부는 물에 투과되지만 이를 통해 인간이 물을 투명하게 인지할 수는 없다.

① ⓐ, ⓑ　　② ⓑ, ⓒ
③ ⓑ, ⓓ　　④ ⓒ, ⓓ

20. ㉠ ~ ㉢에 들어갈 말로 가장 적절한 것은?

	㉠	㉡	㉢
①	요컨대	다시 말해	반면
②	또한	그래서	그러나
③	그래서	예를 들어	따라서
④	그리고	즉	그래서

④ ㄷ

11. 다음 글의 내용과 일치하지 않는 것은?

> 날로 커지는 재난을 어떻게 이해해야 할까. 과학자들은 기후 변화를 빼놓고는 설명할 수 없다고 말한다. 기후 변화 대응 전략은 두 가지다. 첫째, 완화 정책이다. 화석 연료 사용에 따른 탄소 배출량을 줄여야 한다. 둘째, 적응 정책이다. 기후 변화로 인한 위험과 피해를 최소화하고, 그 과정에서 새로운 경제적 기회를 찾는 것이다. 기후 문제를 해결하기 위한 근본 대책은 탄소 감축이다. 하지만 생존을 위한 경제 주체들의 노력도 중요하다는 것이 적응 정책의 등장 배경이다.
>
> 세계은행의 최근 연구에 따르면 성공적인 기후 변화 적응을 위해서는 재정 정책의 역할이 필수적이다. 보고서는 기후 변화 피해에 대해 아무런 조치를 취하지 않는 상황과 비교해 사전 예방 조치와 사후 복구 조치의 경제적 효과를 거시 경제 모형을 통해 분석했다. 그 결과 후자보다 전자로 인한 GDP 성장률이 더 높은 것으로 나타났다. 기후 피해를 줄이기 위한 정부 차원의 사전적 노력이 그만큼 중요하다는 것이다.

① 재정 정책은 기후 변화 대응 전략 중 적응 정책에 해당한다.
② 기후 변화 피해에 대한 사전 예방 조치가 사후 복구 조치보다 경제적 효과가 더 높다.
③ 적응 정책은 기후 변화로 인한 피해를 줄이는 동시에 경제적 효과를 기대하는 것이다.
④ 최근에는 기후 변화 대응 전략 중 탄소 감축보다 기후 적응 정책이 더 중요해졌다.

12. 가장 자연스러운 문장은?

① 내 생각은 네가 잘못을 인정하면 문제가 해결될 것이다.
② 지진 발생 시에는 나무에서 가능한 멀리 떨어져 있어야 한다.
③ 노사 양측이 협상을 벌이고 있으나, 불필요한 공방으로 인해 지연되고 있다.
④ 설령 그가 그것을 훔쳤다 하더라도 너는 그를 믿어 주어야 한다.

13. 다음 글에 대한 설명으로 잘못된 것은?

> 경재: 어유 오늘은 웬 사람이 그리도 많아……. 공동 수도엔 난장판인걸! (하며 항아리에다 물을 붓는다.)
> 경운: (여전히 빨래를 하며) 비가 개니까 집집마다 빨래하느라고 그렇겠지…….
> 경재: 아버지 우리도 다음엔 제발 물 흔한 집으로 옮깁시다. 물만 긷다가 내년 봄엔 낙제하게 생겼는걸요! 하루 이틀도 아니구…….
> 최 노인: (돌아보지도 않고) 그래…….
> 경운: 애도 속없는 소리 잘하긴 경애 언니 닮았나 봐! 누가 이따위 골목 구석에서 살고 싶어 살고 있니?
> 경재: 살기 싫으면 딴 데로 옮기면 될걸 왜 이런 게딱지 굴속에서 산다는 거요?
> 최 노인: (눈을 크게 부릅뜨며) 무슨 소리냐? 이 집이 어때서?
> 경재: 아버지나 좋아하시지 우리 식구 중에서 이 집을 좋아하는 사람이 누가 있어요?
> 최 노인: 싫은 놈은 언제건 나가라지! 절간이 미우면 중이 나가는 법이야.
> 경재: (남은 물통을 비우며) 중도 없는 절을 뭣에 쓰게요? 도깨비나 날걸…….
> 최 노인: (㉠) 도깨비가 나건 노다지가 나건 제집 지니고 산다는 걸 다행으로 알아 이놈아!
> 경재: (㉡) 다행으로 알 건덕지가 있어야죠.
> 최 노인: (획 돌아서며) 뭐, 뭐야?
>
> – 차범석, 「불모지」에서 –

① 집을 둘러싸고 인물 간의 갈등이 심화되고 있다.
② 최 노인을 제외한 가족들은 모두 집을 싫어한다고 경재는 생각한다.
③ 경재는 최 노인의 말을 정면으로 맞받아치며 대꾸한다.
④ ㉠에는 '약간 핏대를 올리며'가, ㉡에는 '미안해하며'가 들어간다.

14. <보기>의 내용을 구체적으로 설명하기 위한 예로 적절하지 않은 것은?

> <보기>
>
> 언어는 일반적으로 생명력을 가진 유기체와 같아서 언어의 의미 역시 생성, 성장, 소멸의 변화 과정을 거친다. 의미 변화 유형에는 크게 의미의 확대, 축소, 이동이 있다.
>
> 의미의 확대는 해당 단어의 사용 영역이 넓어지는 현상이다. 의미의 축소는 해당 단어의 사용 영역이 좁아지는 현상을 뜻한다. 의미의 이동은 단어의 의미 영역이 넓어지거나 좁아지는 일 없이 단어의 의미가 변화하는 현상이다.

① '얼굴'은 '형체'에서 '안면부'로 의미가 축소되었다.
② '어리다'는 '어리석다'에서 '나이가 적다'로 의미가 이동하였다.
③ '겨레'는 '민족'에서 '종친'으로 의미가 축소되었다.
④ '다리'는 '사람, 짐승의 다리'에서 '사람, 짐승의 다리를 포함해서 물건을 지탱하는 하체 부분'으로 의미가 확대되었다.

15. ㉠~㉦에 대한 설명으로 적절한 것은?

> (엄마와 아들이 대화를 하고 있다.)
> 엄마: 오랜만에 민준이랑 산책하니까 참 좋다.
> 아들: 저도 좋아요. 그동안 학교생활이 바빠서 엄마 얼굴도 제대로 못 보고 다녔잖아요.
> 엄마: ㉠ 저기 골목 끝에 작은 서점이 새로 생겼다던데, 지금 ㉡ 우리 둘이 한번 가 볼까?
> 아들: ㉢ 저도 ㉣ 거기 한번 가 보고 싶었어요. 참, 저는 서점이라고 하면 돌아가신 외할머니가 생각나요. 외할머니께서는 ㉤ 당신께서 직접 시를 써서 시집을 내는 것이 꿈이셨잖아요. 그 꿈을 이루지 못하시고 너무 빨리 돌아가신 것이 안타까워요.
> 엄마: 그런 생각을 다 하다니 ㉥ 우리 아들 정말 기특한데?
> 아들: 그런데 ㉦ 엄마, 저 배가 너무 고파요.
> 엄마: 그래? 그럼 서점에 가기 전에 밥부터 먹어야겠다.

① ㉠은 청자에게 가까운 곳을, ㉣은 화자에게 가까운 곳을 가리킨다.
② ㉡은 화자와 청자를, ㉥은 청자를 가리킨다.
③ ㉢과 ㉤은 모두 2인칭 대명사이다.
④ ㉦은 발화자가 요구하는 바를 직접적으로 표현하고 있다.

16. ㉠ ~ ㉢에 들어갈 단어로 가장 적절한 것은?

> 독자는 같은 텍스트를 읽어도 원심적으로 또는 심미적으로 읽을 수 있다. 텍스트를 원심적으로 읽을 때 독자는 분석하게 되고, 독서 후에 얻게 될 정보나 논리적인 논증 등에 주의를 기울이게 된다. 그러나 텍스트를 심미적으로 읽을 때 독자는 텍스트와 상호 작용하면서 느낌과 생각을 불러일으키고 조직하게 되는 생동하는 이미지에 초점을 두게 된다. 이러한 경험이 문학적 활동을 구성한다. 그것은 곧 반응과 해석을 목적으로 한다.
>
> (㉠) 위치 가까이에서 책을 읽는 동안 독자의 초점은 읽기 행위의 생동적인 경험에, 또는 보다 개인적인 국면에 맞추어진다. 예를 들어 즐거움을 위한 소설 읽기와 등장인물 가운데 누군가를 자기 자신이라고 그려 보는 일과 같은 것이다. 종합하여 보면 (㉡) 읽기는 정확하게 책이 나타내는 것에 초점이 맞추어진다. 반면에 (㉢) 읽기는 책에 읽는 말들이 독자를 자극하여 나타나는 연상, 느낌, 자세, 생각들에 초점이 맞추어진다.

	㉠	㉡	㉢
①	심미적	심미적	원심적
②	원심적	심미적	원심적
③	심미적	원심적	심미적
④	원심적	원심적	심미적

17. 다음 시에 대한 설명으로 적절하지 않은 것은?

非詩能窮人	시가 사람을 궁하게 할 수 없고
窮者詩乃工	궁한 이의 시가 좋은 법이다.
我道異今世	내가 가는 길 지금 세상과 맞지 않으니
苦意搜鴻濛	괴로운 마음 홍몽을 찾아 헤맨다.
氷雪貶肌骨	얼음 눈이 살과 뼈를 에이듯 해도
歡然心自融	기꺼이 마음만은 평화로웠지.
始言古人語	옛사람의 말을 이제야 믿겠네.
秀句在羈窮	좋은 시구는 떠돌이 궁인에게 있다던 그 말
和平麗白日	화평할 때면 밝은 태양 곱게 보이고
慘刻生悲風	참혹할 때는 슬픈 바람 생기지.
觸目情自動	눈길 닿으면 감정은 자연 생기지만
庶以求厥中	많은 것 중에서 그 중도를 구해야지.
厥中難造次	중도는 짧은 시간에 만들 수 없으니
君子常用功	군자는 당연히 공부를 해야 하네.

– 이색, 「유감」 –

① 반어법을 사용하여 가난한 사람이 좋은 시를 쓴다는 의미를 전하고 있다.
② 도치법을 사용하여 선인들에 대한 믿음을 드러내고 있다.
③ 대구법과 비유법을 사용하여 대조적인 상황에 대한 인식을 나타내고 있다.
④ 어느 한곳에 치우치지 않는 도를 얻기 위해 학문 연구가 필요함을 역설하고 있다.

18. 다음 글의 제목을 가장 바르게 파악한 것은?

어느 동구 밖 나무 밑에서 벌어진 이 고누* 놀이의 정경은, 무거운 지게를 방금 벗어 놓고 잠시 숨을 돌리는 후련한 심정과 하찮은 승부지만 사람들의 눈길이 그런 대로 한곳으로 쏠리는 흥겨움이 있어서 고누를 두는 사람이나 훈수를 하는 사람의 열띤 감정을 자못 실감 나게 표현하고 있다. 겯부시시한 총각의 흐트러진 머리 모습이나 앞가슴을 풀어 헤쳐서 배꼽까지 드러내 놓고 희희낙락해하는 그들의 자세 속에는 마치 과거 한국 사회의 밑바닥 길을 소박하게 걸어간 머슴살이의 스산스러움과 흥겨움이 함께 거울져 보이기도 한다.

단원의 풍속화에서는 세상을 어렵게 살아간 서민들이라 할지라도 모두 표정이 밝아 보이고, 즐거움이 감돌고 있다는 것을 항상 느끼게 된다. 이런 면에서 단원의 풍속화에는 작가 단원의 인생관이 반영된 것 같기도 하고, 또 그 무렵의 어질고 너그러운 삶을 살았을 것으로 보이는 서민들의 생활상이 반영된 것 같기도 하다. 어쨌든 그 가난 속에서 그렇게 너그러운 표정을 지을 수 있다는 것이 신기롭다는 생각을 갖게 될 때가 많다. 장죽을 물고 노송 그루에 비스듬히 기대어 젊은이들의 자태를 묵묵히 바라보는 맨상투 차림의 어른과 턱없이 희희낙락해하는 젊은 머슴들의 감흥도 매우 대조적이지만, 길가에 벗어 놓은 나무 지게의 맵시도 순박하고 단순해서 서민들의 삶의 모습과 꼭 닮아 있다는 생각이 든다.

* 고누: 땅이나 종이 위에 말밭을 그려 놓고 두 편으로 나누어 말을 많이 따거나 말 길을 막는 것을 다투는 놀이

① 삶의 힘겨움을 달래 주는 우리의 옛 놀이 문화
② 고누 그림에 반영된 단원의 인간적인 면모
③ 단원의 풍속화에 나타난 서민들의 소박한 생활상과 낙천적 기질
④ 머슴살이의 스산스러움과 놀이의 흥겨움이 절묘하게 배합된 고누 그림

[19 ~ 20] 다음 글을 읽고 물음에 답하시오.

공매도(空賣渡)는 주가 하락에서 생기는 차익금을 노리고 실물 없이 주식을 파는 행위로, 주권을 실제로 갖고 있지 아니하거나 갖고 있더라도 상대에게 인도할 의사 없이 신용 거래로 환매(還買)하는 거래 방식이다. 공식 문서에 최초 기록된 공매도는 1630년대 네덜란드 암스테르담에서 광풍이 일었던 튤립 거래였다. 당시 암스테르담에서 튤립은 귀족들 간에 서로 자랑삼는 사치품이었다. 수공업자 등 평민 계층까지 튤립 거래에 뛰어들면서 튤립 버블 현상이 발생했다.

튤립은 봄에 꽃이 만개하고 6월에 뿌리를 캐서 보관하다가 10월에 씨뿌리를 파종하면 겨우내 땅속에서 자란다. 튤립 뿌리는 보관 중인 여름에 무게 단위로 거래되는데, 튤립의 가격이 계속 상승하면서 고품질의 씨뿌리 선점과 차익 획득 목적으로 10월 이후 물품 확인 없이 겨울에도 거래됐다. 겨울에 체결된 거래는 오는 6월에 튤립 뿌리를 인도하는 선도 거래(先渡去來, 공매도)였다. 이 거래 체결 이후 [㉠]은 10월의 튤립 뿌리 중량이 수확기 6월보다 무거워서, 가격 변동 없이도 중량에 따른 이익을 취할 수 있어 6월 전에 빨리 팔려고 구매한 튤립 뿌리를 다시 공매도했다.

이렇게 튤립 뿌리를 선도 거래로 매수해 조기에 매도하고, 이를 산 매수자는 다시 공매도하는 형태로 하나의 뿌리에 [㉡] 거래가 체결됐다. 이러한 형태의 거래로 한 달 내 가격이 수십 배 급등하기도 했다. 1637년 2월 최고가 기록 후 튤립은 공급 초과 우려로 가격이 급락했다. 가격 버블이 터지자 튤립을 팔아서 대금을 지불하려던 매수자는 매도자에게 대금 전액 지급이 어려워졌고 연속적인 거래들로 결제 불이행이 확산됐다. 1638년 네덜란드 정부는 튤립 뿌리 미소유 상태에서 체결된 선도 거래에 대해 매수자가 공매도자에게 거래 대금의 3.5% 위약금을 내면 선도 거래를 무효화하도록 하여 튤립 버블 사태를 해결했다.

20세기 들어 거품 경제가 빈발하면서 튤립 버블은 경제학자들의 연구 대상이 되었다. 연구자들이 분석하는 튤립 파동의 원인은 크게 두 가지다. 첫째, 튤립 뿌리의 양이 제한되어 있다. 물량이 한정되어 있기 때문에 수요가 몰리면서 가격이 급등했다가 붕괴했다. 둘째, 당시 사람들에게는 튤립이 갖는 재화적 가치보다는 뿌리를 사면 무조건 돈이 된다는 [㉢]이 있었다.

19. 이 글의 내용에 부합하지 않는 것은?
① 튤립 뿌리의 재화적 가치는 1637년 2월을 전후하여 크게 달라졌다.
② 매수자는 튤립 뿌리를 파종기보다 수확기에 구매할 경우 더 이익이다.
③ 네덜란드 정부의 결정으로 인하여 공매도자들은 한 푼도 받지 못한 채 튤립 버블 사태가 마무리되었다.
④ 10월에 튤립 뿌리를 공매도한 매수인은 튤립 뿌리의 실물을 다음 해 6월에 확인할 수 있었다.

20. 문맥을 고려할 때, ㉠ ~ ㉢에 들어갈 말로 가장 적절한 것은?

	㉠	㉡	㉢
①	매수자들	계속적인	양면성
②	매수자들	연쇄적인	맹목성
③	매도자들	지속적인	의존성
④	매도자들	독립적인	무모성

[11 ~ 12] 다음 글을 읽고 물음에 답하시오.

(가) 관모의 움직임은 더 커 가는 것 같았다. 금방 팔을 짚고 일어나 앉을 것 같은 생각이 들었다. 짠 것이 계속해서 입으로 흘러들어 왔다. 나는 천천히 총대를 받쳐 들고 관모를 겨누었다. 탕!

총소리는 산골의 고요를 멀리까지 쫓아 버리듯 골짜기를 샅샅이 훑고 나서 능성이 너머로 사라졌다. 그 소리의 여운을 타고 웬 그리움 같은 것이 가슴으로 젖어 들었다. 문득 수면에 어리는 그림자처럼 희미한 얼굴이 떠올랐다. 그것은 웃고 있는 것 같았다.

(나) 나의 추리는 완전히 빗나갔다. 그러나 그런 건 괘념할 필요가 없었다. 소설의 마지막에서 형은 퍽 서두른 흔적이 보였지만 결코 지워지지 않는 연필로 그린 듯한 강한 선(線)으로 「얼굴」을 이야기하고 있었다. 형이 낮에 나의 그림을 찢은 이유가 거기 있었다. 내일부터 병원 일을 시작하겠다던 말을 알 수 있을 것 같았다.

(다) "그런데 너도 읽었겠지만, 거 내가 죽인 관모 놈 있지 않아. 오늘 밤 나 관모를 만났단 말야."

그러고는 잠시 말을 끊고 나를 찬찬히 살펴보고 있었다. [중략]

형은 나를 의식하고 이야기하는 것 같기도 하고 혼자 중얼거리는 것 같기도 했다.

"놀라 돌아보니 아 그게 관모 놈이 아니냔 말야. 한데 놈이 그래 놓고는 또 영 시치밀 떼지 않아. 이거 미안하게 됐다구……. 두려워서 비실비실 물러나면서…… 내가 그 사이 무서워진 걸까……. 하긴 놈은 내가 무섭기도 하겠지. 어쨌든 나는 유유히 문까지 걸어 나왔어. 그러나…… 문을 나서서는 도망을 쳤지……. 놈이 살아 있는데 이런 게 이제 무슨 소용이냔 말야."

형은 나머지 원고 뭉치를 마저 불집에 집어넣고 나서 힐끗 나를 보았다.

"이 참새가슴 같은 것, 뭘 듣고 있어. 썩 네 굴로 꺼져!"

소리를 꽥 지르는 통에 나는 방으로 쫓겨 들어오고 말았다. 비로소 몸 전체가 까지는 듯한 아픔이 전해 왔다. 그것은 아마 형의 아픔이었을 것이다. 형은 그 아픔 속에서 이를 물고 살아왔다. 그는 그 아픔이 오는 곳을 알고 있는 것이다. [중략] 나의 아픔은 어디서 온 것인가. 혜인의 말처럼 형은 6 · 25의 전상자이지만, 아픔만이 있고 그 아픔이 오는 곳이 없는 나의 환부는 어디인가.

– 이청준, 「병신과 머저리」에서 –

11. 이 글에 대한 설명으로 적절하지 않은 것은?

① 인물과 인물 사이의 외적 갈등이 드러나고 있다.
② 서술자인 '나'를 서로 다른 인물로 설정하여 사건에 입체성을 부여하고 있다.
③ 작품 내부의 서술자가 자신의 생각과 심경을 진술하고 있다.
④ 서술자의 회상을 통해 외부 이야기에서 내부 이야기로 이동하고 있다.

12. 이 글의 내용을 <보기>와 같이 정리할 때, 사건을 일어난 순서대로 바르게 배열한 것은?

<보기>
㉠ 형이 자신의 소설을 태움.
㉡ 형이 관모를 만나고 도망침.
㉢ 형이, 관모가 죽는 장면을 소설에 씀.
㉣ '나'가, 혜인이 한 말을 되새김.

① ㉡-㉢-㉠-㉣ ② ㉡-㉣-㉢-㉠
③ ㉢-㉡-㉠-㉣ ④ ㉢-㉡-㉣-㉠

13. 밑줄 친 부분에 공통적으로 나타나는 음운 현상에 대한 설명으로 옳은 것은?

민주주의 국가에서는 국민[궁민]의 자유와 권리[궐리]가 보장된다.

① 앞에 오는 자음의 조음 위치에 동화되는 음운 현상이 나타난다.
② 뒤에 오는 자음과 조음 위치가 바뀌는 음운 현상이 나타난다.
③ 뒤에 오는 자음의 조음 방법에 동화되는 음운 현상이 나타난다.
④ '한여름[한녀름]'에서도 일어나는 음운 현상이다.

14. 밑줄 친 한자 성어와 유사한 의미의 속담을 연결한 것으로 가장 거리가 먼 것은?

① 젊었을 때 고생하면 나중에 언제라도 苦盡甘來할 것이다.
 → 고생 끝에 낙이 온다
② 대부분의 관광객은 시간이 없어 이곳을 走馬看山으로 지나친다.
 → 수박 겉 핥기
③ 三旬九食을 할지라도 마음이 편하니 근심이 없다.
 → 입술이 없으면 이가 시리다
④ 불황에 소비 심리가 개선되기를 바라는 것은 緣木求魚나 마찬가지다.
 → 솔밭에 가서 고기 낚기

15. <보기>를 참고할 때, 관형절의 성격이 다른 하나는?

<보기>
관형절은 안긴문장 내에 생략된 성분이 있는지 여부에 따라 관계 관형절과 동격 관형절로 나눌 수 있다. 관계 관형절은 관형절 내에 생략된 성분이 있는 문장을 말하고, 동격 관형절은 관형절 내에 생략된 성분이 없는 문장을 말한다. 따라서 동격 관형절은 관형절 자체가 독립된 문장이 될 수 있다.

① 농부는 자리에 앉더니 이마에 흐르는 땀을 수건으로 훔쳤다.
② 창가에 서서 귀를 기울이면 비가 오는 소리가 들린다.
③ 내가 수박을 산 시장은 길 건너편에 있다.
④ 그가 그토록 바라던 합격이 드디어 현실이 되었다.

16. 다음 시에 대한 설명으로 잘못된 것은?

어느 날 당신과 내가
날과 씨로 만나서
하나의 꿈을 엮을 수만 있다면
우리들의 꿈이 만나
한 폭의 비단이 된다면
나는 기다리리, 추운 길목에서
오랜 침묵과 외로움 끝에
한 슬픔이 다른 슬픔에게 손을 주고
한 그리움이 다른 그리움의 그윽한 눈을 들여다볼 때
어느 겨울인들
우리들의 사랑을 춥게 하리
외롭고 긴 기다림 끝에
어느 날 당신과 내가 만나
하나의 꿈을 엮을 수만 있다면

– 정희성, 「한 그리움이 다른 그리움에게」 –

① 수미상관의 기법으로 형태적 안정감을 확보하고 있다.
② 모순 어법을 사용하여 화자의 바람을 부각하고 있다.
③ 추상적 관념을 구체적인 사물로 표현하고 있다.
④ 설의적 표현으로 사랑에 대한 화자의 의지를 강조하고 있다.

17. 다음 글을 읽고 추론한 내용으로 적절하지 않은 것은?

> 일기 예보에서 '6시부터 12시까지의 강수 확률은 10%'라고 했다고 하자. 이것은 어떤 의미일까. 강수 확률 10%란 그 예보 구역에서 그 시간대에 강수량 1mm 이상의 비 또는 눈이 내릴 가능성이 100회 가운데 10회임을 의미한다. 강수 확률은 1% 단위는 반올림해 10% 단위로만 발표한다. 즉 1~4%인 경우 0%로 표시되기 때문에, 강수 확률 0%라는 발표는 '강수 확률이 5% 미만'임을 의미한다. 또 강수 확률이 높을수록 내릴 비의 양이 많다는 의미도 아니다.
> 기상청의 강수 확률 산출 방식은 다음과 같다. 먼저 예보 구역을 작은 블록으로 나누고 그 블록에서의 온도와 습도, 기압, 풍력 등의 정보를 관측한다. 그리고 그 관측 데이터와 과거의 관측 데이터를 비교해, 현재의 상황과 비슷한 패턴을 추출한다. 그 패턴이 100회 있었던 경우에 비 또는 눈이 내렸는지를 계산해, 강수 확률을 산출한다. 이처럼 강수 확률은 기본적으로 과거의 기상에 관한 관측 데이터의 통계에 근거해 산출되는 값으로, 일종의 통계 수치라고 할 수 있다.

① 강수 확률과 비의 세기는 무관하다.
② 강수 확률이 0%이면 비가 내릴 가능성이 없다는 것이므로 우산을 준비하지 않아도 된다.
③ 강수 확률을 계산하려면 기상에 관한 현재 데이터부터 파악한 후에 과거 데이터를 활용해야 한다.
④ 예보 구역에 강수량 1mm 이상의 비 또는 눈이 내릴 가능성이 100회 중 17회라면 강수 확률은 20%로 발표한다.

18. 다음 글의 내용을 통해 판단, 예측할 수 있는 의견으로 가장 적절한 것은?

> 빅 데이터의 유용성을 인식한 주요 선진국들은 전문 기구를 새로이 설립하고 빅 데이터를 활용한 미래 전략 수립에 박차를 가하고 있다. 빅 데이터를 활용한 정부 행정 효율화의 대표적인 사례로 꼽히는 것은 미국 국세청의 탈세 방지 시스템이다. 미국 정부는 정부 내에 축적된 방대한 데이터로부터 탈세 및 관련 사기 범죄의 징후를 찾아내고, 예측 모델링을 통하여 과거의 행동 정보를 분석함으로써 사기 패턴과 유사한 행동을 검출할 수 있었다.
> 범죄 예방도 정부의 빅 데이터 활용에서 가장 효과를 거둘 수 있는 분야로 급부상하고 있다. 미국 LA 경찰국은 과거의 범죄 관련 데이터를 분석하여 범죄 예보 프로그램을 개발하였는데, 이 프로그램에 따르면 범죄가 일어나는 장소와 시간은 일정한 유형을 보이며 강도범의 범죄 패턴도 예측 가능하다.
> 대민원 서비스 개선을 위한 빅 데이터 활용도 눈에 띈다. 호주의 연방 과학 산업 연구 기구는 정부 정책에 대한 국민의 목소리를 수집, 분석하기 위하여 소셜 미디어 데이터 모니터링 도구인 'Vizie'를 개발하여 이용하고 있다. 또한 호주 이민성은 개선된 출입국자들의 데이터 관리 시스템을 시드니, 멜버른, 브리즈번 공항 등에 설치하여 요주의 출입국자들을 추적할 수 있게 되었다. 이를 통해 입국 거부자 확인 비용을 1인당 약 6만 달러 이상 절감할 수 있는 효과를 거두고 있다.

① 훈: 빅 데이터를 활용하면 일정한 유형의 범죄 패턴을 예측할 수 있기 때문에 종래에 없었던 신종 사기 범죄를 사전에 차단할 수 있겠군.
② 민: 빅 데이터의 활용은 정부의 행정 효율화를 초래함으로써 정부 기구의 수를 현재보다 현저히 줄일 수 있겠군.
③ 정: 빅 데이터의 활용이 공공 감시를 강화하기 위해 이용될 경우 신속성과 정확성은 개선되지만 개인 프라이버시 침해와 정치적 악용의 문제 등이 발생할 수도 있겠군.
④ 음: 빅 데이터의 활용은 행정의 능률성과 효과성의 개선 측면에서 유용하다고 할 수 있지만, 국민의 요구에 민감하게 대응하는 데에 있어서는 그 활용이 미지수에 머물고 있군.

19. 다음 글의 뒤에 이어질 내용을 바르게 배열한 것은?

> 문학은 인간 체험의 표현이다.
>
> ㉠ 따라서 개성은 문학의 본질이며 생명이다.
> ㉡ 문학은 다만 인간 체험일 뿐 아니라, 가치 있는 인간 체험의 표현인 것이다.
> ㉢ 그러나 한 사람의 체험이 누구나 다 경험할 수 있는 것이라면, 사람들이 구태여 문학을 찾지는 않을 것이다.
> ㉣ 가치는 희귀성으로 평가되는데, 희귀한 것이 아니면 가치가 될 수 없는 것은 자명한 일이다.
> ㉤ 정신세계에서 희귀성은 특이성으로 나타나며, 문학에서는 이 특이성을 개성이라 한다.

① ㉡-㉢-㉤-㉣-㉠　② ㉡-㉣-㉠-㉢-㉤
③ ㉢-㉠-㉣-㉡-㉤　④ ㉢-㉡-㉣-㉤-㉠

20. (가) ~ (다)의 자료를 이용하여 글을 쓰기 위해 정리한 것으로 적절하지 않은 것은?

> (가) 전동 킥보드는 자전거와 달리 반납 장소가 따로 정해져 있지 않다. 길가에도 반납이 가능해 따로 반납 장소를 찾아가지 않아도 된다는 장점이 있어 인기가 많다. 업계에서는 전동 킥보드와 같은 개인 이동 수단 시장의 규모가 2015년 당시 400억 원에서 2030년 26조 원으로 큰 증가율을 보일 것으로 예상하고 있다. 그러나 전동 킥보드 공유 서비스가 빠르게 증가하면서 안전사고의 발생 비율 역시 빠르게 증가하는 추세를 보이고 있다. 이용자 수 증가로 피해는 점점 늘고 있지만, 그에 비해 이와 관련된 법안은 아직 미비하다.
> \- ○○ 신문 -
>
> (나) 전동 킥보드 공유 서비스 사업자별 모바일 앱(App) 소비자를 대상으로 한 정보 제공 현황

구분	보호 장비 착용	운전 면허 소지	음주 운전 금지	동승자 탑승 금지	주행 가능 도로	횡단 보도 이용 방법	휴대 전화 사용 금지
사업자 수	91.7%	91.7%	91.7%	91.7%	58.3%	33.3%	33.3%

\- 한국 소비자원 -

(다) 전동 킥보드 이용 시 보호 장비 착용 현황(조사 지역: 전동 킥보드 이용 밀집 지역 10개소)

구분	보호 장비 착용	보호 장비 미착용	계
공유 킥보드 이용	3.1%	96.9%	100.0%
개인 킥보드 이용	52.2%	47.8%	100.0%

\- 한국 소비자원 -

① (가)와 (나)를 활용하여, 일부 사업자가 전동 킥보드의 운행 중 이용자가 알아야 하는 정보를 미흡하게 제공하여 전동 킥보드 안전사고의 발생 비율을 높이고 있음을 지적한다.
② (가)와 (다)를 활용하여, 보호 장비의 중요성을 인지하지 못한 채 공유 전동 킥보드의 편리함만을 누리려 하는 이용자의 행동을 문제점으로 언급한다.
③ (나)와 (다)를 활용하여, 개인 킥보드 이용자에 비해 공유 킥보드 이용자의 보호 장비 착용 비율이 낮은 문제의 원인이 공유 서비스 모바일 앱의 부족한 정보 제공에 있음을 강조한다.
④ (가)~(다)를 모두 활용하여, 전동 킥보드의 안전사고를 예방하기 위해 전동 킥보드 공유 사업자 및 이용자를 대상으로 한 구체적인 법안 마련을 촉구한다.

11. 다음 글의 성격으로 가장 알맞은 것은?

> 대다수 '일반고'는 여러 처지의 학생들이 뒤섞이던 과거와 달리 지금은 지역별·학교별 계층적 특성이 뚜렷하게 갈립니다. 스스로를 잉여·루저라고 부르는 아이들은 책상에서 허리를 곧추세우지 못하고 있습니다. 그런데 이 학생 책상에 떡하니 붙어 있는 것은 급식 식단표입니다. 단어 하나 외울 뇌의 공간은 없지만 식단은 줄줄 외웁니다. 학업 성취도가 낮고 긴 수업 시간을 무엇으로 채워야 할지 모르는 학생들에게 급식은 유일하게 몸을 움직일 수 있는 시간이기도 합니다.
>
> 현재의 5060세대가 청소년 시절이던 1970~80년대에는 고등학교 졸업장이 나름 고급 인력의 지표였다면, 이제는 대한민국에서 태어나면 출생증명서처럼 거머쥐어야 하는 필수 문서가 되었습니다. 하지만 누구에겐 통과 의례처럼 여겨지는 고등학교 졸업장이 누구에겐 쉽게 거머쥐기 힘든 것일 수 있습니다. 하루 평균 200여 명의 학생이 교문 밖으로 나갑니다. 탈학교 청소년들 다수는 학교에서 내쫓긴다고 보면 됩니다. 학교는 이미 계급·계층 이동의 가능성이 차단된, 사다리 걷어차기의 공간으로 변하고 있는 것입니다. 그런 상황에서 각종 지표나 사회 통념상 '밥벌이의 최후 방어선'이 고졸이라면, 공짜로 주는 한 끼 급식은 그 최소 요건을 채워주는 데 혁혁한 공을 세우고 있는 셈입니다.

① 고등학교의 계층적 차별 타파를 논의하는 시민 단체 공청회의 시작하는 말
② 비행 청소년의 고등학교 자퇴를 막기 위한 방안을 모색하는 심포지엄 강연문
③ 일반고의 질적 향상을 꾀하기 위한 전국 일반 고등학교 학부모 모임 대표의 연설문
④ 일반고 무상 급식이 유상 급식으로 전환되는 것에 반대하는 집회의 연설문

12. ㉠에 들어갈 내용을 추론했을 때 문맥상 가장 적절한 것은?

> 일상사 연구 방법론에 대해 일부 역사가들은 비판과 우려의 목소리를 내고 있다. 이거스는 일상사에 대해 다음과 같은 점을 들어 비판한다. 첫째, 소규모의 역사에 관심을 집중하는 그들의 방법은 역사를 일회적인 호고주의로 전락시키고, 둘째, 과거 문화를 낭만화했으며, 셋째, 상대적으로 안정된 문화를 연구한다고 알려졌기 때문에, 급격한 변화를 특징으로 하는 근·현대 세계를 다룰 수 없고, 넷째, 이와 관련하여 그들은 정치를 다룰 수 없다는 것이다. [㉠].
> 사회사와 일상사를 비교해 본다면 사회사가 구조 파악에만 치중하여 '인간이 상실된 역사'로 전락했다면, 일상사는 역사의 중심에 인간을 두고 역사 진행에서 인간의 역할을 강조한다. 즉, 일상사가들은 사회사가들이 추구해 온 구조 자체보다는 구조적 변화에 따른 인간의 인식과 경험 및 해석에 관심을 기울인다. 일상사가들이 구조보다는 경험으로 관심을 이동시킴으로써 역사 연구의 대상은 '거시 역사'로부터 '미시 역사'로 이동하였다. 그리고 인간의 경험이라는 주관적 내면세계를 재구성한다는 방법론적인 접근으로 인해 역사 연구의 대상은 한마을이나 시·구, 작업장, 공장 등으로 좁혀졌으며, 이곳에 거주하는 주민이나 노동자들이 역사의 주인공이 되었다.

① 일상사 연구는 역사 연구에서 결코 간과될 수 없는 구조적 분석에 무게를 두었다
② 일상사와 사회사의 이러한 변증법적 대립과 극복의 과정은 역사학의 중심을 사회사에서 미시사로 옮겨 놓았다
③ 이들의 비판은 주로 일상사 연구 방법이 한 시대와 사회에 공존하는 다양한 맥락의 개인적 삶들을 충분히 묘사하지 못하는 것에 집중되어 있다
④ 이러한 비판에도 불구하고 일상사 연구는 기존의 사회사 연구와는 구별되는 연구 영역과 방법론을 구축함으로써 역사 연구의 다양화와 질적 발전에 기여하고 있음이 분명하다

13. 밑줄 친 부분이 어문 규정에 모두 맞게 표기된 것은?

① 점원에게 옷값을 <u>치렀다</u>. <u>그러고 나서</u> 가게를 나왔다.
② 선생님께 질문을 <u>할려고</u> 하는데 교무실에 <u>계실는지</u> 모르겠다.
③ <u>몇 일</u> 동안은 <u>싫던 좋던</u> 이 길로 가는 수밖에 없다.
④ 그는 <u>희한한</u> 소문이 회사 내에 돌자 <u>안절부절했다</u>.

14. 다음 단어의 의미에 맞게 쓴 문장으로 적절하지 않은 것은?

단어	의미	문장
뽑다	여럿 가운데에서 골라내다.	㉠
	길게 늘이어 솟구다.	㉡
	박힌 것을 잡아당기어 빼내다.	㉢
	속에 들어 있는 기체나 액체를 밖으로 나오게 하다.	㉣

① ㉠: 예선을 거친 네 명 중에서 대표를 <u>뽑기</u>로 했다.
② ㉡: 그 아이는 목을 길게 <u>뽑고</u> 사방을 두리번거렸다.
③ ㉢: 손주들은 할머니의 머리에서 흰 머리카락을 <u>뽑아</u> 드렸다.
④ ㉣: 우리는 누에고치 전시관에서 명주실을 <u>뽑는</u> 과정을 관람하였다.

15. 다음 글을 통해 알 수 있는 내용은?

> 우리나라의 고분, 즉 무덤은 크게 나누어 세 가지 요소로 구성되어 있다. 첫째는 목관(木棺), 옹관(甕棺)과 같이 시신을 넣어 두는 용기이다. 둘째는 이들 용기를 수용하는 내부 시설로 광(壙), 곽(槨), 실(室) 등이 있다. 셋째는 매장 시설을 감싸는 외부 시설로 이에는 무덤에서 지상에 성토한, 즉 흙을 쌓아 올린 부분에 해당하는 분구(墳丘)와 분구 주위를 둘러 성토된 부분을 보호하는 호석(護石) 등이 있다.
>
> 일반적으로 고고학계에서는 무덤에 대해 '묘(墓)-분(墳)-총(塚)'의 발전 단계를 상정한다. 이러한 구분은 성토의 정도를 기준으로 삼은 것이다. 매장 시설이 지하에 설치되고 성토하지 않은 무덤을 묘라고 한다. 묘는 또 목관묘와 같이 매장 시설, 즉 용기를 가리킬 때도 사용된다. 분은 지상에 분명하게 성토한 무덤을 가리킨다. 이 중 성토를 높게 하여 뚜렷하게 구분되는 대형 분구를 가리켜 총이라고 한다.
>
> 고분 연구에서는 이러한 매장 시설 이외에도 함께 묻힌 피장자(被葬者)와 부장품이 그 대상이 된다. 부장품 중 일상품은 일상생활에 필요한 물품, 위세품은 정치·사회적 관계를 표현하기 위해 사용된 물품이다. 당사자 사이에만 거래되어 일반인이 입수하기 어려운 물건으로, 피장자가 착장하여 위세를 드러내던 것을 착장형 위세품이라고 한다. 생산 도구나 무기 및 마구 등은 일상품이기도 하지만 물자의 장악이나 군사력을 상징하는 부장품이기도 하다. 이것들을 일상품적 위세품이라고 한다. 위세품 중 6세기 중엽 삼국의 국가 체제 및 신분 질서가 정비되어 관등이 체계화된 이후 사용된 물품을 신분 표상품이라고 한다.

① 피장자의 신분에 따라 '묘-분-총'을 구분한다.
② 신분 표상품은 무덤의 발전 단계상 분보다 묘에서 발굴될 가능성이 더 크다.
③ '묘'는 매장 시설을 감싸는 외부 시설이 없는 무덤 또는 시신을 넣어 두는 용기를 가리킨다.
④ 부장품 중 피장자의 최고위 신분임을 드러내는 머리 장식품은 일상품적 위세품에 해당한다.

16. 밑줄 친 한자 표기가 옳은 것은?

① 그의 선행은 주변 사람의 귀감(龜鑑)이 되었다.
② 남의 사생활에 지나치게 간섭(間涉)하지 마라.
③ 시민들은 안전 요원의 안내로 신속(新速)하게 대피했다.
④ 그는 국제 정세를 잘 파악(破握)하기 위해 노력했다.

17. 다음 글에 대한 설명으로 적절하지 않은 것은?

> 양반: 허허, 그것참 빌 꼬라지 다 보겠네. 그래, 지체만 높으면 제일인가?
> 선비: 에헴, 그라만 또 머가 있단 말인가?
> 양반: 학식이 있어야지, 학식이. 나는 사서삼경(四書三經)을 다 읽었다네.
> 선비: 뭐 그까지 사서삼경 가지고. 어흠, 나는 팔서육경(八書六經)을 다 읽었네.
> 양반: 아니, 뭐? 팔서육경? 도대체 팔서는 어디에 있으며 그래 대관절 육경은 또 뭔가?
> (초랭이는 여태까지 두 사람의 얘기를 귀담아듣다가 잽싸게 끼어든다.)
> 초랭이: 헤헤헤, 난도 아는 육경 그것도 모르니껴. 팔만대장경, 중의 바라경, 봉사의 앤경, 약국의 길경, 처녀의 월경, 머슴의 새경 말이시더…….
> (초랭이는 '머슴의 새경'을 더욱 강조하여 자신의 새경에 못마땅함을 보인다.)
> 선비: 그래, 이것도 아는 육경을 양반이라카는 자네가 모른단 말인가?
>
> – 작가 미상, 「하회 별신굿 탈놀이」에서 –

① 인물을 희화화하여 현실 비판적 인식을 드러내고 있다.
② 양반은 선비에게 자신의 학식을 과시하고 있다.
③ 선비는 양반에게 지지 않으려고 말장난으로 응수하고 있다.
④ 초랭이는 비유적 표현으로 양반과 선비의 무식함을 폭로하고 있다.

18. 다음 글의 논지 전개 방식으로 가장 적절한 것은?

> 보통 인적이 드문 곳에서 범죄가 많이 발생하고, 불안감도 증가하는 것으로 알려져 있다. 인적이 드물다는 것은 범죄자의 입장에서 자신의 범죄 행위가 발각될 가능성이 낮다는 인식의 근거가 될 수 있지만, 한편으로는 범죄 행위의 대상이 적을 것이라는 판단의 근거도 될 수 있다. 따라서 인적이 드문 모든 곳에서 범죄가 발생하는 것은 아니고 범죄 시 발각될 위험성보다 범죄로 인해서 얻을 수 있는 가치가 높다는 범죄자의 가치 판단이 있을 경우 범죄가 발생할 수 있는 것이다. 이러한 판단은 일반인들도 할 수 있기 때문에 인적이 드문 곳에서는 본인이 범죄 피해 대상이 될 가능성이 있으며 도와줄 사람도 없음을 인식하고 인식적 차원의 범죄 불안감이 증가하는 것이다.
>
> 그렇다면 사람이 많아지면 범죄는 발생하지 않을까? 소매치기나 성추행과 같은 범죄는 오히려 인적이 드문 곳보다 사람이 많이 모이는 장소에서 자주 발생하는데, 범죄자는 많은 사람이 모인 장소의 익명성을 이용하여 은밀하게 범죄를 저지르는 것이 더 효과적이라는 판단을 하기 때문이다. 그럼에도 불구하고 인적이 드문 곳에서의 범죄 불안감이 더 큰 이유는 사람이 많은 곳에서 발생하는 범죄의 피해 수준보다 인적이 드문 상황에서의 피해 수준이 더 크기 때문이다.
>
> 결국 사람과 범죄 발생의 관계를 이해하기 위해서는 범죄 유형, 범죄 대상, 범죄로 인한 피해 수준 및 파급 효과 등을 함께 분석할 필요가 있다.

① 사회 현상에 대한 다각적 논의를 통해 결론을 도출하고 있다.
② 실제 사례를 제시하여 주장을 뒷받침하고 있다.
③ 상반된 견해 중 특정한 견해를 옹호하며 글을 마무리하고 있다.
④ 다양한 견해를 제시한 뒤 결론을 유보하고 있다.

19. ㉠~㉣을 수정하기 위한 방안으로 적절한 것은?

> 주류 사회가 추구하는 문화 이데올로기와 그에 따른 이주 외국인에 대한 적응 전략 종류에 따라 원주민이 이주 외국인에 대해 보이는 태도와 행동에 유의미한 차이가 나타날 수 있다. 전통적 입장의 일부 서구 국가들은 사회 통합을 명목으로 이주 외국인에게 주류 사회의 모국어, 문화, 가치관을 일방적으로 수용토록 하는 ㉠ 동화 이데올로기를 통합 전략으로 고수하였다. 이러한 ㉠ 동화 이데올로기는 이주 외국인을 소수 집단으로, 그리고 원주민을 다수 집단으로 규정하기 때문에 문화 간에 위계를 ㉡ 가정한다. 뿐만 아니라 원주민의 문화와 배치되는 이주민의 문화적 특성을 ㉢ '틀림'이 아닌 '다름'으로 규정하게 함으로써 고유의 문화적 정체성을 고수하는 소수 집단에 대한 자국민의 부정적 태도와 차별적 행동을 정당화하는 구실로 작용하였다. 이러한 ㉠ 동화 이데올로기가 지닌 역작용이 부각되면서, 1970년대 북미권 국가들을 시작으로 여러 국가가 소수 집단 문화를 부정하는 ㉠ 동화 이데올로기 대신 소수 집단의 고유 문화를 수용하고 인정하는 ㉣ 다문화 이데올로기 적응 전략을 채택하기 시작하였다.

① ㉠: '이화'로 수정한다.
② ㉡: '가정하지 않는다'로 수정한다.
③ ㉢: "다름'이 아닌 '틀림"으로 수정한다.
④ ㉣: '통합 문화'로 수정한다.

20. 다음 글을 읽고 추론한 내용으로 적절하지 않은 것은?

> 지난 30년 동안 가정에서 사용하는 1인당 조명용 전력 소비량은 인구 증가를 감안하더라도 5배 정도 증가했다. 형광등의 보급과 절전 기술의 발전 등을 감안한다면, 1인당 밝기는 7배가 되었다고 볼 수 있다. '밝기'는 광원으로부터의 거리의 제곱에 반비례한다. 책을 읽을 때의 시야를 A4 용지 크기라고 한다면, 지면에 쏟아지는 빛은 전체 빛의 400분의 1이다. 형광등의 효율을 20%라고 한다면, 소비 전력의 2,000분의 1이 되고, 이를 1차 에너지(발전소 등에서 생산된 전기) 기준으로 계산하면 6,000분의 1이다. 전력 소비량이 증대하는 원인 중 하나는 '밝은 것을 좋아하는 습관'에 있다. 밝은 것을 좋아하는 인간의 습성은 갈수록 더해지고 있다.
>
> 생물의 감각은 물리적인 양에 비례하지 않는다. 청각을 예로 들면, 소리의 물리적 강도인 음압은 2배이지만 사람이 느끼는 소리의 크기는 1.3배 정도이다. 음압이 10배가 되어야 비로소 2배 정도로 느끼며, 100배가 되면 4배 정도의 크기로 느끼게 된다. 즉, 청각은 물리적 강도의 대수(對數, log)에 비례한다. 생물은 천적의 접근을 재빨리 인지할 필요가 있으므로 미세한 소리도 잘 알아채는 능력이 필요하다. 한편으로 큰 소리가 들렸을 때 고막이 찢어지면 안 되기 때문에 대수에 비례한다는 자연계의 법칙이 생겨난 것이다. 청각뿐만 아니라 시각과 후각도 비슷한 성질을 가지고 있다.
>
> 여기서 문제가 되는 것은 물리량이다. 소리를 크게 하기 위해 필요한 전기와 냄새를 없애기 위해 첨가하는 화학 물질의 양은 서로 같은 비율이 된다는 것이다. 쾌적하다는 느낌은 인간이 느끼는 감각으로 인식된다. 쾌적함을 추구하려는 인간의 마음이 생각지도 않은 전력과 화학 물질의 사용을 엄청나게 증대시킨 주된 원인이다.

① 청각이 물리적 강도의 대수에 비례한다는 자연계의 법칙은 생물이 살아남기 위해 필연적으로 생겨난 것이다.
② 인간이 감각할 수 있을 정도로 변화를 주려면, 실제 물리량은 기하급수적으로 커져야 한다.
③ 인간의 감각은 쉽게 적응되어 버리는 특성이 있으므로 점차 더 많은 자극을 요구하게 된다.
④ 거리에 따라 실내조명의 효율이 떨어짐에도 불구하고 밝음을 추구하는 인간의 욕망이 전력 소비량을 증가시켰다.

10. 다음 글에서 추론한 바로 가장 올바른 것은?

> 디시와 라이언에 따르면 인간은 자신의 관심사를 추구하고, 능력을 발휘하고, 적절한 도전에 응하려는 동기를 가지고 있다. 이 중 내재적 동기는 과제 그 자체에 대한 흥미 때문에 과제에 참여하려는 동기로서, 과제를 성공적으로 완수하게 되면 받게 되는 보상 때문에 과제에 참여하려는 동기인 외재적 동기와 대비된다. 이들은 후기 연구에서 위협, 마감일, 경쟁, 평가 등과 같은 사회적 통제와 자신의 의미와 가치를 스스로 결정하는 자기 결정감을 내재적 동기와 연결시켰다. 이들은 실험에서 초등학교 4학년 아동들에게 수행을 극대화하도록 압력을 넣고 통제 책략을 사용하여 학생의 선택을 제한하는 교사들과, 자율적인 학습을 강조하고 비통제적 방법을 사용하는 교사들에게 아동들을 각각 할당하여 학습을 시킨 결과, 앞의 집단이 뒤의 집단보다 내재적 동기가 떨어졌으며 학업 성취도도 상대적으로 낮았다.
>
> 최적 경험 또는 몰입에 관한 칙센트미하이의 연구에 따르면, 최적 경험은 사람들이 활동 그 자체의 즐거움 외에는 통상적인 의미의 보상이 주어지지 않는 활동에 종사할 때 갖게 되는 심리 상태이다. 이들은 종종 주의가 완전히 과제에 집중되고 자의식의 상실이 수반된 이른바 '흐름[flow]', 즉 몰입의 경험을 보고하기도 한다. 이 상태에서는 하고 있는 활동 자체가 기쁨을 주기 때문에 권태나 불안도 없고 쉬지 않고 계속 하고 싶어 한다.

① 내재적 동기의 크기와 외재적 동기의 크기는 반비례한다.
② 사회적 통제와 자기 결정감이 커질수록 내재적 동기는 낮아진다.
③ 외재적 동기는 없고 내재적 동기는 있는 상황에서 최적 경험이 발생한다.
④ 칙센트미하이에 따르면 과제에 몰입해야 내재적 동기가 나타날 수 있다.

11. (가) ~ (라)의 전개 순서로 가장 자연스러운 것은?

> (가) 재미있는 사실은 좋아하는 일에는 주의력을 기울이지 않아도 저절로 집중이 잘 된다는 것이다. 중요한 책을 봐야 하는데 주변에 들리는 소리에 신경이 쓰여 집중할 수 없다면 그 책은 분명 재미없는 책일 확률이 높다. ADHD를 진단받은 사람도 게임이나 만화책 등 좋아하는 것을 할 때는 반나절을 꼼짝하지 않고 몰두하기도 한다. 이렇게 좋아하는 것에 과몰입하는 것만으로 ADHD를 진단하지는 않지만 집중력 조절에 어려움이 있다는 증거로 참고할 만하다.
>
> (나) 운동 능력이나 예술적 감각과 같이 집중력 또한 타고나기를 높은 사람이 있다. 하지만 근육을 계속 쓰지 않으면 근력이 떨어지는 것처럼 집중력도 스트레스, 술, 충분하지 못한 수면 등의 이유로 현저히 그 능력이 떨어질 수 있다. 그래서 집중력 저하 문제로 ADHD를 의심하며 내원하는 분 중에 ADHD가 아닌 불안 장애나 우울 장애가 그 원인인 경우가 많다.
>
> (다) 집중력과 주의력은 언뜻 비슷해 보이지만 다른 개념이다. 집중력은 어떠한 것에 몰두하는 능력을 뜻하며, 주의력은 어떠한 것에 집중함과 동시에 필요 없는 자극은 무시하는 인지 기능을 뜻한다. 컴퓨터 게임이나 퍼즐 맞추기 등과 같이 관심이 높은 한 가지 일에 몰두하는 능력이 집중력이라면, 주의력은 정신을 쏟아야 할 집중력을 잘 분배하는 능력에 해당한다.
>
> (라) 실제로 집중력 저하 증상은 우울증을 진단하는 중요한 기준 중 하나다. 하루 종일 우울하거나 어떤 일에서도 흥미를 느끼지 못할 만큼 뇌의 기능이 저하됐을 때, 뇌의 주요 기능에 속하는 집중력도 떨어지게 된다. 매사에 걱정이 많은 범불안 장애를 진단할 때도 집중력 저하 증상을 진단 기준으로 삼는다.

① (가) – (다) – (라) – (나)　② (가) – (라) – (나) – (다)
③ (다) – (가) – (나) – (라)　④ (다) – (나) – (가) – (라)

12. (가), (나)에 대한 설명으로 옳은 것은?

> (가) 구스리 바회예 디신ᄃᆞᆯ
> 구스리 바회예 디신ᄃᆞᆯ
> 긴힛ᄃᆞᆫ 그츠리잇가.
> 즈믄 ᄒᆡᄅᆞᆯ 외오곰 녀신ᄃᆞᆯ
> 즈믄 ᄒᆡᄅᆞᆯ 외오곰 녀신ᄃᆞᆯ
> 신(信)잇ᄃᆞᆫ 그츠리잇가.
>
> – 작가 미상, 「정석가」에서 –
>
> (나) 십이월(十二月)ㅅ 분디남ᄀᆞ로 갓곤 아으 나ᄋᆞᆯ 반(盤)잇 져 다호라
> 니믜 알ᄑᆡ 드러 얼이노니 소니 가재다 므ᄅᆞᇰᄋᆸ노이다
> 아으 동동(動動)다리
>
> – 작가 미상, 「동동」에서 –

① (가)에는 (나)와 달리 영원한 사랑을 다짐하는 화자의 태도가 드러난다.
② (나)는 (가)와 달리 비유법과 설의법을 사용하고 있다.
③ (가), (나) 모두 네 마디로 일정하게 끊어 읽혀 리듬감이 느껴진다.
④ (가)의 '긴(끈)'과 달리 (나)의 '져'는 임에 대한 화자의 확신을 의미한다.

13. 밑줄 친 단어의 표기가 옳은 것으로만 묶인 것은?

> • 그는 따끈한 ㉠ <u>순댓국</u>으로 든든하게 아침을 먹었다.
> • 사정이 급해 물건을 모두 ㉡ <u>도맷값</u>으로 넘겼다.
> • 시골집 ㉢ <u>마굿간</u>에는 말 두 마리가 있다.
> • 사고 ㉣ <u>뒷처리</u>를 하느라 골머리를 앓았다.
> • 이 교통 카드는 ㉤ <u>횟수</u> 제한 없이 기차를 탈 수 있다.

① ㉠, ㉡, ㉤　② ㉠, ㉢, ㉣
③ ㉡, ㉢, ㉣　④ ㉡, ㉣, ㉤

14. ㉠에 들어갈 내용을 가장 적절하게 추론한 것은?

> 물은 고체, 액체, 기체로 상태가 변하면서 지구 시스템의 각 권 사이를 순환하는데, 이런 순환은 태양 에너지에 의해 일어난다. 수권의 물이 태양 에너지를 흡수하면 수증기가 되어 기권으로 이동한다. 기권으로 이동한 물은 에너지를 방출하면서 응결하여 구름이 되었다가 비나 눈 등의 형태로 지권으로 이동한다. 지표로 이동한 물은 지하로 스며들거나 지표를 따라 낮은 곳으로 흐르면서 지형을 변화시키고, 지권의 물질을 바다로 운반한다. 그리고 일부는 태양 에너지를 흡수하여 다시 기권으로 이동하고, 생물에 흡수되어 생명 활동에 이용된다.
>
> 탄소 또한 지구 시스템에서 다양한 형태로 존재하며, 각 권 사이를 순환한다. 물의 순환 과정과 마찬가지로 탄소의 순환 과정에서도 에너지 흐름이 나타난다. 식물의 광합성을 통해 생물권으로 이동한 태양 에너지는 화석 연료가 생성되는 과정에서 지권으로 이동하고, 지권의 화석 연료가 연소하는 과정에서 기권으로 이동한다.
>
> 지구 시스템에서는 물의 순환이나 탄소의 순환 이외에도 여러 가지 물질의 순환이 일어난다. 지권에서는 지구 내부의 에너지에 의해 맨틀 대류가 일어나면서 지각의 생성이나 소멸, 암석의 순환 등과 같은 물질의 순환이 일어난다. 이와 같이 [　　㉠　　].

① 지구 시스템에서 물질의 순환으로 날씨의 변화가 일어난다는 것을 알 수 있다
② 지구 시스템에 영향을 주는 에너지원 중 가장 많은 양을 차지하는 것은 태양 에너지이다
③ 지구 시스템을 구성하는 각 권은 서로 영향을 주거나 방해 요소가 되면서 자연 현상을 일으킨다
④ 지구 시스템의 각 권 사이에서 물질이 순환할 때는 에너지도 함께 흐른다는 것을 알 수 있다

15. 밑줄 친 '손'과 같은 의미로 사용된 것은?

> 물레는 인간의 노역에 도움을 주면서 결코 인간을 소외시키지 않는 인간적 규모의 기계의 전형이다. 간디는 거대 기계에는 필연적으로 복잡하고 위계적인 사회 조직, 지배와 피지배의 구조, 도시화, 낭비적 소비가 수반된다는 것에 주목했다. 생산 수단이 민중 자신의 손에 있을 때 비로소 착취 구조가 종식된다고 할 때, 복잡하고 거대한 기계는 그 자체로 비인간화와 억압의 구조를 강화하기 쉬운 것이다.

① 이 일은 손이 많이 가는 일이라 신경 쓸 것이 많다.
② 할머니가 손자의 손에 용돈을 쥐여 주었다.
③ 수확기에는 손이 모자라 웃돈을 주고 일꾼을 사 온다.
④ 범인은 경찰의 손이 미치지 않는 곳으로 도망갔다.

16. (가), (나)에 대한 이해로 가장 적절한 것은?

> (가) 청산(靑山)아 웃지 마라 백운(白雲)아 조롱(嘲弄) 마라
> 백발(白髮) 홍진(紅塵)에 내 즐겨 ᄃᆞᆫ니더냐
> 성은(聖恩)이 지중(至重)ᄒᆞ시니 갑고 가려 ᄒᆞ노라
>
> – 정구 –
>
> (나) 공명(空名)을 즐겨 마라 영욕(榮辱)이 반(半)이로다
> 부귀(富貴)ᄅᆞᆯ 탐(貪)치 마라 위기(危機)를 ᄇᆞᆲᄂᆞ니라
> 우리ᄂᆞᆫ 일신(一身)이 한가(閑暇)커니 두려온 일 업세라
>
> – 김삼현 –

① (가)는 (나)와 달리 자연물을 통해 지향하는 바를 표현하고 있다.
② (나)는 (가)와 달리 대조를 통해 정서를 드러내고 있다.
③ (가)와 (나)는 모두 대구법과 의인법을 사용하여 주제를 드러내고 있다.
④ (가)와 (나)는 모두 자연 속에서 한가로운 삶을 사는 화자의 모습을 제시하고 있다.

17. ㉠~㉣을 이용하여 외래어 표기의 근거를 제시한 것으로 적절하지 않은 것은?

> <외래어 표기법>
> 제1항 무성 파열음([p], [t], [k])
> 1. 짧은 모음 다음의 어말 무성 파열음([p], [t], [k])은 받침으로 적는다. ……… ㉠
>
> 제2항 유성 파열음([b], [d], [g])
> 어말과 모든 자음 앞에 오는 유성 파열음은 '으'를 붙여 적는다. ……… ㉡
>
> 제3항 마찰음([s], [z], [f], [v], [θ], [ð], [ʃ], [ʒ])
> 2. 어말의 [ʃ]는 '시'로 적고, 자음 앞의 [ʃ]는 '슈'로, 모음 앞의 [ʃ]는 뒤따르는 모음에 따라 '샤', '섀', '셔', '셰', '쇼', '슈', '시'로 적는다. ……… ㉢
>
> 제5항 비음([m], [n], [ŋ])
> 1. 어말 또는 자음 앞의 비음은 모두 받침으로 적는다. …… ㉣

① ㉠: 'gap'과 'book'은 모두 짧은 모음 다음에 무성 파열음이 온 경우이므로, 파열음을 받침으로 적어, '갭', '북'으로 표기한다.
② ㉡: 'land'는 어말에 유성 파열음이 온 경우이고 'signal'은 자음 앞에 유성 파열음이 온 경우이므로, '으'를 붙여 '랜드', '시그널'로 표기한다.
③ ㉢: 'flash'와 'leadership'은 모두 어말에 [ʃ]가 온 경우이므로, '시'로 적어 '플래시', '리더십'으로 표기한다.
④ ㉣: 'lamp'와 'hint'는 모두 자음 앞에 비음이 온 경우이므로, 비음을 받침으로 적어, '램프', '힌트'로 표기한다.

18. 주성분만으로 이루어진 문장은?

① 소녀는 시골 풍경을 좋아했다.
② 밥만 먹지 말고 반찬도 먹어라.
③ 나는 그의 보호자가 아니오.
④ 매년 시에서 산에 나무를 심었다.

19. 다음 글에 대한 설명으로 적절하지 않은 것은?

> 이때는 추구월(秋九月) 보름 때라. 월색은 명랑하여 남창에 비치었고, 공중에 외기러기 옹옹한 긴 소리로 짝을 찾아 날아가고, 동산의 송림 간에 두견이 슬피 울어 불여귀를 화답하니, 무심한 사람도 마음이 상하거든 독수공방에 눈물로 세월을 보내는 송이야 오죽할까. 송이가 모든 심사 잊어버리고 책상머리에 의지하여 잠깐 졸다가 기러기 소리에 놀라 눈을 뜨고 보니, 남창 밝은 달 발허리에 가득하고 쓸쓸한 낙엽 성은 심회를 돕는지라. 잊었던 심사가 다시 가슴에 가득하여지며 눈물이 무심히 떨어진다.
> 송이가 남창을 가만히 열고 달빛을 내다보며 위연탄식하는데,
> "달아, 너는 내 심사를 알리라. 작년 이때 뒷동산 명월 아래 우리 님을 만났더니, 달은 다시 보건마는 님은 어찌 못 보는고. 그 옛날 심양강 거문고 뜯던 여인은 만고문장 백낙천(萬古文章白樂天)을 달 아래 만날 적에 마음속에 맺힌 말을 세세히 풀었건만, 나는 어찌 박명하여 명랑한 저 달 아래서 부득설진심중사(不得說盡心中事)하니 가련하지 아니할까. 사람은 없어 말 못하나 차라리 심중사를 종이 위에나 그리리라."
>
> – 작가 미상, 「채봉감별곡」에서 –

① 시공간적 배경을 구체적으로 드러내고 있다.
② 객관적 상관물이 인물의 심리를 심화하고 있다.
③ 자연물과의 문답을 통해 갈등의 원인을 밝히고 있다.
④ 인물이 처한 상황이 서술자의 개입과 극적 제시를 통해 드러나고 있다.

20. 다음 글에 나타난 글쓴이의 생각과 부합하지 않는 것은?

> 동물에게 고통을 가하는 데 반대하면서도 고통 없이 죽이는 데는 반대하지 않는다면 모든 고통으로부터 벗어나 살았고, 순간적으로 고통 없이 도축된 동물은 계속 먹을 수 있을 것이다. 하지만 실천이라는 측면에서 볼 때, 그리고 심리적인 측면에서 볼 때, 인간 아닌 동물들을 배려하면서 동시에 그들을 계속 먹을거리로 삼을 수는 없다. 단지 어떤 특정 유형의 음식으로 미각을 만족시키기 위해 다른 생물의 목숨을 빼앗을 수 있다면 이때 그 생물은 우리의 목적을 위한 수단 이상이 될 수 없다. 얼마 안 가 우리는 아무리 강한 연민을 느낀다고 해도 결국 돼지, 소, 그리고 닭을 우리가 이용할 무엇으로 간주하게 될 것이다. 예를 들어 이러한 동물들이 처한 환경을 확실하게 변화시킬 경우 이들의 고기를 적절한 가격에 계속 구입하기 힘들게 된다는 사실을 알게 되었다고 하자. 이때 동물들이 처한 환경을 조금밖에 변화시키지 않았다고 해서 비판을 가하는 사람은 그다지 많지 않을 것이다. 공장식 축산은 동물이 우리의 목적을 위한 수단이라는 생각을 응용한 기술(技術)에 지나지 않는다. 식습관은 우리에게 소중하며 쉽게 바뀌지 않는다. 우리에게는 다른 동물을 배려한다고 해서 반드시 동물을 먹지 말아야 할 이유는 없다고 스스로를 납득시키고자 하는 강한 욕구가 있다.

① 동물을 먹는 식습관을 바꾸는 일은 쉽지 않다.
② 동물을 배려하면서 식용으로 사용하는 것은 바람직하지 않다.
③ 공장식 축산은 동물을 목적이 아닌 수단으로 인식한 발상이다.
④ 동물을 먹어야 할 때는 고통 없이 도축하는 방법을 강구해야 한다.

12. 다음 글의 중심 내용으로 가장 적절한 것은?

> 긴장과 불안을 느낄 때 사람들은 여러 가지 신체적 증상을 보인다. 심장 박동이 빨라지고 손바닥에 땀이 난다. 또 소변을 자주 보며 식욕이 없어지고 위장 기능이 떨어진다. 온몸의 근육이 긴장해 뻐근하고 두통이 나타난다. 왜 이런 반응이 나타날까?
> 인류가 처음 나타난 원시 시대에 인간에게 가장 컸던 스트레스는 맹수를 만났을 때 살아남는 일이었다. 생명 위협에 대한 반응으로 싸움을 할 것인지 도망갈 것인지 판단해야 한다. 위협에 대처하는 육체 활동을 준비할 수 있도록 우리 몸은 스트레스 호르몬을 분비해 도망가거나 싸우기 쉬운 신체 상태를 만든다. 교감 신경이 흥분하면 혈액을 몸에 더 많이 제공하기 위해 심장이 더 빨리 뛰기 시작하고 두근거린다. 즉, 혈압과 맥박이 빨라지는 것이다. 혈액 속의 산소 농도를 높이기 위해 폐는 더 가쁘게 쉬니까 숨 막히는 느낌이 들고 가슴이 답답해진다. 사느냐 죽느냐 하는 비상 상태에서는 음식을 소화시키는 것이 중요하지 않으므로 위장 기관으로 갈 혈액을 근육으로 돌려 소화 불량, 즉 기능성 위장 장애가 발생한다. 혈액은 근육으로 몰려 온몸에 열나는 느낌이 든다. 근육은 뭉치면 뻐근하고 긴장성 두통이 발생한다.
> 석기 시대 조상 중에서 이런 식으로 반응하는 데 충분한 능력을 가진 인류가 생존하고 번식했을 것이다. 이 같은 반응은 인체 생존에 필수적이었겠으나 현대에는 오히려 다양한 불편한 증상을 야기할 수 있다.

① 위장 장애와 두통이 발생하는 신체적 기제
② 현대병의 원인이 된 원시 인류의 공포 반응
③ 위기 상황에서 나타나는 인간의 신체적 반응
④ 스트레스로 인한 인간의 신체 반응과 원시 인류와의 관련성

13. 다음 글에 대한 설명으로 가장 적절한 것은?

> 우리 고향의 숨은 군자 김 씨(金氏)가 은퇴하여 시골에 살 때에는 항상 삽이 달린 지팡이와 줄이 달린 칼과 짤막하고 날카로운 낫을 스스로 휴대하고, 이것들을 '삼우(三友)'라고 불렀다. [중략]
> 대개 벗이란 나를 돕는 것이다. 도가 같은 사람과 벗하면 덕을 돕고, 뜻이 같은 사람과 벗하면 그 일을 돕는 것이, 진실로 도가 같고 뜻이 합하면 귀천이 다를지라도 또한 더불어 벗할 수 있는 것이다. 나의 뜻은 악을 미워하는 데 있고 저들의 힘이 능히 악을 제거할 수 있다. 따라서 내가 그의 힘을 써서 내 뜻을 이룰 수 있다. 그러니 어찌 이들을 벗하지 않을 수 있으랴!
> 대저 아름다운 곡식을 가꾸는 자는 반드시 잡초를 제거하고, 난초와 혜초를 심는 자는 반드시 가시를 잘라 내야 한다. 이것은 마음을 다스리는 데 있어 반드시 이욕(利欲)을 제거하고, 나라를 다스리는 데 있어 그 간사한 무리를 제거하는 것과 같다. 그러나 마음을 다스리는 데는 그 공적이 나에게 있고, 나라를 다스리는 데는 그 운명이 하늘에 있다. 따라서 벗에게 모든 것을 기대할 수 있는 것이 아니다. 그러나 오직 나쁜 것을 제거하는 데 벗 삼아야 될 것은 이 세 가지 물건으로도 가능하다. 그런 점에서 행동거지를 굳게 지키고 절의를 더욱 높인다면, 그가 심어 기른 아름다운 곡식과 화초는 이와 함께 날로 무성하고 번식하여 결실을 맺을 것이다.
>
> – 권근, 「삼우설」에서 –

① 사물의 기능을 통해 진정한 벗의 기준을 제시하고 있다.
② 사물을 대조하여 그중 가장 가치 있는 사물을 예찬하고 있다.
③ 유추의 방식을 통해 진정한 벗 사귐이 어려움을 강조하고 있다.
④ 구체적 일화를 들어 절의를 지키지 못하는 세태를 비판하고 있다.

14. 다음 글에 나타난 글쓴이의 견해로 옳은 것은?

> 상대방의 모든 것을 다 품고 공감할 수 있다고 했을 때 그 모든 것이란 상대방의 존재 자체와 그 존재의 마음이다. 누군가를 때리고 싶다고 말하는 사람을 공감한다는 것은 그의 분노, 분노를 유발한 상황과 그 상황에 처한 그의 마음을 이해한다는 뜻이지, 폭력적 행동 자체를 받아들이고 이해한다는 것이 아니다. 그건 별개다. 화가 난 마음은 공감받을 수 있지만 그로 인해 폭력적 행동을 했다면 그 행동은 공감의 대상이 아니며 그에 대한 책임은 온전히 당사자의 몫인 것이다. 마찬가지로 담배를 피우고 싶어 하는 아들의 담배 심부름까지 해 주는 게 공감이 아니라 아들의 담배 피우고 싶은 그 마음을 비난하지 않고 알아주는 게 공감이다. 그것을 분별하지 못하면 아들의 현실적인 요구에 휘둘리며 엄마 자신의 경계를 침범당하게 된다. 결국 엄마가 작심하고 시도했던 공감은 방향성도 건강성도 잃게 된다.

① 상대방을 사랑한다면 그의 바람직하지 않은 욕구는 꾸짖는 것이 옳은 행동이겠군.
② 상대방의 행동에서 마음까지 품는 것이 진정한 공감이군.
③ 상대방의 마음에 공감하면서도 상대와의 경계는 분명히 그어야 하는군.
④ 바람직한 행동과는 달리 바람직하지 않은 욕구는 공감의 대상이 아니군.

15. 다음 글에 부합하지 않는 설명은?

> 대체육이란 소, 돼지, 닭과 같은 육류를 대체하는 식품을 의미한다. 대체육은 식물에서 추출된 단백질을 이용하여 식육과 유사한 맛과 식감이 나도록 제조한 식물성 대체육과, 살아 있는 동물의 줄기세포를 배양하여 세포 증식을 통해 식용이 가능한 배양육을 만드는 기술로 구분된다. 이 중 식물성 대체육은 높은 생산성으로 인하여 현재 실용화되어 사용되고 있는 기술이다. 배양육의 경우, 일부 실용화되어 시장에 출시된 제품도 있지만, 높은 생산 비용으로 인하여 대다수의 경우는 실험실 수준에서의 연구에 그치고 있는 실정이다.
> 대체육의 활발한 연구와 더불어 대체육에 대한 명칭에 관하여 최근 들어 많은 논란이 발생되었다. 2021년 축산 관련 단체 협의회는 생산자 단체 대표자 회의에서 대체육이라는 명칭을 새롭게 변경해야 한다며 목소리를 냈는데, 고기가 아님에도 '육'이라는 표현 때문에 육류 연관 상품으로 오해한다는 것이 축단협의 주장이다. 대체육의 문제점 홍보와 관련해 동물 복지 단체와 채식주의자 등의 강한 반발이 예상되고 있어 신중한 대처가 필요하다는 점도 분명히 했다. 외국의 경우에도 대체육의 명칭을 두고 전통 축산업계와의 갈등이 발생하였다. 미국은 전통 축산 방식으로 획득한 육류만 '고기'라고 부를 수 있는 육류 광고법을 제정하였으며, 유럽 농업 위원회는 비건 식품에 붙여졌던 '소시지', '버거' 등의 사용을 금지하는 법안을 발의하였다.

① 생산 비용을 낮출 수 있다면 배양육의 제품 출시는 지금보다 활발하게 이루어질 것이다.
② 유럽에서는 가공육의 이름을 비건 식품에 사용하는 것을 금지하는 법안이 발의되었다.
③ 동물 복지 단체와 채식주의자들은 대체육이라는 명칭을 변경해야 한다는 입장이다.
④ 식물성 대체육에는 식물성 단백질이 사용되며 배양육은 동물의 줄기 세포를 배양하여 만든다.

16. ㉠~㉤을 논리적 순서에 맞게 나열한 것은?

> 일반적으로 해석을 통하여 법문의 의미를 구체화할 때에는 입법자의 의사나 법률 그 자체의 객관적 목적까지 참조하기도 한다.
>
> ㉠ 나아가 입법자의 의사나 법률 그 자체의 객관적 목적을 고려한 해석은 법문의 의미를 구체화하는 데 머물지 않고 종종 법문의 한계를 넘어서는 방편으로 활용되어 남용의 위험에 놓이기도 한다.
> ㉡ 더욱 심각한 문제는 그것까지 고려해서 법이 요구하는 바가 무엇인지 파악할 것을 법의 전문가가 아닌 여느 국민에게 기대할 수는 없다는 점이다.
> ㉢ 그러나 이러한 해석 방법은 언뜻 타당한 것처럼 보이지만, 실제로 이에 대해서는 많은 비판이 제기되고 있다.
> ㉣ 법률의 명확성이 말하고 있는 바는 법문의 의미를 구체화하는 작업이 국민의 이해 수준의 한계 내에서 이루어져야 한다는 것이지, 구체화한 만큼 실제로 국민이 이해할 것이라고 추정할 수 있다는 것은 아니기 때문이다.
> ㉤ 우선 입법자의 의사나 법률 그 자체의 객관적 목적이 과연 무엇인지를 확정하는 작업부터 녹록하지 않을 것이다.

① ㉢-㉠-㉤-㉡-㉣ ② ㉢-㉤-㉡-㉣-㉠
③ ㉤-㉡-㉠-㉢-㉣ ④ ㉤-㉣-㉡-㉢-㉠

17. 밑줄 친 부분의 표기가 모두 옳은 것은?

① <u>적잖은</u> 예산이 투입되었지만 생각보다 시설이 <u>변변찮다</u>.
② 네 덕분에 일이 다 <u>잘되서</u> 오랜만에 명절도 편안히 잘 <u>쇘다</u>.
③ <u>생각다 못해</u> 벽에 <u>씌어</u> 있는 낙서부터 우선 지우기로 했다.
④ 목표를 <u>달성코자</u> 하면 <u>익숙치</u> 않은 일도 해내야 한다.

18. 다음 글에 대한 이해로 적절하지 않은 것은?

> 과학이 가치 중립적이라는 말은 크게 보아서 다음 두 가지의 의미를 지니고 있다. 첫째는, 자연 현상을 기술하는 데에 있어서 얻게 되는 과학의 법칙이나 이론으로부터 개인적 취향(趣向)이나 가치관에 따라 결론을 취사선택할 수 없다는 점이다. 둘째는, 과학으로부터 얻은 결론, 즉 과학 지식이 그 자체로서 가치에 관한 판단이나 결정을 내리지 못한다는 점이다.
>
> 사람에 따라서는 이 중에서 첫째는 수긍하면서 둘째에 대해서 반론(反論)을 제기하기도 한다. 예를 들어, 그들은 인간의 질병 중에서 어떤 것이 유전(遺傳)한다는 유전학의 지식이 유전성 질병이 있는 사람은 아기를 낳지 못하게 해야 한다는 결론을 내린다고 생각한다. 즉, 과학적 지식이 인간의 문제에 관하여 결정을 내려 준다고 생각한다. 그러나 더 주의 깊게 살펴보면 이것이 착각이라는 것은 분명하다. 앞의 유전학적 지식이 말해 주는 것은 단순히 어떤 질병이 유전한다는 것일 뿐, 그런 질병을 가진 사람이 아기를 낳지 않는 것이 옳은가, 역시 같은 질병을 가진 아기라도 낳아서 가정생활을 하는 것이 좋은가에 대한 결정은 내려 주지 않는다. 이 결정은 전적으로 인간이, 즉 그런 질병을 가진 사람 자신 혹은 사회가 내리는 것이지 과학이 내리는 것은 아니다.

① 어떤 사람들은 과학 지식이 가치 판단에 지대한 영향을 끼친다고 생각한다.
② 과학 지식을 소유한 사람이 가치를 판단하고 결정하는 것이 적절하다.
③ 개인의 주관에 따라 과학 지식을 선별할 수 없다는 점에서 과학은 가치 중립적이다.
④ 과학 지식이 가치 판단으로 이어지지 않는다는 점에서 과학은 가치 중립적이다.

19. 다음 시의 화자에 대한 이해로 적절하지 않은 것은?

> 즐겁고 아름다운 일은 양이 많을수록 좋은 것입니다.
> 그런데 당신의 사랑은 양이 적을수록 좋은가 봐요.
> 당신의 사랑은 당신과 나와 두 사람의 사이에 있는 것입니다.
> 사랑의 양을 알려면, 당신과 나의 거리를 측량할 수밖에 없습니다.
> 그래서 당신과 나의 거리가 멀면 사랑의 양이 많고, 거리가 가까우면 사랑의 양이 적을 것입니다.
> 그런데 적은 사랑은 나를 웃기더니 많은 사랑은 나를 울립니다.
>
> 뉘라서 사람이 멀어지면, 사랑도 멀어진다고 하여요.
> 당신이 가신 뒤로 사랑이 멀어졌으면, 날마다 날마다 나를 울리는 것은 사랑이 아니고 무엇이어요.
>
> - 한용운, 「사랑의 측량」 -

① 추상적 개념을 수치화할 수 있는 대상처럼 표현하고 있다.
② 사랑에 대한 새로운 인식을 역설적 표현으로 나타내고 있다.
③ 당신에 대한 사랑의 양을 늘려서 이별의 고통을 극복하려 한다.
④ 설의적 표현을 사용해 당신에 대한 절대적 사랑을 드러내고 있다.

20. 다음 글을 읽고 적절하게 반응한 사람만을 <보기>에서 모두 고르면?

> 소비자 물가 지수는 소비자가 일상생활에서 구입하는 상품이나 서비스의 가격 변동을, 생산자 물가 지수는 생산자가 생산을 위해 거래하는 상품의 가격 변동을 알아보기 위해 작성된다. 이때 어떤 품목의 가격 변동이 중요한가는 생산자와 소비자의 입장에 따라 다르므로 각자의 입장에 유용한 물가 지수는 다르게 작성된다.
>
> 두 물가 지수가 같은 품목을 포함한다고 하더라도 품목에 부여하는 가중치는 서로 다르다. 가령 경유는 기업에서 연료로 쓰이는 비중이 크기 때문에 생산자 물가 지수를 산출할 때 부여하는 가중치가 소비자 물가 지수에서보다 훨씬 크다. 반면 채소는 반대의 결과를 도출한다. 이처럼 조사하는 품목이 다르고, 같은 품목이라고 하더라도 두 지수에서 적용되는 가중치가 다르다 보니 두 물가 지수가 서로 다른 방향의 변동을 나타내거나, 같은 방향으로 움직이더라도 변동 수준에 차이를 보이는 경우를 쉽게 볼 수 있다.
>
> 또한 생산자 물가 지수는 생산자 판매 단계의 공장도 가격을 조사하여 작성되는 반면, 소비자 물가 지수는 소비자 구입 단계의 소매가격을 조사하여 작성된다. 원재료, 중간재 등을 포괄하는 생산자 물가 지수에는 시장 변화의 영향이 곧바로 파급되지만, 소비자 물가 지수에는 몇 차례의 가공 단계를 거쳐 소비재로 만들어진 후에야 그 영향이 도달하게 되므로 생산자 물가 지수가 소비자 물가 지수보다 앞서 변동하게 되고 생산자 물가 지수의 상승은 시차를 두고 소비자 물가 지수의 상승으로 이어질 가능성이 높다.

<보기>

갑: 농산물 가격이 크게 오르면 생산자 물가 지수보다는 소비자 물가 지수에 반영되는 변동 수준이 더 크겠군.
을: 국제 원자재 가격이 오르면 소비자 물가 지수에 바로 파급되어 향후 생산자 물가 지수까지 오를 가능성이 있군.
병: 소비자 물가 지수와 생산자 물가 지수는 각각 소비자와 생산자에게 필요한 품목군을 대상으로 하여 결괏값을 산출하는군.

① 갑, 을 ② 갑, 병
③ 을, 병 ④ 갑, 을, 병

11. <보기 1>을 참고하여 <보기 2>를 ㉠과 ㉡이 사용된 예로 바르게 분류한 것은?

<보기 1>

'-(으)ㅁ/-기'는 명사형 어미와 접미사로 쓰일 수 있다. ㉠ 명사형 어미가 결합하여 만들어진 용언의 명사형은 서술성이 있거나, 부사어의 수식을 받거나, 선어말 어미가 쓰일 수 있다. 하지만 ㉡ 접미사가 결합하여 만들어진 파생 명사는 서술성이 없고, 관형어의 수식을 받으며, 품사는 명사로 분류된다.

<보기 2>

- 이 꽃은 ⓐ 아름답기는 하지만 향기가 없다.
- 그는 많은 사람들의 도움으로 새 ⓑ 삶을 찾았다.
- 우리의 간절한 ⓒ 바람은 그가 무사히 돌아오는 것이다.
- 사회자가 크게 ⓓ 웃음으로써 분위기를 바꾸었다.
- 생선이 가시가 많아 빨리 ⓔ 먹기가 어렵다.

	㉠	㉡
①	ⓑ, ⓒ	ⓐ, ⓓ, ⓔ
②	ⓐ, ⓒ, ⓓ	ⓑ, ⓔ
③	ⓐ, ⓓ, ⓔ	ⓑ, ⓒ
④	ⓑ, ⓓ, ⓔ	ⓐ, ⓒ

12. 밑줄 친 말의 쓰임이 옳은 것은?

① 그는 눈물을 주먹으로 씻으면서 목메인 소리로 말했다.
② 그녀는 벌써 몇 시간째 자리에 붙박인 듯 앉아 있다.
③ 나는 힘을 내자는 말을 수도 없이 되뇌였다.
④ 그의 근면함은 이미 어린 시절부터 몸에 배인 것이다.

13. 다음 글을 읽고 새로운 글을 쓰고자 할 때, <보기>의 조건을 모두 반영한 것은?

매년 새로운 화폐를 제조하기 위해 천억 원 이상의 많은 비용이 소요됩니다. 카드나 휴대 전화 등과 같은 비현금 결제 방식을 통해 거래하는 현금 없는 사회가 도래하면 이 비용을 절약할 수 있어 경제적입니다. 또한 현금 없는 사회에서는 사람들이 불편하게 현금을 들고 다니지 않아도 언제 어디서든 편리하게 거래를 할 수 있으며, 자금의 흐름을 보다 투명하게 파악할 수 있어서 경제 흐름을 예측하고 공공의 이익에 기여할 수 있습니다.

<보기>

- 글의 논지를 반박하되, 일부 내용을 인정할 것
- 의문형으로 첫 문장을 시작해 독자의 집중도를 높일 것

① 비현금 결제 방식이 과연 거래의 편리함을 가져올까요? 우리나라에는 아직 비현금 결제 방식을 사용할 수 없는 곳이 많기 때문에 비현금 결제 방식은 오히려 거래를 제약할 것입니다.
② 현금 없는 사회가 경제적인가요? 비현금 결제 방식은 화폐 제조 비용을 줄이는 데 일조하지만, 비현금 결제 방식 시스템을 구축하는 데 소요되는 비용이 많이 들기 때문에 경제적이라고 볼 수 없습니다.
③ 현금 없는 사회로의 이행이 왜 필요할까요? 시간과 장소에 구애받지 않는 비현금 결제 시스템을 하루빨리 구축해야 경기 침체를 극복할 수 있기 때문입니다.
④ 현금 없는 사회는 현금 사용 의존도가 높은 고령층과 장애인 등에게 큰 불편을 초래합니다. 현금 영수증 등의 제도를 보완하면 현금으로 결제할 때도 비현금 결제 방식처럼 자금의 흐름을 정확하게 파악할 수 있습니다.

14. <보기>를 참고할 때, 다음 시의 화자에 대한 설명으로 옳지 않은 것은?

<보기>

신동엽의 「산에 언덕에」는 4 · 19 혁명 때 민주화(民主化)를 외치다 희생된 젊은이들의 영령을 추모한 시이다.

그리운 그의 얼굴 다시 찾을 수 없어도
화사한 그의 꽃 / 산에 언덕에 피어날지어이.

그리운 그의 노래 다시 들을 수 없어도
맑은 그 숨결 / 들에 숲속에 살아갈지어이.

쓸쓸한 마음으로 들길 더듬는 행인(行人)아.

눈길 비었거든 바람 담을지네.
바람 비었거든 인정(人情) 담을지네.

그리운 그의 모습 다시 찾을 수 없어도
울고 간 그의 영혼 / 들에 언덕에 피어날지어이.

– 신동엽, 「산에 언덕에」 –

① 시적 대상을 통해 자신의 삶을 비판적으로 성찰하고 있다.
② 시적 대상의 신념이 이루어지기를 염원하고 있다.
③ 시적 대상의 부재로 인한 안타까움을 드러내고 있다.
④ 미래에 대한 긍정적 전망과 확신을 내비치고 있다.

15. ㉠ ~ ㉣에 대한 설명으로 옳지 않은 것은?

나는 ㉠ 점심으로 ㉡ 콩나물 ㉢ 국밥을 먹고 모처럼 시원하게 부는 ㉣ 바람을 맞으며 집으로 갔다.

① ㉠에는 '잇몸소리'이면서 '파찰음'인 자음이 포함되었다.
② ㉡에는 '원순 모음'이면서 '고모음'인 모음이 포함되었다.
③ ㉢에는 모두 파열음인 자음만 포함되었다.
④ ㉣과 최소 대립쌍인 '보람'에서 추출한 음운은 모두 후설 모음이다.

16. (가) ~ (라)의 전개 순서로 가장 자연스러운 것은?

(가) 바다표범과 바다물범을 주 먹잇감으로 하는 북극곰에게 해빙(海氷)의 감소는 사냥에 성공할 확률이 줄어들고 있음을 의미한다. 북극곰이 충분한 먹이를 먹지 못하면 건강 상태가 악화되고 새끼를 덜 낳게 된다. 자연스레 해당 지역에서의 멸종으로 이어진다.

(나) 북극곰 멸종 위기의 직접적 원인은 기온 상승으로 북극의 해빙이 지속해서 감소했기 때문이다. 북극곰은 생존을 위해 많은 양의 지방이 필요하므로 먹이 사냥에 많은 시간을 사용한다.

(다) 북극곰은 영하 40℃의 추위와 시속 120km의 강풍을 견뎌 내며, 지구에서 가장 추운 환경에서 번성할 수 있는 뛰어난 생존 적응력을 지녔다. 북극곰의 털은 북극의 추운 기운을 차단해 준다. 피부 아래에는 두꺼운 지방층이 형성되어 있어 체온을 따뜻하게 유지할 수 있다. 북극에서 생존하기 위한 놀라운 진화다.

(라) 이처럼 탁월한 진화 능력을 보이면서 척박한 북극에서 강한 생존력을 뽐낸 북극곰에게 기후 변화가 야기한 북극의 환경 변화가 생물학적 진화만으로 감당하기에는 너무나 힘들었나 보다. 급기야 2008년 5월 미국 멸종 위기종 보호법으로 멸종 위기종에 지정됐다.

① (가) – (나) – (다) – (라)
② (나) – (다) – (라) – (가)
③ (다) – (나) – (가) – (라)
④ (다) – (라) – (나) – (가)

17. 다음 글의 '왕'이 생각하는 임금의 덕목을 추론한 것으로 옳지 않은 것은?

고려가 창업한 이야기에 이르자, 왕이 두세 번이나 탄식하며 서글퍼하더니 말하였다.

"나라를 다스리는 이가 폭력으로 백성을 위협하여서는 안 됩니다. 백성들이 두려워 따르는 것 같지만, 마음속으로는 반역할 뜻을 품고 있습니다. 날이 가고 달이 가면 커다란 재앙이 일어나게 됩니다. 덕이 있는 사람은 힘을 가지고 임금 자리에 나아가지 않습니다. 하늘이 비록 임금이 되라고 간곡하게 말하는 것은 아니지만, 그가 올바르게 일하는 모습을 백성에게 보여 줌으로써 백성의 뜻에 의하여 임금이 되게 하니 상제(上帝)의 명은 참으로 엄합니다. 나라는 백성의 나라이고, 명령은 하늘의 명령입니다. 그런데 천명이 떠나가고 민심이 떠나간다면, 임금이 비록 제 몸을 보전하려고 하더라도 어찌 되겠습니까?"

박생이 또 역대의 제왕들이 불교를 숭상하다가 재앙 입은 이야기를 하자, 왕이 문득 이맛살을 찌푸리며 말하였다.

"백성이 임금의 덕을 노래하는데도 큰물과 가뭄이 닥치는 것은 하늘이 임금으로 하여금 근신하라고 경고하는 것입니다. 백성이 임금을 원망하고 탄식하는데도 상서로운 일이 나타나는 것은 임금에게 아첨하여 더욱 교만 방자하게 만드는 것입니다. 제왕들에게 상서로운 일이 나타났다고 해서 백성이 편안해질 수 있겠습니까? 원통하다고 말할 수 있겠습니까?"

– 김시습, 「남염부주지」에서 –

① 폭력적인 정치는 결국 백성들의 반발심만 불러오게 되므로 경계해야 한다.
② 항상 올바르게 일하여 백성들의 뜻을 움직이게 해야 한다.
③ 하늘의 명령을 따르는 동시에 백성의 뜻과 마음도 살펴야 한다.
④ 자연재해는 하늘이 내리고 상서로운 일은 백성이 내림을 명심해야 한다.

18. 다음 글에 대한 이해로 적절하지 않은 것은?

우리나라 고대 국가들은 전통적인 농경 문화를 바탕으로 외래 사상과 문화를 폭넓게 수용하여 이를 새롭게 발전시켰다. 고대인들은 농사를 짓기 시작하면서 농사에 큰 영향을 미치는 하늘과 태양, 땅과 물 등을 숭배하는 샤머니즘을 발달시켰다. 농경의 발달과 함께 등장한 지배자들은 천신과 지모신의 후손임을 자처하면서 정치권력을 정당화하였다. 삼국 초기의 지배자들은 이러한 지배 이념을 활용하여 자신들을 신에 비유하는 특권적 신분제를 만들고, 자국 중심의 독자적인 천하관을 확립하기도 하였다.

그러나 삼국이 영역을 크게 확장하고 주변국과 다양한 관계를 가짐에 따라 영역 내의 모든 주민이나 주변국들이 공감할 수 있는 보편적인 사상과 문화가 요구되었다. 이에 삼국은 유학과 불교 등을 수용하는 한편, 과학 및 예술 등 각종 선진 문물을 받아들여 각국의 실정에 맞게 발전시켰다.

이러한 외래 사상과 문화는 주로 지배층을 중심으로 받아들여졌다. 그리하여 도성을 중심으로 화려한 귀족 문화가 꽃피었지만 일반 백성들은 이를 향유하기 힘들었다. 대신 일반 백성들은 전통적인 신앙과 사상을 바탕으로 소박하면서도 해학적인 문화를 발전시켰다. 한편, 삼국 통일 이후 많은 승려들의 노력으로 불교가 점차 백성들에게 퍼졌고, 효를 중심으로 하는 유교 윤리도 민간에 보급되기 시작하였다.

① 고대에서 삼국 초기까지 샤머니즘은 지배 세력을 정당화하는 수단이 되기도 했다.
② 삼국 시대에 백성들의 해학적인 문화는 외래 사상을 바탕으로 했다.
③ 고대에 농경 생활의 시작과 샤머니즘의 발달은 밀접한 관련이 있었다.
④ 삼국이 통일된 이후 불교와 함께 유교 윤리가 백성들에게 퍼지게 되었다.

19. ㉠의 내용으로 가장 적절한 것은?

열역학에서 어떤 물질이 기체 · 액체 · 고체 중 하나의 독립된 상으로 지속적으로 존재할 때를 안정한 상태라고 한다. 보석인 다이아몬드와 연필심으로 쓰는 흑연은 모두 구성 원소가 탄소로 이루어져 있지만, 원자들의 배열에 따라 반짝이는 다이아몬드가 되기도, 값싼 흑연이 되기도 한다. 우리가 살아가는 대기압과 온도에서는 둘 모두 안정적으로 상태를 유지한다. 이와 같이 같은 조건에서 두 상태로 존재하는 것들이 있다. 겨울에 쓰는 액체 손난로가 그렇다. 가만히 두면 손난로 안에 담긴 물질이 액체 상태로 있지만, 작은 금속 절편을 손가락으로 딸깍 눌러 에너지가 발생하면 안에 담긴 물질이 고체 상태로 변하면서 열을 내놓아 주변 온도를 높인다. 액체 주머니 손난로의 두 상태 중 고체 상태가 더 안정적이고, 액체 상태는 덜 안정적이다. 어느 정도 안정적으로 상태를 유지하지만 다른 상태에 비해 덜 안정적인 상태를 준(準)안정 상태라고 부른다. 주머니 손난로에서는 고체 상태가 안정 상태, 액체 상태가 준안정 상태다. 준안정 상태가 안정 상태보다 에너지가 더 높고, 따라서 주머니 손난로는 액체에서 고체로 변하면서 두 상태의 에너지 차이에 해당하는 열을 밖으로 내놓게 된다. 안정적인 상태에 있는 물질을 준안정 상태로 거꾸로 바꾸려면 외부에서 에너지가 유입되어야 한다. 뜨거운 물에 넣어 에너지가 밖에서 유입되면 한번 써서 딱딱해진 주머니 손난로를 액체 상태로 바꿔 다시 쓸 수 있게 된다. ㉠ 우리가 흑연과 다이아몬드, 둘 모두를 볼 수 있는 이유도 액체 주머니 손난로와 같다.

① 같은 환경 조건에서 구성 원소가 달라서
② 다이아몬드에 비해 흑연의 상태가 불안정해서
③ 외부에서 에너지 유입이 없을 때는 안정된 상태를 유지해서
④ 흑연과 다이아몬드라는 두 상태의 에너지가 차이 나서

20. 다음 글에서 추론할 수 있는 내용으로 적절하지 않은 것은?

우리 민족이 즐겨 마시는 술은 크게 청주(淸酒)와 탁주(濁酒)로 나뉜다. 조선 초기 '청주', 즉 소주(燒酒)는 양반들에게만 접근 가능한 기호품이었고, 사치스러운 고급주로 인식되었다. 그 이유는 발효하여 증류하기 위해서는 곡식이 많이 들어갔기 때문이다. 소주는 양반 사대부가를 중심으로 빚어지고 사용되었기에 조선의 백성들은 주로 거르지도 짜지도 않고 발효 후 그대로 마시는 술인 탁주를 즐겨 하였다.

그렇다고 탁주를 일반 백성들만 마신 것은 아니었다. 조선 시대 선비들도 대부분 탁주를 즐겨 하였다. 그리고 탁주에 대한 다양한 글을 남겨 놓았다. 백성들이 문자를 통해 탁주에 대한 다양한 생각들을 남겨 놓지 못하는 현실이었기에, 선비들이 남겨 놓은 탁주에 대한 많지 않은 기록은 매우 의미가 있는 것이라고 할 수 있다. 조선 시대 선비들은 탁주를 여러 의미에서 받아들였다. 모든 술이 다 그러하지만 탁주를 통해 자신의 내면을 승화하고, 여러 지인들과 호주가의 모습을 드러내면서 술자리를 가지기도 했다. 한편으로 명망가들이 밤을 새워 술을 마시는 모습을 확인할 수 있어 당시 선비들의 술자리가 단순히 의례를 갖춘 향음 주례만이 아닌 호쾌한 술자리도 있었음을 알 수 있다.

탁주는 더불어 금주령 시대에도 금하지 않는 술이었음을 확인할 수 있었다. 금주령의 술이 청주이고 탁주는 농사를 짓는 백성들에게 노동을 위한 술이었기에 금주령을 내리지 않은 영조의 정책을 통해 탁주가 갖는 조선 시대 백성들과의 관계를 확인할 수 있었다.

① 조선 시대 평민들의 음주 문화를 기록한 문헌은 드물다.
② 조선 시대에는 술의 유통을 금지한 때가 있었다.
③ 탁주는 곡식을 발효한 이후의 과정은 거치지 않은 술이다.
④ 청주와 달리 탁주는 조선 양반들이 사적 모임에서 흥을 돋울 때 쓰였다.

10. 다음 시에 대한 설명으로 옳지 않은 것은?

> 어제를 동여맨 편지를 받았다
> 늘 그대 뒤를 따르던
> 길 문득 사라지고
> 길 아닌 것들도 사라지고
> 여기저기서 어린 날
> 우리와 놀아 주던 돌들이
> 얼굴을 가리고 박혀 있다
> 사랑한다 사랑한다, 추위 가득한 저녁 하늘에
> 찬찬히 깨어진 금들이 보인다
> 성긴 눈 날린다
> 땅 어디에 내려앉지 못하고
> 눈 뜨고 떨며 한없이 떠다니는
> 몇 송이 눈.
>
> – 황동규, 「조그만 사랑 노래」 –

① 추상적 관념을 형상화하여 단절된 미래를 표현하고 있다.
② 비슷한 시구를 반복하여 시적 의미를 강조하고 있다.
③ 상실과 소멸의 이미지를 통해 정서를 형상화하고 있다.
④ 객관적 상관물을 통해 화자의 심리 상태를 암시하고 있다.

11. 빈칸에 들어갈 말로 가장 적절한 것은?

> 돌이켜 보면, 삶의 완전성 아니 더 나아가 존재의 완전성이 오로지 아름다움 속에 있다는 생각은 호메로스에 의해 정초된 그리스적 사유의 바탕이었습니다. 모든 것은 아름다울 때 참된 완전성에 도달한다는 것, 그러므로 모든 것은 자기를 완전히 실현하기 위해서는 아름답게 되지 않으면 안 된다는 것, 그것의 아름다움 속에 그것의 진리가 있다는 것, 이것이 호메로스의 가르침이었습니다.
> 아름다움은 특정한 활동으로서의 예술의 일이 아닙니다. 아름다워지려는 것은 완전해지려는 것과 같은 말입니다. 아름다워지려는 욕구는 자기를 온전히 실현하고자 하는 욕구와 같은 것입니다. 신이 세계를 창조한 뒤에 보시기에 좋았더라는 말은, 이 세계가 타락하기 전 순진무구한 상태에서 아름다웠다는 말이겠지요. 그리고 우리가 다시 실현해야 할 존재의 참모습도 아름다운 모습 외에 다른 것일 수 없을 것입니다.
> 모든 존재하는 것들이 온전한 자기를 향해 운동하는 것이라면, 모든 것은 또한 아름다움을 향해 운동하는 것이지요. 그러므로 존재가 운동이라면, 그 운동이란 오직 아름다움을 향한 운동일 것입니다. 그런 한에서 아름다움은 (　　　　　　　　　　).

① 대상 자체가 지닌 속성에 기인하는 것입니다
② 예술의 존재 이유이며 예술의 일인 것입니다
③ 세계를 바라보는 존재의 의식 속에 있는 것입니다
④ 존재 그 자체의 가장 본질적인 활동에 속하는 것입니다

12. 다음 글에 해당하는 사례로 적절하지 않은 것은?

> 단어가 제대로 사용되었는지를 알기 위해서는 문장이나 문맥 속에서 그 단어의 의미를 검토해 보아야 한다. 의미적으로 중복된 단어를 사용할 경우 부자연스러운 표현이 나타난다. '다시 재론하다'에서, 한자어 '재론(再論)'의 '재'는 '다시'를 뜻하므로 의미의 중복이 나타난다.

① 관객들은 자리에서 일어나 연주자에게 박수를 보내며 환호했다.
② 그는 꿈을 향해 더욱더 앞으로 전진하겠다고 말했다.
③ 경찰은 사건이 왜 일어났는가의 원인을 조사해 보기로 했다.
④ 그는 공직에서 물러앉아 고향에서 조용히 남은 여생을 보냈다.

13. ㉠, ㉡에 해당하는 예가 옳게 짝 지어진 것은?

> 용언의 불규칙 활용은 크게 ㉠ <u>어간만 불규칙하게 바뀌는 부류</u>, ㉡ <u>어미만 불규칙하게 바뀌는 부류</u>, 어간과 어미 둘 다 불규칙하게 바뀌는 부류로 나눌 수 있다.

	㉠	㉡
①	노를 <u>저음</u>.	날씨가 <u>더움</u>.
②	정상에 <u>오름</u>.	노래를 <u>함</u>.
③	결론에 <u>이름</u>.	합격을 <u>바람</u>.
④	땀이 <u>흐름</u>.	물을 <u>길음</u>.

14. ㉠~㉣을 수정하는 방안으로 잘못된 것은?

> 선(善)은 ㉠ <u>절대적인</u> 개념이다. 시간과 공간에 따라서 선은 다르게 나타난다. 따라서 선은 실재한다고 볼 수 없다. 물론 선뿐만 아니라 모든 가치도 인간이 존재에 부여한 것이므로 실재하지 않는다. 오직 실재하는 것은 감각으로 인식 가능한 형이하적 존재와 감각으로 인식할 수 없는 형이상적 존재로서의 존재 원리 또는 그 법칙이다.
> 그러나 선을 절대적으로 실재하는 것이라고 생각하는 관점이 있다. 선이 실재하는 것이므로 그것을 실천해야 한다는 ㉡ <u>일관성</u>을 주장하게 된다. 하지만 실재하지 않는 선을 마땅히 실천해야 한다고 주장한다면 개인의 자유를 구속하게 된다. 실재하더라도 당위를 주장한다면 그 역시 구속이 있으며 이로 인하여 희생이 나타난다. 그러나 선이 ㉢ <u>실재한다고 해서 관심을 가져야 하는 것은 아니다</u>. 그것은 인간 사회가 동물 사회와 다를 바 없는 무질서의 혼돈 사회가 될 수 있기 때문이다. 따라서 선은 실재하지 않지만 필요한 것이다. 그 필요성은 선택의 자유가 있다. 따라서 희생도 선택할 수 있는 것이다. 이 때문에 ㉣ <u>선택의 자유가 없는</u> 당위성과 차이가 있다.

① ㉠은 '상대적인'으로 고친다.
② ㉡은 '당위성'으로 고친다.
③ ㉢은 '실재하지 않는다고 해서 관심을 갖지 않을 수 없다'로 고친다.
④ ㉣은 '희생의 자유가 있는'으로 고친다.

15. ㉠~㉤을 올바르게 배열한 것은?

> 갑상선은 목의 아래쪽에 있는 분비샘으로, 'T4'로 불리는 티록신과 'T3'으로 불리는 트리요드타이로닌을 합성하고 분비하는 기능을 한다. 갑상선 질환 진단에 사용되는 가장 기본적인 검사는 혈중 TSH[갑상선 자극 호르몬]와 T4의 측정이다.
>
> ㉠ 갑상선에서 호르몬이 분비될 때 갑상선 호르몬의 93%는 T4이고 나머지가 T3이다.
> ㉡ TSH 수치만으로는 rT3의 양이나 효과를 가늠할 수 없기 때문이다.
> ㉢ 이후 T4의 일부는 기분이 좋아지게 만드는 활력 호르몬으로 알려진 T3으로, 또는 T3의 작용을 방해하여 조직이나 세포 안에서 제 역할을 하지 못하게 하는 rT3으로 변환된다.
> ㉣ 따라서 갑상선의 호르몬 분비량 수준을 알려 주는 TSH 수치의 측정만으로는 갑상선 기능 저하증을 놓치지 않고 찾아내기 어렵다.
> ㉤ 체내에 rT3이 많아지면 T3의 작용이 저하되기 때문에 TSH 수치가 정상이면서도 갑상선 기능 저하증에 해당하는 증상이 나타날 수 있다.

① ㉠-㉢-㉡-㉤-㉣
② ㉠-㉢-㉤-㉣-㉡
③ ㉤-㉠-㉢-㉣-㉡
④ ㉤-㉡-㉠-㉢-㉣

16. 다음 글에 대한 설명으로 적절하지 않은 것은?

> "저기 물 밑을 보라."
> 외치거늘, 급히 눈을 들어 보니, 물 밑 홍운을 헤치고 큰 실오라기 같은 줄이 붉기가 더욱 기이하며, 기운이 진홍 같은 것이 차차 나와 손바닥 넓이 같은 것이 그믐밤에 보는 숯불 빛 같더라. 차차 나오더니, 그 위로 작은 회오리밤 같은 것이 붉기가 호박(琥珀) 구슬 같고, 맑고 통랑(通朗)하기는 호박도곤 더 곱더라. 그 붉은 위로 훌훌 움직여 도는데, 처음 났던 붉은 기운이 백지 반 장 넓이만치 반듯이 비치며, 밤 같던 기운이 해 되어 차차 커 가며, 큰 쟁반만 하여 불긋불긋 번듯번듯 뛰놀며, 적색(赤色)이 온 바다에 끼치며, 먼저 붉은 기운이 차차 가시며, 해 흔들며 뛰놀기 더욱 자주 하며, 항 같고 독 같은 것이 좌우로 뛰놀며, 황홀히 번득여 양목이 어즐하며, 붉은 기운이 명랑(明朗)하여 첫 홍색을 헤치고, 천중에 쟁반 같은 것이 수레바퀴 같아 물속으로 치밀어 받치듯이 올라붙으며, 항아리, 독 같은 기운이 스러지고, 처음 붉어 겉을 비추던 것은 모여 소 혀처럼 드리워 물속에 풍덩 빠지는 듯싶으더라.
>
> – 의유당, 「동명일기」에서 –

① 의태어를 활용하여 장면을 생동감 있게 묘사하고 있다.
② 색채 이미지를 대비하여 일출 때의 붉은 기운을 부각하고 있다.
③ '큰 실오라기', '회오리밤', '항아리'는 같은 대상을 비유하고 있다.
④ 시간의 흐름에 따라 대상이 변화하는 과정을 나타내고 있다.

17. ㉠ ~ ㉤ 중 표준어로만 묶인 것은?

> 선생님께
> 지난번 저를 집에 초대해 주시고 맛있는 저녁밥까지 차려 주셔서 너무 감사했습니다. 태어나서 처음 ㉠ <u>강남콩</u>을 먹어 보았는데 의외로 맛있었어요. 선생님께서는 저에게 실망하지 말고 ㉡ <u>오뚝이</u>처럼 다시 일어서라고 응원해 주셨지요. 길을 잃고 자리에서 한 ㉢ <u>발자욱</u>도 움직일 수 없던 저에게 큰 힘이 되어 주셨어요. 지금은 ㉣ <u>맨날</u> 게임만 하고 있지는 않으니 너무 걱정 마세요. 조만간 꼭 찾아뵐게요. 참, 며칠 전 태어났다고 하셨던 ㉤ <u>수캉아지</u> 이름은 지으셨는지 궁금해요.

① ㉠, ㉡, ㉤ ② ㉠, ㉢, ㉣
③ ㉡, ㉢, ㉤ ④ ㉡, ㉣, ㉤

18. ㉠, ㉡의 문장 성분과 문장 구조에 대한 설명이 옳은 것은?

> ㉠ 그들은 내가 그들과 행동을 함께하기를 원했다.
> ㉡ 우리는 이곳의 기후가 벼농사에 적합하지 않음을 몰랐다.

① ㉠에는 명사절이 안겨 있지만, ㉡에는 관형절이 안겨 있다.
② ㉠에는 부사절이 안겨 있지만, ㉡에는 서술절이 안겨 있다.
③ ㉠의 안긴문장 속에는 관형어가 있지만, ㉡의 안긴문장 속에는 관형어가 없다.
④ ㉠의 안긴문장 속에는 목적어가 있지만, ㉡의 안긴문장 속에는 목적어가 없다.

[19 ~ 20] 다음 글을 읽고 물음에 답하시오.

> 의식주는 풍족해졌지만 그것을 얻는 방법은 빈궁한 시대에서보다 더 가혹한 것이 되었다. 수단의 가혹화는 빈궁의 극한 상황에서 저절로 생겨나는 것이라는 면을 가지고 있다. [㉠] 우리 사회에서 수단의 가혹화는 생존 경쟁의 치열함만으로는 설명할 수 없다. 우리 사회에서 삶의 살벌화는 그것 자체의 독자적인 동력학을 가진 것으로 보인다. 이것은 심도 있는 연구와 분석을 요구한다. 그러나 보통 사람의 삶이라는 관점에서 볼 때 거기에는 사회적으로 부여되는 일정한 심리적 계기가 있는 것으로 생각된다. 삶의 살벌화에 동기가 있다고 한다면, 그것은 생존이 아니라 권력과 부와 지위의 동기이다.
> 물론 이것도 그 뿌리의 하나는 단순한 의미의 평화스러운 삶의 유지의 필요에 관계되어 있다. 한국 도시의 원시 지대를 헤쳐 다니며 하루의 삶을 영위하다 보면, 돈과 권력의 연줄로써 하루의 고달픔을 줄어들게 할 일이 너무 많이 있음을 곧 느낄 수 있다. 그러나 권력과 부와 지위는 그러한 실제적인 것과는 다른 심리적인 의미도 가지고 있는 것으로 보인다. 사람은 자신의 값어치에 대한 일정한 자아의식을 가지지 않고는 살아가기 어렵다. 우리 사회에서 우리의 값어치, 사람의 값은 권력과 부와 지위에 의하여 정하여진다. 이것들은 우리 사회가 믿는 유일한 가치이다.
> [㉡] 이러한 가치의 추구는 사회 구조가 오만과 모멸의 구조로 되어 있기 때문에 불가피한 것이 되기도 한다. 오만과 모멸의 사회 체계에서 가해지는 수모를 피하며 자존심을 유지하려면 최소한도의 부와 권력과 지위를 확보하여야 하는 것이다. [㉢] 더 나아가 그것의 자손만대까지의 발전은 더욱더 많은 권력과 부와 지위를 필요로 하는 결과를 가져온다.

19. 이 글이 궁극적으로 말하고자 하는 바인 Ⓐ와 이에 대한 평가인 Ⓑ를 바르게 추론한 것은?

① Ⓐ: 우리 사회에서 수단의 가혹화는 생존 경쟁이 치열해지면서 심화되었다.
Ⓑ: 수단의 가혹화가 생긴 원인 중 심리적 기제보다 생존 경쟁의 중요성을 강조했으므로, 적절하다.
② Ⓐ: 권력과 부와 지위의 추구는 오만과 모멸의 사회 체계에서는 불가피한 것이다.
Ⓑ: 전체 글을 포함할 수 없는 부분적인 내용이므로, 적절하지 않다.
③ Ⓐ: 삶이 살벌해지는 것은 우리 사회가 권력과 부와 지위를 통해 사회적 인정을 추구하기 때문이다.
Ⓑ: 수단의 가혹화에 대한 원인을 분석하여 비판적 인식을 드러내고 있으므로, 적절하다.
④ Ⓐ: 한국인은 권력과 부와 지위를 획득함으로써 자신의 존재 가치를 증명하려는 욕망이 유독 강하다.
Ⓑ: 구체적인 근거를 통해 주장을 강화하지 못했으므로, 적절하지 않다.

20. ㉠ ~ ㉢에 들어갈 말로 적절하게 짝 지어진 것은?

	㉠	㉡	㉢
①	그러나	한편으로	그리고
②	그래서	반면	또한
③	하지만	그래서	그러나
④	따라서	그리고	하지만

12. 다음 글에 대한 평가로 적절한 것만을 <보기>에서 모두 고르면?

> 범죄는 왜 발생하는가. 계몽주의의 영향을 받은 고전주의 범죄학은 개인의 자유 의지를 먼저 꼽는다. 이탈리아 형법학자 베카리아가 주장하는 것처럼 범죄를 저지르고 안 저지르고는 모두 개인의 의지에 달렸다는 것이다. 반면 '근대 범죄학의 아버지'라 불리는 이탈리아 범죄학자 롬브로소는 그의 저서 『범죄인론』에서 '생래적 범죄인설'을 주장했다. 범죄인은 범죄 소질을 타고난다는 것이다. 『자살론』의 저자인 프랑스 사회학자 뒤르켐의 시각은 또 다르다. 범죄의 원인이 개인의 이기적인 행위나 내재적 결함에 있기보다는 사회적 분업이 발달하면서 생기는 무규범 상태[anomie] 등 사회적 환경과 구조에 있다고 주장했다. 이런 그의 분석은 오늘날 사회학적 범죄학의 기초가 됐다. 사회학적 범죄학은 범죄 발생의 원인을 하위 문화 · 빈곤 · 실업 등 경제적 · 문화적 환경 요소에 있다고 주장한다.

<보기>

㉠ 인간은 욕구 충족이나 문제 해결을 위해 범죄 또는 범죄 이외의 방법을 선택한다는 주장은 베카리아의 견해를 약화한다.
㉡ 정상인과 범죄자의 동일한 두개골 부위를 측정했을 때 범죄자만의 유전적 특징이 있다는 사실은 롬브로소의 견해를 강화한다.
㉢ 나쁜 짓을 일삼는 무리에 휩쓸리다 보면 흰 색깔이 같이 검게 물든다는 의미의 "까마귀 노는 곳에 백로야 가지 마라."라는 말은 뒤르켐의 견해를 강화한다.

① ㉠, ㉡ ② ㉠, ㉢
③ ㉡, ㉢ ④ ㉠, ㉡, ㉢

13. ㉠~㉣에 대한 설명으로 적절하지 않은 것은?

㉠ 안팎일[안팡닐]	㉡ 끊더라[끈터라]
㉢ 낯설다[낟썰다]	㉣ 닳는[달른]

① ㉠: 첨가 및 교체가 일어나 음운의 개수가 늘었다.
② ㉡: 탈락 및 축약이 일어나 음운의 개수가 줄었다.
③ ㉢: 교체만 일어나 음운의 개수에는 변화가 없다.
④ ㉣: 탈락 및 교체가 일어나 음운의 개수가 줄었다.

14. 다음 시에 대한 설명으로 옳지 않은 것은?

> 동방은 하늘도 다 끝나고
> 비 한 방울 내리잖는 그때에도
> 오히려 꽃은 빨갛게 피지 않는가.
> 내 목숨을 꾸며 쉬임 없는 날이여!
>
> 북쪽 툰드라에도 찬 새벽은
> 눈 속 깊이 꽃맹아리가 옴작거려
> 제비 떼 까맣게 날아오길 기다리나니.
> 마침내 저버리지 못할 약속이여.
>
> 한바다 복판 용솟음치는 곳
> 바람결 따라 타오르는 꽃 성(城)에는
> 나비처럼 취하는 회상의 무리들아
> 오늘 내 여기서 너를 불러 보노라!
>
> - 이육사, 「꽃」 -

① 각 연마다 선경 후정의 구조를 반복하여 시상을 전개하고 있다.
② 영탄적 표현으로 희망이 성취될 미래의 기쁨을 드러내고 있다.
③ 촉각을 시각화한 공감각적 이미지로 화자의 의지를 강조하고 있다.
④ 동일한 의미를 뜻하는 단어를 배열하여 의미를 확대하고 있다.

15. ㉠~㉥에 대한 진술 중 다음 글의 내용과 일치하지 않는 것은?

> ㉠ 칸트는 거짓말이란 진실이 아닌 것을 의도적으로 하는 말로 보았고, ㉡ 어거스틴은 정당화될 수 있는 거짓말은 하나도 없다고 주장했다. 한편, '거짓말'이란 좋은 의도이든 나쁜 의도이든 의도와 상관없이 진실이 아닌 말을 하는 것을 의미하는 ㉢ 광의의 개념과 의도적으로 타인을 속여 해를 주는 것에 한정하는 ㉣ 협의의 개념으로 정의되기도 한다. 이러한 견해들 이외에 거짓말 또는 거짓 행위, 즉 부정직 행위가 그것의 의도와 상황에 의해 평가되어야 한다는 입장을 취한 학자들도 있다. ㉤ 토마스 아퀴나스와 후고 그로티우스는 모든 거짓말을 금지하는 것은 실생활과는 맞지 않기 때문에 거짓말도 용서할 수 있는 것, 단지 청자에 의해 잘못 해석되어진 것, 거짓말로 여겨지지 않는 것 등이 존재한다는 태도를 취하였다. ㉥ 에라스무스와 시즈윅과 같은 공리주의자들은 타인에게 도움을 주는 거짓 행위는 반드시 필요하고 도덕과 관련이 없는 거짓 행위는 해도 된다고 하였다. 대신 이러한 거짓 행위는 다른 사람을 속이려는 의도가 지배적이어서는 안 되며 다른 사람의 입장에서 고려되고 평가되어야 한다고 하였다.

① ㉠은 ㉢과, ㉡은 ㉥과 유사한 관점에서 거짓말을 이해하고 있다.
② ㉣과 ㉥은 '의도'를 거짓 행위의 핵심적 요소로 이해한다는 점에서 유사하다.
③ ㉤은 부정직 행위를 판단할 때, 타인의 입장을 고려한다.
④ ㉤과 ㉥은 상황에 따른 거짓 행위의 필요성을 인정한다는 면에서 유사하다.

16. 다음 글의 논지 전개 방식으로 적절하지 않은 것은?

> 명예혁명 이전 영국 국채 금리는 10%를 훌쩍 넘었다. 명예혁명 이전에 금리가 높았던 것은 당시 영국 왕실이 빈번하게 '채무 불이행'을 했기 때문이다. 대표적인 사례로 1671년 영국 국왕 찰스 2세가 채권에 대한 이자와 원금 지급을 정지시킨 일을 들 수 있다. 이로 인해 정부가 발행한 채권을 인수해 자산가들에게 소액으로 판매하던 런던의 금융업자들은 치명상을 입었다. 당시 영국 왕들이 빈번하게 채무 불이행을 선언한 것은 국가 재정이 튼튼하지 않았기 때문이다. 찰스 2세의 아버지인 찰스 1세가 1649년 올리버 크롬웰이 이끈 의회군에 패배해 처형당한 것도 전함 건조를 위한 특별 세금인 건함세를 부과해 귀족과 금융업자의 반발을 샀던 것이 원인이었다.
>
> 영국은 청교도 혁명으로 공화제가 수립되었으나, 크롬웰이 죽은 뒤 1660년 왕정이 복고되었다. 하지만 찰스 2세에 이은 두 번째 국왕 제임스 2세가 할아버지를 반면교사 삼지 못한 채 벽난로세 등 수많은 품목에 자의적으로 세금을 부과하면서 의회를 비롯한 납세자들의 강한 반발을 초래했고, 결국 시민들은 1688년 명예혁명을 일으켜 제임스 2세를 내쫓았다. 영국 의회는 네덜란드의 오렌지 공 윌리엄을 새로운 국왕(윌리엄 3세)으로 앉힌 뒤, 그에게서 새로운 세금을 걷을 때 의회에 동의를 얻을 것과 국민의 재산을 자의적으로 강탈하지 않을 것을 약속 받았다. 그 후 영국 정부는 단 한 차례도 이자와 원금의 지급을 연체하지 않았다.

① 특정 현상이 일어난 원인을 제시하고 있다.
② 다양한 정치 체제의 장단점을 각각 비교하고 있다.
③ 실제 사례를 제시하여 상황을 설명하고 있다.
④ 정치 체제의 변화 과정을 시간의 흐름에 따라 서술하고 있다.

17. 다음 글을 읽고 이해한 내용으로 옳지 않은 것은?

> 순자가 살던 시대는 나라가 완전히 몰락하던 전국 시대 말기였다. 공자 때에도 이미 겸병 전쟁의 주체가 점점 아래 계층으로 이동하는 현상을 보였지만, 전국 시대에 이르면 옛 귀족만이 아니라 새로운 지주 계층들까지 등장하면서 혼란이 더 심해진다. 그리고 이 같은 상황은 기존 통치 세력과 신흥 지주 계층의 대립으로 압축된다. 옛 귀족은 봉건 통치의 부활을 꿈꾸면서 예치(禮治)를 내세웠고, 신흥 지주 계층은 개혁을 표방하고 법치(法治)를 주장했다. 순자는 이런 상황에서 예에 의한 통치를 주장했다. 하지만 그의 주장은 법에 의한 통치 이론을 완성시킨 제자들, 즉 한비자와 이사를 통해 열매를 맺게 된다.
> 순자의 사상은 사회적 배경에서 나왔다. 순자 사상의 특징은 철저하게 인간의 의지를 강조한 것이다. 순자는 사람의 본성을 악하다고 했지만, 그 악한 본성을 극복할 수 있는 가능성으로 인간 자신의 의식적인 노력을 들었다. 그리고 그러한 노력의 구체적인 제도로 예제의 부활을 주장하였던 것이다. 그러나 단순한 복고가 아니라 현실의 임금들이 당대에 맞는 예제를 만들어 통치를 받는 사람 모두를 교화하기를 바랐다.

① 순자는 국가적인 차원보다 개인적인 차원에서의 문제 해결을 더 강조하였다.
② 순자는 사회적 혼란과 인간의 본성을 극복할 수 있는 대안으로 인간의 의지에 주목하였다.
③ 순자에 따르면, 예제의 부활은 인간의 본성을 극복할 수 있는 가능성을 높인다.
④ 한비자는 순자의 주장을 계승하였지만 통치 방법에 대해서는 순자와 다른 입장을 보였다.

18. 다음 글에 대한 설명으로 적절하지 않은 것은?

> 공방(孔方)의 자(字)는 관지(貫之)이다. 공방이란 구멍이 모가 나게 뚫린 돈, 관지는 돈의 꿰미를 뜻한다. 그의 조상은 일찍이 수양산(首陽山) 속에 숨어 살면서 아직 한 번도 세상에 나와서 쓰인 일이 없었다.
> [중략]
> 방은 성질이 욕심이 많고 비루(鄙陋)하고 염치가 없었다. 그런 사람이 이제 재물을 맡아서 처리하게 되었다. 그는 돈의 본전과 이자의 경중을 다는 법을 좋아하여, 나라를 편안하게 하는 것은 반드시 질그릇이나 쇠그릇을 만드는 생산 방법에만 있는 것이 아니라고 생각했다. 그는 백성으로 더불어 한 푼 한 리의 이익이라도 다투고, 한편 모든 물건의 값을 낮추어 곡식을 몹시 천한 존재로 만들고 딴 재물을 중하게 만들어서, 백성들이 자기들의 본업인 농업을 버리고 사농공상(士農工商)의 맨 끝인 장사에 종사하게 하여 농사짓는 것을 방해했다. [중략]
> 사신(史臣)이 말하기를,
> "남의 신하가 되어 두 마음을 품고 큰 이익을 좇는 자를 어찌 충성된 사람이라 이르겠는가. 방이 올바른 법과 좋은 주인을 만나 정신을 모으고 마음을 도사려 정녕(丁寧) 한 약속을 손에 잡아 그다지 적지 않은 사랑을 받았으니, 마땅히 일으키고 해를 덜어 그 은우(恩遇)를 갚을 것이거늘, 비(濞)를 도와 권세를 도맡아 부리고 이에 사사로운 당(黨)을 세웠으니, 충신은 경외(境外)의 사귐이 없다는 것에 어그러진 자이다."/ 하였다.
>
> – 임춘, 「공방전」에서 –

① 사물을 의인화하여 주제를 우의적으로 드러내고 있다.
② 글쓴이가 일상생활의 구체적 경험을 통해 얻은 깨달음을 언급하고 있다.
③ 인간 세태를 비판하고 경계(警戒)하려는 교훈성을 지니고 있다.
④ 작가 의식을 대변하는 인물의 입을 빌려 인물의 행적을 평가하고 있다.

19. ㉠ ~ ㉥에 대해 이해한 것으로 적절한 것은?

> (같은 직장 팀원인 훈민, 정음, 용비가 대화를 하고 있다.)
> 훈민: 요즘 회식도 자주 못 하고 너무 아쉬워요. 전엔 ㉠ <u>우리</u> 집 식구들보다 더 오랜 시간 같이 붙어 있었는데.
> 정음: 그러게요. 팀원이라고는 해외로 장기 출장 가 계신 팀장님 빼면 ㉡ <u>우리</u> 셋뿐인데 말이에요.
> 훈민: 참. 오전에 ㉢ <u>본사에서</u> 있었던 회의 어떻게 됐어요? 두 사람 다 참석한 거죠?
> 정음: 네, 좀 전에 회의를 끝내고 돌아와서 지금 보고서 작성하는 중이에요.
> 훈민: 회의가 길어졌네요. ㉣ <u>본사에서</u> 우리 팀 온라인 이벤트 기획안에 대해 뭐라고 하던가요?
> 용비: 전체적으로는 좋지만 고칠 점이 있다는 지적을 받았어요. 예산 문제도 있고, 실효성도 떨어진다고요.
> 훈민: 그래요? 그럼 지금 ㉤ <u>우리</u>가 이렇게 다 모인 김에 빨리 수정해서 다시 기획안을 올려야겠네요.
> 정음: 네. 그리고 아까 본사 회의할 때 ㉥ <u>우리</u>가 다른 부서 얘기도 좀 들은 게 있는데 그거는 이따 얘기할게요.

① ㉠과 ㉡은 화자와 청자를 모두 포함하는군.
② ㉡과 ㉤은 가리키는 대상이 같군.
③ ㉢과 ㉣은 문장 성분이 같군.
④ ㉥은 화자만 포함하고 청자는 포함하지 않는군.

20. ㉠에 들어갈 말로 가장 적절한 것은?

> 디지털 기술 이전에도 자료를 개별 항목으로 분류하고 저장하는 원리, 즉 데이터베이스가 구현되어 있었다. 그러나 컴퓨터라는 테크놀로지는 이런 기능을 고도화할 수 있으며, 데이터베이스라는 문화 형식을 보편화하고 있다. 특히 인터넷은 거대한 데이터베이스로, 심지어 웹 페이지 자체도 텍스트 · 이미지 · 실행 파일 · 사운드 등의 모음이라는 점에서 일종의 데이터베이스라 할 수 있다. 데이터베이스는 단순히 기술적 의미만을 갖는 것이 아니라, 신화 · 소설 · 영화 · 텔레비전 프로그램 등 전통적인 내러티브(narrative)*나 문화적 형식들과 마찬가지로 세계에 대한 모델을 제공한다. 데이터베이스 역시 인간과 세계에 대한 우리의 경험을 구조화하는 또 다른 방식인 것이다.
> 그러나 [㉠]. 데이터베이스와 내러티브 모두 통합체[syntagm]와 계열체[paradigm]라는 두 가지 차원을 갖는다. 내러티브에서 인물, 사건, 배경이라는 이야기의 요소를 조합하여 구성해 낸 것이 통합체라면, 계열체는 인물, 사건, 배경의 각 차원에서 선택이 가능한 대안적인 요소들이다. 통합체가 결합의 원리라면 계열체는 선택의 원리에 기반하는 것이다. 그렇기 때문에 기존의 내러티브에서 통합체가 명시적이고 실재적인 것이라면 계열체는 작가의 머릿속에 존재했던 잠재적이고 상상적인 것이다. 한편, 데이터베이스에서 계열체는 개별 항목들이 실제로 저장되어 노출되어 있다는 점에서 실재적인 것이다. 반면, 통합체는 이용자의 선택에 의해 일시적으로 링크를 통해 드러난다는 점에서 비실재적이고 탈물질화되어 있다.
>
> * 내러티브: 서사

① 데이터베이스는 내러티브에 비해 명시적으로 정보를 노출한다
② 내러티브는 데이터베이스와 달리 통합의 원리를 기반으로 한다
③ 데이터베이스는 전통적인 내러티브와 반대되는 구조적 속성을 지니고 있다
④ 근래에 와서 데이터베이스와 내러티브의 구분은 점차 무의미해지고 있다

11. (가)와 (나)에 대한 설명으로 옳은 것은?

> (가) 천지간 만물지중에 그 무엇이 무서운고.
> 백액호(白額虎) 시랑(豺狼)이며 대망 독사(毒蛇) 오공(蜈蚣) 지주 야차 두억신과 이매망량 요괴 사기며 호정령 몽달귀신 염라사자와 시왕차사를 온갖 다 몰속 겪어 보았으나
> 아마도 님을 못 보면 간장에 불이 나서 사라져 죽게 되고 볼지라도 놀라고 끔찍하여 사지가 절로 녹아 어린 듯 취한 듯이 말도 아니 나기는 님이신가 하노라.
>
> – 작가 미상 –
>
> (나) 묏버들 갈히 것거 보내노라 님의손듸,
> 자시는 창 밧긔 심거 두고 보쇼셔.
> 밤비예 새닙곳 나거든 날인가도 너기쇼셔.
>
> – 홍랑 –

① (가)는 (나)와 달리 점층법을 사용하여 임에 대한 원망을 표현하고 있다.
② (가)와 달리 (나)는 비약법을 사용하여 정서를 드러내고 있다.
③ (나)와 달리 (가)는 과장법을 사용하여 임에 대한 간절한 그리움을 표현하고 있다.
④ (가)와 (나)는 모두 임과의 재회에 대한 확신을 암시하고 있다.

12. ㉠에 들어갈 말로 적절한 것은?

> 실학은 성리학의 일부가 아니라 그 악폐를 교정하고자 하는 새로운 사상이었다. 거기에는 선진 시대 유학의 지혜와 함께 제자백가적 사상이 동시에 영향을 미치고 있다. 조선 후기의 실학자들은 성리학을 그들의 기본 교양으로 갖추고 있기는 했지만 그들은 이에 머무르지 않고 조선 후기 사회의 요청에 응답하여 성리학으로부터 이탈해 나갔던 것이다. 따라서 실학은 [㉠]의 사상이었다. 조선 후기의 사회에서 새로운 문화를 창조하려는 열의가 함축된 개혁 이념을 담고 있었다. 그들이 추구하는 이상 사회의 전형을 중국의 고대에서 구하기도 했으나 이는 회고주의적 취향이 아니며 그들이 살고 있던 타락된 현세의 개혁을 위한 것이었다. 그들은 현세를 부정하고 새로운 시대인 고대 사회를 연구했을 뿐이다. 그들이 가지고 있던 과거 지향성의 강도는 현실을 개혁하고자 하던 그들의 의욕과 상관관계를 가지고 있다. 그러므로 실학은 과거 지향적인 학문이 아니라 현실을 개혁하고자 하는 생명력을 가진 사상이었던 것이다.

① 사대주의 타파 ② 성리학 재건
③ 현실 개혁 ④ 고대 사회 복원

13. ‘훈민’이 범한 논증의 오류가 나타난 것은?

> 훈민: A 사에서 B 차종에 대해 대규모 리콜을 실시할 예정이래. 에어백 결함이라고 하던데?
> 정음: 그래?
> 훈민: A 사 차는 안전에 문제가 많나 봐.

① 탄수화물을 많이 먹으면 살이 찐대. 나는 탄수화물을 적게 먹으니 살이 찌지 않을 거야.
② 2023년 세계 행복 지수 순위에서 핀란드가 1위를 차지했다. 핀란드의 어디를 가든 행복한 사람만 있을 것이다.
③ 서울에서 기차를 탈 때는 비가 오지 않았는데, 부산역에 도착하니 폭우가 내리고 있었어. 부산은 서울보다 강수량이 많은 도시인가 봐.
④ 하버드 대학교에 다니는 학생들은 똑똑해. 총명한 학생들만이 하버드 대학교에 다닐 수 있기 때문이지.

14. 다음 글에서 추론한 내용으로 적절하지 않은 것은?

> 구텐베르크가 고안한 금속 활자 인쇄술에서 가장 중요한 기술은 필요한 활자를 손쉽게 복제해서 제작할 수 있는 기술과 인쇄 상태를 우수하게 유지하면서 대량으로 인쇄해 낼 수 있는 기술이었다.
> 우선 활자를 복제하는 기술은 펀치와 모형, 그리고 수동 주조기라고 불리는 것으로 구성되었다. 작고 뾰족하며 강한 금속 조각에 줄이나 끌로 문자를 볼록하게 돋을새김을 하는데, 이것을 일명 ‘펀치’라고 한다. 이 펀치에 연한 금속 조각을 올려놓고 두드려 각인을 해서 모형을 만든다. 수동 주조기에 이 모형을 장착하여 손쉽고 빠르게 활자를 주조해 내었다. 이 기술은 인쇄를 많이 하면 활자가 닳아서 쓸모가 없어지더라도 계속해서 필요한 활자를 쉽고 빠르게 주조해 낼 수 있었다.
> 인쇄 상태를 우수하게 유지하면서 대량으로 찍어 내는 기술은 ‘프레스’라 불리는 압축기의 고안으로 해결되었다. 구텐베르크가 고안한 프레스는 오밀조밀하고 울퉁불퉁한 활판의 전면에 균일한 압력을 동시에 가해 종이에 찍어 내는 압축기를 말한다. 이것은 고대부터 쓰이던 포도주의 압착기를 변형하여 만들어 낸 것이다. 그밖에도 램프 그을음과 아마씨 기름을 혼합한 새로운 잉크의 개발, 주석과 납 그리고 안티몬 등을 합성한 내구성 있는 활자의 개발, 그리고 압축기의 압력에도 견디고 잉크도 적당하게 먹는 종이의 개발 등이 어우러져 하나의 인쇄 시스템이 탄생하였다.

① 구텐베르크는 금속 활자 인쇄술을 고안할 때 기존의 기술을 응용하였을 것이다.
② 펀치와 모형을 만들어 내는 수동 주조기는 활자를 복제하는 데 사용되었을 것이다.
③ 펀치에는 볼록한 문자가, 모형에는 오목한 글자가 새겨져 있을 것이다.
④ 개별적인 기술이 유기적으로 운영되어 하나의 인쇄 시스템이 탄생할 수 있었다.

15. 다음 글에 대한 설명과 거리가 먼 것은?

> 10월 초하루에 이자(李子)가 밖에서 돌아오니, 종들이 흙을 파서 집을 만들었는데, 그 모양이 무덤과 같았다. 이자는 어리석은 체하며 말하기를, [중략]
> “어찌 이런 것을 만들었느냐?” / 하였더니,
> “겨울에 화초나 과일을 저장하기에 좋고, 또 길쌈하는 부인들에게 편리하니, 아무리 추울 때라도 온화한 봄 날씨와 같아서 손이 얼어 터지지 않으므로 참 좋습니다.”
> 하였다. 이자는 더욱 화를 내며 말하기를,
> “여름은 덥고 겨울은 추운 것은 사시(四時)의 정상적인 이치이니, 만일 이와 반대가 된다면 곧 괴이한 것이다. 옛적 성인이, 겨울에는 털옷을 입고 여름에는 베옷을 입도록 마련하였으니, 그만한 준비가 있으면 족할 것인데, 다시 토실을 만들어서 추위를 더위로 바꿔 놓는다면 이는 하늘의 명령을 거역하는 것이다. 사람은 뱀이나 두꺼비가 아닌데, 겨울에 굴속에 엎드려 있는 것은 너무 상서롭지 못한 일이다. 길쌈이란 할 시기가 있는 것인데, 하필 겨울에 할 것이냐? 또, 봄에 꽃이 피었다가 겨울에 시드는 것은 초목의 정상적인 성질인데, 만일 이와 반대가 된다면 이것은 괴이한 물건이다. 괴이한 물건을 길러서 때 아닌 구경거리를 삼는다는 것은 하늘의 권한을 빼앗는 것이니, 이것은 모두 내가 하고 싶은 뜻이 아니다. 빨리 헐어 버리지 않는다면 너희를 용서하지 않겠다.”
>
> – 이규보, 「괴토실설」에서 –

① 일상적 경험을 통해 교훈을 전달하고 있다.
② 대화 형식으로 글쓴이가 지향하는 가치를 드러내고 있다.
③ 사람과 짐승을 대비하여 사람의 존귀함을 부각하고 있다.
④ ‘토실’은 자연의 섭리에 역행하는 대상이라는 점에서 글쓴이의 비판 대상이 되고 있다.

16. 밑줄 친 부분과 가장 관계가 깊은 속담은?

> 시골에 살면서 과수원(果樹園)이나 남새밭을 가꾸지 않는다면 세상에서 버림받는 일이 될 것이다. 나는 지난번 국상(國喪)이 나 바쁜 가운데서도 만송(蔓松) 열 그루와 전나무 한두 그루를 심어 둔 적이 있다. [중략] 불모지에는 버드나무도 대여섯 그루 심었을 거고, 유산(酉山)의 소나무도 이미 여러 자쯤 자랐을 거다. 너희는 이런 일을 하나라도 했는지 모르겠구나. 너희들이 국화를 심었다고 들었는데, 국화 한 이랑은 가난한 선비의 몇 달 동안의 식량이 될 수도 있는 것이니, 한낱 꽃구경에만 그치는 것이 아니다.
>
> – 정약용, 「유배지에서 보낸 편지」에서 –

① 배 먹고 이 닦기
② 봄꽃도 한때
③ 칠년대한 단비 온다
④ 뚝배기보다 장맛이 좋다

17. 다음 시에 대한 감상으로 적절하지 않은 것은?

> 1
>
> 향료를 뿌린 듯 곱ー다란 노을 위에
> 전신주 하나하나 기울어지고
>
> 먼ー고가선(高架線) 위에 밤이 켜진다.
>
> 2
>
> 구름은
> 보랏빛 색지 위에
> 마구 칠한 한 다발 장미.
>
> 목장의 깃발도 능금나무도
> 부을면 꺼질 듯이 외로운 들길.
>
> – 김광균, 「데생」 –

① 시선의 이동에 따라 화자의 정서를 표현하고 있군.
② 공감각적 이미지를 활용하여 대상을 구체화하고 있군.
③ 대조적 시어를 열거하여 시적 분위기를 환기하고 있군.
④ 객관적 상관물을 통한 감정 이입의 기법을 사용하고 있군.

18. <보기 1>을 참고할 때, <보기 2>에 대한 설명으로 옳은 것은?

<보기 1>

> 국어의 높임법에는 주어가 나타내는 대상인 주체를 높이는 주체 높임법, 문장의 목적어나 부사어가 나타내는 대상인 객체를 높이는 객체 높임법, 대화의 상대인 청자에 대하여 높이거나 낮추어 말하는 상대 높임법이 있다. 이러한 높임법은 조사, 특수 어휘, 선어말 어미, 종결 어미 등에 의해 실현된다.

<보기 2>

> ㉠ 시장님, 저에게 말씀하셨던 내용을 검토했습니다.
> ㉡ 누나는 병원에 할머니를 뵈러 갔다.
> ㉢ 저는 그 책을 교수님께 선물로 드렸습니다.
> ㉣ 아버지께서는 피곤하셨는지 거실에서 주무신다.

① ㉠에는 주체, 객체, 상대 높임법이 모두 사용되었다.
② ㉠, ㉢에는 주체 높임법이 사용되었다.
③ ㉡, ㉣에는 객체 높임법이 사용되었다.
④ ㉢, ㉣은 특수 어휘를 사용하여 높임을 표현하고 있다.

19. 다음 글을 통해 알 수 있는 내용으로 적절하지 않은 것은?

> 활성 산소를 제거하는 항산화 물질을 섭취하는 것은 건강을 지키기 위해 중요하다. 항산화 물질 중 하나인 폴리페놀은 맥주, 커피, 와인, 찻잎뿐만 아니라 여러 식물에 있다. 폴리페놀의 구성 물질 중 약 절반은 항산화 복합물인 플라보노이드이며, 플라보노이드는 플라보놀과 플라바놀이라는 두 항산화 물질로 구성되어 있다. 찻잎에는 플라바놀에 속하는 카테킨이 있으며, 이 카테킨이 활성 산소를 제거하는 중요한 항산화 물질이다. 카테킨은 여러 항산화 물질로 되어 있는데, 이 중 에피갈로카테킨 갈레이트는 차가 우러날 때 쓰고 떫은맛을 내는 성분인 탄닌이다. 비산화 차로 분류되는 녹차는 카테킨을 많이 함유하고 있다.
>
> 산화차인 홍차는 제조하는 동안 일어나는 산화 과정에서 카테킨의 일부가 테아플라빈과 테아루비딘이라는 또 다른 항산화 물질로 전환되는데, 이 두 물질이 홍차를 홍차답게 만드는 맛과 색상을 내는 것에 주된 영향을 미친다. 테아플라빈은 홍차를 만들기 위한 산화가 시작되면서 첫 번째로 나타나는 물질이다. 테아플라빈은 차의 색깔을 오렌지색 계통의 금색으로 변화시키며 다소 투박하고 떫은맛을 내게 한다. 이후에 산화가 더 진행되면 테아루비딘이 나타나는데, 테아루비딘은 차가 좀 더 부드럽고 감미로운 맛을 내고 어두운 적색 계통의 갈색을 갖게 한다. 따라서 산화를 길게 하면 할수록 테아루비딘의 양이 많아지고 차는 더욱더 부드럽고 감미로워진다.

① 홍차의 항산화 물질인 카테킨은 차를 제조하는 동안 일어나는 산화 과정에서 생성된다.
② 녹차가 떫은맛이 나는 것은 녹차의 카테킨에 들어 있는 에피갈로카테킨 갈레이트 때문일 것이다.
③ 와인과 커피에는 활성 산소를 제거함으로써 항산화 작용을 하는 물질인 폴리페놀이 들어 있다.
④ 홍차의 제조 방법이 테아플라빈과 테아루비딘의 상대적 비율을 결정하여 차의 색상과 맛에 영향을 미친다.

20. '유의적 학습'에 관한 설명으로 옳게 추론한 것만을 <보기>에서 모두 고르면?

> 인간은 새롭게 접한 사건이나 대상을 자신이 이미 가지고 있는 인지적 개념이나 명제에 연결하는 유의적(有意的) 과정을 통하여 학습한다. '유의'하다는 것은 명백히 표현될 수 있고 정확히 구분될 수 있는 의식적인 경험이다. 이러한 경험은 기호, 상징, 개념 혹은 명제가 개인의 인지 구조 내에서 계획적이고 구체적인 방식으로 관련을 맺어 결합될 때 생긴다. 여기서 유의적 학습은 기계적 학습과 비교될 수 있다. 기계적 학습이란 유의적인 관계 형성 없이, 분리되고 고립된 형태의 지식을 임의적으로 인지 구조에 연결하는 과정이다. 유의적 학습의 경우, 인지 체계 안에 들어온 새로운 지식은 이 지식을 포괄하는 체계와의 상호 작용을 통해 그 체계 속으로 포섭(包攝)된다. 학습자가 새로운 학습 과제를 기존의 지식 체계와 관련짓고자 하는 태도를 가지고 있고, 과제 자체가 학습자의 지식 구조에 연관될 수 있는 것이라면, 어떠한 학습이라도 유의적이라고 할 수 있다. 이와 같은 방식은 지식의 내용을 장기적이며 효율적으로 유지, 활용할 수 있게 해 준다.

<보기>

> ㉠ 전화번호나 주소를 반복하여 암기하는 것은 유의적 학습의 사례이다.
> ㉡ 인지 구조가 백지 상태인 인간은 유의적 과정을 통한 학습이 불가능하다.
> ㉢ 정삼각형의 개념을 학습하기 전에 지난 시간에 배운 직각 삼각형과 이등변 삼각형을 떠올리는 것은 유의적 학습과 관련된다.

① ㉠ ② ㉢
③ ㉠, ㉡ ④ ㉡, ㉢

11. 다음 글의 제목으로 가장 알맞은 것은?

> 유교는 자연을 인간의 부모로 생각하고 인간은 자연의 자식이라고 여겨 왔다. 그러므로 유교에서는 인간의 본질적 근원을 천(天)에 두었다. 그러므로 천지 만물이 본래 나와 한 몸이라고 할 수 있는 것이다. 『중용』에서는 성(誠)은 하늘의 도(道)요, 성(誠) 되고자 노력하는 것이 인간의 도리라고 하였다. 즉 참된 것은 우주 자연의 법칙이며, 그 진실한 자연의 법칙을 좇아 살아가는 것은 인간의 도리라는 것이다. 이처럼 유교는 자연의 질서에 맞는 인간의 도리를 이상으로 여겼다.
>
> 이렇게 볼 때, 유교에서는 인간과 자연을 하나로 알고 상호 의존하고 있는 유기적 존재로 인식함으로써 천인합일(天人合一)을 추구하였음을 알 수 있다. 이러한 바탕 위에서 유교는 자존과 공존의 자연관을 말하였다. 만물은 저마다 자기 생을 꾸려 나가지만 서로 해치지 않는다. 약육강식의 먹이 사슬로 보면 이러한 설명은 타당하지 않은 듯하다. 그러나 생태계의 질서를 살펴보면 먹고 먹히면서도 전체적으로는 평등하다는 것을 알 수 있다. 또한 만물의 도는 함께 운행되고 있지만 전체적으로 보면 하나의 조화를 이루어 서로 어긋나지 않는다. 이것이야말로 자존과 공존의 질서가 서로 어긋나지 않으면서 하나의 위대한 조화를 이루고 있는 것이다. 나도 살고 너도 살지만, 서로 해치지 않는 조화의 질서가 바로 유교의 자연관인 것이다.

① 유교 철학의 여러 가지 자연관
② 자연과 인간의 공존을 찾는 유교의 자연관
③ 유교 철학을 통한 현대 문명의 자연관에 대한 반성
④ 자연이 인간에게 전하는 공존의 지혜

12. 다음 글에 대한 이해로 가장 적절한 것은?

> 영국의 의약품 및 건강 관리 제품 규제 기관은 심각한 유전 질환인 낫 모양 적혈구 빈혈증과 베타 지중해성 빈혈의 새로운 치료제인 '카스게비'를 승인했다. 카스게비는 유전자 가위인 크리스퍼를 이용해 만든 최초의 유전자 치료제로 공식적으로 인정받았다.
>
> 적혈구 속 산소 운반체인 헤모글로빈은 4개의 헴(heme) 단백질에 알파 사슬 2개와 베타 사슬 2개가 결합한 구조의 복합 단백질이다. 이 중 베타 사슬을 이루는 유전자에 오류가 생기면 그 위치에 따라 낫 모양 적혈구 빈혈증이나 베타 지중해성 빈혈이 발생한다. 연구진들은 이 질환을 가지고 태어난 아이들이 출생 직후에는 별 이상이 없음에 주목했다. 이는 태아와 성인의 헤모글로빈은 구성 성분 자체가 다르기에 일어나는 현상이었다. 성인의 헤모글로빈은 '헴 + 알파 사슬 + 베타 사슬'로 구성되지만, 태아 시절에는 베타 사슬 대신 감마 사슬로 헤모글로빈을 만든다. 감마 헤모글로빈은 베타 헤모글로빈에 비해 산소와의 반응성이 더 좋아서 태아가 모체의 혈액에서 산소를 쉽게 넘겨받게 만든다. 하지만 출생 이후에는 대기 중 산소 농도가 높아 베타만으로도 충분하므로 헤모글로빈의 구성이 바뀐다. 이때 감마를 만드는 유전자는 사라지는 것이 아니라 그 기능이 억제될 뿐이다. 연구진들은 크리스퍼 유전자 가위를 이용해 출생 이후 감마를 억제하는 물질을 만드는 유전자를 제거했다. 그랬더니 환자의 체내에서 다시 감마 헤모글로빈이 만들어지기 시작했고, 이들이 제 기능을 못 하는 베타 헤모글로빈을 대신하여 산소 운반을 담당하면서 증상이 개선되었다.

① 낫 모양 적혈구 빈혈증은 태어나자마자 발현하는 심각한 유전 질환이다.
② 헤모글로빈의 구성이 달라지는 이유는 대기 중 산소를 더 많이 공급받기 위해서이다.
③ 베타 지중해성 빈혈 환자에게 카스게비를 사용하면 헤모글로빈에는 감마 사슬이 작용한다.
④ 카스게비는 낫 모양 적혈구 빈혈증 환자의 헤모글로빈에서 베타 헤모글로빈을 크리스퍼로 잘라 낸다.

13. 다음 시에 대한 설명으로 적절하지 않은 것은?

> 이별은 손끝에 있고
> 서러움은 먼 데서 온다
> 강 언덕 풀잎들이 돋아나며
> 아침 햇살에 핏줄이 일어선다
> 마른 풀잎들은 더 깊이 숨을 쉬고
> 아침 산그늘 속에
> 산벚꽃은 피어서 희다
> 누가 알랴 사람마다
> 누구도 닿지 않은 고독이 있다는 것을
> 돌아앉은 산들은 외롭고
> 마주 보는 산은 흰 이마가 서럽다
> 아픈 데서 피지 않는 꽃이 어디 있으랴
> 슬픔은 손끝에 닿지만
> 고통은 천천히 꽃처럼 피어난다
> 저문 산 아래
> 쓸쓸히 서 있는 사람아
> 뒤로 오는 여인이 더 다정하듯이
> 그리운 것들은 다 산 뒤에 있다
> 사람들은 왜 모를까 봄이 되면
> 손에 닿지 않는 것들이 꽃이 된다는 것을
>
> – 김용택, 「사람들은 왜 모를까」 –

① 설의법과 도치법을 사용하여 화자의 인식을 드러내고 있다.
② 추상적 관념을 구체화하여 시적 의미를 강조하고 있다.
③ '서러움', '마른 풀잎들', '손에 닿지 않는 것들'은 유사한 시적 의미를 지닌다.
④ 서로 대비되는 시간과 공간을 통해 성숙한 삶의 의미를 부각하고 있다.

14. 다음 글에 대한 이해로 적절하지 않은 것은?

> 김은 남의 눈이 수백이라 구새 먹은 삭정이 부러지듯 싱겁게 들어가기도 우습고, 그렇다고 졸가리 없이 함부로 말대답하기도 그렇겠고 하여 어쩔 줄 모르다가 마음에 없던 말을 엉겁결에 뱉었다.
>
> "알면 지랄헌다구 물으유? 평(坪)두 있구 마지기두 있구 배미두 있는디, 해필이면 알어듣기 그북허게 헥타르라구 헐 건 뭐냐 이게유."
>
> "천동면이 이렇게 촌인가…… 저런 딱헌 사람두 다 있으니. 나 보슈. 국가 시책으루, 미터법에 의하야 도량형 명칭 바뀐 지가 원젠디 여태까장 그것두 모르는 겨? 당신이 시방 나를 놀려 보겄다 — 이게여?"
>
> 부면장은 당장 잡도리할 듯이 눈을 부라리며 언성을 높였다. 곁에 앉은 남병만이가 팔꿈치로 집적거리며 참으라고 했으나 김도 주눅 들지 않고 앉은 채로 응수했다.
>
> "내 말이 그렇게뱀이 안 들리유? 저 핵교 교실 벽돼기 좀 보슈. 뭐라구 써 붙였슈? 나라 사랑 국어 사랑…… 우리말을 쓰자는 것두 국가 시책이래유. 옛날버텀 공무원 말 다르구 농민들 말 다른 게 원칙인 게유. 천동면이 이렇게 촌인가…… 끙—"
>
> 부면장은 무슨 말이 나오는 것을 참는지 한참 동안 입술만 들먹거리더니 겨우 말머리를 찾은 것 같았다.
>
> "도대체 당신 워디 사는 누구여? 뭣 하는 사람여?"
>
> – 이문구, 「우리 동네 김 씨」에서 –

① '김'은 '부면장'이 한 말을 그대로 반복해 '부면장'을 비판하고 있다.
② '김'은 과거뿐만 아니라 현재에도 국가 행정에 대해 불만을 가지고 있다.
③ '부면장'은 '김'과 달리 국가 시책을 따르는 것이 중요함을 강조하고 있다.
④ '부면장'은 화제를 전환함으로써 '김'에게 응수하고 있다.

15. 밑줄 친 서술어가 요구하는 필수 성분의 종류와 개수가 <보기>와 같은 것은?

<보기>

그는 학교에서 복도를 지나가는 친구를 큰 소리로 불렀다.

① 이제 나이가 드니까 몸이 예전과 다르다.
② 그는 고향에 고래 등 같은 기와집을 지었다.
③ 의사가 아이의 팔에 예방 주사를 놓았다.
④ 이 선생은 자기 직업을 천직으로 여겼다.

16. ㉠ ~ ㉢에 들어갈 말로 알맞게 짝 지은 것은?

인간과 자연을 분리하고 인간이 자연을 지배한다는 서구의 인간 중심적 태도의 출발은 이데올로기적인 것이었다. [㉠] 인간 중심적 자연관은 점차 진화론 같은 각종 이론으로 무장하고, 과학적 방법론이라는 3단계 전개 과정을 거치면서 마침내 현대 사회의 주류 자연관으로 자리 잡게 된다. [㉡] 서구적 전통에도 일출의 무지개를 바라볼 때의 두근거리며 경건한 마음을 노래하는, 총체적인 인간-자연을 근원적 관계로 보는 일원론적 자연관이 있다. [㉢] 근대 서구 전통에서 낭만주의자들이 노래한 자연 찬미의 전통은 과학적 자연관에 밀려 여가의 정서를 반영하는 세계로 물러나 있다. 인간과 자연을 분리하는 과학적 자연관이 지배자의 세계관이 되고, 자연을 사유화·상품화하는 것이 진보와 자유의 영역 확대로 정당화되어 왔다.

	㉠	㉡	㉢
①	하지만	사실	따라서
②	그래서	오히려	그러므로
③	다시 말해	여하튼	그리고
④	그러나	물론	그러나

17. 다음 글의 서술 방식으로 적절하지 않은 것은?

서울에는 아직 잘 알려지지 않은 노거수가 상당히 많지만, 대체로 나무를 관리하는 전문가가 없이 시설 관리자가 가끔 나무 병원 종사자를 불러 관리하고 있다. 나무에 대한 지식이 전혀 없는 사람이 관리하니 잘 살 리가 없다. 모 학교에 있는 백여 년이 넘은 백송은 보호수 또는 천연기념물로 지정할 정도로 귀한 나무였는데, 관리 소홀로 죽어 가고 있어 그들의 무지를 탓하지 않을 수 없다. 나무뿌리 근처를 파서 주차장으로 만들고, 나무를 살린답시고 40센티미터를 복토하여 뿌리가 숨을 쉴 수 없게 만들어 죽인 것이다. 그들에게 나무는 그저 살아서 우리에게 시각적으로 보여 주는 단순한 의미의 대상물일 뿐이다. 잘 가꾸면 멋지게 생장해서 정서적으로 안정감을 주고 후손들에게 칭찬도 받을 텐데, 아직 자연에 대한 경외심을 가져 달라고 하기에는 갈 길이 먼 듯하다. 어찌해야 그 무지를 바꿀 수 있을까.

그것은 나무에 대한 지속적인 관심을 가지는 것으로 시작해야 한다. 특히 나무와 전혀 관계없는 사람들에게 상시 교육을 하는 것이 매우 중요하다. 도시에 있는 학교의 숲과 나무는 귀중한 자연 자산이므로 이를 정확히 관리할 수 있도록 전문성을 높이고, 리더의 자연에 대한 인식을 강화해야 할 것이다. 얼마 남지 않은 마을 숲은 역사와 문화적인 의미가 크므로 보호림으로 지정하여 철저한 관리가 필요하다.

① 자문자답을 통해 내용을 전개해 나가고 있다.
② 구체적 사례를 통해 문제의 심각성을 부각하고 있다.
③ 대상에 대한 인식의 변화 과정을 서술하고 있다.
④ 문제 해결책을 다각적으로 제시하고 있다.

18. 밑줄 친 단어의 기본형이 옳은 것은?

① 이 사건을 특집 기사로 꼭 실어 주세요. → 신다
② 여행 중에 작은 호텔에 며칠 머물렀다. → 머물르다
③ 전화를 받고 온 사이에 라면이 퉁퉁 불었다. → 붓다
④ 그는 지금보다 대우가 더 나은 회사로 옮겼다. → 낳다

[19 ~ 20] 다음 글을 읽고 물음에 답하시오.

개기 월식은 태양, 지구, 달이 일직선을 이뤄 달 전체가 지구의 그림자에 가려지는 현상이다. 개기 월식이 일어나면 달은 붉은색으로 물든다. 비밀은 지구 대기를 통과하는 햇빛에 있다. 늦잠을 잔 후 열어젖힌 커튼 사이로 들어오는 햇살 속에 춤추듯 부유하는 먼지들을 쉽게 볼 수 있다. 먼지에 부딪힌 빛이 사방으로 산란되어 퍼지며 우리 눈에 들어오는 것이다. 대기를 통과하는 햇빛도 공기 분자와 부딪히며 산란된다. 분자 하나의 영향은 미미하겠지만 대기를 구성하는 엄청난 수의 공기 분자라면 얘기가 달라진다. 그런데 공기 분자는 햇빛이 함유한 무지개 색들과 고르게 반응하지 않는다. 파장이 짧은 파란색 빛을 더 많이 산란시켜 퍼뜨리기 때문에 파장이 긴 빨간색 빛이 살아남아 대기를 통과할 확률이 높다. 저녁 무렵 두꺼운 대기를 뚫고 눈에 들어오는 노을빛이 붉게 보이는 이유가 이 때문이다. 게다가 빛이 대기를 통과할 때 밀도가 높은 지표면 쪽으로 약간 휘면서 그림자에 숨은 달의 표면으로 향하게 된다. 지구 대기를 통과하며 붉은색으로 물든 햇빛이 달의 표면에 도달해 반사된 후, 다시 지구로 돌아와 우리 눈에 들어오면 개기 월식의 붉은 달이 보인다.

19. 이 글을 통해 알 수 있는 내용으로 가장 적절한 것은?

① 햇빛 속에서 미세한 먼지들을 쉽게 볼 수 있는 것은 빛의 반사와 굴절 현상 때문이다.
② 개기 월식은 달이 태양의 광선이 지구에 직접 도달하는 것을 차단하기 때문에 발생한다.
③ 개기 월식 때 달이 붉게 보이는 이유는 지구의 대기를 통과한 빨간색 빛이 달의 표면 근처에서 산란되기 때문이다.
④ 붉은 노을을 볼 수 있는 것은 긴 파장 영역의 붉은색이 두꺼운 대기를 통과하기 때문이다.

20. 이 글에 나타난 전개 방식이 사용되지 않은 것은?

① 인지 언어학이란 인간의 인지 작용이라고 하는 포괄적인 틀에서 언어에 초점을 맞추어 의미와 형식이나 인지와 언어의 정적, 동적인 양상에 대한 설명을 시도하는 언어 연구의 총칭이다.
② 자신이 어떤 존재로 살아가고 싶은지 기준을 만들어 내지 못한 사람은 내적 질서를 세울 방향성을 갖는 데에도 실패할 수밖에 없다. 결국 그 사람이 생각하고 행동하는 많은 것이 일관성을 유지하지 못하게 되는 것이다.
③ 노드바는 히말라야 산속 만년설 밑의 바위틈에서 돋아나 꽃을 피우는데, 꽃이 필 무렵이면 식물 자체에서 뜨거운 열이 뿜어져 나와 3~4미터나 쌓인 주변의 눈을 몽땅 녹여 버린다고 한다. 복수초는 노드바처럼 이른 봄철 눈이 녹기 전에 눈 속에서 꽃을 피워 주변의 눈을 식물 자체에서 나오는 열기로 녹여 버린다.
④ 올림픽에서 피겨 스케이팅의 심사 기준은 육상과 달라야 한다. 그런데 모두 다 100미터 달리기로 점수를 매긴다면 얼마나 우스운 꼴인가? 말로는 다양성을 장려한다 하면서 수용적 사고력을 기준으로 학생들을 평가하고 있는 우리나라 대학의 상황이, 피겨 스케이팅 선수를 기른다며 죽어라 달리기만 시키는 어이없는 상황과 무엇이 다른가?

10. 다음의 자료를 바탕으로 중세 국어의 특징을 가장 바르게 이해한 것은?

> • 사ᄅᆞᆷ마다 ᄒᆡᅇᅧ 수ᄫᅵ 니겨 날로 ㉠ <u>ᄡᅮ메</u>
> (사람마다 하여금 쉽게 익혀 날로 사용함에)
>
> • 내 堂中에 이셔 몬져 如來 ㉡ <u>보ᅀᆞᆸ고</u>
> (내가 집 안에서 먼저 여래 뵙고)
>
> • 몸이며 얼굴이며 머리털이며 ㉢ <u>ᄉᆞᆯᄒᆞᆫ</u> 부모ᄭᅴ 받ᄌᆞ온 거시라
> (몸과 형체와 머리털과 살은 부모께 받은 것이라.)
>
> • ㉣ <u>님금하</u>, 아ᄅᆞ쇼셔. (후대 왕들이시여, 아소서.)

① ㉠: 명사형 어미로 '-음'이 사용되었다.
② ㉡: 주체 높임 선어말 어미로 '-습-'이 사용되었다.
③ ㉢: 주격 조사와 만나 형태가 변한 명사가 포함되어 있다.
④ ㉣: 높임을 받는 대상에 쓰이는 호격 조사로 '하'가 있었다.

11. ㉠~㉤을 자연스럽게 배열한 것은?

> ㉠ 징병제를 바탕으로 한 총력전 체제가 근대 전쟁의 일반적인 모습이 되면서 이전과는 비교할 수 없을 만큼 많은 사상자가 발생하게 되었다.
> ㉡ 근대 국가들은 거대한 죽음의 더미 앞에서 이를 처리할 새로운 방법을 모색하게 되는데, 그것은 바로 죽음의 도덕적 차이를 구분하고 죽음에 위계를 부여하는 것이었다.
> ㉢ 국가는 다른 죽음들은 제쳐 두고 '좋은 공적 죽음'만을 관리하게 되는데, 이것이 전사자 숭배의 시작점이라고 할 수 있다.
> ㉣ 전쟁에서의 죽음은 아군의 죽음인 '좋은 죽음'과 적의 죽음인 '나쁜 죽음'으로 구분되고, 또 군인의 죽음인 '공적 죽음'과 그렇지 않은 사람들의 '사적 죽음'으로 위계화된다.
> ㉤ 근대 민족 국가라면 누구나 가지고 있는 거대한 국립묘지와 그 한가운데 솟아 있는 무명 용사탑이 바로 이것을 보여 주는 상징적 기념물들이다.

① ㉠-㉡-㉢-㉣-㉤ ② ㉠-㉡-㉣-㉢-㉤
③ ㉣-㉢-㉡-㉤-㉠ ④ ㉣-㉠-㉡-㉤-㉢

12. 다음 글의 내용을 이해한 것으로 옳은 것은?

> 바니타스 정물화에서 볼 수 있는 정물은 관람자에게 인간 삶의 연약함과 유한함, 세상 만물의 필멸성을 일깨운다. 바니타스 정물화에는 보통 값비싼 물건이나 책, 악기 등 세속적인 노력과 소유의 부질없음을 경고하는 정물을 그려 넣으며, 해골이나 시계, 꺼진 촛불 등 시간의 흐름을 나타내는 상징적인 물건도 자주 포함된다. '바니타스'라는 말은 '덧없음'을 뜻하는 라틴어로, 『구약 성서』의 전도서 1장 2절에 나오는 다음과 같은 유명한 구절에서 유래했다. "헛되고 헛되도다. 세상만사 헛되도다." 바니타스 정물화는 17세기 초에 발전했지만, 삶의 덧없음과 세속적인 물건들의 부질없음은 이전 시기 종교화에서도 중요한 주제였다. 회개하는 성인들을 그린 많은 종교화들은 성인들이 죽음을 상기시키는 '해골'에 대해 숙고하는 모습을 보여 준다.

① 17세기 초부터 종교화에서부터 소유의 부질없음이 중요한 주제로 부각되었다.
② 바니타스 정물화에서는 사물에 상징적 의미를 부여하여 주제를 구현했다.
③ 바니타스 정물화에서는 소유의 부질없음을 표현하기 위해 고급품은 소재로 채택하지 않았다.
④ 17세기 이전의 종교화와는 달리 바니타스 정물화에서는 해골을 소재로 삼았다.

13. 다음 글에서 추론할 수 없는 것은?

> 장기 이식에 필요한 의료 시설이나 경제 수준, 교육 수준, 종교 등에 차이가 있지만 같은 유럽 내에서도 나라마다 실제 장기 기증에 현격한 차이를 보인다. 오스트리아, 벨기에, 프랑스 등의 장기 기증 비율은 덴마크, 영국, 독일과 비교하면 월등하게 높다. 장기 기증 서약률에서 이 두 그룹의 국가들 사이에 거의 60퍼센트 이상의 차이가 나고 있다.
> 장기 기증 비율이 높은 국가들의 경우 정책상 모든 국민이 자동적으로 장기 기증자가 된다. 본인이 원하는 경우에 한해, 장기 기증을 원치 않는다는 서류 절차를 밟으면 기증을 하지 않아도 된다. 그러나 기증 비율이 낮은 나라의 경우, 본인이 원할 때만 서류 절차를 거쳐 장기 기증자가 된다. 즉, 기증 비율이 높은 나라는 아무런 의사 표현을 하지 않아도 자동적으로 장기 기증자가 되고, 기증 비율이 낮은 나라에서는 특별한 절차를 거쳐야만 장기 기증자가 되는 것이다.
> 이 두 가지 정책을 각각 '탈퇴하기'와 '가입하기'라고 한다. 만약 어떤 사람이 장기 기증에 대한 강렬한 의지를 갖고 있다면, 선택의 문제가 어떻게 설정되어 있든 상관없이 장기 기증을 할 것이라고 생각할 수도 있다. 같은 원리로 장기 기증에 거부감을 갖고 있는 사람이라면 정책의 틀에 상관없이 장기 기증을 하지 않을 것이라고 가정할 수 있다. 그러나 이 두 정책은 사람들에게 아주 다른 생각의 틀을 가지도록 유도함으로써 실제 행동에 현격한 차이를 만들어 낸다.

① 유럽 내에서 나라 간 장기 기증 비율에 차이가 나는 것은 정책 차이 때문일 수도 있다.
② 탈퇴하기 정책을 실행하면 장기 기증을 거부하는 사람은 특별한 서류 절차를 거쳐야 한다.
③ 탈퇴하기와 가입하기 정책은 모두 설정된 서류 절차를 거치는 사람보다 그렇지 않은 사람이 더 많을 것이다.
④ 가입하기 정책을 실행하면 장기 기증에 대해 거부감을 갖게 되는 사람보다 가입 의지를 갖게 되는 사람이 더 많아질 것이다.

14. ㉠에 들어갈 말로 가장 적절한 것은?

> 숲속을 걸을 때 특별한 주의를 기울이지 않았음에도 복잡한 형태의 나무들 사이에서 작은 동물의 움직임을 재빨리 알아챌 수 있다. 나무는 움직이지 않으므로 시간 차를 두고 획득한 두 이미지의 차이를 통해 그 움직임을 간단히 알아챌 수 있을 것 같지만, 실제로는 가만히 한곳을 응시하더라도 안구가 끊임없이 움직이고 있어 망막에 맺히는 이미지 전체가 시간에 따라 변하므로 더 정교한 정보 처리가 필요하다.
> 망막은 어떻게 전체 이미지가 흔들리는 속에서 작은 동물의 움직임에 대한 정보를 골라내는 것일까? 망막에는 빛에 반응하는 광수용체 세포와 일정한 영역에 분포한 여러 광수용체 세포에 연결되어 최종 신호를 출력하는 신경절 세포가 존재한다. 신경절 세포 가운데 특정 종류는, 각 세포가 감지하는 부분이 이미지 전체의 이동 경로와 같은 경로를 따라 움직일 때는 전기적 신호가 발생하지 않고 다른 경로를 따라 움직일 때만 신호가 발생한다. 안구의 움직임에 의한 상의 떨림은 망막 위에서 전체 이미지가 같은 방향으로 움직이는 변화를 만드는데, 작은 동물의 상은 이와는 경로가 다르므로 [㉠].

① 그 주변에 있는 특정 종류의 신경절 세포가 전기적 신호를 출력하지 않아 정지한 물체처럼 보이게 된다
② 그 부분에 분포한 특정 종류의 신경절 세포만이 신호를 발생하기 때문에 작은 움직임도 잘 볼 수 있게 된다
③ 그것을 잘 보기 위해서는 망막에 형성된 이미지의 떨림이 생기지 않게 하는 더 정교한 시각 정보 처리가 필요하다
④ 그것과 가까이 있는 신경절 세포가 상이 움직이는 방향에 맞춰 먼저 반응하게 되어 작은 동물의 움직임도 알아챌 수 있게 된다

15. 다음 글의 내용과 부합하는 것은?

> 밝고 선명한 사진을 만들기 위해서는 정확한 밝기의 빛을 정확한 시간 동안 이미지 센서(혹은 필름)에 닿게 해야 한다. 이를 조절하는 것이 조리개, 셔터 속도, ISO 감도 등이다.
>
> 조리개는 인간의 홍채에 해당하는 장치로, 빛을 받아들이는 양을 조절해 사진의 밝기를 조절하는 장치다. 조리개의 크기는 'F'라는 단위를 붙여 나타내며, F1.4, F2, F2.8 등으로 표시한다. 이 값이 작을수록 조리개가 개방돼, 빛을 받아들이는 양이 많아져 사진이 밝아진다. 사진의 밝기가 변하는 것과 함께 피사계 심도*도 변하는 것을 볼 수 있다. 조리갯값은 사진의 밝기뿐만 아니라 사진의 심도에도 영향을 준다. 조리갯값이 클수록 심도는 깊어지고, 작을수록 심도는 얕아진다.
>
> 셔터 속도란 셔터가 한 번 열렸다 닫히는 속도를 나타내는 수치다. 셔터란 이미지 센서(혹은 필름)와 렌즈 사이를 막고 있는 장치다. SLR 카메라 렌즈를 분리했을 때 보이는 거울은 미러 셔터라는 셔터의 한 종류다. 셔터 속도가 60이라는 말은 1/60초 동안 셔터가 열렸다 닫힌다는 뜻이다. 셔터가 열린 시간만큼 필름이나 이미지 센서가 빛에 노출되고, 그 시간이 길수록 사진도 밝아진다.
>
> 셔터 속도는 밝기뿐만 아니라 사진의 역동감에도 영향을 준다. 빠르게 움직이는 피사체를 느린 셔터 스피드로 촬영하면 셔터가 열려 있는 시간이 길어지고, 그 시간만큼 피사체의 움직임도 오래 찍혀 잔상이 남는다. 밤에 불꽃으로 하트를 그리는 사진이 느린 셔터 속도로 만든 사진의 대표적인 사례다.
>
> *심도: 사진에서 초점이 맞은 것으로 보이는 범위

① 셔터 속도가 빠를수록 잔상이 남는다.
② 조리개를 개방할수록 심도는 얕아진다.
③ 셔터가 열린 시간이 길수록 사진은 어두워진다.
④ SLR 카메라 렌즈 뒤에는 이미지 센서와 미러 셔터가 차례대로 위치해 있다.

16. 다음 글에 사용된 표현 기법이 아닌 것은?

> 이 바늘은 한낱 작은 물건이나, 이렇듯이 슬퍼함은 나의 정회(情懷)가 남과 다름이라. 오호통재(嗚呼痛哉)라, 아깝고 불쌍하다. 너를 얻어 손 가운데 지닌 지 우금(于今) 이십칠 년이라. [중략]
>
> 아깝다 바늘이여, 어여쁘다 바늘이여, 너는 미묘한 품질과 특별한 재치를 가졌으니, 물중(物中)의 명물(名物)이요, 철중(鐵中)의 쟁쟁(錚錚)이라. 민첩하고 날래기는 백대(百代)의 협객(俠客)이요, 굳세고 곧기는 만고(萬古)의 충절(忠節)이라. 추호(秋毫) 같은 부리는 말하는 듯하고, 뚜렷한 귀는 소리를 듣는 듯한지라. 능라(綾羅)와 비단에 난봉(鸞鳳)과 공작(孔雀)을 수놓을 제, 그 민첩하고 신기(神奇)함은 귀신이 돕는 듯하니, 어찌 인력(人力)의 미칠 바리요.
>
> – 유씨 부인, 「조침문」에서 –

① 대구법　② 은유법
③ 환유법　④ 영탄법

17. 밑줄 친 부분과 바꿔 쓸 수 있는 관용구로 적절하지 않은 것은?

① 그들은 축제 기분에 들떠 돈을 <u>홍청망청 헤프게</u> 썼다.
→ 물 쓰듯
② 우리는 서로 상대편에 대해 <u>깔보고 비웃으며</u> 빈정거리기만 했다.
→ 코웃음을 치며
③ 우리 부장님은 아랫사람에게도 <u>겸손하게 자기를 낮출</u> 줄 아는 인격자이시다.
→ 허리가 부러질
④ 사장은 정보를 유출한 사원을 찾기 위해 <u>신경을 집중했다</u>.
→ 눈을 밝혔다

18. ㉠~㉣을 고쳐 쓴 것으로 적절하지 않은 것은?

> ㉠ 옳다고 생각되어지는 일이라면 끝까지 밀고 나가라.
> ㉡ 현재의 복지 정책은 앞으로 손질이 불가피할 전망입니다.
> ㉢ 우리 축구팀은 수비 불안과 문전 처리가 미숙하여 상대 팀에 패배했다.
> ㉣ 이 제품을 사용하다가 궁금한 점이나 작동이 안 될 때에는 고객 상담실로 연락을 주시기 바랍니다.

① ㉠: 옳다고 생각되는 일이라면 끝까지 밀고 나가라.
② ㉡: 현재의 복지 정책은 앞으로 손질이 불가피할 것으로 전망됩니다.
③ ㉢: 우리 축구팀은 수비 불안 요인과 문전 처리가 미숙하여 상대 팀에 패배했다.
④ ㉣: 이 제품을 사용하다가 궁금한 점이 있거나 작동이 안 될 때에는 고객 상담실로 연락을 주시기 바랍니다.

[19~20] 다음 글을 읽고 물음에 답하시오.

> 인간의 문화적 · 역사적 형성을 이해할 때 가장 중요한 것은 전통에 대한 이해이다. 오늘의 나는 바로 문화적 전통에 의하여 오늘의 나로서 형성된 것이다. 그러나 전통이란 재산 목록처럼 열거될 수 있는 유산이 아니다. 우리가 우리 자신의 창조적 능력을 깨우치려면, 전통의 외면적 업적이 재산 목록이 아니라 거기에 대응하는 창조적 능력의 소산이라는 것을 알 수 있어야 하는 것이다.
>
> 그런데 여기에도 역설적 과정이 들어 있다. 확실하게 하나의 전통 속에 있다는 것은 [㉠]으로 그 안에 있다는 것이다. 이 상태에서 전통의 많은 것들은 당연한 것으로 받아들여진다. 그것들은 바꿀 수 없는 물건의 단단함을 가지고 물화(物化)되어 나타나는 것이다. 필요한 것은 바꿀 수 없는 물건들과 또 바꿀 수 없는 원칙들로 이루어진 객관적 세계를 인간의 역사성 속으로, 역사적 결단과 창조적 선택 속으로 용해하는 것이다. 객관적 세계는 정신의 역사적 외면화(外面化)이다. 우리는 이 외면화된 세계의 밖에 또 한 번 서야 한다. 이 소외를 통해서 역사적 정신의 [㉡]은 다시 회복된다. 이 정신의 [㉡] 속에서 물론 전통의 확실성과 안정성은 크게 흔들리고, 역사는 확실성이나 확신의 세계가 아니라, 불확실과 결단의 문제적 상황임이 드러난다. 이것은 회의와 부정의 길이다. 그러나 그것이 진정으로 전통을 소유하는 길이다.

19. 이 글의 중심 내용으로 가장 적절한 것은?

① 인간을 형성하는 전통의 막대한 영향력
② 전통의 확실성과 안정성을 확립하는 길
③ 전통에 대한 창조적 이해와 소유의 길
④ 전통의 외면적인 업적을 보존하는 길

20. ㉠, ㉡에 들어갈 말로 옳게 짝 지어진 것은?

	㉠	㉡		㉠	㉡
①	무반성적	고정성	②	무반성적	유동성
③	성찰적	유동성	④	성찰적	고정성

11. 다음 글에 대한 감상으로 옳은 것은?

> 그때에 흥부 마누라는 영감이 떠난 그날부터 후원에 단(壇)을 세우고 정화수를 바치고, 병영 가신 우리 영감 매 한 대도 맞지 말고 무사히 돌아오시라고 밤낮 기도하면서, [중략]
>
> [㉠]
>
> 문밖에를 가만히 내다보니 자기 영감이 분명하것다. 눈물 씻고 바라보니 흥부가 들어오거늘,
>
> "여보 영감 매 맞았소? 매 맞았거든 어디 곤장 맞은 자리 상처나 좀 봅시다."
>
> "놔둬. 상처는 여편네 죽은 것이고, 요망스럽게 여편네가 밤새도록 울더니 돈 한 푼 못 벌고 매 한 대를 맞았으면 인사불성 쇠아들이다."
>
> 흥부 마누라 좋아라고,
>
> [㉡]
>
> "얼씨구나절씨구나 얼씨구절씨구 지화자 좋네. 얼씨구나 좋을시구. 영감이 엊그저께 병영 길을 떠나신 후 부디 매를 맞지 말고 무사히 돌아오시라고 하느님 전에 빌었더니 매 아니 맞고 돌아오시니 어찌 아니 즐거운가."
>
> – 작가 미상, 「흥부가」에서 –

① 언어유희의 표현을 사용하여 당대 지배층의 횡포를 풍자하고 있군.
② 흥부는 아내의 요청으로 병영에 매품을 팔러 갔지만 허탕을 쳤군.
③ ㉠ 뒤에 특별히 장단이 필요 없는 대화가 제시되니 ㉠에는 '아니리'가 들어가겠군.
④ '얼씨구나절씨구나'는 흥겨운 리듬에 어울리니 ㉡에는 '진양조장단'이 들어가겠네.

12. 다음 시에 대한 설명으로 적절하지 않은 것은?

> 황ᄆᆡ시절(黃梅時節) 떠난 이별 만학단풍(萬壑丹楓) 느졋스니
> 상ᄉᆞ일념(相思一念) 무한ᄉᆞ는 져도 나를 그리련이
> 구든 언약 깁흔 정을 ᄂᆡᆫ들 어이 이젓슬가
> 인간의 일이 만코 조물(造物)이 시ᄀᆡ련지
> 삼ᄒᆞ삼추(三夏三秋) 지나가고 낙목한천(落木寒天) 또 되엿ᄂᆡ
> 운산이 머럿쓰니 소식인들 쉬울손가
> ᄃᆡ인난 긴 한숨의 눈물은 몃때런고
> 흉중의 불이 나니 구회간장 다타간다
> 인간의 물로 못ᄭᅳ난 불이라 업것마는
> ᄂᆡ 가삼 ᄐᆡ우는 불은 물노도 어이 못ᄭᅳ난고
> ᄌᆞ네 사정 ᄂᆡ가 알고 ᄂᆡ 사정 ᄌᆞ네 알니
> 세우ᄉᆞ창(細雨紗窓) 저문 날과 소소상풍 송안성*의
> 상ᄉᆞ몽(相思夢) 놀라 ᄭᆡ여 ᄆᆡᆨᄆᆡᆨ키 ᄉᆡᆼ각ᄒᆞ니
> 방춘화류(芳春花柳) 조흔 시절 강누ᄉᆞ찰 경ᄀᆡ돗ᄎᆞ*
> 일부일 월부월의 운우지락(雲雨之樂) 협흡할 제
> 청산녹수 중인두고 ᄎᆞᄉᆡᆼᄇᆡᆨ년 서로 ᄆᆡᆼ세
> 못보와도 병이 되고 더듸 와도 성화로세
> 오는 글발 가는 ᄉᆞ연 ᄌᆞᄌᆞ획획 다정턴이
> 엇지타 한 별니가 역여조기 어려웨라*
>
> – 작가 미상, 「상사별곡」에서 –
>
> * 송안성: 기러기 울음소리
> * 강누ᄉᆞ찰 경ᄀᆡ돗ᄎᆞ: 누각과 사찰의 경치를 따라
> * 역여조기 어려웨라: 임을 그리워하는 정이 간절하여 마음이 힘듦.

① 설의적 표현을 활용하여 화자의 심정을 부각하고 있다.
② 비유적 표현으로 화자의 내면을 형상화하고 있다.
③ '조물'은 임과 재회하지 못하는 원인이며, '글발'은 임과 이별한 원인이다.
④ 계절의 흐름을 드러내는 시어를 통해 이별 상황이 지속되고 있음을 나타내고 있다.

13. ㉠, ㉡의 의미 관계와 같은 의미 관계로 짝 지어진 것은?

> • 각 부서에 작업량을 ㉠ 나눌 때는 인부들의 숙련도를 고려해야 한다.
> • 나는 기쁨과 슬픔을 언제나 이들과 함께 ㉡ 나누며 산다.

① • 그녀는 아이를 기르기 위해 직장을 그만두어야 했다.
  • 그는 인상적으로 보이기 위해 일부러 콧수염을 길렀다.
② • 우리는 위기를 전화위복의 계기로 삼아야 한다.
  • 내가 새끼를 꼬고 있는 옆에서 그가 짚신을 삼는다.
③ • 새들이 날개를 치며 하늘을 향해 날아갔다.
  • 트럭이 지나가는 사람을 치고 도망갔다.
④ • 그는 틈을 타서 외국으로 도주할 결심을 했다.
  • 운명을 잘 타고 태어났는지 손대는 일마다 운수 대통이다.

14. ㉠~㉣의 한자 표기가 옳지 않은 것은?

> 오늘의 시점에서 다시 현대 사회의 ㉠ 추이를 되돌아보면, 자본주의 사회에는 여전히 부의 불평등과 독점의 ㉡ 폐해가 불식되지 않고 있으며, 사회주의권의 거대한 실험은 결국 정치 · 경제 · 사회적 층위 간의 불균형과 모순으로 인하여 근래에 동구 사회주의 ㉢ 체제의 급격한 ㉣ 붕괴를 가져왔다.

① ㉠: 推移 ② ㉡: 弊害
③ ㉢: 體題 ④ ㉣: 崩壞

15. 다음 글에 대한 설명으로 적절하지 않은 것은?

> 만일 제비꽃이 제비꽃답게 피지 않으면 어떻게 되겠습니까. 아마 이 땅에 진정한 봄이 찾아오지 않을 것입니다. 제비꽃이 제비꽃답게 피어남으로써 세상을 진정한 봄으로 가득 차게 합니다. 만일 제비꽃이 나팔꽃이나 목련처럼 피어난다면 그것은 봄의 비극입니다. [중략]
>
> 꽃밭이 아름답기 위해서도 조화가 가장 중요합니다. 제비꽃이 혼자 아름답다고 해서 꽃밭 전체가 다 아름다운 것은 아닙니다. 전체와 어울리는 조화의 아름다움을 통해 비로소 제비꽃의 아름다움이 진정한 아름다움이 될 수 있습니다. 제비꽃이 진달래를 부러워하거나 닮고 싶어 하지 않는 까닭은 바로 그 때문입니다. 제비꽃은 제비꽃으로 피어나 오직 조화의 아름다움이 이루어지기를 바랄 뿐입니다.
>
> 인간도 마찬가지입니다. 나는 나만의 특별한 아름다움을 지니고 있지만, 다른 사람들의 아름다움과 조화를 이룸으로써 진정 나의 아름다움이 빛나는 것입니다. 제비꽃이 제비꽃이면 되듯이 나 또한 이대로 나 자신이면 됩니다. 아무리 남의 장점이 돋보여도 남의 장점을 통해 나의 단점을 찾으려고 노력하면 어리석습니다. 오히려 그 단점이 장점일 수 있습니다. 남의 장점을 통해 남편과 아내, 부모와 자녀의 단점을 찾아내려고 노력한다면 그 또한 어리석은 일입니다. 장점이라고 생각한 그 장점이 경우에 따라서는 단점일 수 있습니다. 남의 장점을 나의 장점으로 가져오기에는 나의 어떤 형편이나 환경이 그에 적합하지 않을 수 있습니다.
>
> – 정호승, 「제비꽃은 제비꽃답게 피면 됩니다」에서 –

① 유추의 방식으로 주제를 이끌어 내고 있다.
② 자연의 모습에서 깨달은 삶의 교훈을 전하고 있다.
③ 개성적 존재로 존중받는 일의 어려움을 부각하고 있다.
④ 개인의 가치와 공동체적 삶의 중요성을 균형 있게 전하고 있다.

16. ㉠ ~ ㉢에 해당하는 예들로 짝 지어진 것은?

> 제30항 사이시옷은 다음과 같은 경우에 받치어 적는다.
> 1. 순우리말로 된 합성어로서 앞말이 모음으로 끝난 경우
> (1) 뒷말의 첫소리가 된소리로 나는 것 ……………………㉠
> (2) 뒷말의 첫소리 'ㄴ, ㅁ' 앞에서 'ㄴ' 소리가 덧나는 것
> (3) 뒷말의 첫소리 모음 앞에서 'ㄴㄴ' 소리가 덧나는 것 ……………………………………………………㉡
>
> 2. 순우리말과 한자어로 된 합성어로서 앞말이 모음으로 끝난 경우
> (1) 뒷말의 첫소리가 된소리로 나는 것
> (2) 뒷말의 첫소리 'ㄴ, ㅁ' 앞에서 'ㄴ' 소리가 덧나는 것 ……………………………………………………㉢
> (3) 뒷말의 첫소리 모음 앞에서 'ㄴㄴ' 소리가 덧나는 것

	㉠	㉡	㉢
①	쇳조각	훗일	곗날
②	나룻배	깻잎	제삿날
③	잇자국	뒷입맛	잇몸
④	자릿세	베갯잇	툇마루

[17 ~ 18] 다음 글을 읽고 물음에 답하시오.

> '의사 표시'는 의사 표시자가 내심(內心)의 의사를 외부에 표시하는 법률 행위로서, 효과 의사, 표시 의사, 행위 의사에 이어 표시 행위까지의 과정을 거치며 일정한 법률 효과를 발생시킨다. A가 전원주택을 짓고 싶어서 B 소유의 토지를 사고자 하는 상황을 가정하여 의사 표시 과정을 살펴보자. 전원주택을 짓고 싶다는 A의 생각은 '동기'에 해당한다. 이러한 동기로 인해 A가 B 소유의 토지를 사야겠다고 마음먹은 것은 '효과 의사'이다. 또한 이러한 '효과 의사'를 B에게 전달해야겠다는 A의 생각은 '표시 의사'이며, 이렇게 토지를 매수하겠다는 의사를 전달하는 방법 중 하나인 계약서 작성이라는 행위를 의도하거나 인식하는 것은 '행위 의사'이다. 마지막으로 이러한 의사를 토대로 토지 구입을 위한 계약서를 직접 작성하는 것은 '표시 행위'이다.
>
> 의사 표시 과정에서 의사와 표시가 일치할 때에는 큰 문제가 없다. 하지만 의사와 표시가 일치하지 않을 때에는 의사 표시의 본질을 무엇으로 보느냐에 따라서 동일한 법률 행위도 다르게 해석될 수 있다. 의사 표시의 본질을 바라보는 관점은 크게 '의사주의', '표시주의', '효력주의'로 나뉜다. 의사주의는 의사 표시의 본질을 의사 표시자 내심의 효과 의사, 즉 의사 표시자의 진의로 파악한다. 그런데 의사주의의 관점을 취할 경우 의사 표시자의 의사는 보호되지만 상대방의 신뢰는 보호받지 못하는 문제가 발생할 수 있다. 그래서 표시주의는 의사 표시자의 표시 행위에 대한 상대방의 신뢰를 보호하기 위해 의사 표시의 본질을 표시 행위로 파악한다. 한편 의사와 표시는 일체로서 양자 모두를 의사 표시의 요소로 파악하고자 하는 견해도 있는데, 이를 효력주의라 한다. 이는 의사와 표시를 이분법적으로 나누는 기존의 인식을 거부하는 것이다. 효력주의에 따르면 표시 행위는 의사의 단순한 외부적인 표지가 아니라 의사를 완성하여 법적 효력을 발생하게 하는 것이다.

17. 이 글에 대한 내용과 일치하지 않는 것은?

① 행위 의사는 의사 표시자의 의사가 직접적인 행위로 드러난 것이다.
② 의사 표시자의 효과 의사는 의사 표시자의 동기를 바탕으로 나타난다.
③ 표시 의사는 의사 표시자가 상대방에게 효과 의사를 밝히고자 하는 생각이다.
④ 의사와 표시가 불일치할 경우 의사주의는 의사 표시자의 효과 의사를, 표시주의는 표시 행위를 중시한다.

18. 이 글의 진술 방식으로 가장 적절한 것은?

① 의사 표시의 본질을 파악하는 과정을 단계별로 설명하고 있다.
② 구체적 사례를 통해 의사 표시의 종류를 나누어 설명하고 있다.
③ 대립되는 관점을 제시한 뒤 이를 종합한 제3의 관점을 제시하고 있다.
④ 특정 관점의 문제점을 지적한 뒤 바람직한 의사 표시 방법을 소개하고 있다.

19. ㉠ ~ ㉤을 가장 자연스럽게 배열한 것은?

> ㉠ 왜냐하면 이제 단 몇 초면 근사한 문장과 생성 이미지가 뚝딱 만들어지는 리믹스 과소비 세계에 우리 대부분이 곧 입문할 것이기 때문이다.
> ㉡ 생성형 AI는 무수한 원본 이미지와 텍스트를 뒤섞어 변형해 새롭게 창작하는 일종의 거대 '리믹스' 자판기와 흡사하다.
> ㉢ 또한 대상 세계와 분리된 흐릿한 디지털 사본들 사이의 리믹스로 생성된 자동 창작 지식의 온라인 세계 내 과포화 상태가 절정에 이를 것이다.
> ㉣ 리믹스가 자동화 연산 처리에 의해 점차 대체되는 현실에서는 리믹스 행위의 그 어떤 미학적 · 창의적 혁명성도 상실하게 될 것이다.
> ㉤ 이로 인해 기성의 텍스트와 이미지, 오디오 등을 재조합해 창의적 행위의 결과물을 얻는 기존의 방식은 이제 인공 지능에 의해 쉽게 거세될 운명이 되었다.

① ㉡-㉠-㉢-㉤-㉣　② ㉡-㉤-㉠-㉣-㉢
③ ㉣-㉠-㉤-㉡-㉢　④ ㉣-㉤-㉢-㉡-㉠

20. 다음 글에서 추론할 수 있는 내용으로 적절하지 않은 것은?

> 오래된 교회 안에 들어가 지축을 울리는 듯 웅장한 오르간 소리를 듣고 있으면 신자가 아닌 사람도 가슴이 뭉클해지는 감동을 받는다고 한다. 그러나 오르간 소리를 듣고 감동을 받는 사람 중에 옛날에 이 악기를 연주하기 위해서 얼마나 많은 노동력이 필요했는지 아는 사람은 드물다. 오르간은 파이프에 공기를 불어 넣어 소리를 내는 악기다. 오르간에 따라 적게는 수십 개에서 많게는 수만 개까지 있는 파이프에 공기를 불어 넣어야 하는데, 공기의 압력이 부족하면 소리가 제대로 나지 않는다.
>
> 그렇다면 공기는 누가 불어 넣었을까? 과거에는 많은 수의 일꾼들이 풀무질을 해서 파이프에 공기를 불어 넣었다고 한다. 오르가니스트가 정장을 차려입고 엄숙하게 오르간을 연주하고 있던 바로 그 순간, 오르간 뒤에서는 수십 명의 일꾼이 땀을 뻘뻘 흘리며 풀무질을 하고 있었던 것이다. 풀무질은 엄청난 중노동이다. 그래서 일꾼들이 연주 도중에 도망을 가기도 하고, 높은 일당을 주지 않으면 일을 안 하겠다고 버티는 경우도 있었다. 물론 지금은 전기를 이용해 파이프에 바람을 불어 넣기 때문에 이런 불상사는 일어나지 않는다. 그럼에도 불구하고 나는 오르간 소리를 들을 때마다 이 노동 집약적인 악기에 소리를 불어 넣기 위해 고군분투했던 수많은 일꾼들의 숨은 노고를 떠올리곤 한다.

① 과거에는 오르간 연주를 위해 필요한 노동력의 크기가 오르간에 따라 달랐을 것이다.
② 과거에 오르간 연주를 들었던 관객들의 대다수는 풀무질을 하는 일꾼들의 노고를 인식하지 못했다.
③ 과거와 달리 오늘날의 오르간은 더 이상 노동 집약적인 악기가 아니다.
④ 과거에는 일꾼들이 도주하는 경우도 있었기 때문에 연주 도중에 특정 파이프의 소리가 나지 않을 때도 있었을 것이다.

11. 밑줄 친 한자 성어의 쓰임이 바르지 못한 것은?

① 어머니는 近墨者黑이라며 좋은 친구들과 사귀어야 한다고 항상 말씀하셨다.
② 남의 실패를 나의 거울로 삼는다는 殷鑑不遠의 교훈을 항상 마음에 새겨야 한다.
③ 각 정당 사무실은 공천을 받기 위해 찾아오는 사람들로 인해 날마다 門前雀羅이다.
④ 어린이들이 미래 사회를 주도하는 棟梁之材가 되도록 기성세대들이 도와줘야 한다.

12. 다음 물품의 총 개수는?

• 오이 한 거리	• 조기 두 두름
• 고등어 두 손	• 바늘 한 쌈

① 118개 ② 138개
③ 144개 ④ 154개

13. 다음 글을 읽고 올바른 평가를 내린 사람을 <보기>에서 모두 고른 것은?

환유는 인접성(隣接性)을 바탕으로 사물이나 관념을 지칭하는 특성을 갖고 있다. 가령 '주전자가 끓고 있다.'라는 표현에서 실제 끓고 있는 것은 주전자의 물이지만, '주전자'라는 용기(容器)의 이름이 그 내용물을 지칭한다. 이러한 지칭 기능은 지시물 사이의 인접성에서 비롯된다. 우리가 '주전자가 끓고 있다.'라는 표현을 '물이 끓고 있다.'로 이해하는 것은 '주전자'와 '물' 사이에 밀접한 인접성이 있어서 의미 연상을 통한 의미 전이가 신속하고도 자연스럽게 이루어지기 때문이다.

인접성에 의한 의미 전이로 인해서 환유는 일상 언어에서 다양한 방식으로 나타나는데, 대체적으로 '확대 지칭'과 '축소 지칭'으로 구별된다. 확대 지칭은 부분으로 전체를 지칭하는 것이며, 축소 지칭은 전체로 부분을 지칭하는 것을 말한다. 그러나 환유의 지칭 기능이 모든 조건에서 성립되는 것은 아니다. 환유의 지칭 기능은 다분히 상황 의존적이다. 동일한 낱말이 환유적으로 쓰일 수도 있고 그렇지 않을 수도 있으며, 환유적으로 쓰인다고 해도 상황에 따라 그 의미가 달라질 수 있다.

<보기>

갑: '손이 모자라다.'에서 '손'은 확대 지칭이, '온 동네가 기뻐했다.'에서 '온 동네'는 축소 지칭이 일어난 환유 표현이야.
을: '우리는 공원 벤치에 앉아 잡담을 즐겼다.'의 '벤치'와 '축구장에서 벤치와 선수들이 이성을 잃고 동요하기 시작했다.'의 '벤치'는 서로 의미가 다른 환유 표현이군.
병: '이 대리는 자리를 옮겼다.'는 환유의 지칭 기능이 상황 의존적임을 보여 주는 사례이군.

① 갑 ② 갑, 병
③ 을, 병 ④ 갑, 을, 병

14. (가)와 (나)에 대한 설명과 거리가 먼 것은?

(가) 개를 여라믄이나 기르되 요 개굿치 얄믜오랴.
뮈온 님 오며는 꼬리를 홰홰 치며 뛰락 누리 뛰락 반겨서 내둣고 고온 님 오며는 뒷발을 버동버동 므르락 나으락 캉캉 즈져서 도라가게 혼다.
쉰밥이 그릇 그릇 난들 너 머길 줄이 이시랴.

– 작가 미상 –

(나) 귀또리 져 귀또리 어엿부다 져 귀또리
어인 귀또리 지는 둘 새는 밤의 긴 소릐 쟈른 소릐 절절이 슬픈 소릐 제 혼자 우러 네어 사창(紗窓) 여윈 줌을 술뜨리도 씨오는고야.
두어라, 제 비록 미물(微物)이나 무인동방(無人洞房)에 내 뜻 알리는 너뿐인가 ᄒ노라.

– 작가 미상 –

① (가)와 달리 (나)는 자연물에 화자의 감정을 이입하고 있다.
② (가)의 화자는 대상에 대한 원망을 통해 임에 대한 사랑을 드러내고 있다.
③ (가)는 의성어 · 의태어를 이용한 청각 · 시각적 심상으로 상황을 구체화하고 있다.
④ (나)는 전전반측(輾轉反側)의 상황을 역설적 표현으로 나타내고 있다.

15. ㉠~㉣에 들어갈 말이 바르게 짝 지어진 것은?

도덕적 원칙주의자는 합리적인 이성을 통해 찾을 수 있는 선험적인 도덕 법칙이 존재한다고 본다. 그리고 모든 인간은 이를 반드시 따라야 한다고 주장한다. [㉠] 도덕적 원칙주의자는 갈등 상황이 생겼을 때 주관적 욕구나 개인이 처한 상황을 고려하지 말고 도덕 법칙에 따라 행동하라고 말한다. 도덕적 원칙주의는 인간의 합리적인 이성을 신뢰하고 이를 통해 윤리적으로 올바른 삶이란 무엇인가를 규명하려고 했다는 점에서 의의가 있다. [㉡] 어느 사회에나 보편적으로 적용되는 선험적인 도덕 법칙이 존재한다면, 도덕적 갈등은 나타나지 않거나 나타나더라도 쉽게 해결이 돼야 하는데 실제로는 그렇지 않다는 점에서 한계가 있다.

도덕적 자유주의자는 도덕적 원칙주의자와 달리 선험적인 도덕 법칙이 존재하지 않는다고 본다. 대신 개인들이 합의를 통해 만든 상위 원리를 바탕으로 갈등을 해결해야 한다고 주장한다. 자신의 이익만을 생각하는 편협한 입장에서 벗어나 객관적이고 공평한 지점에서 상위 원리를 만들 수 있다고 보기 때문이다. 상위 원리를 통해 법과 같은 현실적인 규범이나 지침을 만들면 사람들이 이를 준수함으로써 도덕적 갈등이 해결된다는 것이다. [㉢] 도덕적 자유주의자는 법과 같은 공정한 형식적 절차를 마련하는 것을 최우선으로 삼는다. 하지만 누구나 동의할 수 있는 상위 원리를 만들어 내는 것이 항상 가능한 것은 아니다. [㉣] 합의를 통해 상위 원리를 만들었다고 하더라도 구체적인 규범과 지침을 마련하는 과정에서 또 다른 갈등이 발생할 수도 있다.

	㉠	㉡	㉢	㉣
①	따라서	하지만	따라서	또한
②	그러나	그런데	그러므로	즉
③	요컨대	따라서	그러나	그리고
④	그래서	그러나	그리고	다시 말해서

16. ㉠~㉤ 중 문맥적 의미가 유사한 것끼리 묶은 것은?

> 감상의 과정은 주체와 주체의 ㉠ 대화이다. 감상 과정에서 예술 작품과 감상자는 서로 다른 관점과 개성을 지닌 두 명의 개인과 마찬가지로 묻고 대답하면서 서로의 관점을 ㉡ 교정해 가는 개방적 태도를 갖는다. 자신의 ㉢ 시계(視界) 속으로 상대방을 끌어들이는 것이 아니라 대화를 통해 진리로 나아간다. 감상자는 예술 작품 속에 존재하는 진리를 얻는 것이 아니라 대화 방식의 감상을 통해 예술 작품과 소통함으로써 새로운 진리를 만들어 낸다. 예술 작품을 자신이 갖고 있는 ㉣ 전이해(前理解)의 예증(例證)으로 삼는 것이 아니라 외재(外在)하는 예술 작품을 통해 이를 초월 · 확대 · 변화시킴으로써 ㉤ 새로운 시야(視野)를 획득한다. 그렇게 함으로써 예술 작품도 자신과는 다른 감상자를 통해 자신의 의미를 초월하게 된다. 감상은 감상자와 예술 작품이 양방향으로 초월하는 미적 체험의 과정이다. 예술 작품은 감상자를 향하여, 감상자는 예술 작품을 향하여 서로 열려 있는 것이다.

① ㉠, ㉣ ② ㉡, ㉢
③ ㉢, ㉣ ④ ㉢, ㉤

17. 밑줄 친 부분이 어법에 모두 맞는 것은?
① 오늘 무슨 일이 있길래 이렇게 출석율이 저조하지?
② 너도 잘 알다시피 그는 사업으로 짭짤하게 재미를 보지 않았니?
③ 그녀는 잠이 모잘라서 그런지 늘 피곤해 보이는 것이 안스럽다.
④ 세탁소에서 양복바지의 해어진 부분에 짜집기를 하였다.

18. 다음 시를 효용론에 따라 감상한 것은?

> 우리 집도 아니고
> 일갓집도 아닌 집
> 고향은 더욱 아닌 곳에서
> 아버지의 침상 없는 최후 최후의 밤은
> 풀벌레 소리 가득 차 있었다.
>
> 노령을 다니면서까지
> 애써 자래운 아들과 딸에게
> 한마디 남겨 두는 말도 없었고,
> 아무을만 파선도
> 설룽한 니코리스크의 밤도 완전히 잊으셨다.
> 목침을 반듯이 벤 채.
>
> – 이용악, 「풀벌레 소리 가득 차 있었다」에서 –

① 일제 강점기 말에 생계를 위해 만주나 러시아로 이주할 수밖에 없었던 우리 민족의 비극적인 역사를 실제 지명으로 표현하고 있어.
② 맞아, 실제로 작가의 아버지는 만주에서 일하다 마적단에 의해 죽음을 당했다니까 그 경험이 바탕이 되었을 것 같아.
③ 그런데 아버지의 죽음이라는 비극적인 사건을 '풀벌레 소리 가득 차 있었다'로 절제하여 나타내고 있으니 슬픔이 배가 되는 것 같아.
④ 그렇지? 우리는 지금 분단국가에 살고 있지만 나라를 빼앗겨 타국을 떠돌았던 조상들을 생각하면 지금 상황에 감사하며 살아야겠어.

19. 다음 글에서 알 수 있는 내용으로 적절한 것은?

> 혈액은 심장의 박동에 의해 동맥, 모세 혈관, 정맥을 타고 온몸을 끊임없이 순환하면서 소화 · 흡수된 영양소와 호흡에 의해 공급받은 산소를 각 조직 세포에 전달한다. 그 후에 조직 세포에서 생긴 노폐물과 이산화 탄소 등을 폐와 신장과 같은 배설 기관으로 운반한다. 또한 체내 항상성 유지와 우리 몸에 침입한 세균이나 바이러스에 대항하여 싸우는 생체 방어 작용도 수행한다.
> 콜레스테롤, 포도당, 젖산, 단백질, 중성 지방 그리고 요소성 질소 등이 혈액을 구성하는 주요 성분이다. 이런 성분이 부족하여 혈액의 기능이 원활하지 않을 때는 여러 종류의 장애가 발생하게 된다. 인체의 혈액량은 대략 4.5L 정도이며, 이 중 80%가 물이며 혈액을 원심 분리하면 아래층의 혈구와 위층의 혈장으로 분리된다. 혈장에서 피브리노겐을 제외한 부분을 혈청이라 한다. 전체 혈액을 구성하는 혈액 성분의 비율이 빈혈 판정 지표로 사용된다.

① 체내의 조직 세포에서는 이산화 탄소가 생성된다.
② 혈장과 혈청의 비율을 통해 빈혈의 유무를 판정한다.
③ 물과 달리 중성 지방은 혈액의 구성 성분에 포함되지 않는다.
④ 혈액은 세균이나 바이러스를 체외에 배출해 체내 항상성을 유지시킨다.

20. 빈칸에 들어갈 말로 가장 적절한 것은?

> 한쪽 손을 주로 쓰는 경향은 뇌의 좌 · 우반구의 기능 분화와 관련되어 있는 것으로 보인다. 보고된 증거에 따르면, 왼손잡이는 읽기와 쓰기, 개념적 · 논리적 사고 같은 좌반구 기능에서 오른손잡이보다 상대적으로 미약한 대신 상상력, 패턴 인식, 창의력 등 전형적인 우반구 기능에서는 상대적으로 기민한 경우가 많다.
> 비비원숭이의 두개골 화석을 연구함으로써 오스트랄로피테쿠스가 어느 손을 즐겨 썼는지를 추정할 수 있다. 이들이 비비원숭이를 몽둥이로 때려서 입힌 상처의 흔적이 남아 있기 때문이다. 연구에 따르면 오스트랄로피테쿠스는 약 80%가 오른손잡이였다. 이는 현대인과 거의 일치한다. 사람이 오른손을 즐겨 쓰듯 다른 동물들도 앞발 중에 더 선호하는 쪽이 있는데, 포유류에 속하는 동물들은 대개 왼발을 즐겨 쓰는 것으로 나타났다. 이들 동물에서도 뇌의 좌 · 우반구 기능은 인간과 본질적으로 다르지 않으며, 좌 · 우반구의 신체 제어에서 좌우 교차가 일어난다는 점도 인간과 다르지 않다. 왼쪽과 오른쪽의 대결은 인간이라는 종의 먼 과거까지 거슬러 올라간다. 나는 이성 대 직관의 힘겨루기, 뇌의 두 반구 사이의 힘겨루기가 오른손과 왼손의 힘겨루기로 표면화된 것이 아닐까 생각한다. [　　　　　　].

① 원래 이전부터 인류를 포함한 대부분의 포유류에서 뇌의 우반구가 좌반구와의 힘겨루기에서 열세하다고 볼 수 있다
② 오른손이 원래 왼손보다 더 능숙했기 때문에 뇌의 좌반구가 우반구와의 힘겨루기에서 우세하다고 볼 수 있다
③ 뇌의 좌반구가 인간의 행동을 지배하는 권력을 갖게 되었기 때문에 오른손 선호에 이르렀다고 볼 수 있다
④ 직관적 사고가 논리적 사고보다 인간의 행위를 더 강하게 지배해 왔다고 볼 수 있다

10. 다음은 <표준어 규정> 제7항의 일부이다. ㉠과 ㉡의 예로 모두 적절하지 않은 것은?

> 제7항 수컷을 이르는 접두사는 '수-'로 통일한다. 예 수꿩, 수놈
> 다만 1. 다음 단어에서는 접두사 다음에서 나는 거센소리를 인정한다. ……… ㉠
> 다만 2. 다음 단어의 접두사는 '숫-'으로 한다. ……… ㉡

	㉠	㉡		㉠	㉡
①	수탉	숫양	②	수퇘지	숫염소
③	수키와	숫병아리	④	수펄	숫소

11. 다음 글의 전개 방식과 동일한 전개 방식이 사용된 것은?

> 인간은 대상을 유용성의 차원에서뿐만 아니라 그 자체로 탐구한다. 광학은 빛이 실제로 무엇을 밝혀 주는 것과 관계없이 빛 자체를, 그리고 음향학은 소리가 전달해 주는 내용과 관계없이 소리 자체를 연구한다.

① 베케트의 「고도를 기다리며」, 이오네스코의 「코뿔소」, 이근삼의 「원고지」는 전통적인 기법을 거부한 부조리극이다.
② 자연 과학은 현상에 대한 예측이 예외 없이 적용되는 것에 초점을 두지만 사회 과학은 보다 유연하고 예외가 존재한다.
③ 공격적인 언어란 다른 사람을 물리적 · 상징적으로 지배하기 위한 행위에서부터 다른 사람의 신체, 소유물, 정체성, 논쟁적인 사안에 대해 완벽하게 통제하려고 시도하는 모든 의사소통 행위를 의미한다.
④ 젖산은 약한 산성 물질이어서 유해균이 증식하는 것을 억제하고, 김치가 잘 썩지 않게 한다.

12. 다음 시의 '꿈'에 대한 이해로 가장 적절한 것은?

> 저녁 한동안 가난한 시민들의 / 살과 피를 데워 주고
> 밥상머리에 / 된장찌개도 데워 주고
> 아버지가 식후에 석간을 읽는 동안
> 아들이 식후에 / 이웃집 라디오를 엿듣는 동안
> 연탄가스는 가만가만히
> 쥐라기의 지층으로 내려간다.
> 그날 밤 / 가난한 서울의 시민들은
> 꿈에 볼 것이다.
> 날개에 산호빛 발톱을 달고
> 앞다리에 세 개나 새끼 공룡의
> 순금의 손을 달고
> 서양 어느 학자가
> Archaeopteryx*라 불렀다는
> 쥐라기의 새와 같은 새가 한 마리
> 연탄가스에 그을린 서울의 겨울의
> 제일 낮은 지붕 위에 / 내려와 앉는 것을,
>
> – 김춘수, 「겨울밤의 꿈」 –
>
> * Archaeopteryx: 아르케옵테릭스, 시조새

① '연탄가스'에 대한 화자의 인식이 전환되는 공간이다.
② 화자가 자신의 내면을 반성하고 성찰하게 되는 동기이다.
③ 화자가 상상한 비현실적 장면을 시각적으로 형상화해 주는 장치이다.
④ 부정적 과거에서 벗어나 긍정적 미래로 향할 수 있게 해 주는 계기이다.

13. 다음 글의 내용과 부합하지 않는 것은?

> 원래 내시(內侍)는 직위 이름이다. 왕 가까이에서 시중을 드는 사람을 궁궐 안에서 근무한다고 하여 내시라고 했다. 궁중에서 일하는 거세된 남자는 따로 환관(宦官)이라고 했다. 대개 환관이 내시직을 맡았기 때문에 고려 말 이후에는 내시와 환관이 동의어가 된 것이다. 그 이전에는 세도 있는 가문의 용모와 재주가 뛰어난 청년, 혹은 재주 있는 문신을 내시로 임명하기도 했다. 그러다가 고려 의종 이후 환관이 내시에 임명되어 조선까지 이어진다. 내시는 왕 주위에서 일했기 때문에 자주 왕과 접촉할 수 있었고, 여러 가지 궁중의 비사에 간여하기도 했다. 그런 위치를 이용해 간혹 권력을 넘보고, 실지로 강력한 권력을 행사한 사람들도 있었다. 역사를 통틀어 내시가 가장 강력한 힘을 가졌던 시기는 고려가 원나라에 굴복했던 14세기이다. 이미 13세기에 내시의 승진을 6품 이하로 제한했던 법이 폐지되면서 내시의 힘이 강해지기 시작했는데, 1300년(충렬왕 26년)에 왕비였던 제국 대장 공주가 내시 몇 명을 원나라에 바친 이후 급속히 그 힘이 확대되었다. 원나라로 간 내시들이 원의 궁중에서 일하면서 총애를 받더니 그 힘을 빌미로 고려의 내정에 압력을 행사했고, 덩달아 고려의 내시들도 약화된 왕권 아래서 세력을 키웠다. 심지어 백안독고사(伯顔禿古思)라는 고려 출신의 내시는 원나라 임금(영종)에게 청을 넣어 고려의 왕이었던 충선왕을 귀양 보내기까지 했으니 그 힘이 참으로 막강했다.

① 고려 시대에는 환관은 아니지만 내시의 직위를 맡았던 이도 존재했다.
② 내시들의 힘은 내시들이 원나라로 간 이후부터 강해지기 시작했다.
③ 고려 말 이전에는 지체 높은 가문의 청년이 내시가 되기도 했다.
④ 고려 시대에는 원나라의 힘을 이용해 왕권을 압도한 내시가 있었다.

14. 밑줄 친 부분의 시제가 나머지 셋과 다른 것은?

① 밤새 노래 연습을 <u>하였으니</u> 목이 쉴 만도 하지.
② 지금 떠나면 너희는 새벽에나 <u>도착하겠구나</u>.
③ 날씨가 이렇게 가무니 올해 농사는 다 <u>지었다</u>.
④ 이렇게 방 안을 어지럽혀 놓았으니 넌 이제 <u>큰일났다</u>.

15. (가)와 (나)에 대한 설명으로 가장 적절한 것은?

> (가) 이팔청춘 이내 마음 봄 춘 자로 부쳐 보고
> 화용월태 이내 얼굴 꽃 화 자로 부쳐 두고
> 술술 나는 긴 한숨은 세우 춘풍 부쳐 두고
> 밤이나 낮이나 숱한 수심 우는 새나 가져가게
> 일촌간장 쌓인 근심 도화유수로 씻어 볼가
> 천만 첩이나 쌓인 설움 웃음 끝에 하나 없네
> 구곡간장 깊은 설움 그 말끝에 슬슬 풀려
> 삼동설한 쌓인 눈이 봄 춘 자 만나 슬슬 녹네
>
> – 작가 미상, 「덴동 어미 화전가」에서 –
>
> (나) 청산(靑山)은 엇뎨ᄒᆞ야 만고(萬古)애 프르르며,
> 유수(流水)는 엇뎨ᄒᆞ야 주야(晝夜)애 긋디 아니ᄂᆞᆫ고.
> 우리도 그치디 말아 만고상청(萬古常靑) 호리라.
>
> – 이황, 「도산십이곡」에서 –

① (가)는 작중 상황을 희화화하여 심리적 갈등을 해소하고 있다.
② (나)는 자연물의 속성에 빗대어 화자의 의지를 보여 주고 있다.
③ (가)는 (나)와 달리 반어적 표현을 통해 주제 의식을 드러내고 있다.
④ (나)는 (가)와 달리 대구법을 사용하여 화자의 태도를 드러내고 있다.

16. 다음 글의 논증 구조를 올바르게 파악한 것은?

> 많은 학생들이 컴퓨터로 문서를 작성할 때 전달 효과나 미적 효과를 높이기 위해서 다양한 폰트 파일을 사용한다. 폰트 파일은 동일한 스타일의 크기와 모양으로 작성된 문자 및 기호 등 한 벌의 디자인을 디지털화한 것으로 '컴퓨터 프로그램 저작물'로 보호되고 있다. ㉠ 그런데 최근 들어 폰트 파일의 저작권을 침해하는 학생들이 늘어나고 있다.
> 폰트 파일의 저작권을 침해하는 학생들이 늘어나게 되는 원인은 다양하다. ㉡ 우선 폰트 파일이 저작권으로 보호되고 있다는 사실을 모르고 사용하는 학생들이 많이 있고, 그 사실을 알면서도 폰트 파일을 문제의식 없이 사용하는 학생들이 있기 때문이다. ㉢ 또한 폰트 파일의 저작권이 있다는 것은 알지만, 저작권의 내용을 확인하는 구체적인 방법을 모르는 학생들이 많기 때문이다. ㉣ 폰트 파일이 저작권으로 보호되고 있다는 사실을 모르고 사용하는 학생들이 폰트 파일의 저작권에 대해 이해할 수 있도록 학교에서는 이에 대한 교육을 확대해야 한다. ㉤ 또한 저작권 침해에 대한 법적 처벌 정보를 학생들에게 알려 주고 저작권 보호에 대한 학생들의 인식 개선을 위해 캠페인을 지속적으로 실시해야 한다.

① ㉠은 논증의 결론으로 글 전체의 주제이다.
② ㉢은 일반적 진술인 ㉡을 상술한 것이다.
③ ㉣과 ㉤은 ㉡의 문제에 대한 해결 방안이다.
④ ㉤은 ㉣을 전제로 하여 새로운 논점을 제시한 것이다.

17. ㉠, ㉡에 해당하는 단어가 바르게 연결된 것은?

> 단어 형성의 단위에는 실질적인 의미를 나타내는 중심 부분으로 어근이 있고, 어근에 붙어 그 뜻을 제한하는 주변 부분으로 접사가 있다. 하나의 어근으로 된 단어는 단일어라고 하고, 둘 이상의 어근이나 어근과 파생 접사로 이루어진 단어는 복합어라고 한다. 복합어는 다시 ㉠ 파생 접사가 단어 형성에 참여한 파생어와 ㉡ 둘 이상의 어근으로 만들어진 합성어로 분류된다.

	㉠	㉡
①	지우개, 알부자	스며들다, 돌보다
②	한시름, 휘감다	들이닥치다, 산들바람
③	넓이, 맏아들	살펴보다, 강마르다
④	곶감, 개살구	높푸르다, 접칼

18. ㉠~㉤에 대한 설명으로 적절한 것은?

> 훈민: 정음아, 네가 들고 있는 ㉠ 그 책 표지가 멋있는데?
> 정음: 아, ㉡ 이 책? 표지만큼 내용도 독특해서 읽어 볼 만해.
> 훈민: 그래? 내가 지난주에 빌린 ㉢ 이 책은 너무 지루해서 대충 읽고 반납하러 가는 길이야.
> 정음: 난 ㉣ 이 책 다 읽었는데, 너한테 빌려줄게. 한번 읽어 봐.
> 훈민: 그럼 내가 ㉤ 저기서 커피 한 잔 살게.
> 정음: 고마워, 잘 마실게.

① ㉠은 청자보다 화자에게, ㉡은 화자보다 청자에게 가까이 있는 대상을 가리킨다.
② ㉠과 ㉣은 같은 대상을 가리킨다.
③ ㉢은 바로 앞에서 이야기한 대상을 가리킨다.
④ ㉤은 화자보다 청자에게 멀리 있는 곳을 가리킨다.

19. 다음 글에 대한 이해로 적절하지 않은 것은?

> 산림(山林)에 살면서 명리(名利)에 마음을 두는 것은 큰 부끄러움이다. 시정(市井)에 살면서 명리에 마음을 두는 것은 작은 부끄러움이다. 산림에 살면서 은거(隱居)에 마음을 두는 것은 큰 즐거움이다. 시정에 살면서 은거에 마음을 두는 것은 작은 즐거움이다.
> 작은 즐거움이든 큰 즐거움이든 나에게는 그것이 다 즐거움이며, 작은 부끄러움이든 큰 부끄러움이든 나에게는 그것이 다 부끄러움이다. 그런데 큰 부끄러움을 안고 사는 자는 백(百)에 반이요, 작은 부끄러움을 안고 사는 자는 백에 백이며, 큰 즐거움을 누리는 자는 백에 서넛쯤 되고, 작은 즐거움을 누리는 자는 백에 하나 있거나 아주 없거나 하니, 참으로 가장 높은 것은 작은 즐거움을 누리는 자이다.
> 나는 시정에 살면서 은거에 마음을 두는 자이니, 그렇다면 이 작은 즐거움을 가장 높은 것으로 말한 나의 이 말은 대부분의 사람들의 생각과는 거리가 먼, 물정 모르는 소리일지도 모른다.
>
> – 이덕무, 「우언」에서 –

① '나'는 '은거'의 가치를 '명리'의 가치보다 더 높이 평가하고 있다.
② '나'는 어디에 사느냐와 어디에 마음을 두느냐를 고려하여 삶의 유형을 구분하고 있다.
③ '나'는 '시정에 살면서 은거에 마음을 두는' 자신의 삶의 방식에 자부심을 가지고 있다.
④ '시정'에 사는 사람들 중에는 '부끄러움'을 느끼는 경우보다 '즐거움'을 느끼는 경우가 더 많다.

20. 다음 글을 읽고 추론한 ㉠의 이유로 가장 적절한 것은?

> 무상 의료는 종종 '공짜 복지'로 인식되어 재정 낭비와 의료 비용의 급격한 증가를 초래할 것이라는 비판을 받는다. 하지만 경제 협력 개발 기구[OECD]에서 발표한 국가별 국내 총생산[GDP] 대비 보건 의료비 총액(2013년 기준)을 참조해 보면 이런 비판은 타당하지 않다. 개인이 의료 비용을 부담하는 방식을 채택한 미국의 GDP 대비 의료비는 16.4%였다. 반면 무상 의료 국가인 스웨덴은 11.0%, 캐나다는 10.2%였다. '무상 의료의 역설'이다. 이런 결과는 국가가 과도한 의료비 지출 요인을 사전에 억제할 수 있기 때문에 나온다. [중략] 결국 무상 의료 제도를 채택하고 있는 국가가 유상 의료 제도를 채택한 국가보다 훨씬 효율적인 의료 시스템을 갖고 있다고 봐도 무방하다.
> 이런 주장을 펼치면 으레 나오는 반론이 있다. "유럽 국가는 국민 소득이 3~4만 달러를 훨씬 넘어선 부자 나라이기 때문에 포용적인 무상 의료를 할 수 있는 것 아니냐."라는 것이다. 하지만 ㉠ 이는 오해에서 비롯된 편견이다. 무상 의료를 제대로 이해하려면 일단 '무상 의료 = 공짜 의료'라는 편견부터 없애야 한다. 일반적으로 사람들은 병이 나면 의사의 진료를 받는다. 이 과정에서 비용이 발생하는데, 이를 어떻게 지불하느냐에 따라 유상 의료와 무상 의료로 나뉜다. 다시 말해 개인이 부담하느냐 세금이나 건강 보험료로 충당하느냐의 문제만 남을 뿐 어느 쪽이든 유상 의료라는 얘기다. 공짜로 제공되는 무상 의료란 실제로는 존재하지 않는 셈이다. 무상 복지는 공짜 복지가 아니라 기존과는 다른 차원에서 비용을 부담하는 방식일 뿐이다.

① 의료비로 정부가 지원해 주는 실제 금액은 나라의 재정과 큰 관련이 없기 때문이다.
② 국가의 경제력과 의료를 위한 복지 비용 지출이 비례하는 것은 아니기 때문이다.
③ 국가의 경제력과 상관없이 어떤 방식으로든 의료를 위해 개인이 돈을 지불해야 하는 것이기 때문이다.
④ 개인이 의료비를 지불하는 방식이 나라의 경제력에 따라 달라지기 때문이다.

12. ㉠~㉣의 의미로 적절하지 않은 것은?

> 월쉬(W. Walsh)는 역사학자들 간의 견해 차이를 야기하는 주요한 주관적 요인으로 개인적 편견과 집단적 편견, 역사적 해석에 관한 이론과 세계관을 들고 있다. 이 네 가지 주관적 요인은 편견과 개념적 체계로 단순화할 수 있다. 편견은 어떤 합리적 근거를 가지지 못한 견해이기 때문에 객관적인 진리 획득을 방해하는 심각한 장애물이 된다. 따라서 역사학이 객관성을 추구하는 한 편견은 배제해야 할 대상이다. 그러나 합리적 근거를 가지고 있는 개념적 체계는 사실의 특정한 측면이 우리에게 드러나도록 한다. 이는 인식의 왜곡이라기보다는 인식의 제한이라고 보는 것이 옳다.
>
> 캄캄한 밤에 ㉠ 어떤 물건을 확인하기 위해 ㉡ 손전등을 비춘다고 가정해 보자. ㉢ 손전등의 강도나 각도에 따라 같은 사물이라도 우리에게 ㉣ 다르게 보일 것이다. 그렇다고 그것이 사물 그 자체를 왜곡시켰다거나 우리의 인식을 방해했다고 말할 수 있겠는가? 그런 것은 아니다. 손전등의 밝기나 각도에 따라 사물이 다르게 보이는 것은 다만 사물의 다른 측면이나 국면이 드러났다고 할 수밖에 없을 것이다. 우리가 손전등을 끈다면 사물을 더욱 전체적이고 객관적으로 보기는커녕 아무 것도 보지 못하게 될 것이다. 개념적 체계를 우리는 바로 이런 손전등에 비유할 수 있는 것이다.

① ㉠: 역사가가 해석하고자 하는 역사를 의미한다.
② ㉡: 역사적 해석에 관한 이론과 세계관을 의미한다.
③ ㉢: 여러 가지 모습으로 존재하는 개념적 체계를 의미한다.
④ ㉣: 주관적 요인 때문에 역사 인식이 왜곡된 상황을 의미한다.

13. 다음 글을 읽고 난 반응으로 적절하지 않은 것은?

> 훌라는 하와이의 전통 춤으로, 하와이안 단어로 '춤을 추고 있는 상태'를 뜻한다. 춤이라는 일반 명사를 대표할 만큼 훌라는 하와이에서 오랫동안 사랑받아 왔다. 현재 우리나라에서 훌라 춤은 여성만이 추는 춤으로 인식되었지만, 과거에는 남성이 주로 훌라 춤을 추었으며 지금도 하와이에서는 남성들이 훌라 춤을 추고는 한다. 물론 우리가 생각하는 훌라와 달리 힘차고, 박력 있는 춤이다.
>
> 이렇게 남성들이 주로 훌라 춤을 추었던 데에는 그만한 배경이 있다. 훌라는 춤을 넘어 지식을 전달하는 매개체로서, 생각과 표현을 전하는 언어나 다름없었다. 훌라 동작 중에서도 유독 자연을 뜻하는 단어가 많은 것은 그만큼 원주민들의 삶에서 자연에 대한 애정이 큰 부분을 차지했기 때문이다. 비, 나무, 꽃 등 아름다운 하와이의 자연은 모두 훌라의 손동작에 녹아들어 있다. 훌라의 동작에는 선교의 흔적도 남아 있다. 19세기 하와이를 찾아온 선교사들은 찬송가나 복음 성가를 수화로 바꿔 하와이의 전통 춤인 훌라에 녹여 선교에 나섰기 때문이다.
>
> 이를 모두 조합해 보면 훌라는 춤이나 생활 체육 이상의 의미를 담는다. 훌라를 취미로 가진 이들은 입을 모아 "훌라는 정신적인 치유 효과가 크다."라고 말하는데, 그것은 훌라가 가진 역사와 의미가 몸으로 느껴지기 때문일 것이다.

① 훌라를 통해 상처받은 마음을 위로받을 수도 있겠군.
② 훌라의 손동작으로 하와이의 자연 풍경을 소개할 수도 있겠네.
③ 남녀 모두 훌라를 추었지만 과거에는 훌라를 추는 주된 주체가 남성이었구나.
④ 이름 자체가 하와이어인 '훌라'는 하와이 토착 종교의 교리를 전파하는 수단이 되기도 하였군.

14. ㉠에 들어갈 말로 가장 적절한 것은?

> 감자는 미국 항공 우주국[NASA]과 국제 감자 센터가 공동 실험을 통해 화성과 흡사한 환경에서 잘 자란다는 걸 입증했을 만큼 척박한 환경에서도 잘 자란다. 하지만 이처럼 강인한 감자도 환경 변화의 영향을 받는다. 감자의 생존을 위협하는 가장 근본적인 원인은 [㉠]이다. 유전자 풀은 한 집단 내 구성원이 가지고 있는 모든 대립 유전자를 말한다. 환경의 변화에 의해 선택된 개체만이 자손을 남길 수 있으므로, 그 개체의 대립 유전자가 다음 세대로 전달된다.
>
> 그런데 유전 공학이 점점 발전하면서 인류는 입맛에 맞고 생산성을 높이는 단일 품종을 만드는 데 주력해 생물의 유전자 다양성을 감소시켜 왔다. 단일 품종은 유전자적으로 똑같다는 것을 의미한다. 이런 농업 방식은 갑작스러운 이상 기후 변화에 취약할 수밖에 없다. 특히 덩이줄기를 심어 무성 생식 방식으로 재배하는 감자는 동일한 유전자를 지닌 채 널리 경작하기 때문에, 전염병이 한번 돌면 종자의 존속이 위태로울 만큼 큰 피해를 입는다.

① 복잡다단해진 유전자 풀의 구성
② 기후 변화에 강한 유전자 풀의 감소
③ 갈수록 단순해지는 유전자 풀
④ 다음 세대로의 전승이 어려워진 유전자 풀

15. 다음 글에 대한 설명으로 잘못된 것은?

> 생원: 나랏돈 노랑돈 칠 푼 잘라먹은 놈, 상통이 무르익은 대초빛 같고, 울룩줄룩 배미 잔등 같은 놈을 잡아들여라.
> 말뚝이: 그놈이 심이 무량대각(無量大角)이요, 날램이 비호(飛虎) 같은데, 샌님의 ㉠ 전령(傳令)이나 있으면 잡아 올는지 거저는 잡아 올 수 없습니다.
> 생원: 오오, 그리하여라. 옜다, 여기 전령 가지고 가거라. (종이에 무엇을 써서 준다.)
> 말뚝이: (종이를 받아들고 취발이한테 가서) 당신 잡히었소.
> 취발이: 어데, 전령 보자.
> 말뚝이: (종이를 취발이에게 보인다.)
> 취발이: (종이를 보더니 말뚝이에게 끌려 양반의 앞에 온다.)
> 말뚝이: (취발이 엉덩이를 양반 코앞에 내밀게 하며) 그놈 잡아들였소.
> 생원: 아, 이놈 말뚝아. 이게 무슨 냄새냐?
> 말뚝이: 예, 이놈이 피신(避身)을 하여 다니기 때문에, 양치(養齒)를 못 하여서 그렇게 냄새가 나는 모양이외다.
> 생원: 그러면 이놈의 모가지를 뽑아서 밑구녕에다 갖다 박아라. [중략]
> 말뚝이: 샌님, 말씀 들으시오. 시대가 금전이면 그만인데, 하필 이놈을 잡아다 죽이면 뭣하오? 돈이나 몇 백 냥 내라고 하야 우리끼리 노나 쓰도록 하면, 샌님도 좋고 나도 돈냥이나 벌어 쓰지 않겠소. 그러니 샌님은 못 본 체하고 가만히 계시면 내 다 잘 처리하고 갈 것이니, 그리 알고 계시오. (굿거리장단에 맞추어 일제히 어울려서 한바탕 춤추다가 전원 퇴장한다.)
>
> – 작가 미상, 「봉산 탈춤」에서 –

① 말뚝이의 말과 행동을 통해 계급 질서가 동요하던 시대 상황을 엿볼 수 있다.
② ㉠은 양반의 권위가 사라지지 않았음을 보여 주는 소재이다.
③ 취발이는 신흥 상인 계층으로 양반의 횡포에 저항하고 있다.
④ 극 중 상황을 통해 지배 계급을 풍자하고 있다.

16. 밑줄 친 용언과 문법적 기능이 다른 것은?

> 보고서를 이미 작성해 <u>놓았지만</u> 언제 제출해야 할지 모르겠다.

① 나는 음식을 동네 사람들과 나누어 <u>먹었다</u>.
② 그는 붓을 들고 단숨에 글을 써 <u>나갔다</u>.
③ 걱정만 하지 말고 일단 공부를 시작하고 <u>보자</u>.
④ 김 선생은 이 직장에서 30년간이나 일해 <u>왔다</u>.

17. 다음 시에 대한 설명으로 옳은 것은?

> 百草皆有根　풀이면 다 뿌리가 있는데
> 浮萍獨無蔕　부평초만은 매달린 꼭지가 없이
> 汎汎水上行　물 위에 둥둥 떠다니며
> 常爲風所曳　언제나 바람에 끌려다닌다네.
> 生意雖不泯　목숨은 비록 붙어 있지만
> 寄命良瑣細　더부살이 신세처럼 가냘프기만 해.
> 蓮葉太凌藉　연잎은 너무 괄시를 하고
> 荇帶亦交蔽　행채*도 이리저리 가리기만 해
> 同生一池中　똑같이 한 못 안에 살면서
> 何乃苦相戾　어쩌면 그리 서로 어그러지기만 할까.
>
> – 정약용, 「고시 7」 –
>
> * 행채: 연못이나 늪에 나는 마름과의 한해살이풀

① 대조적 시어를 사용하여 세월의 무상함을 표현하고 있다.
② 대상을 의인화하여 화자의 인식 변화를 나타내고 있다.
③ 우의적 수법으로 현실의 문제를 비판하고 있다.
④ 말을 건네는 듯한 어조로 시상을 전개하고 있다.

18. 다음 글의 중심 내용으로 가장 적절한 것은?

> 환경이 중요한 이슈로 떠오르기 전까지 기업이 추구하는 전통적인 목표는 이윤 극대화와 경제적 측면의 성과 향상이었다. 환경과 사회적인 이슈가 등장하면서 환경 문제나 사회적인 측면을 간과하였을 때 기업이 지속적으로 성과를 창출할 수 있는가에 대한 깊이 있는 성찰이 시작되었다. 한때 농업 혁명의 일등 공신으로 불리던 제초제가 지금은 대형 화학 회사의 지속적인 성장에 가장 큰 장애가 되고 있다. 값싼 노동력을 경쟁력의 원천으로 삼았던 제조업체가 아동 노동 등의 인권 문제를 경시한 탓에 기업 존립에 심각한 타격을 받기도 한다.
>
> 경제적 성과가 기업의 당연한 목표라는 사실은 여전히 변함이 없다. 그러나 환경과 사회적인 이슈를 고려하지 않은 채 예전의 경영 방식을 고수한다면 장기적이고 지속적인 이윤 창출을 기대할 수 없을 것이다. 이러한 사회적 변화로 인해 기업은 기존의 경영 방식 전반을 다시 검토해야 하는 전환기를 맞이하였으며, 지속 가능한 경영은 새로운 경영 패러다임으로 점차 자리 잡아 가고 있다.

① 사회적 이슈가 기업의 경영 성과에 미치는 영향
② 지속 가능한 경영 방식이 등장한 배경
③ 사회의 변화에 따른 기업의 목표 변화
④ 기업이 환경적 영향력을 고려해야 하는 이유

19. ㉠, ㉡에 들어갈 말이 적절하게 짝 지어진 것은?

> 어휘의 의미는 더 작은 의미 단위로 분해될 수 있다. '아저씨'를 '[+어른] [+남성] [+인간]'으로, '아주머니'를 '[+어른] [−남성] [+인간]'의 의미 성분으로 분해한 예를 들어 보자. 여기서 [어른], [인간]은 두 어휘 모두가 공유하고 있는 성분으로 이를 '공통적 성분'이라 하고, [±남성]은 이들을 구별해 주는 성분으로 '시차적 성분'이라 한다.
>
> 어떤 어휘의 부차적인 특성을 의미 성분으로 기술할 수도 있다. 그것을 '보조적 성분'이라 하는데, 이것은 같은 의미 범주에 속하는 다른 어휘와 구별할 때 사용되지 않고 주로 [㉠] 전이가 일어날 때 사용된다. '우리 아빠는 아직도 청춘이야.'라는 표현의 의미를 파악할 때 '아빠'와 '청춘'의 공통적 성분이나 시차적 성분은 문제가 되지 않고, [㉡] 의미로서 [열정적임]이라는 보조적 성분이 중요해진다. 곧 '청춘'의 보조적 성분인 [열정적임]이 '아빠'에게 전이되어 그 성격의 일단을 [㉠]으로 나타낸 것이다. 이와 같은 성분 전이는 어휘를 다의적으로 사용하는 데 있어 중요한 역할을 한다.

	㉠	㉡
①	비유적	외연적
②	중의적	외연적
③	비유적	내포적
④	중의적	내포적

20. 다음 글의 서술자에 대한 설명으로 적절한 것은?

> 연대장 김달봉 대령 — 폭약 냄새가 어지간히 코에 밴 사람이면 말단 사병에서 장교에 이르기까지 포 대령을 모르고선 포병이 아니다. 그만큼 부대의 소속 여하를 막론하고 포 대령은 포병의 상징적인 존재였다.
>
> [중략]
>
> 의기등등 마땅히 포 진지를 누비고 다녀야 할 이 시간에, 초라한 사복 차림으로, 더구나 명동 복판에서 고물 선풍기의 훈김을 받으며 졸고 있는 포 대령에게 의혹이라기보단 어떤 불길한 상상마저 제멋대로 솟았다. 군인은 전선에, 지휘관은 전장에 있어야 한다고 항상 포성 같은 목소리로 으르렁대던 그가 이제야 새삼스럽게 육군 본부 보직 따위를 얻어 서울 복판에 건재할 리는 만무했다. [중략]
>
> "연대장님, 어떻게 서울엘…… 휴가중이신가요?"
>
> 물끄러미 나를 건너다보고 앉아 있던 포 대령은 나의 인사에는 아랑곳없이 대뜸 허탈하게 내뱉었다.
>
> "너도 시시한 민간이가? 엉?"
>
> 한동안 영문을 몰라 망설이던 나는 잠시 후 포 대령의 말뜻을 알아차릴 수 있었다. 그보다도 우선 궁금한 건 너도라는 단서였다.
>
> "……네, 제대했습니다. 연대장님께서도……?"
>
> 대답 대신 길고 후끈한 포 대령의 한숨이 나의 얼굴로 날아들었다. 연신 티테이블을 탕탕 내려찍고 있던 포 대령은 하마처럼 크게 입을 벌리고 하품을 해 댔다. 그 하품은 생리적인 것이라기보단 어색한 감정을 견제하는 작위적인 방법으로 연발됐다.
>
> – 천승세, 「포 대령」에서 –

① 작품 밖의 서술자가 인물과 사건을 객관적으로 전달하고 있다.
② 작중 주요 인물이 자신의 삶과 내면을 중심으로 서술하고 있다.
③ 외부 서술자가 특정 인물의 시각에서 사건을 서술하고 있다.
④ 작품 내부의 서술자가 인물을 관찰하면서 해석하고 있다.

11. ㉠~㉤의 전개 순서로 가장 적절한 것은?

> 겨울에 물이 차가워지면, 차가울수록 밀도가 높아지기 때문에(즉 '더 무거워지기' 때문에) 물은 바닥으로 가라앉는다.
>
> ㉠ 그러나 '밀도 이상' 덕분에 호수는 위에서부터 얼기 시작하고, 얼음층이 단열재 역할을 해서 호수의 물고기들은 겨울에도 물에서 헤엄칠 수 있고 숨도 쉴 수 있다.
> ㉡ 그러다가 호수 표면부터 얼기 시작해 점차 아래로 얼어 간다.
> ㉢ 얼음이 아래부터 얼고 여기에 차가운 겨울 공기가 더해지면, 호수는 훨씬 빨리 통째로 얼어붙을 것이다.
> ㉣ 물은 계속해서 차가워지면 4℃에서 최대 밀도에 도달하므로, 호수 바닥의 수온은 4℃이고 다시 온도가 내려갈수록 밀도가 낮아진다.
> ㉤ 이러한 물의 '밀도 이상'이 없었더라면 얼음이 물보다 무거울 테니, 호수는 바닥에서부터 얼기 시작해서 점차 위로 퍼질 것이다.

① ㉢-㉠-㉤-㉣-㉡ ② ㉢-㉡-㉤-㉣-㉠
③ ㉣-㉠-㉡-㉢-㉤ ④ ㉣-㉡-㉤-㉢-㉠

12. ㉠과 ㉡에 해당하는 예로 가장 옳은 것은?

> ㉠ 받침 'ㄱ(ㄲ, ㅋ, ㄳ, ㄺ), ㄷ(ㅅ, ㅆ, ㅈ, ㅊ, ㅌ), ㅂ(ㅍ, ㄼ, ㄿ, ㅄ)' 뒤에 연결되는 'ㄱ, ㄷ, ㅂ, ㅅ, ㅈ'은 된소리로 발음한다.
> ㉡ 한자어에서 'ㄹ' 받침 뒤에 연결되는 'ㄷ, ㅅ, ㅈ'은 된소리로 발음한다.

	㉠	㉡
①	삯돈	몰상식
②	곱돌	길가
③	앉고	발전
④	훑소	갈등

13. 다음 글에 드러난 글쓴이의 의도로 적절하지 않은 것은?

> 미국 콜롬비아 대학교의 심리학자 데이비드 프로스트는 연인 관계에 있는 약 1,700명의 사람들을 대상으로 약 2년간의 추적 조사를 실시했다. 그 결과 관계에서 각자가 자신이 원하는 만큼 친밀하지 못한 것도 행복과 관계의 질, 관계의 유지에 나쁜 영향을 줄 수 있지만 자신이 원하는 것 이상으로 지나치게 가까운 관계를 유지하는 것 또한 행복과 정신 건강(우울, 좌절 등), 관계 유지에 나쁜 영향을 줄 수 있다는 사실을 발견했다.
>
> 최근 연구에서도 스스로가 생각하는 이상적인 친밀도보다 실제 친밀도가 더 높거나 낮으면, 다시 말해 상대가 자신이 설정한 바람직한 관계의 선을 넘고 있다는 느낌을 받으면 자신의 관계 만족도뿐 아니라 상대방의 관계 만족도에도 부정적인 영향을 줄 수 있다는 사실이 확인되었다. 또한 상대가 바라는 이상적인 친밀도와 자신이 바라는 이상적인 친밀도의 차이(상대는 최대 10에서 9의 친밀도를 원하지만 나는 7을 원하는 등)보다 상대방이 자신의 내적 바운더리(boundary)를 넘어서고 있는지의 여부가 더 관계 만족도에 큰 영향을 미치는 것으로 나타났다.

① 실제 인간관계에서 바라는 이상적인 친밀도는 사람마다 다를 수 있다.
② 타인과 내적 바운더리가 같을 때 관계 만족도를 최대로 올릴 수 있다.
③ 바람직한 관계 유지를 위해 상대가 정한 선을 함부로 넘지 말아야 한다.
④ 개인이 생각하는 친밀도가 실제 친밀도와 차이가 나면 관계 유지가 어려울 수 있다.

14. 다음 글의 '대립 과정 이론'에서 추론할 수 없는 것은?

> 대립 과정 이론이란 한 자극에 의해서 처음 만들어지는 반응(상태 A)이 끝나게 되면, 그 후에는 이와 상반되는 제2의 반응(상태 B)이 나타나게 된다는 것이다. 이때 처음 만들어지는 반응인 상태 A와 그 이후에 대립되는 반응인 상태 B는 몇 가지 차이점이 있다. 먼저 상태 A는 외부 자극에 의해 생성되는 것이지만, 상태 B는 외부 자극이 아니라 처음 반응(상태 A) 때문에 생성되는 것이다. 따라서 상태 A는 매우 빨리 형성되며 외부 자극이 사라지면 반응도 재빨리 사라진다. 하지만 상태 B는 상태 A에 의해서 만들어지는 것이기 때문에 천천히 감소하게 되며, 상태 A가 제거되어도 어느 정도 지속된다. 또한 상태 A를 만드는 자극을 반복해서 제시한다고 해도 상태 A의 강도에는 아무런 영향이 없다. 그러나 상태 B를 반복해서 일으키면 상태 B는 증강되고, 상태 B의 활성화는 상태 A의 강도를 감소시킨다. 이러한 대립 과정 이론은 약물 중독과 스릴 추구 행동을 잘 설명해 준다. 약물을 하는 이유는 첫 경험인 쾌감을 원하는 것이고, 스릴 추구 행동은 그 이후에 오는 편안함과 이완을 원하는 것이라고 이해할 수 있다.

① 일탈 행동 후 죄책감을 느낀 사람이 일탈 행동을 반복하는 이유를 설명할 수 있다.
② 금단 현상이 일어난 사람에게 약물을 투약할수록 긍정적 반응은 감소하고, 부정적 반응은 증가할 것이다.
③ 큰 프로젝트를 성공적으로 완수하여 기쁨을 느낀 이후에 허무함을 느꼈다면, 기쁨보다 허무함이 더 오래 남는다.
④ 번지점프로 공포감을 느꼈다가 즐거움을 느낀 사람이 번지점프를 반복하면, 공포감은 커지지만 즐거움은 줄어든다.

15. 다음 글에 나타난 논증 방식과 가장 가까운 것은?

> 농작물도 인공 불빛의 피해를 입는다. 벼는 낮이 길 때 광합성 작용을 활발히 해서 영양분을 최대한 저장했다가 낮이 짧아지는 시기에 이삭을 만든다. 그런데 밤에도 계속 빛을 쬐면 이삭이 제대로 여물지 못한다. 인공 불빛의 피해는 사람에게도 이어진다. 우리나라의 도시에 사는 아이들은 시골 아이들보다 안과를 자주 찾는다. 불빛 아래에서 잠이 드는 데 걸리는 시간인 수면 잠복기가 길어지고 뇌파도 불안정해지기 때문이다. 이와 같이 인공 불빛의 빛 공해로 많은 생물체가 피해를 입고 있다. 생물체가 건강하게 살아가려면 햇빛 못지않게 어둠과 고요의 시간도 반드시 필요하다.

① 무리하게 다이어트를 하면 건강을 해치게 된다. 하루 한 끼로 식사를 줄인 영희는 빈혈이 생겼고, 한 가지 음식만 먹는 원푸드 다이어트를 한 철수도 체중 감량 후에 체력을 회복하지 못한 것을 보면 알 수 있다.
② 비타민 C는 강력한 항산화 작용으로 멜라닌 합성을 억제하여 피부색을 밝게 해 줍니다. 저희 회사에서 이번에 출시한 화장품에는 비타민 C가 포함되어 있습니다. 그러므로 이 화장품을 꾸준히 바르시면 미백 효과를 얻으실 수 있을 것입니다.
③ 중국이 경제를 개방한다면 경제는 발전할 수 있지만 사회적 혼란은 피할 수 없다. 이를 막기 위해 폐쇄적 경제 체제를 유지한다면 경제 발전은 지체된다. 중국의 개방과 폐쇄의 결합이라는 독특한 경제 체제는 이러한 상황에서 비롯된 것이다.
④ 태풍이 오면 비행기가 뜨지 않을 것이다. 기상청에서는 내일 전국이 태풍의 영향권에 들 것이라고 예보하였다. 따라서 내일 비행기는 결항될 것이다.

16. <보기 1>을 참고할 때, <보기 2>에 대한 설명으로 옳은 것은?

<보기 1>

형태소는 몇 가지 기준에 따라 나눌 수 있다. 먼저 문장에서 단독으로 쓰일 수 있느냐에 따라 자립 형태소와 의존 형태소로 나뉜다. 우리말의 명사나 부사는 거의 대부분 자립 형태소이지만 동사나 형용사는 어간과 어미가 결합해야만 자립할 수 있으므로 어간과 어미 각각이 의존 형태소이다. 조사나 접사도 문장에서는 자립적으로 쓰이지 않으므로 의존 형태소이다. 형태소가 가진 의미가 실질적인 개념을 나타내느냐 형식적인 관계를 나타내느냐에 따라 실질 형태소와 형식 형태소로 나누기도 한다. 우리말에서 명사, 부사, 또는 동사나 형용사의 어간 등은 실질 형태소이고 조사와 어미, 접사는 형식 형태소이다.

<보기 2>

푸른 하늘을 나는 새들을 좀 봐.

① 형태소는 모두 12개이다.
② 자립 형태소는 6개이다.
③ 형식 형태소는 5개이다.
④ 실질 형태소이면서 의존 형태소는 2개이다.

17. ㉠~㉢의 문장 성분에 대한 설명으로 적절한 것은?

㉠ 친구가 나에게 작은 선물을 주었다.
㉡ 학교에서 서울 지도를 게시판에 올렸다.
㉢ 어제 만났던 그는 선생님이 아니다.

① ㉠에서 필수적인 문장 성분은 주어, 목적어, 서술어이다.
② ㉡은 ㉠과 달리 관형어가 없다.
③ ㉡의 '학교에서'와 '<u>학교에서</u> 안 좋은 일이 있었니?'의 '학교에서'의 문장 성분은 다르다.
④ ㉢에서 '어제'와 '선생님이'는 모두 부속 성분이다.

18. 다음 시에 대한 설명으로 가장 적절한 것은?

삼오 이팔(三五二八) 겨오 지나 천연 여질(天然麗質) 절로 이니, 이 얼골 이 태도(態度)로 백년 기약(百年期約) ᄒᆞ얏더니, 연광(年光)이 훌훌ᄒᆞ고 조물(造物)이 다시(多猜)ᄒᆞ야, 봄바람 가을 믈이 뵈오리 북 지나듯 설빈 화안(雪鬢花顏) 어ᄃᆡ 두고 면목가증(面目可憎) 되거고나. 내 얼골 내 보거니 어느 님이 날 괼소냐. 스스로 참괴(慚愧)ᄒᆞ니 누구를 원망(怨望)ᄒᆞ리.

삼삼오오(三三五五) 야유원(冶遊園)의 새 사람이 나단 말가. 곳 피고 날 저물 제 정처(定處) 업시 나가 잇어, 백마 금편(白馬金鞭)으로 어ᄃᆡ어ᄃᆡ 머무는고. 원근(遠近)을 모르거니 소식(消息)이야 더욱 알랴. 인연(因緣)을 긋쳐신들 ᄉᆡᆼ각이야 업슬소냐. 얼골을 못 보거든 그립기나 마르려믄, 열두 째 김도 길샤 설흔 날 지리(支離)ᄒᆞ다. 옥창(玉窓)에 심ᄀᆞᆫ 매화(梅花) 몃 번이나 픠여 진고. 겨울밤 차고 찬 제 자최눈 섯거 치고, 여름날 길고 길 제 구ᄌᆞᆫ 비ᄂᆞᆫ 무스 일고. 삼춘 화류(三春花柳) 호시절(好時節)의 경물(景物)이 시름업다.

– 허난설헌, 「규원가」에서 –

① 대화의 형식을 빌려 화자의 외로움을 강조하고 있다.
② 언어유희를 사용하여 대상에 대한 화자의 원망을 표현하고 있다.
③ 대비적 의미를 갖는 시어를 활용하여 화자의 한탄을 드러내고 있다.
④ 계절적인 소재를 사용하여 변해 가는 화자의 마음을 표현하고 있다.

19. 다음 시에 대한 설명과 거리가 먼 것은?

나는 북관(北關)에 혼자 앓아누워서
어느 아침 의원(醫員)을 뵈이었다.
의원은 여래(如來) 같은 상을 하고 관공(關公)의 수염을 드리워서
먼 옛적 어느 나라 신선 같은데
새끼손톱 길게 돋은 손을 내어
묵묵하니 한참 맥을 짚더니
문득 물어 고향(故鄕)이 어데냐 한다.
평안도(平安道) 정주(定州)라는 곳이라 한즉
그러면 아무개 씨(氏) 고향이란다.
그러면 아무개 씰 아느냐 한즉
의원은 빙긋이 웃음을 띠고
막역지간(莫逆之間)이라며 수염을 쓸는다.
나는 아버지로 섬기는 이라 한즉
의원은 또다시 넌지시 웃고
말없이 팔을 잡아 맥을 보는데
손길은 따스하고 부드러워
고향도 아버지도 아버지의 친구도 다 있었다.

– 백석, 「고향」 –

① 시간의 흐름에 따라 시상을 전개하고 있다.
② 대화 형식의 서사적 구조를 취하고 있다.
③ 의원은 외적 유사성 때문에 '나'에게 아버지를 떠올리게 하는 매개체이다.
④ 촉각적 이미지를 활용하여 고향에 대한 '나'의 그리움을 환기하고 있다.

20. 다음 글의 서술 방식으로 적절하지 않은 것은?

플라스틱은 인류에게 다양한 혜택을 주었지만, 자연적 또는 인위적으로 다양한 크기로 나누어져 자연 생태계에 영향을 미치고 있다. 대표적으로 농작물 재배를 위하여 토양의 표면을 폴리바이닐알코올(PVA) 혹은 폴리에틸렌(PE) 필름으로 덮는 방법은 기체나 화합물의 교환을 막는 물리적 특성으로 인해 농작물 생산량을 향상시키고, 조기 경작을 가능하게 할 뿐 아니라 과일의 당도를 향상시키고, 물을 효율적으로 사용할 수 있게 해 주었다. 하지만 플라스틱의 첨가제나 파편화된 미세 플라스틱은 토양 위에 그대로 축적되어, 장기적으로 토양의 퇴화나 수분 저항성을 촉진시킬 수 있다.

플라스틱의 크기가 작아져 마이크로 이하의 미세 플라스틱이 형성되면, 피부나 소화기, 또는 폐를 통해서 인체 내에 흡수되거나, 섭취 또는 흡입될 수 있다. 이러한 미세 플라스틱은 물리적으로 소화 기관을 막거나, 점막을 자극하고, 마모시킬 수 있다. 미세 플라스틱의 사이즈가 1마이크로 이하로 작아져 초미세 플라스틱인 나노 플라스틱이 형성되면 생체 내에서 1차적 조직 장벽을 통과하여 혈류를 통해 모세 혈관에 침투할 수 있고, 이로 인하여 전신으로 분산될 수 있다.

① 구체적인 사례를 제시하여 논지를 전개하고 있다.
② 플라스틱의 긍정적 측면과 부정적 측면을 함께 제시하고 있다.
③ 미세 플라스틱이 만들어지는 원인들을 나열하고 있다.
④ 미세 플라스틱이 인체에 유입되는 과정을 설명하고 있다.

12. 다음 글의 '아리스토텔레스'의 견해에 부합하는 것은?

> 아리스토텔레스는 사고파는 상행위를 두 가지로 구분했다. 하나는 가정과 생계를 꾸려 가는 데 필요한 것이요, 다른 하나는 오로지 돈벌이 그 자체가 목적인 것이다. 아리스토텔레스는 전자를 '에코노미아', 후자를 '크레마티스티케'라 불렀다.
>
> 아리스토텔레스는 그의 저서 『정치학』에서 돈벌이 중에 무엇이 에코노미아이고, 무엇이 크레마티스티케인가를 설명하고 있다. 그의 일반적인 도덕 원칙에 부합되는 설명에 따르면, 유한한 것은 자연스러운 행위로, 무한한 것은 부자연스러운 행위로 구분될 수 있다. 아리스토텔레스의 시각에서 보면, 에코노미아는 당연히 자연스러운 행위이고, 크레마티스티케는 부자연스러운 행위이다.
>
> 돈벌이 행위 중, 에코노미아의 범주에 들어가기는 하지만 엄밀히 따져 보면 아닌 것에 농업과 양봉이 있다. 크레마티스티케에 속하는 것에는 육·해상 무역, 소매, 고리대금, 그리고 개인적인 서비스 제공이 있다. 그리고 제재업 및 광업 같은 업종은 그 중간에 속한다. 아리스토텔레스는 크레마티스티케를 혐오함에도 불구하고, 시장 활동에 도덕적인 면뿐만 아니라 분석적인 면도 있음을 처음으로 감지한 철학자이기도 하다.

① 도덕 원칙에 따라 판단하면 에코노미아는 무한한 것이다.
② 개인적인 서비스 제공은 도덕적인 관점에서 자연스러운 행위이다.
③ 고리대금은 돈벌이 행위로 에코노미아에 속한다.
④ 육·해상 무역업은 돈벌이 자체가 목적인 것으로 혐오의 대상이 된다.

13. 다음 개요의 수정 방안으로 적절하지 않은 것은?

> 주제문: 일반 성인 대상의 인공호흡법 교육을 활성화하여 소중한 생명을 살리자.
>
> Ⅰ. 서론
> 1. 인공호흡의 중요성
> 2. 인공호흡기의 병원별 비치 현황 ……… ㉠
>
> Ⅱ. 본론
> 1. 일반 성인 대상의 인공호흡법 교육과 관련한 문제점
> 가. 인공호흡법 교육 기회의 부족
> 나. 인공호흡법을 배워야 한다는 인식의 부족 ……… ㉡
> 다. 시연자를 통한 시각 교육에 그친 교육 내용
> 2. 일반 성인 대상의 인공호흡법 교육 활성화 방안
> 가. 인공호흡법 교육 기회의 확대
> 나. 인공호흡으로 목숨을 건진 사례 자료집의 배포
> 다. 직접 체험 위주의 교육 강화
> 라. 중고등학교의 체육 필수 교육 항목으로 인공호흡법 추가 ……… ㉢
>
> Ⅲ. 결론: 남의 생명은 자신의 생명만큼 중요하다. ……… ㉣

① ㉠은 주제와 관련이 없는 내용이므로 삭제한다.
② ㉡은 일반 성인 대상의 인공호흡법 교육과 관련한 문제점에 부합하지 않으므로 삭제한다.
③ ㉢은 글의 대상이 아닌 중고등학생들의 교육과 관련된 방법이므로 삭제한다.
④ ㉣은 보다 구체화된 결론인 '일반 성인들도 인공호흡법을 배워 유사시에 실천할 수 있도록 하자.'로 고친다.

14. 다음 시에 대한 설명으로 잘못된 것은?

> 진주(晋州) 장터 생어물(魚物)전에는
> 바다 밑이 깔리는 해 다 진 어스름을,
>
> 울 엄매의 장사 끝에 남은 고기 몇 마리의
> 빛 발(發)하는 눈깔들이 속절없이
> 은전(銀錢)만큼 손 안 닿는 한(恨)이던가
> 울 엄매야 울 엄매.
>
> 별밭은 또 그리 멀리
> 우리 오누이의 머리 맞댄 골방 안 되어
> 손 시리게 떨던가 손 시리게 떨던가.
>
> 진주 남강 맑다 해도
> 오명 가명
> 신새벽이나 밤빛에 보는 것을,
> 울 엄매의 마음은 어떠했을꼬.
> 달빛 받은 옹기전의 옹기들같이
> 말없이 글썽이고 반짝이던 것인가.
>
> – 박재삼, 「추억에서」 –

① '울 엄매'의 삶을 시각적 이미지로 묘사하고 있다.
② 특정한 종결 어미를 반복하여 감정을 절제하여 표현하고 있다.
③ 대조적 시어를 배치하여 시적 상황을 강조하고 있다.
④ '은전'과 '달빛 받은 옹기전의 옹기들'은 '울 엄매'의 눈물을 비유한 것이다.

15. 다음 글에 대한 설명으로 옳은 것은?

> "빙장님! 인제 다시는 안 그러겠어유…….”
> 이렇게 맹서를 하며 불랴살야 지게를 지고 일터로 갔다. 그러나 이때는 그걸 모르고 장인님을 원수로만 여겨서 잔뜩 잡아다렸다.
> "아! 아! 이놈아! 놔라, 놔, 놔…….”
> 장인님은 헛손질을 하며 솔개미에 채인 닭의 소리를 연해 질렀다. 놓긴 왜, 이왕이면 호되게 혼을 내 주리라 생각하고 짓궂이 더 댕겼다마는, 장인님이 땅에 쓰러져서 눈에 눈물이 피잉 도는 것을 알고 좀 겁도 났다.
> "할아버지! 놔라, 놔, 놔, 놔놔." 그래도 안 되니까, "얘, 점순아! 점순아!" 이 악장에 안에 있었든 장모님과 점순이가 헐레벌떡 하고 단숨에 뛰어나왔다.
> 나의 생각에 장모님은 제 남편이니까 역성을 할는지도 모른다. 그러나 점순이는 내 편을 들어서 속으로 고수해서 하겠지……. 대체 이게 웬 속인지(지금까지도 난 영문을 모른다.) 아버질 혼내 주기는 제가 내래 놓고 이제 와서는 달겨들며
> "에그머니! 이 망할 게 아버지 죽이네!"
> 하고 내 귀를 뒤로 잡어댕기며 마냥 우는 것이 아니냐. 그만 여기에 기운이 탁 꺾이어 나는 얼빠진 등신이 되고 말었다.
>
> – 김유정, 「봄·봄」에서 –

① '현재 → 과거 → 현재'의 사건이 순차적으로 제시되는 역순행적 구성을 취하고 있다.
② 호칭의 변화를 통해 작품의 해학성이 점차 약화되고 있다.
③ 인물이 예상한 바와 어긋나는 사건을 통해 인물의 성격을 드러내고 있다.
④ 작중 서술자가 주인공의 행동을 관찰하고 그에 대해 평가한 바를 전달하고 있다.

16. 다음 글을 읽고 이해한 내용으로 옳은 것은?

> 당신이 어떤 상황에서 느끼는 역겨움의 수위는 당신이 잠재적 오염원에 얼마나 익숙한지에 따라 달라진다. 심리학자 레이철 헤르츠는 배우자의 칫솔을 함께 쓰는 것은 별로 상관하지 않으면서 모르는 사람의 칫솔을 함께 쓰는 것은 생각도 못 할 일로 여기기도 한다고 말한다. 이렇듯 이중적인 잣대를 갖게 되는 이유는 자신의 세균에는 이미 면역이 되어 있고, 친밀하게 지내는 사람의 세균에는 이미 노출됐을 가능성이 커서 그 세균이 자기를 해칠 가능성이 크지 않다고 생각하기 때문이다. 그래서 당신과 인간관계가 가장 먼 사람의 몸에서 나온 것일수록 역겨운 반응은 커진다.
>
> 역겨움은 우리의 지각을 다른 방식으로도 편향시킬 수 있다. 한 과학 학회에서 하버드 대학교의 심리학자 게리 셔먼은 청중들에게 이렇게 말했다. "목탄 색깔 칫솔로 치아를 닦는다고 상상해 보세요." 나도 그 청중 속에 함께 있었는데 그 생각을 하자마자 곧바로 속이 뒤집어지는 기분이 들었다. 사실상 셔먼은 1초나 될까 싶은 짧은 시간에 우리가 어두운 색을 때나 오염과 연관시킨다는 자신의 주장을 확실하게 입증해 보인 셈이었다. 반면 흰색은 일반적으로 순결과 청결을 의미해서 수건, 침구에 주로 흰색을 사용하는 것이다. 이런 단순한 사실을 관찰하고 나서 셔먼은 실험을 통해, 역겨움을 쉽게 느끼는 사람들은 오염원을 더 잘 찾아낼 수 있다는 점을 밝혀냈다.

① 사람은 지인보다 낯선 타인에게서 역겨움을 느끼는 기준을 높게 잡는 경향이 있다.
② 레이철 헤르츠와 게리 셔먼은 역겨움의 심리적 기제를 파악하였다.
③ 역겨움을 쉽게 느끼는 사람들은 그렇지 않은 사람들보다 더 청결한 삶을 유지한다.
④ 사람들은 자신이나 지인보다 인간관계가 먼 사람들에게 세균이 더 많다고 여긴다.

17. ㉠에 들어갈 말로 가장 적절한 것은?

> 천재성에 대해서는 두 가지 서로 다른 직관이 존재한다. 개별 과학자의 능력에 입각한 천재성과 후대의 과학 발전에 끼친 결과를 고려한 천재성이다. 개별 과학자의 천재성은 일반 과학자의 그것을 뛰어넘는 천재적[1]인 지적 능력을 의미한다. 후자의 천재성은 과학적 업적을 수식한다. 이 경우 천재적[2]인 과학적 업적이란 이전 세대의 과학을 혁신적으로 바꾼 정도나 그 후대의 과학에 끼친 영향의 정도를 의미한다.
>
> 실제로 많은 나라에서 영재 학교를 운영하고 있으며, 이들 학교에는 정도의 차이는 있지만 평균보다 탁월한 지적 능력을 보이는 학생들이 많이 있다. 그러나 이들 가운데 단순히 뛰어난 과학적 업적이 아니라 과학의 발전 과정을 혁신적으로 바꿀 혁명적 업적을 내는 사람은 매우 드물다. 또한 과학적 업적을 남긴 사람임이 분명한 코페르니쿠스나 멘델은 모두 뛰어난 지적 능력을 갖추었지만, 그 당시 사람들을 압도할 만한 능력을 갖춘 사람은 아니었다. 그러므로 [㉠].

① 천재적[1]인 능력과 천재적[2]인 업적은 서로 구분할 수가 없다
② 천재적[1]인 능력과 천재적[2]인 업적 간에 절대적 상관관계가 없다
③ 천재적[2]인 업적을 세우려면 천재적[1]인 능력의 소유가 필수 조건이다
④ 천재적[1]인 능력과 천재적[2]인 업적에 대한 평가는 시간의 흐름에 따라 변화한다

18. 밑줄 친 부분을 문맥에 맞게 바꾼 말로 적절하지 않은 것은?

① 농업계에서는 기존 농작물의 품종 <u>계량(計量)</u>에 힘쓰고 있다. → 개량(改良)
② 기술적 어려움에 부딪혀 신제품 <u>계발(啓發)</u>이 지연되고 있다. → 개발(開發)
③ 나는 집에 있는 책들을 내용별로 <u>분할(分割)</u>하여 정리하였다. → 분류(分類)
④ 그의 논문은 유명 학회지에 <u>계제(階梯)</u>될 예정이다. → 개재(介在)

[19 ~ 20] 다음 글을 읽고 물음에 답하시오.

> 사람들 사이의 관계 속에서 서로 간에 미치는 힘은 균형을 이루는 것이 아니라, 언제나 불균형을 이룬다. 그 비대칭의 불균형한 힘의 관계가 곧 권력관계이다. 힘의 불균형이 있다면 친구 사이나 직장 동료 사이의 관계도 역시 권력관계이다. 권력은 ㉠ <u>소유라기보다는 행사되는 것</u>이며, 즉 점유가 아니라 사람들을 배치하고 조작하는 기술과 기능에 의해 효과가 발생되는 것이다.
>
> 이러한 '권력'은 '지식'과 불가분의 관계를 맺고 있다. ㉡ <u>인간의 육체에 직접적인 강제를 가하는 왕조 시대의 권력으로부터 사회 전체에 널리 퍼져 교묘하게 사람들을 감시하는 근대적 규율 관계로 넘어올 수 있었던 것은 바로 지식 덕분이었다.</u> 과거의 권력은 물리적 폭력에 가까웠다. 힘은 있을지언정 지적인 것과 거리가 멀었다. ㉢ <u>논리적으로 설득하지 못하는 물리적 폭력으로는 상대방의 진정한 복종을 얻기는 어렵기 때문이다.</u> ㉣ <u>그러나 근대 이후의 권력은 이와 다르다. 무력으로 권력을 얻었다 하더라도 권력자는 자신의 권력을 유지하기 위해 주변에 온갖 학자들을 불러 모은다.</u>
>
> 권력과 관계있는 지식의 가치 판단 기준은 '진실'이다. 그런데 '진실'은 과연 진실일까? 한 사회의 지적 지배권을 장악한 사람들이 '진실'이라고 결정하는 것이 바로 진실이 되는 게 아닐까? 개발 정보를 이용해 부동산 투기를 하고 개인적인 축재를 한 것에 대해 자본주의 사회에서 돈을 추구하는 것이 뭐가 나쁘냐고 하는 사람들의 수가 압도적으로 많으면, 그 사회는 그것을 범법이 아니라 능력으로 인정할 것이다. 이렇듯 지식은 자율적인 지적 구조라기보다는 사회 통제 체계와 연결되어 있다. 한 사회에서 '진실', '학문', '지식'이란 결코 순수한 것만은 아니다. 그것은 언제나 권력과 욕망에 물들어 있다. ㉤ <u>그러므로</u> 우리는 이러한 상관관계를 제대로 이해할 수 있는 안목을 길러야 할 것이다.

19. ㉠ ~ ㉤을 고치기 위한 방안으로 옳은 것은?

① ㉠은 문맥에 맞게 '행사되는 것이라기보다는 소유하는 것'으로 고친다.
② ㉡은 문단의 통일성을 위해 삭제한다.
③ 자연스럽게 내용을 연결하기 위해 ㉢과 ㉣은 서로 위치를 바꾼다.
④ ㉤은 잘못 쓰인 접속어이므로 '또한'으로 바꾼다.

20. 이 글의 서술 방식에 대한 설명으로 적절하지 않은 것은?

① 주장에 대한 근거를 제시하기 위해 역사적 사실을 대비하고 있다.
② 예시를 들어 글쓴이의 견해에 대한 이해를 돕고 있다.
③ 논의 대상과 관련된 개념을 연쇄적으로 밝히고 있다.
④ 예상되는 반론을 제시한 뒤 그것을 반박하고 있다.

11. 다음 글에 대한 이해로 적절하지 않은 것은?

> 계약과 같은 법률 행위를 하여 권리를 얻거나 의무를 지려면 자신의 의사로 판단하고 결정할 수 있는 능력이 있어야 한다. 예를 들어, 태어난 지 얼마 안 된 아기나 만취한 어른은 의사 능력이 있다고 할 수 없다. 우리 민법에는 의사 능력의 판단 여부를 쉽게 파악할 수 있도록 하기 위해서 일정한 조건에 해당하는 경우에 의사 능력이 없다고 일률적으로 취급하는 '행위 무능력자 제도'를 두고 있다. 개인의 의사 능력 유무를 묻지 않고, 행위 무능력자라는 사실만으로 단독으로는 유효한 법률 행위를 할 수 없도록 정한 것이다. 대표적인 행위 무능력자로, 만 20세 미만의 사람인 미성년자가 있다.
>
> 행위 무능력자인 미성년자가 계약과 같은 법률 행위를 할 때에는 반드시 미성년자의 법정 대리인의 동의를 얻어야 한다. 이것은 국가가 미성년자를 특별히 보호해야 할 대상, 즉 사회적 약자로 인식하고 있기 때문이다. 미성년자의 법정 대리인은 1차적으로 친권자, 즉 부모이다. 만약 부모가 없거나, 있지만 대리를 할 수 없을 경우에는 조부모, 삼촌, 고모 등과 같은 후견인이 법정 대리인이 된다.

① 법정 대리인 제도에는 사회적 약자를 보호한다는 의도가 개입되어 있다.
② 실효성 있는 법적 계약 행위를 하기 위해서는 의사 판단 능력이 있어야 한다.
③ 미성년자의 법정 대리인은 친권자가 사망했을 경우에 한해 후견인으로 대체된다.
④ 만 20세 이상인 사람도 상황에 따라 의사 판단 능력이 없다고 판단될 수 있다.

12. 다음 글의 설명 방식으로 적절하지 않은 것은?

> 인터넷의 발달과 함께 우리는 시간과 장소에 관계없이 자유로운 토론과 의사 표현을 할 수 있는 기회들을 얻고 있다. 민주주의가 이상으로 제시하고 있는 국민들의 적극적인 정치 참여는 무엇보다 정확한 정보 제공과 정보에 대한 자유롭고 평등한 접근의 보장이라는 환경을 필요로 하는데, 오늘날의 비약적인 정보 통신 기술의 발달은 이것을 가능하게 해 준다는 점에서 의의가 있다.
>
> 그러나 진정한 의미의 민주주의의 이상은 기술적 환경만으로 실현되는 것은 아니다. 정보 통신 기술의 발달은 국민의 정치 참여를 확대시켜 줄 수 있는 반면에 우리가 전혀 바라지 않는 부작용을 초래할 수도 있기 때문이다. 그러므로 정보 통신 기술의 발달을 진정한 민주주의의 실현과 연결시키기 위해서는 보다 많은 노력이 필요하다.
>
> 정부는 모든 국민들이 정보 통신 기술을 자유롭고 평등하게 활용할 수 있도록 물적 자원 구축에 힘써야 한다. 그러나 무엇보다도 중요한 것은 정보 통신 기술을 사용하는 국민들의 의식과 자질이다. 자신의 의사와 행위에 대해 책임을 지는 자세와 정보를 대하는 성숙한 의식이 수반되어야 한다. 이 경우에만 정보 통신 기술은 진정한 민주주의를 실현하는 유용한 도구가 될 수 있을 것이다.

① 문제를 해결할 수 있는 방안을 제시하고 있다.
② 사례를 들어 논의 대상의 장점과 단점을 설명하고 있다.
③ 특정 현상이 가져올 긍정적인 변화와 그 의의를 밝히고 있다.
④ 인과 관계를 통해 글쓴이가 주장하는 바를 강조하고 있다.

13. 다음 글의 제목으로 가장 적절한 것은?

> 오늘날 우리가 향유하고 있는 대중문화는 문화 산업의 산물이다. 대중문화에 대한 우리의 열광 역시 대중 매체와 문화 산업의 직접적인 영향을 받는다. 그러다 보니 다른 사람의 목소리를 내 목소리인 것처럼 착각하고 사는 경우가 많다. 이는 특히 청소년에게서 두드러지는 문제이다. 오늘날 청소년은 가장 크고 중요한 대중문화의 소비층이고, 따라서 대중 매체나 문화 산업의 입장에서 보면 청소년은 가장 중요한 판매 시장이다. 미디어와 문화 산업은 어떤 식으로든 청소년을 공략하기 위해 혈안이 되어 온갖 광고와 판매 전략을 동원해 청소년을 현혹하고 있다. 이런 상황에서 자칫 마음을 놓으면 문화 산업의 광고 전략에 넘어가 한낱 소비자로 전락하기 십상이다. 그렇게 한낱 소비자일 뿐이면서 마치 자기 스스로 문화를 판단하고 선택한 것처럼 착각하기 쉽다는 것이다. 이럴 경우 그는 단지 문화의 객체일 뿐 결코 주체라 할 수 없다. 요즘 청소년들을 보면 거의 비슷한 외모와 비슷한 스타일로 꾸미면서, 거기에 비슷한 상품을 들고 다닌다. 그러면서도 그들은 당당히 '개성'을 내세운다. 도대체 모두 똑같이 하고 다니는 것이 어떻게 개성일 수 있는가. 결국 대중문화를 향유하면서 문화 산업의 목소리를 자신의 목소리로 착각하고 있다고 할 수밖에 없다.

① 문화 사업의 순기능과 역기능
② 대중문화와 문화 산업의 관련성
③ 대중문화에 현혹된 소비자의 특성
④ 청소년을 사로잡기 위한 문화 산업의 노력

14. 다음 글의 내용과 부합하지 않는 것은?

> 인류는 농업 시대에는 땅을 정복하였고, 산업 시대에는 자동차 · 비행기를 통해 공간을 정복하였으며, 컴퓨터와 인터넷을 발명하면서 시간을 정복하였다. 그에 이은 나노 기술 혁명을 통해서는 나노 크기의 영역에서 물질을 인위적으로 조작하고 제어함으로써, 궁극적으로 물질을 정복하게 될 것이다.
>
> 나노 기술 구현의 최대 난제는 나노 물질의 인위적 제조이다. 나노 물질은 '나노 점(點)', '나노 선(線)', '나노 박막(薄膜)'의 형태로 구분된다. 나노 박막의 경우에는 원자층 두께까지 제조가 가능한 상태이지만, 나노 선과 나노 점을 제조하는 기술은 아직 초보 수준을 벗어나지 못하고 있다.
>
> 나노 선과 나노 점을 만들기 위해 하향식과 상향식의 두 가지 방법이 시도되고 있다. 하향식 방법은 원료 물질을 전자 빔 등을 이용하여 작게 쪼개는 방법인데, 현재 7나노미터 수준까지 제조가 가능하지만 생산성과 경제적 효용성이 문제가 되고 있다. 이러한 문제점을 해결하기 위해 시도되고 있는 상향식 방법에서는 물질을 작게 쪼개는 대신 원자나 분자의 결합력에 따른 자기 조립 현상을 이용하여 나노 입자를 제조하려 한다. 상향식 방법은 경제적 측면에서는 하향식에 비해 훨씬 유리하나 균일한 나노 점이나 나노 선을 구현하기 위해서 기술적으로 해결해야 할 난점들이 많다는 문제가 있다.

① 하향식 방법은 상향식 방법에 비해 경제적 · 생산적 측면에서 불리하다.
② 원재료에서 나노 물질을 만드는 방식은 하향식 방법이다.
③ 나노 박막의 제조 기술이 나노 점과 나노 선의 제조 기술보다 발달하였다.
④ 나노 기술의 궁극적 목적은 물질을 마음대로 조작하고 제어하는 것이다.

15. ㉠~㉢에 들어갈 말로 적절한 것은?

> 바그너는 '음악이란 무엇인가.'와 '어떠한 음악이 우리 인간들에게 바람직한 음악인가.'라는 문제를 생각했다. 그래서 음악은 일부 사람들의 전유물이 될 수 없으며 사회적 계층을 초월한 국민 전체의 예술이 되어야 한다는 당시의 새로운 예술 사조를 강력히 옹호하였다. [㉠] 예술은 인간적이어야 하며 인간 자체의 표현이 되어야 한다고 생각한 것이다. 이는 음악은 어느 한 시대의 음악적 스타일이나 형식에 얽매일 수가 없고 인간의 본질적인 문제를 표현해야 한다는 생각으로 연결된다. 이렇게 되면 음악이라는 개념에는 자연히 시, 연극, 무용 등이 포함되고 음악만을 위한 이론이나 형식은 별로 중요하지 않게 된다. [㉡] 바그너는 습작 시대에 작곡한 교향곡이 한 곡 있을 뿐이며 바로크 시대부터 발전해 온 순수 기악곡을 거의 쓰지 않았다. [㉢] 그는 오페라가 오락물로 전락한 것을 비판하면서 새로운 형태의 오페라인 악극[music drama]을 시도했는데 이것은 그리스 시대의 음악관과 비슷한 것이다. 그래서 바그너는 낭만주의에 대한 반성을 그리스 시대로 돌아가려는 원초적 생각에서부터 시작했다고도 볼 수 있다.

	㉠	㉡	㉢
①	다시 말해	그래서	그리고
②	그러나	따라서	또한
③	즉	그리고	하지만
④	하지만	그러므로	그러나

16. <보기>와 같은 종류의 논증의 오류가 나타난 것은?

<보기>

> A: '○○ 쇼'를 한 번이라도 보신 적이 있다면 홈 쇼핑 고수이신 거죠!
> B: '○○ 쇼'를 보신 적이 없다면 홈 쇼핑 문외한이신 거고요.

① 미국에서 태어나 그곳에서 30년을 생활한 사람이 「춘향가」를 알 리가 없지.
② 월드컵에서 어느 나라가 우승을 했는지가 뭐가 중요하니? 먹고살기도 바쁜데.
③ 귀신이 없다는 게 아직 과학적으로 증명된 바는 없잖아? 그러니 귀신은 존재하는 거야.
④ 영찬이한테 유럽 여행 기념품을 못 받았다고? 영찬이가 널 싫어하는지는 몰랐네.

17. ㉠~㉤의 높임 표현에 대한 설명으로 가장 적절한 것은?

> (직장에서)
> 사원: 김 과장님, 넥타이가 잘 ㉠ 어울리시네요.
> 과장: 고마워요. 오랜만에 양복을 입어서 좀 어색하군요.
> 사원: 과장님, 부장님께서 신사업 보고서 때문에 오후에 자리로 ㉡ 오시라는데 시간 ㉢ 계십니까? 보고서는 과장님께서 저에게 ㉣ 여쭤보셨던 내용을 확인한 후 메일로 보냈습니다.
> 과장: 메일 확인해야겠네요. 참, 정 대리 어디 가셨습니까?
> 사원: 정 대리님은 오늘 바로 거래처로 외근 ㉤ 나가셨습니다.

① ㉠과 ㉢은 간접 높임의 표현이므로 그대로 두고 고치지 않는다.
② ㉡은 '오라시는데'로 고쳐 과장님과 부장님을 모두 높여야 한다.
③ ㉣은 '저'를 높이는 표현이 되므로 '물어보셨던'으로 고쳐야 한다.
④ ㉤은 윗사람에 대해 그보다 윗사람에게 말하는 것이므로 '나갔습니다'로 고쳐야 한다.

18. 밑줄 친 부분의 띄어쓰기가 모두 바르게 된 것은?

① • 경기에 질지라도 정당하게 싸워야 한다.
  • 네가 몇 시쯤 도착할∨지를 미리 알려 다오.
② • 그 책을 다 읽는데 꼬박 사흘이 걸렸다.
  • 예전에 가∨본∨데가 어디쯤인지 모르겠다.
③ • 이번 대회∨만큼은 좋은 결과가 있을 것으로 기대한다.
  • 까다롭게 검사하는만큼 준비를 철저히 해야 한다.
④ • 이 모자는 네가 쓰면 작을∨듯도∨하다.
  • 지금 이 나라는 겉보기에는 발전하는∨듯하지만 실상은 그렇지 않다.

19. 다음은 사전에서 동사 '감기다'를 검색한 내용 중 일부이다. 사전에 대한 설명으로 옳지 않은 것은?

> • **감기다**[1] 감기어[감기어/감기여](감겨[감겨]), 감기니[감기니]
> 「동사」 (주로 '눈'과 함께 쓰여) 눈꺼풀이 내려와 눈동자가 덮이다. '감다'의 피동사
>
> • **감기다**[2] 감기어[감기어/감기여](감겨[감겨]), 감기니[감기니]
> 「동사」 [1] 【…에】
> 「1」 어떤 물체가 다른 물체에 말리거나 빙 둘리다. '감다'의 피동사
> 「2」 옷 따위가 몸을 친친 감듯 달라붙다.
>
> • **감기다**[3] 감기어[감기어/감기여](감겨[감겨]), 감기니[감기니]
> 「동사」【…을】 (주로 '눈'과 함께 쓰여) 다른 사람의 눈꺼풀을 내려 눈동자가 덮이게 하다. '감다'의 사동사

① 감기다[2]는 다의어이지만 감기다[1], 감기다[3]은 다의어가 아니다.
② 감기다[1], 감기다[2], 감기다[3]은 서로 동음이의 관계이다.
③ 감기다[2] [1], 감기다[3]은 목적어를 필수적인 문장 성분으로 요구하는 두 자리 서술어이다.
④ 감기다[1]의 용례로 '졸려서 눈이 감긴다.'를, 감기다[3]의 용례로 '어머니가 아들의 얼굴에 비누칠을 해 주기 위해 그의 눈을 감겼다.'를 들 수 있다.

20. ㉠에 들어갈 말로 가장 적절한 것은?

> 시장은 정치인이나 경제학자가 만들어 낸 것이 아니다. 보다 많은 것을 갖고 싶어 하는 인간의 욕망과 자신의 교환 가치를 극대화하고 싶은 자존심이 만나 자연스럽게 생성된 것이다. 스탠퍼드 경영 대학원 교수였던 존 맥밀런은 '시장의 탄생'에서 이런 사례를 든다.
> 1990년대 초 베트남 전역의 운송 체계가 마비된 적이 있었다. 운송의 핵심을 담당하던 옛 소련제 트럭이 일제히 낙후되기 시작했고 운전자는 굳이 트럭을 고치는 일에 열성을 보이지 않았다. 골머리를 앓던 베트남 정부는 묘안을 냈다. 운전기사에게 트럭의 개인 소유를 허용한 것이다. 그러자 기적이 일어났다. 트럭이 움직이기 시작한 것이다. 사실 소유를 인정하지 않는 사회주의 경제 구조에서 운전자가 트럭을 고칠 이유가 없었다. 인센티브가 없었기 때문이다. 그러나 소유를 허용하자 트럭은 내 재산이 됐고 운전자는 부품을 구하고 트럭 밑에 들어가 기름때 묻히는 일을 마다하지 않았다. "[㉠]."라는 시장 법칙이 확실하게 확인된 사례다.

① 인간의 욕망은 끝이 없다
② 인적 자원이 시장을 만든다
③ 공유는 가치를 지니지 못한다
④ 소유는 가장 확실한 인센티브이다

11. 밑줄 친 부분의 품사가 옳지 않은 것은?

① • 그저 소문으로만 들었을 뿐이네. (의존 명사)
  • 네가 먹을 만한 건 이것뿐이다. (조사)
② • 우리 동네 목욕탕은 매월 첫째 주 화요일에 쉰다. (관형사)
  • 김 선생네 첫째는 공무원이다. (명사)
③ • 그는 충분히 잠으로써 피로를 풀었다. (명사)
  • 허리가 아파 깊은 잠을 자기가 어렵다. (동사)
④ • 우리나라는 사계절의 구분이 비교적 뚜렷하다. (부사)
  • 이 연구는 비교적인 관점에서 이루어졌다. (명사)

12. 다음 글에 쓰인 전개 방식이 아닌 것은?

> 컴퓨터를 구성하고 있는 여러 가지 장치 중에서 가장 핵심적인 역할을 담당하고 있는 세 가지 요소는 중앙 처리 장치[CPU], 주기억 장치, 보조 기억 장치이다. 보통 주기억 장치로 '램'을, 보조 기억 장치로 'HDD(Hard Disk Drive)'를 쓴다. 이 세 장치의 성능이 컴퓨터의 전반적인 속도를 좌우한다고 할 수 있다.
> CPU나 램은 내부의 미세 회로 사이를 오가는 전자의 움직임만으로 데이터를 처리하는 반도체 재질이기 때문에 고속으로 동작이 가능하다. 그러나 HDD는 원형의 자기 디스크를 물리적으로 회전시키며 데이터를 읽거나 저장하기 때문에 자기 디스크를 아무리 빨리 회전시킨다 해도 반도체의 처리 속도를 따라갈 수 없다. 게다가 디스크의 회전 속도가 빨라질수록 소음이 심해지고 전력 소모량이 급속도로 높아지는 단점이 있다. 이 때문에 CPU와 램의 동작 속도가 하루가 다르게 향상되고 있는 반면, HDD의 동작 속도는 그렇지 못했다.

① 구분　② 분석
③ 인과　④ 대조

13. 다음 글의 내용과 일치하지 않는 것은?

> 스포츠 선수들에게 도핑(doping)을 금지하는 이유는 무엇보다 공정해야 하는 스포츠 정신에 부합하지 않기 때문이고, 부작용으로 피로감, 습관적 약물 복용으로 인한 생명의 위험을 불러올 수 있기 때문이다. 도핑 약물이 스포츠 선수들 때문에 이슈화가 되면서 좋지 않은 약물이란 인식이 많지만 사실 그렇지는 않다. 오히려 감기에 걸렸을 때나 척추나 관절을 삐끗했을 때처럼 일시적인 증상을 치료하기 위한 약물들이 특정한 목적(경기력 향상)으로 과용되거나 오랜 기간 동안 사용하게 되면서 문제가 되는 것이다.
> 예를 들면 베타2 길항제의 경우 감기로 인한 기침, 가래 등과 같은 증상을 감소시키기 위해 사용되는 약물이지만 도핑 양성 반응이 나올 수 있어 상시 금지 약물이다. 흔히 비염이나 코감기 약으로 쓰이는 슈도에페드린 성분도 경기 기간 중 금지 약물이다. 또 이뇨제 성분에도 금지 약물이 있는데 이는 마트에서 파는 자양 강장제나 숙취 해소용 드링크제에서도 나올 수 있다.
> 스포츠 선수의 경우 흔히 척추나 관절의 손상이 올 수 있는데 이들을 치료하기 위해 사용되는 부신 피질 호르몬제 같은 경우도 도핑 양성 반응이 나오는 약물이다. 이는 관절염 약뿐 아니라 피부약에도 많이 포함되어 있기 때문에 주의가 필요하다. 따라서 일반인들에게는 일상적인 약물이지만 스포츠 선수에게는 모두 주의가 필요한 약인 것이다.

① 도핑 금지는 스포츠의 페어플레이 정신을 위해 필요하다.
② 의약품이 아닌 일반 음료에도 도핑 약물이 첨가되어 있을 수 있다.
③ 정형외과에서 처방하는 약물 중 일부에는 도핑 약물이 포함되어 있다.
④ 부신 피질 호르몬제는 일반인에게는 무해하지만 스포츠 선수의 몸에는 해롭다.

14. 다음 글의 진술 방식으로 적절하지 않은 것은?

> 인공 감미료는 칼로리가 거의 없기 때문에 과체중과 비만을 해결하는 데 도움이 될 수 있다는 장점이 있다. 그러나 과학계에서는 감미료에 대해서 좀 더 비판적인 시각을 가지고 있다. 감미료에 대한 지속적인 우려 중 하나는 감미료가 발암 가능성 물질이라는 점이다. 이를 토대로 2023년 7월, 세계 보건 기구 산하 국제 암 연구소[IARC]는 감미료 아스파탐을 '발암 가능성이 있는 물질'로 분류했다.
> 베를린 샤리테 병원의 의사이자 연구원인 스테판 카비쉬 박사는, 동물 · 사람의 세포를 대상으로 한 실험을 통해 인공 감미료가 실제로 발암성을 나타낼 수 있다는 결과를 얻었다. 이를 토대로 그는 잠재적 위험에 대한 경고는 인류에게 나쁘지 않다고 주장했다.
> 그는 아스파탐이 '발암 가능 물질'로 분류되었다고 해서 우리가 일상적으로 섭취하는 양이 달라지지는 않을 것이라고 밝히며 이러한 결정은 유보적인 분류로, 암을 유발한다는 위험이 확실하지 않고 특별히 가능성이 높지도 않다는 것을 의미한다고 설명했다. 이에 대한 여러 가지 증거로 이전에 권장되었던 체중 1kg당 최대 40밀리그램의 아스파탐 일일 섭취량은 여전히 유효한 점을 들 수 있다. 즉, 체중이 70kg인 성인이 이 양을 초과하려면 하루에 9~14캔의 다이어트 청량음료를 섭취해야 한다는 뜻이다. 사람이 이 정도의 청량음료를 매일 계속해서 마시기란 쉽지 않다.

① 대상이 지닌 장점과 단점을 함께 언급하고 있다.
② 실험 결과를 제시하여 대상의 역기능을 경고하고 있다.
③ 특정한 경우를 가정하여 대상의 위험성을 강조하고 있다.
④ 권위 있는 기관의 결정을 특정 주장의 근거로 제시하고 있다.

15. ㉠ ~ ㉣ 중 <한글 맞춤법>에 맞게 쓰인 것으로만 묶인 것은?

> • 호텔 방의 침구가 ㉠ 깨끗지 않아 교체를 요구했다.
> • 이 문제는 이 박사에게 맡겨서 ㉡ 연구토록 합시다.
> • 너도 알다시피 사실이 ㉢ 그렇잖은데 어떻게 참고 가만히 있어?
> • ㉣ 어떻튼지 그 일은 네가 잘못한 것이니 먼저 사과해라.

① ㉠, ㉡　② ㉠, ㉢
③ ㉡, ㉣　④ ㉢, ㉣

16. ㉠ ~ ㉣의 고쳐쓰기로 적절하지 않은 것은?

> 통증을 좋아하는 사람은 없을 것이다. 그런데 과연 통증이 나쁘기만 한 걸까? 통증이 없다면 우리는 몸이 보내는 신호를 알아차리지 못해 제때 치료하지 못할 것이다. 실제로 통증을 느끼지 못하는 유전자를 가진 사람은 그렇지 않은 사람보다 수명이 훨씬 ㉠ 길다고 한다. 그렇다면 통증은 그냥 방치해야 할까? 심각한 상처를 입은 사람들에게는 ㉡ 통증 감소보다 더 급한 것이 상처 치료일 수 있다. 부상이 심하면 상처 때문이 아니라 통증 때문에 쇼크로 죽을 수도 있기 때문이다. 이렇듯 통증은 동전의 양면처럼 우리에게 득과 실을 동시에 주는 어려운 현상이다. 신장의 사구체에서 혈액을 깨끗이 걸러 주려면 일단 혈액이 신장 사구체로 잘 들어가야 한다. 만약 신장 사구체로 들어가는 혈관 입구가 ㉢ 넓어져 있다면 혈액이 제대로 흐르지 못해 고혈압이나 부종, 더 심각하게는 급성 신부전이나 만성 신부전으로 이어질 수 있다. 이때 소염 진통제를 주의해야 하는 이유가 바로 이것 때문이다. 소염 진통제가 통증을 억제할 수 있는 이유는 프로스타글란딘이라는 물질을 ㉣ 차단하기 때문인데, 공교롭게도 이 프로스타글란딘이라는 물질이 신장 사구체로 들어가는 혈관을 확장해 혈액이 잘 흐르게 도와주기 때문이다.

① ㉠은 '짧다고'로 고친다.
② ㉡은 '상처 치료보다 더 급한 것이 통증 감소'로 고친다.
③ ㉢은 '좁아져'로 고친다.
④ ㉣은 '분비하기'로 고친다.

17. <공공 언어 문장 바로 쓰기 원칙>에 따라 <공문서>의 ㉠~㉣을 수정한 것 중 적절하지 않은 것은?

> <공공 언어 문장 바로 쓰기 원칙>
> ㉮ 주어와 서술어를 호응시킬 것
> ㉯ 필요한 문장 성분이 생략되지 않도록 할 것
> ㉰ 대등한 것끼리 접속할 경우 구조가 같은 표현을 사용할 것
> ㉱ 과도한 사동 표현은 삼갈 것

> <공문서>
>
> 제목: 전문가 초청 워크숍 참가 안내
>
> 1. 본원은 예술 교육 담당자의 문화 예술 전문 역량을 ㉠ <u>강화시키기</u> 위해 ㉡ <u>다양한 교육 과정이 기획되고 있습니다.</u>
> 2. 오는 3월 5일에 '예술 교육 음악으로 다가가기'를 주제로 ㉢ <u>다음과 같이 개최하오니</u>, 각 기관에서는 부디 이 워크숍에 참석해 주시기 바랍니다.
> 3. 아울러, 본원에서는 청사 내 ㉣ <u>문화 공간 조성 및 근무 환경을 개선하기 위해</u> 귀 기관으로부터 미술품을 대여받고자 하오니 각 기관에서는 협조하여 주시기 바랍니다.

① ㉠: 강화하기
② ㉡: 다양한 교육 과정을 기획하고 있습니다
③ ㉢: 전문가 초청 워크숍을 다음과 같이 개최하오니
④ ㉣: 문화 공간을 조성하고 근무 환경의 개선을 위해

18. 다음 글에 대한 설명으로 가장 적절한 것은?

> 우리 아저씨 말이지요, 아따 저 거시기, 한참 당년에 무엇이냐 그놈의 것, 사회주의라더냐, 막걸리라더냐, 그걸 하다 징역 살고 나와서 폐병으로 시방 앓고 누웠는 우리 오촌 고모부 그 양반…….
> 뭐, 말도 마시오. 대체 사람이 어쩌면 글쎄……, 내 원!
> 신세 간 데 없지요.
> 자, 십 년 적공(積功), 대학교까지 공부한 것 풀어먹지도 못했지요, 좋은 청춘 어영부영 다 보냈지요, 신분에는 전과자라는 붉은 도장 찍혔지요, 몸에는 몹쓸 병까지 들었지요. [중략]
> "네가 일본인 여자와 결혼을 해서 성명까지 갈고 모든 생활 법도를 일본화하겠다는 것이 말이다."
> "네, 그게 좋잖아요?"
> "그것이 말이다, 진실로 깊은 교양이나 어진 지혜의 판단에서 우러나온 것이라면 그도 모를 노릇이겠지. 그렇지만 나는 보매, 네가 그런다는 것은 다른 뜻으로 그러는 것 같다."
> "다른 뜻이라니요?"
> "네 주인의 비위를 맞추고, 이웃의 비위를 맞추고 하자고……."
> "그야 물론이지요! 다이쇼의 신용을 받아야 하고, 이웃 내지인들하구두 좋게 지내야지요. 그래야 할 게 아니겠어요?"
>
> – 채만식, 「치숙」에서 –

① 대화를 통해 인물 간 갈등이 해소되고 있다.
② 외부 서술자가 인물의 행적을 요약적으로 제시하고 있다.
③ 반어적 기법을 통해 당대 지식인의 무능함을 비판하고 있다.
④ 주로 보여주기의 방법을 사용하여 '나'의 성격을 드러내고 있다.

19. 다음 글에서 궁극적으로 말하고자 하는 바로 가장 적절한 것은?

> 오스만 제국이 붕괴되기 시작하자 영국과 프랑스는 서로 다른 생각을 품었다. 1916년, 영국 외교관인 마크 사이크스 대령은 펜을 들고 중동의 지도 위에 쓱쓱 선들을 그었다. 이 선은 현재 이스라엘 땅인 지중해의 하이파에서 이라크 도시인 북동쪽의 키르쿠크까지 포괄했다. 그리고 이 선은 제1차 세계 대전에서 오스만 제국을 무너뜨리는 3국 협상이라는 일종의 동맹 관계에서 영국 특히 마크 사이크스와 프랑스 측의 협상 상대인 프랑수아 조르주 피코가 비밀리에 맺은 사이크스-피코 협정의 근간을 제공했다. 이 밀약에서는 그 선의 북쪽은 프랑스 통치하에, 남쪽은 영국의 지배 밑에 두기로 했다.
> 이후 사이크스-피코 협정은 20세기 초반에 서구 열강들이 아랍 부족 지도자들에게 한 약속들을 뒤집은 여러 조약들을 대표하는 용어가 되기에 이른다. 오늘날 이 지역에서 목격되는 불안정과 극단주의도 부분적으로나마 여기서 비롯된 것이 사실이다. 물론 이 시각이 실제보다 과장일 수는 있다. 유럽인들이 들어오기 전에도 이 지역에 폭력과 극단주의는 있었다. 그렇다고 해도 아프리카의 경우에서 봤듯이, 한 지역에 어울려 사는 것이 익숙지 않은 사람들을 한데 모아 임의적으로 민족 국가를 만들어 내는 것은 정의와 평등, 안정을 위한 방안은 결코 되지 못한다.

① 아프리카와 중동 지역에서는 민족 국가의 형태가 어울리지 않는다.
② 서구 열강에 의해 중동에 만들어진 인위적인 국경선이 이 지역 분쟁의 씨앗이 되었다.
③ 사이크스-피코 협정은 영국과 프랑스가 중동 지역을 식민지로 만들어 쟁탈하는 수단이 되었다.
④ 오늘날 민족 국가는 많은 분쟁과 혼란을 야기하므로 바람직하지 않다.

20. 다음 글을 읽고 <보기>에서 적절한 것만을 모두 고른 것은?

> 지식의 기능은 '구분'이다. 흔히 지식은 뭔가를 알려 주고 가르쳐 주는 것이라고 생각하지만 지식의 더 보편적인 기능은 이것과 저것을 가르는 데 있다. 지식의 구분 기능은 필연적으로 배제를 낳는다. 구분이란 뭔가를 선택하기 위한 전략이다. 그런데 선택은 동시에 배제를 포함한다. A와 B를 구분하고 A를 선택하면 B는 자연히 배제될 수밖에 없다.
> 이러한 방식에 따라 선택된 것은 동일자가 되고 배제된 것은 타자가 된다. 이 과정이 누적되면 역사에서 들리는 것은 온통 동일자의 목소리뿐이고 타자의 목소리는 침묵하게 된다. 이것이 지금까지의 역사이다. 선택된 것은 드러나 있기 때문에 알기 쉽고 중요한 것으로 느껴지지만, 배제된 것은 숨겨져 눈에 띄지 않는다. 그래서 역사는 선택된 것을 중심으로 진행되고 서술된다. 문제는 그게 마치 역사의 전체인 양 포장된다는 것이다. 그것은 선택되어 드러난 것의 역사일 뿐 역사의 전부가 아니다.

> <보기>
> ㉠ 제2차 세계 대전에 대해, '반유대주의를 이념적 무기로 내세운 히틀러라는 전쟁광이 일으킨 전쟁이다.'라는 지식을 선택하면서 '자본주의의 경제적 모순이 정치적으로 표출된 전쟁'이라는 해석은 배제되었다는 것은 글쓴이의 견해를 강화한다.
> ㉡ 안타깝게도 고려 가요 중 상당수가 조선 시대에 남녀상열지사라는 이유로 사라졌다. 그러나 역사에서 사라진 평민 문학을 이해해야만 우리의 문학사 전체를 이해할 수 있다는 의견은 글쓴이의 견해를 약화하지 않는다.
> ㉢ 지식은 선택과 배제의 기능을 가지고 있지만 지식의 가장 보편적인 기능은 무엇인가를 알려 주는 데에 있다.

① ㉠ ② ㉠, ㉡
③ ㉡, ㉢ ④ ㉠, ㉡, ㉢

(　　)년도 (　　　　　　　) 제(　　)차 국가전문자격시험 답안카드

성　명 (필적감정용)

교시 기재란			
(　　)교시	①	②	③

형별 기재란	A형
	●

선 택 과 목 1

선 택 과 목 2

수 험 번 호

⓪	⓪	⓪	⓪	⓪	⓪	⓪	⓪
①	①	①	①	①	①	①	①
②	②	②	②	②	②	②	②
③	③	③	③	③	③	③	③
④	④	④	④	④	④	④	④
⑤	⑤	⑤	⑤	⑤	⑤	⑤	⑤
⑥	⑥	⑥	⑥	⑥	⑥	⑥	⑥
⑦	⑦	⑦	⑦	⑦	⑦	⑦	⑦
⑧	⑧	⑧	⑧	⑧	⑧	⑧	⑧
⑨	⑨	⑨	⑨	⑨	⑨	⑨	⑨

감독위원 확인
㉷

1	① ② ③ ④ ⑤	21	① ② ③ ④ ⑤	41	① ② ③ ④ ⑤	61	① ② ③ ④ ⑤	81	① ② ③ ④ ⑤	101	① ② ③ ④ ⑤	121	① ② ③ ④ ⑤
2	① ② ③ ④ ⑤	22	① ② ③ ④ ⑤	42	① ② ③ ④ ⑤	62	① ② ③ ④ ⑤	82	① ② ③ ④ ⑤	102	① ② ③ ④ ⑤	122	① ② ③ ④ ⑤
3	① ② ③ ④ ⑤	23	① ② ③ ④ ⑤	43	① ② ③ ④ ⑤	63	① ② ③ ④ ⑤	83	① ② ③ ④ ⑤	103	① ② ③ ④ ⑤	123	① ② ③ ④ ⑤
4	① ② ③ ④ ⑤	24	① ② ③ ④ ⑤	44	① ② ③ ④ ⑤	64	① ② ③ ④ ⑤	84	① ② ③ ④ ⑤	104	① ② ③ ④ ⑤	124	① ② ③ ④ ⑤
5	① ② ③ ④ ⑤	25	① ② ③ ④ ⑤	45	① ② ③ ④ ⑤	65	① ② ③ ④ ⑤	85	① ② ③ ④ ⑤	105	① ② ③ ④ ⑤	125	① ② ③ ④ ⑤
6	① ② ③ ④ ⑤	26	① ② ③ ④ ⑤	46	① ② ③ ④ ⑤	66	① ② ③ ④ ⑤	86	① ② ③ ④ ⑤	106	① ② ③ ④ ⑤		
7	① ② ③ ④ ⑤	27	① ② ③ ④ ⑤	47	① ② ③ ④ ⑤	67	① ② ③ ④ ⑤	87	① ② ③ ④ ⑤	107	① ② ③ ④ ⑤		
8	① ② ③ ④ ⑤	28	① ② ③ ④ ⑤	48	① ② ③ ④ ⑤	68	① ② ③ ④ ⑤	88	① ② ③ ④ ⑤	108	① ② ③ ④ ⑤		
9	① ② ③ ④ ⑤	29	① ② ③ ④ ⑤	49	① ② ③ ④ ⑤	69	① ② ③ ④ ⑤	89	① ② ③ ④ ⑤	109	① ② ③ ④ ⑤		
10	① ② ③ ④ ⑤	30	① ② ③ ④ ⑤	50	① ② ③ ④ ⑤	70	① ② ③ ④ ⑤	90	① ② ③ ④ ⑤	110	① ② ③ ④ ⑤		
11	① ② ③ ④ ⑤	31	① ② ③ ④ ⑤	51	① ② ③ ④ ⑤	71	① ② ③ ④ ⑤	91	① ② ③ ④ ⑤	111	① ② ③ ④ ⑤		
12	① ② ③ ④ ⑤	32	① ② ③ ④ ⑤	52	① ② ③ ④ ⑤	72	① ② ③ ④ ⑤	92	① ② ③ ④ ⑤	112	① ② ③ ④ ⑤		
13	① ② ③ ④ ⑤	33	① ② ③ ④ ⑤	53	① ② ③ ④ ⑤	73	① ② ③ ④ ⑤	93	① ② ③ ④ ⑤	113	① ② ③ ④ ⑤		
14	① ② ③ ④ ⑤	34	① ② ③ ④ ⑤	54	① ② ③ ④ ⑤	74	① ② ③ ④ ⑤	94	① ② ③ ④ ⑤	114	① ② ③ ④ ⑤		
15	① ② ③ ④ ⑤	35	① ② ③ ④ ⑤	55	① ② ③ ④ ⑤	75	① ② ③ ④ ⑤	95	① ② ③ ④ ⑤	115	① ② ③ ④ ⑤		
16	① ② ③ ④ ⑤	36	① ② ③ ④ ⑤	56	① ② ③ ④ ⑤	76	① ② ③ ④ ⑤	96	① ② ③ ④ ⑤	116	① ② ③ ④ ⑤		
17	① ② ③ ④ ⑤	37	① ② ③ ④ ⑤	57	① ② ③ ④ ⑤	77	① ② ③ ④ ⑤	97	① ② ③ ④ ⑤	117	① ② ③ ④ ⑤		
18	① ② ③ ④ ⑤	38	① ② ③ ④ ⑤	58	① ② ③ ④ ⑤	78	① ② ③ ④ ⑤	98	① ② ③ ④ ⑤	118	① ② ③ ④ ⑤		
19	① ② ③ ④ ⑤	39	① ② ③ ④ ⑤	59	① ② ③ ④ ⑤	79	① ② ③ ④ ⑤	99	① ② ③ ④ ⑤	119	① ② ③ ④ ⑤		
20	① ② ③ ④ ⑤	40	① ② ③ ④ ⑤	60	① ② ③ ④ ⑤	80	① ② ③ ④ ⑤	100	① ② ③ ④ ⑤	120	① ② ③ ④ ⑤		

수험자
여러분의
합격을
기원합니다.

마킹주의	바르게 마킹 : ● 잘 못 마킹 : ⊗, ⊙, ⓥ, ◎, ⦶, ⊖, ◔, ⊘

(예 시)

수험자 유의사항

1. 시험 중에는 통신기기(휴대전화 · 소형 무전기 등) 및 전자기기(초소형 카메라 등)를 소지하거나 사용할 수 없습니다.
2. 부정행위 예방을 위해 시험문제지에도 수험번호와 성명을 반드시 기재하시기 바랍니다.
3. **시험시간이 종료되면 즉시 답안작성을 멈춰야** 하며, 종료시간 이후 계속 답안을 작성하거나 감독위원의 답안카드 제출지시에 불응할 때에는 당해 시험이 무효처리 됩니다.
4. 기타 감독위원의 정당한 지시에 불응하여 타 수험자의 시험에 방해가 될 경우 퇴실조치 될 수 있습니다.

답안카드 작성 시 유의사항

1. 답안카드 기재 · 마킹 시에는 **반드시 검은색 사인펜**을 사용해야 합니다.
2. 답안카드를 잘못 작성했을 시에는 카드를 교체하거나 수정테이프를 사용하여 수정할 수 있습니다.
   그러나 불완전한 수정처리로 인해 발생하는 전산자동판독불가 등 불이익은 수험자의 귀책사유입니다.
   – 수정테이프 이외의 수정액, 스티커 등은 사용 불가
   – 답안카드 왼쪽(성명 · 수험번호 등)을 제외한 '답안란'만 수정테이프로 수정 가능
3. 성명란은 수험자 본인의 성명을 정자체로 기재합니다.
4. 교시 기재란은 해당교시를 기재하고 해당 란에 마킹합니다.
5. 시험문제지 형별기재란에 표시된 형별(A형 공통)을 확인합니다.
6. 수험번호란은 숫자로 기재하고 아래 해당번호에 마킹합니다.
7. 시험문제지 형별 및 수험번호 등 마킹착오로 인한 불이익은 전적으로 수험자의 귀책사유입니다.
8. 감독위원의 날인이 없는 답안카드는 무효처리 됩니다.
9. 상단과 우측의 검은색 띠(▌▌▌) 부분은 낙서를 금지합니다.
10. 답안카드의 채점은 전산 판독결과에 따르며, 마킹누락, 마킹착오, 불완전한 마킹 등은 수험자의 귀책사유에 해당하므로 이의제기를 하더라도 받아들여지지 않습니다.

부정행위 처리규정

시험 중 다음과 같은 행위를 하는 자는 당해 시험을 무효처리하고 자격별 관련 규정에 따라 일정기간 동안 시험에 응시할 수 있는 자격을 정지합니다.

1. 시험과 관련된 대화, 답안카드 교환, 다른 수험자의 답안 · 문제지를 보고 답안 작성, 대리시험을 치르거나 치르게 하는 행위, 시험 문제 내용과 관련된 물건을 휴대하거나 이를 주고받는 행위
2. 시험장 내외로부터 도움을 받아 답안을 작성하는 행위, 공인어학성적 및 응시자격서류를 허위기재하여 제출하는 행위
3. 통신기기(휴대전화 · 소형 무전기 등) 및 전자기기(초소형 카메라 등)를 휴대하거나 사용하는 행위
4. 다른 수험자와 성명 및 수험번호를 바꾸어 작성 · 제출하는 행위
5. 기타 부정 또는 불공정한 방법으로 시험을 치르는 행위

성 명 (필적감정용)
홍 길 동

교시 기재란			
(1)교시	●	②	③
형별 기재란	A형 ●		

선 택 과 목 1

선 택 과 목 2

수 험 번 호							
0	1	3	2	9	8	0	1
●	⓪	⓪	⓪	⓪	⓪	●	⓪
①	●	①	①	①	①	①	●
②	②	②	●	②	②	②	②
③	③	●	③	③	③	③	③
④	④	④	④	④	④	④	④
⑤	⑤	⑤	⑤	⑤	⑤	⑤	⑤
⑥	⑥	⑥	⑥	⑥	⑥	⑥	⑥
⑦	⑦	⑦	⑦	⑦	⑦	⑦	⑦
⑧	⑧	⑧	⑧	⑧	●	⑧	⑧
⑨	⑨	⑨	⑨	●	⑨	⑨	⑨

감독위원 확인
김 (인) 독

(　　)년도 (　　　　　　) 제(　　)차 국가전문자격시험 답안카드

성 명 (필적감정용)

교시 기재란			
(　　)교시	①	②	③

형별 기재란	A형
	●

선 택 과 목 1

선 택 과 목 2

수 험 번 호							
⓪	⓪	⓪	⓪	⓪	⓪	⓪	⓪
①	①	①	①	①	①	①	①
②	②	②	②	②	②	②	②
③	③	③	③	③	③	③	③
④	④	④	④	④	④	④	④
⑤	⑤	⑤	⑤	⑤	⑤	⑤	⑤
⑥	⑥	⑥	⑥	⑥	⑥	⑥	⑥
⑦	⑦	⑦	⑦	⑦	⑦	⑦	⑦
⑧	⑧	⑧	⑧	⑧	⑧	⑧	⑧
⑨	⑨	⑨	⑨	⑨	⑨	⑨	⑨

감독위원 확인
㉐

1	①②③④⑤	21	①②③④⑤	41	①②③④⑤	61	①②③④⑤	81	①②③④⑤	101	①②③④⑤	121	①②③④⑤
2	①②③④⑤	22	①②③④⑤	42	①②③④⑤	62	①②③④⑤	82	①②③④⑤	102	①②③④⑤	122	①②③④⑤
3	①②③④⑤	23	①②③④⑤	43	①②③④⑤	63	①②③④⑤	83	①②③④⑤	103	①②③④⑤	123	①②③④⑤
4	①②③④⑤	24	①②③④⑤	44	①②③④⑤	64	①②③④⑤	84	①②③④⑤	104	①②③④⑤	124	①②③④⑤
5	①②③④⑤	25	①②③④⑤	45	①②③④⑤	65	①②③④⑤	85	①②③④⑤	105	①②③④⑤	125	①②③④⑤
6	①②③④⑤	26	①②③④⑤	46	①②③④⑤	66	①②③④⑤	86	①②③④⑤	106	①②③④⑤		
7	①②③④⑤	27	①②③④⑤	47	①②③④⑤	67	①②③④⑤	87	①②③④⑤	107	①②③④⑤		
8	①②③④⑤	28	①②③④⑤	48	①②③④⑤	68	①②③④⑤	88	①②③④⑤	108	①②③④⑤		
9	①②③④⑤	29	①②③④⑤	49	①②③④⑤	69	①②③④⑤	89	①②③④⑤	109	①②③④⑤		
10	①②③④⑤	30	①②③④⑤	50	①②③④⑤	70	①②③④⑤	90	①②③④⑤	110	①②③④⑤		
11	①②③④⑤	31	①②③④⑤	51	①②③④⑤	71	①②③④⑤	91	①②③④⑤	111	①②③④⑤		
12	①②③④⑤	32	①②③④⑤	52	①②③④⑤	72	①②③④⑤	92	①②③④⑤	112	①②③④⑤		
13	①②③④⑤	33	①②③④⑤	53	①②③④⑤	73	①②③④⑤	93	①②③④⑤	113	①②③④⑤		
14	①②③④⑤	34	①②③④⑤	54	①②③④⑤	74	①②③④⑤	94	①②③④⑤	114	①②③④⑤		
15	①②③④⑤	35	①②③④⑤	55	①②③④⑤	75	①②③④⑤	95	①②③④⑤	115	①②③④⑤		
16	①②③④⑤	36	①②③④⑤	56	①②③④⑤	76	①②③④⑤	96	①②③④⑤	116	①②③④⑤		
17	①②③④⑤	37	①②③④⑤	57	①②③④⑤	77	①②③④⑤	97	①②③④⑤	117	①②③④⑤		
18	①②③④⑤	38	①②③④⑤	58	①②③④⑤	78	①②③④⑤	98	①②③④⑤	118	①②③④⑤		
19	①②③④⑤	39	①②③④⑤	59	①②③④⑤	79	①②③④⑤	99	①②③④⑤	119	①②③④⑤		
20	①②③④⑤	40	①②③④⑤	60	①②③④⑤	80	①②③④⑤	100	①②③④⑤	120	①②③④⑤		

수험자
여러분의
합격을
기원합니다.

마킹주의	바르게 마킹 : ● 잘 못 마킹 : ⊗, ⊙, ⓥ, ◎, ⦶, ⊖, ◔, ◍

(예 시)

수험자 유의사항

1. 시험 중에는 통신기기(휴대전화 · 소형 무전기 등) 및 전자기기(초소형 카메라 등)를 소지하거나 사용할 수 없습니다.
2. 부정행위 예방을 위해 시험문제지에도 수험번호와 성명을 반드시 기재하시기 바랍니다.
3. **시험시간이 종료되면 즉시 답안작성을 멈춰야** 하며, 종료시간 이후 계속 답안을 작성하거나 감독위원의 답안카드 제출지시에 불응할 때에는 당해 시험이 무효처리 됩니다.
4. 기타 감독위원의 정당한 지시에 불응하여 타 수험자의 시험에 방해가 될 경우 퇴실조치 될 수 있습니다.

답안카드 작성 시 유의사항

1. 답안카드 기재 · 마킹 시에는 **반드시 검은색 사인펜**을 사용해야 합니다.
2. 답안카드를 잘못 작성했을 시에는 카드를 교체하거나 수정테이프를 사용하여 수정할 수 있습니다.
   그러나 불완전한 수정처리로 인해 발생하는 전산자동판독불가 등 불이익은 수험자의 귀책사유입니다.
   - 수정테이프 이외의 수정액, 스티커 등은 사용 불가
   - 답안카드 왼쪽(성명 · 수험번호 등)을 제외한 '답안란'만 수정테이프로 수정 가능
3. 성명란은 수험자 본인의 성명을 정자체로 기재합니다.
4. 교시 기재란은 해당교시를 기재하고 해당 란에 마킹합니다.
5. 시험문제지 형별기재란에 표시된 형별(A형 공통)을 확인합니다.
6. 수험번호란은 숫자로 기재하고 아래 해당번호에 마킹합니다.
7. 시험문제지 형별 및 수험번호 등 마킹착오로 인한 불이익은 전적으로 수험자의 귀책사유입니다.
8. 감독위원의 날인이 없는 답안카드는 무효처리 됩니다.
9. 상단과 우측의 검은색 띠(▌▌▌) 부분은 낙서를 금지합니다.
10. 답안카드의 채점은 전산 판독결과에 따르며, 마킹누락, 마킹착오, 불완전한 마킹 등은 수험자의 귀책사유에 해당하므로 이의제기를 하더라도 받아들여지지 않습니다.

부정행위 처리규정

시험 중 다음과 같은 행위를 하는 자는 당해 시험을 무효처리하고 자격별 관련 규정에 따라 일정기간 동안 시험에 응시할 수 있는 자격을 정지합니다.

1. 시험과 관련된 대화, 답안카드 교환, 다른 수험자의 답안 · 문제지를 보고 답안 작성, 대리시험을 치르거나 치르게 하는 행위, 시험문제 내용과 관련된 물건을 휴대하거나 이를 주고받는 행위
2. 시험장 내외로부터 도움을 받아 답안을 작성하는 행위, 공인어학성적 및 응시자격서류를 허위기재하여 제출하는 행위
3. 통신기기(휴대전화 · 소형 무전기 등) 및 전자기기(초소형 카메라 등)를 휴대하거나 사용하는 행위
4. 다른 수험자와 성명 및 수험번호를 바꾸어 작성 · 제출하는 행위
5. 기타 부정 또는 불공정한 방법으로 시험을 치르는 행위

성 명 (필적감정용)
홍 길 동

교시 기재란			
(1)교시	●	②	③
형별 기재란	A형 ●		

선 택 과 목 1

선 택 과 목 2

수 험 번 호							
0	1	3	2	9	8	0	1
●	⓪	⓪	⓪	⓪	⓪	●	⓪
①	●	①	①	①	①	①	●
②	②	②	●	②	②	②	②
③	③	●	③	③	③	③	③
④	④	④	④	④	④	④	④
⑤	⑤	⑤	⑤	⑤	⑤	⑤	⑤
⑥	⑥	⑥	⑥	⑥	⑥	⑥	⑥
⑦	⑦	⑦	⑦	⑦	⑦	⑦	⑦
⑧	⑧	⑧	⑧	⑧	●	⑧	⑧
⑨	⑨	⑨	⑨	●	⑨	⑨	⑨

감독위원 확인
김 (인) 독

(　　)년도 (　　　　　) 제(　　)차 국가전문자격시험 답안카드

성　명 (필적감정용)

교시 기재란			
(　　)교시	①	②	③

형별 기재란	A형
	●

선 택 과 목 1

선 택 과 목 2

수 험 번 호							
⓪	⓪	⓪	⓪	⓪	⓪	⓪	⓪
①	①	①	①	①	①	①	①
②	②	②	②	②	②	②	②
③	③	③	③	③	③	③	③
④	④	④	④	④	④	④	④
⑤	⑤	⑤	⑤	⑤	⑤	⑤	⑤
⑥	⑥	⑥	⑥	⑥	⑥	⑥	⑥
⑦	⑦	⑦	⑦	⑦	⑦	⑦	⑦
⑧	⑧	⑧	⑧	⑧	⑧	⑧	⑧
⑨	⑨	⑨	⑨	⑨	⑨	⑨	⑨

감독위원 확인
㉐

1	①②③④⑤	21	①②③④⑤	41	①②③④⑤	61	①②③④⑤	81	①②③④⑤	101	①②③④⑤	121	①②③④⑤
2	①②③④⑤	22	①②③④⑤	42	①②③④⑤	62	①②③④⑤	82	①②③④⑤	102	①②③④⑤	122	①②③④⑤
3	①②③④⑤	23	①②③④⑤	43	①②③④⑤	63	①②③④⑤	83	①②③④⑤	103	①②③④⑤	123	①②③④⑤
4	①②③④⑤	24	①②③④⑤	44	①②③④⑤	64	①②③④⑤	84	①②③④⑤	104	①②③④⑤	124	①②③④⑤
5	①②③④⑤	25	①②③④⑤	45	①②③④⑤	65	①②③④⑤	85	①②③④⑤	105	①②③④⑤	125	①②③④⑤
6	①②③④⑤	26	①②③④⑤	46	①②③④⑤	66	①②③④⑤	86	①②③④⑤	106	①②③④⑤		
7	①②③④⑤	27	①②③④⑤	47	①②③④⑤	67	①②③④⑤	87	①②③④⑤	107	①②③④⑤		
8	①②③④⑤	28	①②③④⑤	48	①②③④⑤	68	①②③④⑤	88	①②③④⑤	108	①②③④⑤		
9	①②③④⑤	29	①②③④⑤	49	①②③④⑤	69	①②③④⑤	89	①②③④⑤	109	①②③④⑤		
10	①②③④⑤	30	①②③④⑤	50	①②③④⑤	70	①②③④⑤	90	①②③④⑤	110	①②③④⑤		
11	①②③④⑤	31	①②③④⑤	51	①②③④⑤	71	①②③④⑤	91	①②③④⑤	111	①②③④⑤		
12	①②③④⑤	32	①②③④⑤	52	①②③④⑤	72	①②③④⑤	92	①②③④⑤	112	①②③④⑤		
13	①②③④⑤	33	①②③④⑤	53	①②③④⑤	73	①②③④⑤	93	①②③④⑤	113	①②③④⑤		
14	①②③④⑤	34	①②③④⑤	54	①②③④⑤	74	①②③④⑤	94	①②③④⑤	114	①②③④⑤		
15	①②③④⑤	35	①②③④⑤	55	①②③④⑤	75	①②③④⑤	95	①②③④⑤	115	①②③④⑤		
16	①②③④⑤	36	①②③④⑤	56	①②③④⑤	76	①②③④⑤	96	①②③④⑤	116	①②③④⑤		
17	①②③④⑤	37	①②③④⑤	57	①②③④⑤	77	①②③④⑤	97	①②③④⑤	117	①②③④⑤		
18	①②③④⑤	38	①②③④⑤	58	①②③④⑤	78	①②③④⑤	98	①②③④⑤	118	①②③④⑤		
19	①②③④⑤	39	①②③④⑤	59	①②③④⑤	79	①②③④⑤	99	①②③④⑤	119	①②③④⑤		
20	①②③④⑤	40	①②③④⑤	60	①②③④⑤	80	①②③④⑤	100	①②③④⑤	120	①②③④⑤		

수험자
여러분의
합격을
기원합니다.

마킹주의	바르게 마킹 : ● 잘 못 마킹 : ⊗, ⊙, ⓥ, ◎, ⦶, ⊖, ◌., ◍

(예 시)

성 명 (필적감정용)
홍 길 동

교시 기재란			
(1)교시	●	②	③

형별 기재란	A형
	●

선 택 과 목 1

선 택 과 목 2

수 험 번 호							
0	1	3	2	9	8	0	1
●	⓪	⓪	⓪	⓪	⓪	●	⓪
①	●	①	①	①	①	①	●
②	②	②	●	②	②	②	②
③	③	●	③	③	③	③	③
④	④	④	④	④	④	④	④
⑤	⑤	⑤	⑤	⑤	⑤	⑤	⑤
⑥	⑥	⑥	⑥	⑥	⑥	⑥	⑥
⑦	⑦	⑦	⑦	⑦	⑦	⑦	⑦
⑧	⑧	⑧	⑧	⑧	●	⑧	⑧
⑨	⑨	⑨	⑨	●	⑨	⑨	⑨

감독위원 확인
김 (인) 독

수험자 유의사항

1. 시험 중에는 통신기기(휴대전화 · 소형 무전기 등) 및 전자기기(초소형 카메라 등)를 소지하거나 사용할 수 없습니다.
2. 부정행위 예방을 위해 시험문제지에도 수험번호와 성명을 반드시 기재하시기 바랍니다.
3. **시험시간이 종료되면 즉시 답안작성을 멈춰야** 하며, 종료시간 이후 계속 답안을 작성하거나 감독위원의 답안카드 제출지시에 불응할 때에는 당해 시험이 무효처리 됩니다.
4. 기타 감독위원의 정당한 지시에 불응하여 타 수험자의 시험에 방해가 될 경우 퇴실조치 될 수 있습니다.

답안카드 작성 시 유의사항

1. 답안카드 기재 · 마킹 시에는 **반드시 검은색 사인펜**을 사용해야 합니다.
2. 답안카드를 잘못 작성했을 시에는 카드를 교체하거나 수정테이프를 사용하여 수정할 수 있습니다.
   그러나 불완전한 수정처리로 인해 발생하는 전산자동판독불가 등 불이익은 수험자의 귀책사유입니다.
   - 수정테이프 이외의 수정액, 스티커 등은 사용 불가
   - 답안카드 왼쪽(성명 · 수험번호 등)을 제외한 '답안란'만 수정테이프로 수정 가능
3. 성명란은 수험자 본인의 성명을 정자체로 기재합니다.
4. 교시 기재란은 해당교시를 기재하고 해당 란에 마킹합니다.
5. 시험문제지 형별기재란에 표시된 형별(A형 공통)을 확인합니다.
6. 수험번호란은 숫자로 기재하고 아래 해당번호에 마킹합니다.
7. 시험문제지 형별 및 수험번호 등 마킹착오로 인한 불이익은 전적으로 수험자의 귀책사유입니다.
8. 감독위원의 날인이 없는 답안카드는 무효처리 됩니다.
9. 상단과 우측의 검은색 띠(▮ ▮ ▮) 부분은 낙서를 금지합니다.
10. 답안카드의 채점은 전산 판독결과에 따르며, 마킹누락, 마킹착오, 불완전한 마킹 등은 수험자의 귀책사유에 해당하므로 이의제기를 하더라도 받아들여지지 않습니다.

부정행위 처리규정

시험 중 다음과 같은 행위를 하는 자는 당해 시험을 무효처리하고 자격별 관련 규정에 따라 일정기간 동안 시험에 응시할 수 있는 자격을 정지합니다.

1. 시험과 관련된 대화, 답안카드 교환, 다른 수험자의 답안 · 문제지를 보고 답안 작성, 대리시험을 치르거나 치르게 하는 행위, 시험 문제 내용과 관련된 물건을 휴대하거나 이를 주고받는 행위
2. 시험장 내외로부터 도움을 받아 답안을 작성하는 행위, 공인어학성적 및 응시자격서류를 허위기재하여 제출하는 행위
3. 통신기기(휴대전화 · 소형 무전기 등) 및 전자기기(초소형 카메라 등)를 휴대하거나 사용하는 행위
4. 다른 수험자와 성명 및 수험번호를 바꾸어 작성 · 제출하는 행위
5. 기타 부정 또는 불공정한 방법으로 시험을 치르는 행위